DuMont Dokumente: Reihe Kunstgeschichte/Wissenschaft

In der Umschlagklappe: I. Cluny, II. das Kloster Odilos

In der hinteren Klappe: II. Cluny, III. das Kloster Peters des Ehrwürdigen

Herausgeber: Ernesto Grassi und Walter Heß

Wolfgang Braunfels

Abendländische
Klosterbaukunst

DuMont Buchverlag Köln

Auf der Umschlagvorderseite: Das mittelalterliche Burgkloster Mont-Saint-Michel
(Foto: ZEFA, R. Everts)
Auf der Umschlagrückseite: Kloster Clairvaux, Plan von 1708, nach C. Lucas

CIP-Kurztitelaufnahme der Deutschen Bibliothek

Braunfels, Wolfgang
Abendländische Klosterbaukunst. – 3. Aufl. –
Köln : DuMont, 1978.
  (DuMont-Dokumente)
  ISBN 3-7701-0294-0

Printed in Germany   ISBN 3-7701-0294-0

Inhalt

Text-Dokumente

Vorwort

Das Buch ist aus einer Vorlesung erwachsen, die ich 1964 in der Architektur-
abteilung der Technischen Hochschule Aachen hielt. Einzelne Gedanken zu ihm
habe ich mehr als dreißig Jahre mit mir herumgetragen. Sie gehen auf meine
Studienzeit zurück. Das Material wurde ergänzt durch Referate einer Übung
des Kunsthistorischen Seminars der Universität München 1966. Einer ganzen
Reihe von Beiträgen meiner studentischen Mitarbeiter konnte ich Einfälle, Gedanken und Nachweise entnehmen.*

Im Mittelpunkt aller Überlegungen bei der Niederschrift des Textes stand die
Frage nach der Auswahl des Stoffes. Sie wird bedingt durch den gegebenen
Umfang eines Bandes in dieser Reihe, den ich überschritten habe, und durch das
Verlangen, ein ungeheuer ausgedehntes Ganzes überschaubar zu halten. Denn es
hat im Abendland vom 5. bis zum 18. Jh. rund 40 000 Klöster gegeben. Meiner
Schätzung nach können wir über die bauliche Gestalt von mindestens 5 000 von
ihnen ein anschauliches Bild gewinnen. Jede Auswahl aus einer solchen Fülle kann
den Charakter des Zufälligen nicht immer verleugnen. Die Fülle des Geschehens
wird zu einem Feind einer Geschichte, die nach klaren Ordnungsprinzipien fragt.
Ebenso mußte in Kauf genommen werden, daß die kurzen Beschreibungen von
baulichen Organismen, über die es ausgedehnte, oft sich widersprechende Ab-
handlungen gibt – ich denke an Klöster wie *Cluny, Mont-Saint-Michel, San
Francesco* in *Assisi* oder den *Escorial* –, die Kritik herausfordern müssen. Besonders schwer ist es mir gefallen, Einzelergebnisse, von denen ich glaube, daß sie
unbekannt sind, zugunsten von bedeutsameren, doch bekannten Vorgängen fort-
fallen zu lassen. Ich hoffe, einiges davon in anderen Zusammenhängen mitteilen
zu können.

* Ein besonderer Dank gebührt meinen Assistenten, Herrn Dr. Rudolf Kuhn und Dr. Albrecht
Haenlein, in noch größerem Ausmaße Frau Dagmar Kierzkowski, die Teile des Manuskriptes
durchgesehen und ergänzt haben. Frau Kierzkowski hat darüberhinaus die Masse der Umzeichnungen der Klostergrundrisse besorgt. Die Umzeichnungen der Grundrisse von Cluny stammen
von stud. arch. Anja Bühring, der Plan von Ottobeuren von Dipl.-Ing. Dieter Schneider.

Ausgangspunkt der Darstellung bildet die Frage nach dem Zusammenhang von Orden und Ordnung. Der Orden schreibt mit seiner Regel eine Lebens- und Geisteshaltung vor, der in allen künstlerisch starken Zeiten die Bauordnung der Klöster entsprechen mußte. Eine innere Ordnung wird als äußere Ordnung sichtbar. Dabei lösten sich im Laufe der Jahrhunderte die verschiedenen Orden wie Kunststile in ihrer Führerrolle ab. Neue Ordensstiftungen sind nicht nur Werke einer schöpferischen Pädagogik, sie tragen zugleich einer veränderten Lebenshaltung und einem neuen Frömmigkeitsstil Rechnung. Dieser Frömmigkeitsstil prägte auch die Bau- und Bildwerke. Denn jedes gute Kloster stellt einen Organismus dar, durch den das Leben nach der Regel zuerst ermöglicht, dann rationalisiert, zuletzt symbolisiert wird. Der Rang der Klöster als Kunstleistungen wurde mitbestimmt von dem Glauben, daß jedes irdische Glück und alle himmlische Glückseligkeit sich nur in einem Ordnungsbereich entfalten können, der nach den Prinzipien des Gottesstaates aufgebaut ist. Jedes gute Kloster will Abbild der *Civitas Dei* sein. Das ist noch der Sinn des Aufwands in den Fürstabteien des Barock.

Die größten Anstrengungen haben die Klöster zu allen Zeiten der Gestaltung ihrer Kirchen zugewandt. Der Titel dieses Buches ist insofern irreführend, als gerade sie nicht oder doch nur insofern beschrieben werden, wie sie die Gesamtkomposition der Klosterbauten beeinflußt haben. Wenn große Klöster Städten verglichen werden können – der Titel des 8. Kapitels nennt sie ausdrücklich so –, dann werden in diesem Buche Kirchen nur in ihrer städtebaulichen Bedeutung behandelt. Im Mittelpunkt der Darstellung steht die im engeren Sinne monastische Architektur, die Bauten und Raumfolgen, in denen die Mönche, Brüder und Klosterschwestern gelebt haben. Ich bin den Gestaltungsprinzipien der Rahmenformen nachgegangen, in denen sich jene *vita communis* entfalten konnte, die in verschiedener Weise in allen Orden das Ideal war.

Ein besonderes Wort mag die Auswahl der Dokumente des Anhangs und ihre Wiedergabe auf Deutsch und auf Latein begründen. Keine einzige Ordensregel und kein mittelalterlicher Autor haben Vorschriften für den Bau von Klöstern vorgetragen. Es gibt nur Hinweise und Verbote von Einzelheiten, zuweilen die Beschreibung eines Organismus, in dem man ein Vorbild sah (Dokumente Nr. VI). Immer sollte die Aufmerksamkeit auf das Leben in den Bauwerken, nicht auf diese selbst gelenkt werden. Die Auszüge, die wir bringen, verunklären die Tatsache, daß der Klosterbau nicht den Rang einnahm, der für eine literarische Darstellung die Voraussetzung war – wie wichtig man ihn auch genommen hat. Meist wird fast absichtslos und nebenher von architektonischen Leistungen oder den Vorschriften für die Gestaltung berichtet. Letzten Endes stammen die meisten

Informationen aus Werken, die der Erbauung oder der Erziehung dienten. Zwar dürfen wir annehmen, daß sich die Schöpfer der Klöster deren architektonischen Schönheit ebenso deutlich bewußt waren wie wir. Die Mönche liebten ihr Zuhause. Gesprochen haben sie darüber selten, geschrieben nie. Baupläne, Neubauten, Umbauten sollten den Mönch nicht von seinen eigentlichen Aufgaben ablenken. Als der Neubau von *Clairvaux* notwendig wurde, baten einige Mitbrüder den HL. BERNHARD, doch für einen Augenblick aus dem Himmel auf die Erde herabzusteigen, um sich ihre Raumnöte vortragen zu lassen (Dokumente Nr. XII). Damals entstand das klassische Zisterzienserkloster. Es scheint, daß die besten Werke jeweils dort gelungen sind, wo sie wie das *Cluny* ODILOS, das *Clairvaux* BERNHARDS oder die *Kartause* GUIGOS nur als ein Mittel zu ihrem Erziehungswerk unternommen wurden.

Alle vollkommenen Klöster der westlichen Welt stellen unterschiedliche Versuche dar, die Durchführung der Ordensregel erst zu ermöglichen, dann zu erleichtern. Ihre Bauprogramme dienten der Verwirklichung von Erziehungsauflagen. In vergleichbarer Weise spiegeln sich die politischen und ökonomischen Zielsetzungen, die Gesellschaftsordnung wie die Herrschaftsformen in dem Erscheinungsbild jeder guten Stadt. Mit Notwendigkeit bildeten deshalb die Untersuchungen zur Klosterbaukunst die Voraussetzung für jene in dem weiteren Rahmen der ›Abendländischen Stadtbaukunst‹, die inzwischen in der gleichen äußeren Gestalt erschienen ist. *W. B.*

1 Ordensregel und Bauprogramm

Aus den Erkenntnisfreuden, die die gebaute Ordnung, die gebaute Stille, die gebaute Demut, gebaute Strenge, Askese und Gottesfrieden dem Besucher eines Benediktiner- oder Zisterzienserklosters bereiten, erwachsen Erfahrungen über die Bedingungen architektonischen Kunstschaffens überhaupt. Man erlebt die Abhängigkeit aller Klosterbaukunst von den Ordensregeln. Große Architektur hatte immer Lebenshaltungen zur Voraussetzung, die mit Leidenschaft und Konsequenz durchgehalten worden sind. Jeder Versuch, ihr gerecht zu werden, der nicht von der Kenntnis dieser Lebenshaltungen ausgeht, muß scheitern, denn diese Haltungen bilden eine der Voraussetzungen für die Unabhängigkeit und Wahrhaftigkeit der Formen. Wie man den dorischen Tempel nicht versteht, wenn man von griechischer Frömmigkeit nichts weiß, so versteht man ein abendländisches Klostergefüge falsch, wenn man die Ordensregel nicht kennt oder die Idealität des Mönchsgedankens nicht anerkennt.

Wer immer in den Friedensbereich einer Zisterzienserkomposition eintritt, wer einer 'Ruine im Schnee', einem Kirchenchor verlassen im Walde, einem Bergkloster auf den Felsen der Pyrenäen begegnet, fühlt sich angerührt. Der Ernst, die Ruhe, die Würde der Steine sprechen. In jedem Menschen lebt ein Stück der Sehnsucht nach dem bedingungslosen Selbsteinsatz, aus dem diese Werke erwachsen sind: die Welt verlassen, in der Einsamkeit in einer Gemeinschaft leben, in der jeder Tag einen besonderen Sinn durch jene höchste Wahrheit oder kühnste Utopie erhalten soll, daß man durch nie unterbrochene Meditation über Gott und sein immerwährendes Lob sich selbst vergessen und zugleich finden könne. Die Klostersehnsucht übergreift viele Religionen, den Islam, den Buddhismus, die griechische und die lateinische Kirche. Der Mönchsgedanke stellt einen der wahrhaft großen Lebensentwürfe der Menschheit dar. Starke Naturen haben immer wieder versucht, diesem einen Gedanken die ihrer Zeit und ihrer Kulturstufe angemessene Form zu geben. Es kennzeichnet die abendländische Geisteshaltung im Gegensatz zur östlichen, daß hier in jedem Jahrhundert neue

Orden entstanden sind, die sich in ihrer Führerrolle wie Kunststile ablösen. Denn seiner Zeit vermag auch der Weltflüchtige nicht zu entkommen. So haben Zisterzienser und Kluniazenser Romanik gebaut; die Würde der Äbte von *Cluny* und die Askese des HL. BERNHARD sind Form geworden. Franziskaner und Dominikaner haben beide auf ihre Weise der Lyrik und der Logik der Gotik Gestalt gegeben. In der Jesuitenbaukunst fand der Manierismus, in den Fürstabteien des 17. und 18. Jahrhunderts der barocke Weltsinn neue Definitionen. Die Klöster wurden zu Deutungen von Ordensregeln im Geiste sich wandelnder Zeiten.

Zahlreiche solcher Regeln sind überliefert, wie es auch unüberschaubar viele Orden gegeben hat und noch gibt. Mönche werden zu Mönchsführern dadurch, daß sie Lebensregeln für ihre Mitbrüder verfassen oder verbessern. In den Regeln gipfeln die bedeutendsten pädagogischen Anstrengungen des Mittelalters. Fünf dieser Vorschriftensammlungen besitzen besonderen Rang: die Regel des HL. BASILIUS DES GROSSEN, die das Leben fast aller Mönche der Ostkirche bestimmt, die Regeln der Heiligen AUGUSTINUS, BENEDIKT und FRANZISKUS, die vorbildlich im Westen für die meisten anderen werden sollten, endlich die Satzungen der Gesellschaft Jesu, die IGNATIUS VON LOYOLA immer wieder verbessert hat, bis er sie bei seinem Tode 1556 als vollendet betrachten konnte. Sonderformen wurden mit den Vorschriften der Kartäuser entwickelt. Es gibt mannigfache Deutungen, auch Ergänzungen zu diesen Regeln. In einzelnen Klöstern haben sich Lebensgewohnheiten bewähren können – *consuetudines*, wie man sie nannte –, die als Interpretationen der Regel für spätere Geschlechter verbindlich geworden sind. Erleichterungen wechseln mit Verschärfungen, und zuletzt erwiesen sich stets die strengen Orden als die lebensfähigeren. Die Trappisten sind ein Beispiel. Ohne Regel kann kein Kloster Bestand haben. Ihr Geist bestimmt die Haltung der Mönche; er bestimmt auch die Wesenszüge ihrer Kunst. Wir werden wiederholt von dem Konflikt sprechen, der sich an dem Gegensatz zwischen dem Armutsgebot und dem Verlangen nach einer anschaulichen Klosterordnung und damit nach Kunst stets von neuem in der Geschichte des Mönchtums entzünden mußte. Dieses Buch hätte schwerlich geschrieben werden können, wenn sich nicht der Wille zur Gestaltung in vielen Klöstern als der stärkere erwiesen hätte.

Die *griechischen* Mönche, die nach der Regel des HL. BASILIUS lebten, haben großartige Klosterkomplexe erbaut. Es gab und gibt Klosterdörfer und Klosterstädte. Man kennt Klosterprovinzen wie die ägyptische *Thebais* und Klosterstaaten wie den Berg *Athos*. Indes hat der Osten keine Normen für Klöster entwickelt. Wer den Athos bereist, der empfindet, daß dort das Entrückte, das

Entlegene, idyllisch Verborgenes oder auf Bergeshöhen fast Unerreichbares die Mönche zur schöpferischen Bewältigung von Situationen aufgerufen hat. Die griechische Individualität bewährte sich in immer neuartigen Verbindungen, immer gleichartigen Bau- und Schmuckformen. Es blieb dem *lateinischen* Ordnungssinn überlassen, echte Bauprogramme für Klöster zu entwickeln. Seit dem ausgehenden 7. Jahrhundert versuchten die Benediktineräbte ihre Klöster zu vollkommenen Instrumenten der Verwirklichung der Klosterregel umzugestalten. Es bildeten sich festgefügte Traditionen. Ein und denselben Auftrag versuchte man in Jahrhunderten immer besser zu erfüllen und zugleich den verschiedenartigen Gegebenheiten des Geländes anzupassen, sei es eine abgeschirmte Fläche wie die Halbinsel *Reichenau* im Untersee oder ein steiler Bergkegel wie *Mont-Saint-Michel* im Meer.

Die Bestimmungen des 66. Kapitels der *regula sancti Benedicti*, die als der Ausgangspunkt des abendländischen Klosters angesprochen worden sind, haben ebenso für ein Basilianerkloster im Osten Gültigkeit: »Wenn immer möglich, soll das Kloster so angelegt sein, daß alles Notwendige, das heißt Wasser, Mühle, Garten und Werkstätten, in denen die verschiedenen Handwerke ausgeübt werden, innerhalb der Klostermauern sich befindet« (Dokumente Nr. I, 66. Kap.). Auch auf dem *Athos* will man autark sein. Ebenso gilt für alle Klöster die Forderung nach Stille. BASILIUS ermahnt seine Mönche, Handwerke auszuüben, er warnt aber vor solchen, die Lärm verursachen. Blickt man jedoch auf ein Basilianerkloster der Frühzeit und vergleicht es mit einem Benediktinerkloster, so fällt auf, daß dort die Mönche oder Nonnen jeder und jede für sich in einer Hütte, einer Laube, einer Höhle leben. Das gleiche gilt für die frühen Klöster Ägyptens, Syriens, Spaniens oder auch Irlands. Zu den Stunden des gemeinschaftlichen Gottesdienstes oder einer gemeinschaftlichen Mahlzeit sieht man sie aus allen Teilen ihrer Klöster oder Städte zu einer Mitte zusammeneilen. Man vereinigt sich zentripetal, und man strebt zentrifugal wieder auseinander. Im Gegensatz dazu geschieht alles in einem Benediktinerkloster gemeinsam. Man schläft zusammen, man betet zusammen, man liest zusammen, man ißt gemeinsam, und wo immer es möglich wird, arbeitet man auch gemeinsam. An die Stelle der Einzelmönche, die zusammen- oder auseinanderströmen, sieht man Prozessionen den Klosterbereich gemessen nach einem genau festgelegten Tagesplan durchschreiten. Aus dem Verlangen, die Prozessionswege möglichst kurz zu gestalten, ist die benediktinische Klosterkomposition entstanden. Wenn später die These verteidigt werden soll, daß der benediktinische Kreuzgang, das Herzstück des Klosters, im Norden seine definitive Ausbildung erfahren hat, so wird sie durch die Einsicht gestützt, daß es nur im Norden notwendig war, keinen dieser Wege den Unbilden der

Witterung auszusetzen. Es wird auch noch davon zu reden sein, daß es Klöster gegeben hat wie das karolingische *St. Riquier* oder *Centula* (Abb. 9), die absichtsvoll die Prozessionswege lang hielten, da sie für jeden von ihnen besondere Gebete und Litaneien vorschrieben.

Keine der Mönchsregeln nimmt ausdrücklich auf Bau- oder Kunstwerke Bezug, wenngleich namentlich die Benediktinerregel eine große Zahl der dem Kloster notwendigen Bauten nennt (Dokumente Nr. I). Sie sprechen vom Leben der Mönche, von ihrem Tageslauf, ihren Gebeten, ihrer Arbeit, ihrer Speise und ihren Kleidern, von dem Verhalten zueinander, zu den Vorgesetzten, zur Welt und den Frauen, zu Besitz, Geld, Ehren. Aber wer immer über ihren Geist nachdenkt – und von der Meditation über den Geist der Regel handeln viele Ordensvorschriften –, der muß auch über den optimalen Rahmen nachdenken, in dem sich der Tageslauf genau so vollziehen kann, wie die Regel es fordert. Aus späteren Mönchssynoden haben sich hierüber zahlreiche Einzelvorschriften erhalten. Einem vollkommenen Leben sollte das vollkommene Kloster entsprechen. Stets von neuem versuchten große Klostergemeinschaften diese funktionelle Vollkommenheit zu erreichen. Es gibt keinen anderen Bereich der mittelalterlichen Profanarchitektur mit Ausnahme der Kriegsbaukunst, in dem über die Entsprechung von Funktion und Form mit gleicher Entschiedenheit nachgedacht worden ist. Das Kloster, unabhängig von seiner Kirche, entwickelte sich zu der einzigen Gattung der Profankunst, die höchste Idealität mit strengstem Funktionalismus verbindet.

Erneut muß ich auf den Unterschied der lateinischen Ordnungen zu den griechischen oder auch zu den irisch-keltischen aufmerksam machen. Die Regeln des HL. BASILIUS oder auch des Iren COLUMBAN sind Mönchsregeln. Sie enthalten Vorschriften und Ermahnungen für den einzelnen Mönch. Columban konnte deshalb seine Gedanken in einem Poenitential, einer Strafordnung für alle erdenklichen Vergehen, zu einem Denkmal des irischen Askeseverlangens zusammenfassen. Im Gegensatz dazu ist die Regel des HL. BENEDIKT eine Abtsregel. Sie beschäftigt sich mit dem Verhalten des Abbas oder Vaters der Mönche und gibt Vorschriften für sein Erziehungswerk. Wo uns im Osten das Idyll erfreut, jeden einzelnen Mönch an dem Holz- oder Steinwerk seiner Hütte arbeiten oder seinen Garten pflegen zu sehen, vollzieht sich im Westen alles im Auftrag des Abtes, der jede Einzelheit bedenkt und entscheidet. An keiner anderen Stelle der Architekturgeschichte gewinnt der Bauherr so sehr das Übergewicht über den Baumeister, und oft sehen wir Äbte selbst als Baumeister tätig. Sogar die Pflanzen des Heilgartens schreibt die Utopie von *St. Gallen* vor (s. S. 60). Wer immer die Benediktinerklöster von *St. Michael in Hildesheim* oder *Saint Denis* vor Paris entworfen haben mag, Bischof BERNWARD und Abt SUGER haben sich selbst auch als die verantwortlichen Architekten betrachtet. Bauen gehörte zu ihrem Pflichtenbereich. Ihre planende Vorstellungskraft wurde von der Aufgabe herausgefordert. Das Kloster als Ganzes war ihr Werk, ihre *Abtei*. Es gibt in der Regel selbst eine Bestimmung, die sich gegen das Selbstbewußtsein der Mönchskünstler wendet: »Sind Handwerker im Kloster, so sollen sie in aller Bescheidenheit ihr Handwerk ausüben, wenn der Abt es gestattet. Überhebt sich aus ihnen einer wegen der Kenntnisse in seinem Handwerk, weil er nämlich glaubt, dem Kloster zu nützen, so enthebe man ihn von dieser Beschäftigung. Er darf sich ihr nicht von neuem widmen, außer er habe sich verdemütigt, und der Abt gebe ihm wiederum die Erlaubnis.« (Dokumente Nr. I, 57. Kap.)

BASILIUS DER GROSSE schreibt sich wiederholende Gebetsstunden vor. Die Regel des HL. AUGUSTIN hat den festgelegten Gebetsstunden bestimmte Gebete zugeordnet. BENEDIKT ist noch einen Schritt weitergegangen. Der ganze Tageslauf wurde in Stunden des Gebets, der Lesung, der Arbeit, des Essens, der Meditation und des Schlafens eingeteilt. Vielen dieser Verrichtungen wurden in seiner Regel bestimmte Gebäude zugeordnet. Der Tagesordnung nach Stunden entsprach eine Tagesordnung nach Räumen, und erst aus ihrer genauen Übereinstimmung konnte das vollkommene Klostergebäude erwachsen. Jedes Tun sollte in seinen angemessenen Räumen geschehen, die zu keinem anderen Zweck benutzt werden durften: Schlafen, Essen, Arbeiten, Meditieren, Sich-Waschen, selbst das Sprechen.

Die Nachdenklichkeit über den Geist der Regel führte dazu, daß man versucht hat, die Gestalt der Gebäude dem Rang ihrer Funktionen entsprechend zu formen. Die Kirche, das Haus Gottes und der Ort, in dem das Evangelium verlesen wurde, mußte das größte, reichste, ja beherrschende Gebäude der Klosterkomposition werden. Sieht man im Kloster eine wohldurchdachte Werkstätte (Dokumente Nr. I, 4. Kap.), so ist die Kirche der Ort, wo das Endprodukt, eben das Lob Gottes, ausgeliefert wird. Wer sich über die Strafbestimmungen der Regel unterrichtet, denen sich jeder Mönch unterziehen mußte, dem beim Gesang der Psalmen oder der Lesung ein Mißton, ein Fehler oder Irrtum unterlief (Dokumente Nr. I, 45. Kap.), der wird sich auch bewußt, mit welcher Sorgfalt man in einem Kloster um die absolute Vollkommenheit dieses Endproduktes bemüht war. Doch achtete man in gleicher Weise darauf, daß jede Verrichtung während der langen Tagesprozessionen durch den Klosterbereich mit der gleichen Würde und Vollkommenheit geschah, zumal man dem Essen, Waschen, Arbeiten auch einen höheren Sinn, eine Symbolbedeutung für die Heilsordnung zugeordnet hat. Diese Symbolik sollten Bau- und Kunstwerke veranschaulichen.

Nach der Heiligen Schrift bildete die Regel den wichtigsten Gegenstand monastischer Meditation. Die Mönche waren verpflichtet, sie 'fleißig' zu lesen, tagaus,
tagein, immer wieder die gleichen Sätze. Ihre Einfachheit, ihre Klarheit und ihre
Ordnung sollten Stil und Haltung des Mönchsdaseins bestimmen. Wenn man
für das Lob Gottes und die Lesungen aus der Heiligen Schrift die Abteikirchen
reicher und immer kunstvoller ausgestattet hat, so spürte man bald auch das Bedürfnis, für das Regelbuch und seine Lektüre in der Gemeinschaft der Mönche
einen Raum der zweiten Rangstufe zu schaffen. Seit dem 11. Jahrhundert besitzen die meisten Benediktinerklöster einen Kapitelsaal. Er trägt seinen Namen
nach den Kapiteln der Regel, die dort verlesen wurden. Bis hin zu den Franzis-
kaner- und Dominikanerklöstern des 15. Jahrhunderts ist er an Kunstaufwand
nur der Kirche unterlegen gewesen. Wer unter den Mönchen und Gönnern des
Klosters nicht das Recht hatte, in dieser selbst begraben zu werden, der suchte
seine Grablege dort. Es war ein Bau, der nach Aufwand und Ausstattung in der
Mitte steht zwischen Profan- und Sakralbaukunst. Im Verlauf der Entwicklung
wurde er mehr und mehr zur Kapelle. Auch die *Pazzikapelle* Brunelleschis ist
ein Kapitelsaal.

Der HL. AUGUSTINUS hatte angeordnet: »Wenn ihr zu Tische geht, so hört, bis
ihr wieder aufsteht die üblichen Lesungen ohne Geräusch und ohne Streiten an;
denn nicht bloß mit dem Munde sollt ihr Nahrung zu euch nehmen, sondern auch
eure Ohren sollen hungrig sein nach dem Worte Gottes.« Durch diese Bestimmungen, die die Benediktiner aufgegriffen haben, wurde das Essen selbst zu
einem Sinnbild geistiger Vorgänge. Man hat es früh auch schon mit dem sakra-
mentalen Geschehen beim Abendmahl verglichen. Und diese Bezüge müssen dem
Refektorium den dritten Platz in der Hierarchie der Klostergebäude zugewiesen
und eine Entwicklung vorbereitet haben, die letzten Endes in Leonardos Abendmahl ihren Höhepunkt findet, welches die Schmalseite des Dominikanerrefekto-
riums von *Santa Maria delle Grazie* in Mailand perspektivisch so ausweitet, daß
man Christus und die Zwölf gegenwärtig glaubt. Doch auch der Brunnen, an
dem man sich wusch, der Kreuzgang, in dem man meditierte und las, das Dormitorium waren Gebäude, die augenfällig Heilsbotschaften veranschaulichen
konnten, sei es durch ihre Form oder ihre Ausstattung, die Kapitelle, die Fenster,
die Malereien, selbst den Fußboden. Wer überdenkt, welche Bedeutung in einem
guten Kloster der Gastlichkeit und der Pflege der Kranken zugeordnet wurde,
der wird sich auch bewußt machen, warum im Plan von *St. Gallen* oder beim Bau
von *Cluny* gerade die Herberge und das Krankenhaus besonders reich ausgestattet waren.

Im 31. Kapitel seiner Regel spricht BENEDIKT von den Pflichten des Cellerars, des Wirtschaftsverwalters im Kloster: »Alle Geräte und alle Güter des Klosters behandle er wie heilige Altargefäße. Nichts halte er für gleichgültig« (Dokumente Nr. I, 31. Kap.). Diese Bestimmung wurde zum Ausgangspunkt für die Anstrengungen, die man der Formvollendung von Mobiliar und Gerät in guten Klöstern zuwandte. Hier wird der Mönch verpflichtet, im Alltäglichen, weil es zum Kloster gehört, ein Geheiligtes zu sehen. Eine ethische Einstellung zu den Dingen wird gefordert, die die ästhetische Sorgfalt mitbedingt hat.

Wie schon in der Regel des HL. AUGUSTINUS, die fast ein Jahrhundert älter ist, steht im Mittelpunkt der Benediktinerregel die Vorschrift für das tägliche Gebet. »Siebenmal am Tage preise ich Dich«, lasen die Mönche im 118. Psalm. Siebenmal versammelten sie sich zum Gebet vom frühesten Morgen bis zur Dämmerstunde am Abend. Genau hatte BENEDIKT vorgeschrieben, was an Werktagen und was am Sonntag, was während des Winters, der Sommermonate, der Fastenzeit Stunde für Stunde gebetet werden soll (Schrifttum Nr. 12, S. 168–173). Und man hat sich ein Jahrtausend und mehr an diese Vorschriften gehalten. In den Gebeten aller Tageszeiten von der Prim bis zur Complet standen die Psalmen Davids im Mittelpunkt. Sie gehören zu den ältesten Gesängen der Menschheit. Es gibt Verse in ihnen, die in Königshymnen schon vor den Pharaonen gesungen wurden. So sind sie selbst das Werk eines Jahrtausends. Innerhalb einer Woche sollten nach den Anweisungen BENEDIKTS mindestens einmal alle 150 gesungen werden; viele von ihnen hat man täglich in der Gemeinschaft gebetet, mindestens vierzehn schon in der Prim gleich nach dem Erwachen und zwei oder drei noch bei Dunkelheit. Neben der ernsten Schlichtheit, der Demut und Klarheit der Regel bestimmen die leidenschaftlichen, oft dunklen Bilder dieses ununterbrochenen Gesprächs des Psalmisten mit Gott, seine Bitten und Anklagen, die Geistigkeit des Klosterlebens. Es sind Trauerlieder und Freudengesänge. Von Abgründen reuevoller Erniedrigung steigt man zu Hochsitzen der Überheblichkeit auf, in der man sich von Gott erwählt, beschützt, errettet, ja vor allen anderen ausgezeichnet glaubt.

Regel und Psalter sind die beiden Pole, die die Haltung des abendländischen Mönchtums bestimmen, sein Denken, Empfinden, seine Vorstellungswelt. Sie bilden auch den Wurzelgrund weiter Bereiche der monastischen Kunst. Das Gottesgespräch des Orients und die römische Regel, die Werke höchster Leidenschaft und strengsten Ordnungssinnes, vereinen sich im Klosterleben zur Liturgie, deren Gesang als einziges in der Stille erklingen darf. Das Warum und Wo schreibt die Regel vor, das Was und Wie der Psalter. Die Baumeister sahen sich aufgefordert, für beide zugleich angemessene Räume zu schaffen.

2 Die Anfänge

Anachoreten und Mönche Ägyptens – Basilius der Große – Die Klosterkultur Syriens – Die Regeln des hl. Augustinus – Tours und Lérin in Gallien – Das irische Mönchtum – Benedikt von Nursia – Die Entstehung des benediktinischen Klosterschemas – Karolingische Großklöster

An der alten Heerstraße von Rom nach Neapel, auf dem *Monte Cassino*, gründete 529 BENEDIKT, ein Anachoret aus dem umbrischen Nursia (geb. um 480, gest. vor 553) eine Abtei, in der die Mönche nach einer genau festgelegten Regel lebten. Im gleichen Jahre 529 ließ Kaiser Justinian die Schule der Weisheit in Athen schließen. Eine Seite in der Geistesgeschichte der Menschheit wurde umgeblättert. An die Stelle der Akademie trat das Kloster. Und dieses Kloster sah sich bald gezwungen, die Aufgaben der Akademie zu übernehmen. Es wurde Lehranstalt des Mittelalters. *Monte Cassino* selbst war ein Anfang; es stand zugleich am Endpunkt einer Entwicklung, die mehr als drei Jahrhunderte alt war.

Anachoreten und Mönche Ägyptens

Seit den frühesten Zeiten des Christentums hat es Anachoreten gegeben, Einsiedler, die sich jeder menschlichen Gemeinschaft zur eigenen Heiligung entzogen haben. Viele nichtchristliche Religionen haben diese größte Versuchung des Mönchtums ebenso gekannt wie das Judentum des Alten Testaments. Das Verlangen, alles zu verlassen, der unbegrenzten Meditation über Gott sich hinzugeben, dabei Lebensbedingungen zu akzeptieren, die bei verwegenster Askese kaum die bare Existenz gesichert haben, in Wüsten zu fliehen, in Gebirgsschluchten sich zu verbergen, auf Inseln zwischen Klippen am Meer die einsamsten Einsamkeiten noch aufzuspüren, auf dem Kapitell einer Römersäule durch Jahrzehnte der Sonne des Tages und der Kälte der Nacht standzuhalten, sich im

Dunklen, Feuchten und Versteckten einmauern zu lassen – dies blieben durch das ganze Mittelalter, ja vereinzelt bis ins 19. Jahrhundert und in Indien bis heute, Daseinsformen, durch die das ersehnte Jenseits, eine ungestörte Zwiesprache mit Gott, schon in das Diesseits herabgezwungen werden sollten, worin das Selbstgefühl zugleich sich auflöst und bestätigt sieht. So gab es Einsamkeiten von raffinierter Exklusivität. Zu ihnen gehören die Säulen. Dort oben konnte man ganz allein sein, dem Himmel näher und mit mehr Himmel um sich als an jedem anderen Ort. Für den Syrer SIMEON, der im 11. Jahrhundert nach Trier kam, wurden die unerschütterbaren Römerquadern der *Porta Nigra* zu einer nicht abweisbaren Aufforderung, sich eben dort für den Rest seines Lebens einmauern zu lassen. Die Riesensteine, die als Machtdemonstration gegen die herandrängenden Germanenstämme aufeinandergeschichtet worden waren, erhielten durch den Anachoreten eine dem Mittelalter verständlichere Interpretation. Sie sollten das ununterbrochene Gottesgespräch des Heiligen vor den Störungen der Welt augenfällig und wirksam abschützen. Zum Bild des mittelalterlichen Florenz gehört die *Recluse,* die sich auf dem Ponte alle Grazie eine Zelle erbaut hatte, in der sie am Rande des Verkehrs abgeschlossen in Meditation verharren konnte. Während des 13. und 14. Jahrhunderts hat es nie an Bewerberinnen für diese Position gefehlt, in deren Wirken die Stadt eine Garantie für die stetige Anteilnahme Gottes an dem Geschick des Gemeinwesens gesehen hat.

Das Einsiedlerwesen und mit ihm die Weltflucht ist eine der Wurzeln des Mönchwesens. Die Weltflucht konnte epidemischen Charakter annehmen. Der HL. ANTONIUS hat eine solche Bewegung um 305 ausgelöst, nachdem er rund zwanzig Jahre in der Wüste am Ostufer des Nils völlig zurückgezogen gelebt hatte. Beim Berge *Nitria* in Ägypten (heute Wadi Natron) sollen am Ende des 4. Jh. rund 5000 seiner Nachfolger, teils allein, teils in kleinen Gruppen in harter Askese gelebt haben. Man kennt ergreifende Berichte, Legenden und Bilder, die uns ihren Alltag schildern, zugleich Denkmäler eines archaischen Gottvertrauens wie Rekordleistungen der Selbstkasteiung. Die Einsiedleridylle sollte zu einem Ideal der alten Welt werden. Auch später zog der Ruf der Heiligkeit eines Anachoreten immer wieder zahlreiche Jünger in Kolonien um seine Zelle herum zusammen. Oft haben sich hieraus Klöster entwickelt. Denn es entstand das Verlangen, dem Leben in der Gemeinschaft eine höhere Ordnung zu geben. Diese Ordnungen für die *vita communis* sind die zweite Wurzel des Mönchtums gewesen. Aus Ordnungen wurden Orden.

Der Ägypter PACHOMIUS scheint der erste gewesen zu sein, der um 320 bei *Tabernisi* gegenüber Denderah am rechten Nilufer ein Kloster begründet hat, in dem die Mönche gemeinsam gebetet, gemeinsam gearbeitet und gemeinsam gegessen haben. Jeder sollte schreiben und lesen lernen. Bei Pachomius' Tod, 346, gab es schon neun große Männer- und zwei Frauenklöster in Ägypten. Sie glichen Dörfern, in denen jeder Mönch und jede Nonne in ihrem eigenen Hause wohnten, während in der Mitte der Siedlung ein gemeinsamer Eßsaal, eine oder mehrere Kapellen für den gemeinsamen Gottesdienst errichtet waren. Wir haben zuverlässigen Bericht darüber, daß schon zu Lebzeiten des Pachomius von ägyptischen Mönchen ähnliche Klostersiedlungen in Rom gegründet worden sind. Auch AMBROSIUS und seine Schwester MARCELLINA stifteten vergleichbare Mönchsdörfer auf ihren Gütern vor Mailand.

Basilius der Große

Durch BASILIUS DEN GROSSEN (um 330–379) erhielt der Mönchsgedanke im Osten seine überschaubare Form. In Gemeinschaft mit seinen Brüdern GREGOR VON NYSSA und PETRUS VON SEBASTE, seiner Schwester MAKRINA und seinem Freund GREGOR VON NAZIANZ hat sein Einsatz eine Erneuerung der Kirche Kleinasiens bewirkt. Auch das Mönchtum der Ostkirche ist in seiner Wurzel ein basilianisches. Er hat als erster ausführliche Regeln niedergeschrieben, die schon viele der wesentlichen Merkmale des späteren benediktinischen Mönchtums hervorheben. Von den beiden Regeln dieses erstaunlichen Pädagogen, der längeren und einer kurzen, nehmen alle späteren Mönchsregeln ihren Ausgang. Er spricht von der Rangordnung der Gebote, den langen Gebetsstunden, die früh um Mitternacht beginnen, vom Schweigen, der Enthaltsamkeit, der Demut, dem Gehorsam, von der Arbeit und den Vorzügen des Lebens in Gemeinschaften, er spricht von der Liebe zu Gott, aber auch von der Liebe zum Nächsten. Basilius hat als erster den Tageslauf in die Stunden des Gebets, der Arbeit und der Lektüre der Heiligen Schriften aufgeteilt. Wenn alles Mönchtum den Feind eines vollkommenen Lebens in der 'Welt' gesehen hat, aus der man floh, in ihrer Habgier, ihrem Hochmut und in dem Erotischen in ihr, so hat doch Basilius mit Entschiedenheit das Wirken der Mönche auch in der Welt und für die Welt gefordert. Die Basilianer unterhielten Waisenschulen, Hospitäler, Leprosenhäuser, Werkstätten, in denen die Armen ihr Brot verdienen konnten. Die Mönche übernahmen soziale Aufgaben. Es entstanden Riesenklöster, und in ihrer Monumentalarchitektur finden wir viele Elemente der späteren abendländischen Klosterbaukunst vorgebildet, allen voran die Mauer, die das Kloster von der Welt abgetrennt hielt. Dennoch kann man nicht von einem Orden sprechen. Basilius wendet sich immer an das Einzelkloster und in ihm an den einzelnen Mönch. Unter dem Einfluß des HL. SABA (439–532) sind im Rahmen dieser Regel neue Lebensformen vor

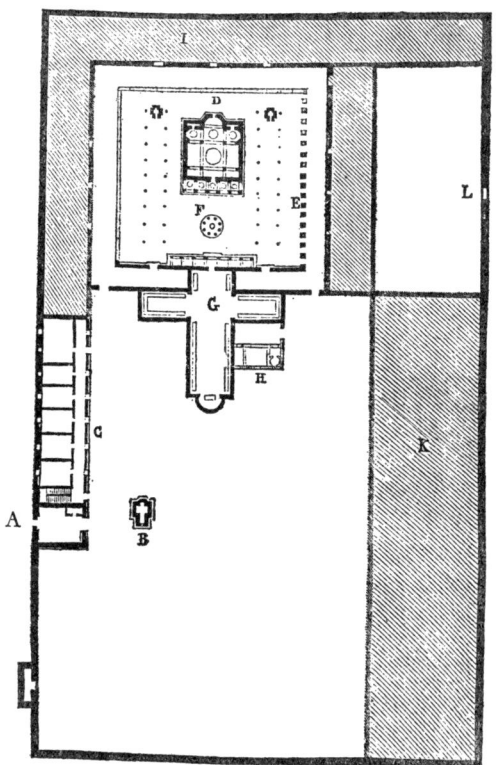

1 Berg Athos, Kloster der heiligen Lauren,
Idealplan. Nach A. Lenoir

A Klosterpforte B Kapelle C Gäste-
haus D Catholica E Kreuzgang
F Brunnen G Refektorium H Küche
I Zellen K Nebengebäude L Pforte

allem in Palästina entstanden, die den Mönchen erneut Einsiedlerhütten ge-
statteten, die 'Lauren'. SABAS Typikon sollte später die Unterlagen für die
Regeln von *Studion* und *Athos* bilden, nach denen die meisten byzantinischen
Klöster leben.

Weniger um ihrer selber willen, als mit der Absicht, Vergleichsbeispiele zu den
späteren benediktinischen Anlagen vorzuführen, seien hier zwei Orientierungs-
abbildungen von Basilianerklöstern wiedergegeben (Abb. 1, 2). Beide Klöster
gehören zu der Mönchsrepublik vom Berge *Athos* und beide stammen in der
Gestalt, in der wir sie vorführen, aus den späteren mittelalterlichen Jahrhunderten (die Darstellungen sind archäologisch nicht ganz richtig). Abb. 1 zeigt in
einer schematischen Wiedergabe den Grundriß des Klosters *Heilige Lauren*. In
der Mitte der Anlage liegt der Kreuzgang, in dessen Mitte wiederum die kleine
Klosterkirche steht. Um sie herum liegen die monastischen Gebäude. Vor der
Kirche ist der Klosterbrunnen. Die Kirche wird von dem Refektorium an Größe

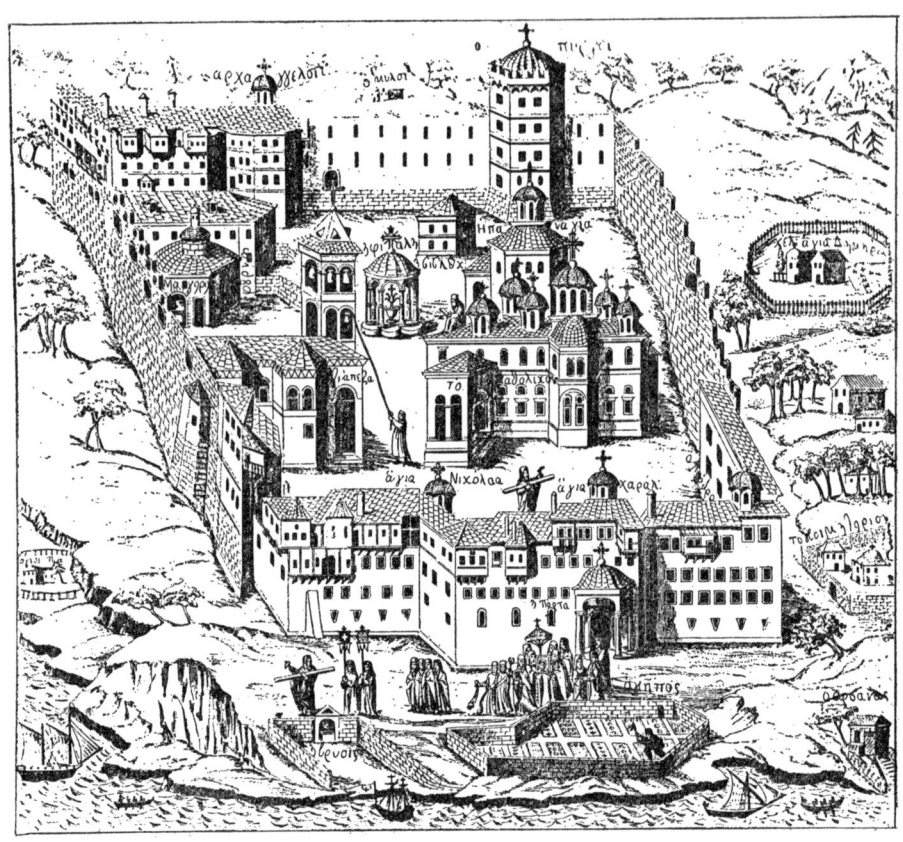

2 Berg Athos, Kloster Rossicon. Nach A. Lenoir

überragt, einem sehr originellen Dreiflügelbau, der sich mit einem Portikus zu ihrem Narthex öffnet. Es ist das größte Bauwerk der Anlage. Neben und nach der Kirche stellt es den einzigen Gemeinschaftsraum dar, in dem sich die Mönche regelmäßig zu den Mahlzeiten versammelt haben. Die gemeinsame Mahlzeit stand im Osten wie auch im Westen am Anfang der Entwicklung zu einer *vita communis*. Über dieses Anfängerstadium sind die Basilianerklöster nur selten hinausgekommen.

Auch das zweite Beispiel zeigt ein Kloster des Berges *Athos* auf dem Höhepunkt seiner Entwicklung. Es handelt sich um eine Umzeichnung eines Stechers des 19. Jh. nach einem griechischen Vorbild des 17. oder 18. Jh. Die Anlage

(Abb. 2) nimmt auch hier, wie bei den meisten Klöstern der Ostkirche, ein großes Rechteck ein, das an den Schmalseiten von dem monastischen Wohngebäude, an den Längsseiten von hohen Mauern begrenzt wird. Man hatte sich auf Verteidigung eingerichtet. Der Bestimmungszweck dieser Gebäude im einzelnen läßt sich aus ihrer Bauform nicht ablesen. Den gesamten Binnenraum – oder doch fast den gesamten – füllen die beiden Klosterkirchen. Es gibt andere Anlagen, in denen noch weit zahlreichere Kirchen von der Mauer umschlossen gehalten werden. Auch der Westen sollte den Brauch mehrerer Kirchen übernehmen. Man spricht dann von Kirchenfamilien. Bedeutsam ist, daß in dieser griechischen Klosterbaukunst jedes einzelne Gebäude für sich steht. Sie ordnen sich nicht einem Schema unter, aus dem sich z. B. Rückschlüsse auf die Prozessionswege ergäben, die die Mönchsgemeinschaft zum Besuch ihrer Kirchen zurückgelegt hätte. Und solche Prozessionen gab es hier auch nur bei besonderen Anlässen.

Die Klosterkultur Syriens

Aus der Vielfalt der Bauten, mit denen sich das östliche Mönchtum die seinen Lebensidealen angemessenen Wohnstätten geschaffen hat, verdienen jene im Ursprungsbereich des Christentums noch besondere Beachtung. Nicht weil sie älter wären als andere Niederlassungen im Ostreich. Auch hier liegt der Anfang im 4. Jh. und damit nach dem Aufstieg des Christentums zur staatlich anerkannten Religion. Sie sind auch wahrscheinlich weder die größten noch die richtungweisenden Bauorganismen gewesen, aber sie blieben uns in ihrer ursprünglichen Gestalt überliefert.

Syrien war vom 4. bis zum 6. Jh. ein blühendes Land (Schrifttum Nr. 30). Die Entfaltung des Christentums wurde nicht wie in Italien und Griechenland durch Einfälle der Goten und Vandalen gestört. Die Klöster konnten fast durch 300 Jahre ihre eigenen Bautraditionen entwickeln, bis sie zu Beginn des 7. Jh. erst durch die persischen Eroberer bedroht (610–612), dann durch die arabischen zerstört worden sind (633–638). Im Gegensatz zu den Klöstern der griechischen Länder konnten die Bauten der Frühzeit auch nicht durch Nachfolgebauten ersetzt werden. Sie blieben verlassen, und das besonders auch deshalb, weil die ganze Gegend verlassen wurde, nachdem ihre Kulturen vernichtet waren. Das Land trocknete aus. Die Ruinen der syrischen Klöster des 4. bis 6. Jh. stehen in Regionen, die fern den dichter besiedelten Küstenbereichen, fern auch den großen Städten mit ihrem fruchtbaren Hinterland, Damaskus, Aleppo, auch Jerusalem, lagen, in Südsyrien, in Nordsyrien und in Nordostsyrien, in Regionen, deren Geschichte und Baugeschichte in keiner Einheit verlaufen ist.

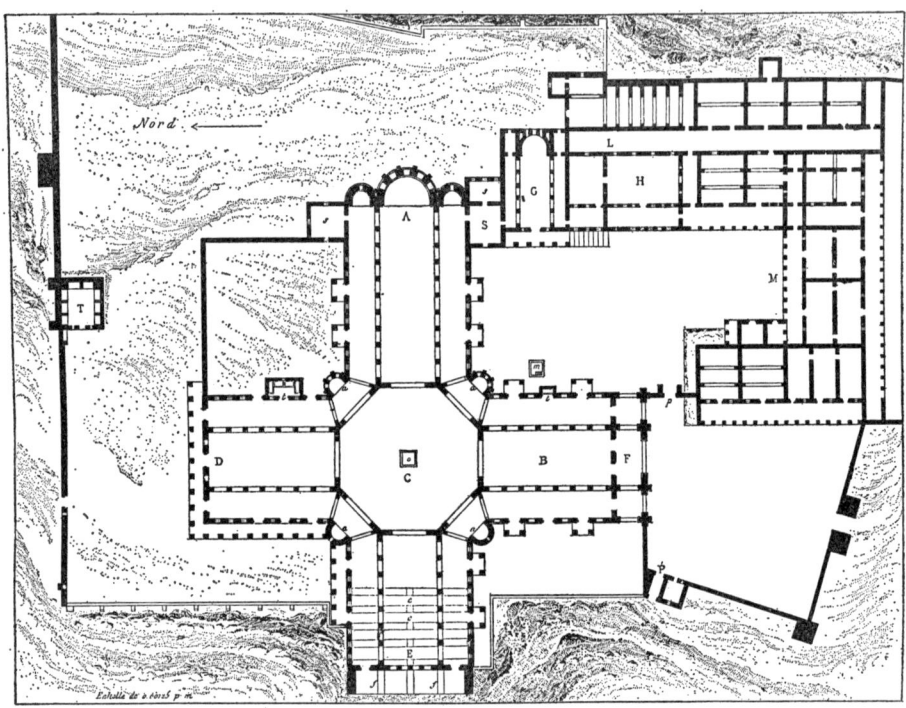

3   Kal'at Sim'ân, Kirche und Kloster des Simeon Stylites. Nach H. C. Butler

Wir müssen darauf verzichten, einen Blick auf die hochinteressante Entwicklung der kirchlichen Baukunst zu werfen, um unsere Aufmerksamkeit auf die eine Frage zu richten: wie sah ein syrisches Kloster aus? Inwieweit spiegeln die Grundrisse einiger Großklöster den Stil des Zusammenlebens der Mönche?

Zunächst weiß man, daß es auch in Palästina Basilianerklöster gab, in denen das Gemeinschaftsleben vorherrschte, und Lauren, in denen die Anhänger des HL. SABA VON CAPPADOCIEN (439–532) nach Wegen suchten, das Einsiedlerleben mit dem Gemeinschaftsleben zu verbinden.

Ausgangspunkt der Betrachtung der eigentümlich syrischen Klöster muß die Einsicht bilden, daß die Klöster in Syrien im wachsenden Ausmaß Stationen oder Ziel von Pilgerfahrten wurden. In Nordsyrien lagen die meisten Klöster auf dem Weg zu dem Hauptheiligtum des Landes, dem Kloster *Kal'at Sim'ân*. Dort hatte SIMEON STYLITES DER ÄLTERE (geb. 390) dreißig Jahre auf seiner letzten, ca. 19 m hohen Säule gestanden. Noch zu seinen Lebzeiten entstand der Vorgängerbau jener einzigartigen Kirche aus vier Basiliken, die wie Prozessionswege zu dem großen Oktogon führten, in dem der Heilige im Freien ununterbrochen aufrecht stand, nur zum Gebet sich verneigend, und zweimal am Tage zu den Umstehenden sprach (Abb. 3, 12). Seine Vita berichtet, daß er sich in früheren Jahren während der 40tägigen Fastenzeit immer ohne jede Nahrung einmauern ließ, daß er es später vorzog, sich an einen Felsen anschmieden zu lassen, ehe er seinen Standplatz auf einem Steinblock und später auf einer Säule bezog, die zum Schutz gegen seine Verehrer immer höher wurde. An Sonn- und Feiertagen soll er die Arme ohne je abzusetzen, zum Himmel erhoben haben. Auf seiner Säule ist er im September 459 gestorben. Da stand er nun, während rings um ihn das bedeutendste Architekturwerk hochwuchs, welches in der östlichen Reichshälfte zwischen dem Tempel von Baalbeck im 2. Jh. und der Hagia Sophia im 6. Jh. errichtet wurde. Butler (Schrifttum Nr. 30) nimmt an, daß diese Kirche im wesentlichen zwischen 450 und 470 erbaut worden ist. Wir besitzen keine Baudaten. Ihr Einfluß auf spätere, datierbare Werke zwingt zu dem frühen Ansatz. Um den Heiligen, zunächst im Freien, dann zwischen den Vorgängerbauten, endlich in der begonnenen oder schon vollendeten Säulenhalle hat es nie an Pilgern gefehlt, die staunend zur Mitte blickten, wo er ununterbrochen aufrecht blieb. Man weiß, daß das große Kloster im Süden der Kirche damals schon bestand (Abb. 3). Doch fällt es schwer, die monastischen Gebäude von den Pilgerherbergen zu unterscheiden. Keiner der zahlreichen Besucher und Erforscher der Anlage, begonnen mit ihrem Wiederentdecker Marquis de Vogüé, der sie in seinem Werk über ›Syrie Centrale‹ 1865–97 veröffentlicht hat (Schrifttum Nr. 26), gibt über den Bestimmungszweck der einzelnen Räume Auskunft. Wir haben einen Hof, zu dem sich Säulenhallen öffneten, und es gab einen Gang, an dem Räume von unterschiedlicher Größe sich aneinanderreihten. Man erkennt keine Zellen, keinen Schlafsal und keinen Speisesaal.

Der Plan zeigt nicht die ganze Anlage. Sowohl im Osten als auch im Süden weist der Verlauf der Befestigungsmauer darauf hin, daß der Klosterbereich ein noch größeres Gelände bedeckte. Auch darf man mit Sicherheit annehmen, daß es zahlreiche Holzbauwerke gegeben hat, von denen keine Spur mehr vorhanden ist. Immerhin genügt das Vorhandene, um zu erkennen, daß wir es hier mit einem Organismus zu tun haben, in dem das Gemeinschaftsleben der Mönche ganz hinter dem Dienst an dem Heiligen zurücktrat. Dieser Einzelne und seine Askese standen im Mittelpunkt. Schon zu Lebzeiten war er nicht nur optisch aus der Gemeinschaft herausgehoben, auf ihn war die kirchliche wie die klösterliche Architektur bezogen. Wir haben ein Säulenmonument und seine Versorgungsbauten.

Auch in anderen syrischen Klöstern bestimmen die Gebäude, die dem Pilgerbetrieb dienen, neben der Kirche den Gesamtplan. Als ein zweites Beispiel mag

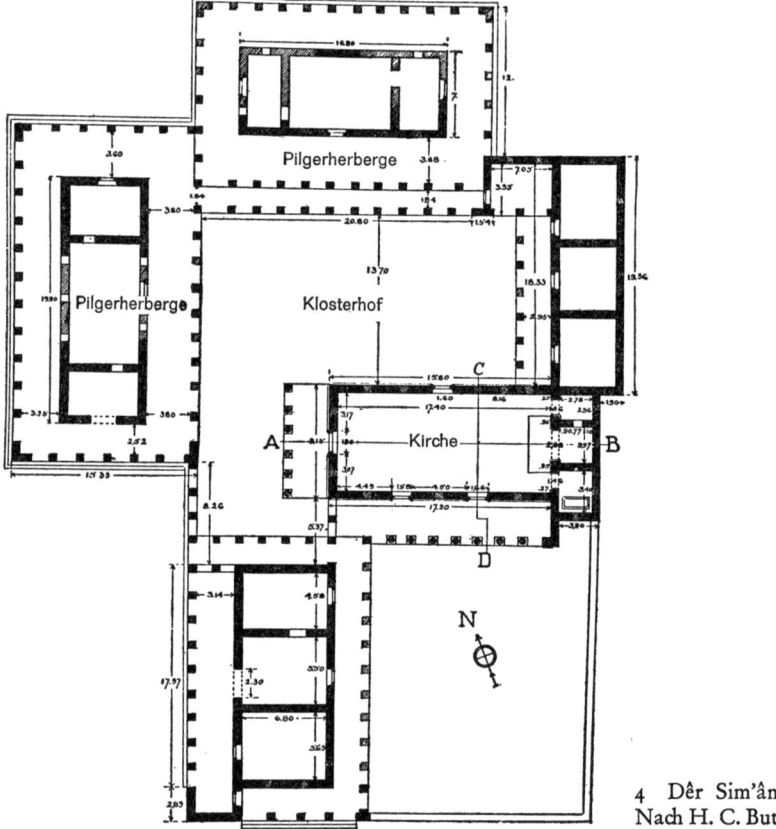

4 Dêr Sim'ân, Südkloster.
Nach H. C. Butler

das Südkloster in *Dêr Sim'ân* dienen (Abb. 4). Die Stadt lag unten am Hügel von Kal'at Sim'ân. Sie besaß drei Großklöster. Eines von ihnen bildete eine Station in der 'Askese-Karriere' des HL. SIMEON. Das Südkloster besaß nur eine verhältnismäßig kleine Kirche. Vier zweigeschossige Gebäude mit zweigeschossigen Pfeilergängen umstanden einen Klosterhof, durch den man die Kirche betrat. Das Gebäude nördlich anschließend an die Kirche mit seinen drei großen Räumen und wahrscheinlich auch das Gebäude im Süden links der Kirche mag den monastischen Bedürfnissen gedient haben. Die beiden größeren Steinhäuser im Norden und Westen waren Pilgerherbergen, große Karawansereien, in denen man sowohl in den großen Sälen wie auf den Gängen des Porticus lagern konnte. Die architektonische Gestaltung war großzügig und zweckmäßig. Für ein zurückgezogenes Mönchsleben ließ sie wenig Raum.

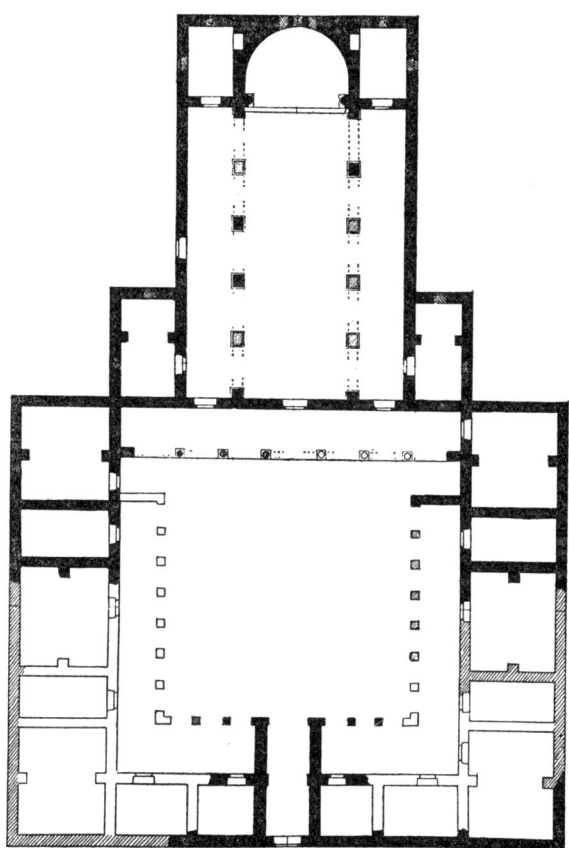

5 id-Dêr, Kloster.
Nach H. C. Butler

Es kann uns nicht wundern, daß auf einem Boden, der jahrhundertelang hellenistische Bauwerke getragen hat, sich neben improvisierten Klosterpersönlichkeiten auch ganz regelmäßige Anlagen finden. H. C. Butler fand auf seinen Expeditionen freilich nur ein bedeutendes Beispiel: *id-Dêr* (Abb. 5) – zu deutsch 'das Kloster' – in Süd-Syrien. Schon der Name sagt, daß es besonderes Ansehen genoß. Antike Fragmente, die wiederverwendet wurden, bezeugen, daß die Anlage über einem hellenistischen Tempel errichtet worden ist. Der Kirche ist ein quadratischer Klosterhof in der Form eines Atriums vorgelagert, das rings von Steingebäuden eingefaßt wird. Wieder läßt weder Gestalt noch Größe der Räume Rückschlüsse auf ihren Bestimmungszweck zu. Genau dem Kirchenportal gegenüber befand sich der Eingang. Man durchschritt ein Tonnengewölbe, den Hof, den Portikus, und sah sich in der Kirche einer Apsis gegenüber, die regelmäßig gestaltet den Blick auf die drei Ostfenster freigab. Erneut vermißt man einen abgeschiedenen Bereich des monastischen Lebens. Wer nicht in die Einsamkeit ging oder eine Zelle außerhalb des Organismus bewohnte, fühlte sich wie seit eh und je im Orient nicht veranlaßt, sich von dem allgemeinen Leben einer Pilgerstation zurückzuziehen.

Wiederholt ist darauf hingewiesen worden, daß Einzelmotive des westlichen Benediktinerklosters im Osten vorgebildet worden sind, unter ihnen vor allem der Kreuzgang. Alle diese Motive waren den Baumeistern der Mittelmeerwelt seit langem, auch im profanen Bereich, bekannt. Ein Benediktiner des 8. oder 9. Jh. hätte in *Kal'at Sim'ân* oder *id-Dêr* nichts bemerken können, was ihm nachahmenswert erschienen wäre. Denn das Gesamtklosterdenken des Orients, mit seinem Gegensatz von strengster Einsiedleraskese und öffentlichem Dienst an Pilgern und Reisenden, wurzelte in grundverschiedenen Lebensgewohnheiten.

Die Regeln des hl. Augustinus

Die Regeln des HL. AUGUSTINUS (354–430) gelten als die ältesten Mönchsregeln des Abendlandes. Man hat an ihrer frühen Entstehung gezweifelt und sie als spätere Kompilation aus augustinischen Schriften bezeichnet. Sowohl allgemein historische Überlegungen als auch die neuere Textkritik konnten das widerlegen. Augustinus hat das Mönchtum in Mailand kennengelernt. Nach der Rückkehr nach Afrika 387, noch vor seiner Weihe zum Priester, hat er mit seinen Freunden in *Tagaste* ein erstes Kloster gegründet. Gleich nach seiner Gründung muß er die Lebensgewohnheiten der jungen Gemeinschaft in einer ersten Regel niedergelegt haben. Dieses Dokument eines neuen Klostergeistes enthält die ältesten bekannten Vorschriften über die kirchlichen Tageszeiten. Wenige Jahre später ergänzte er diesen Text durch eine zweite Regel, in der er die Verpflichtungen der Mönche theologisch und moralisch begründet. In mehreren späteren Schriften kommt er auf die Regeltexte zurück. Bei seinem Tod soll es mehr als 20 Klöster in Afrika gegeben haben. Von keinem kennen wir die Gestalt.

Nach der Eroberung Afrikas durch die Vandalen sahen sich immer zahlreichere Mönche zur Flucht gezwungen. Nach Süditalien, Spanien, Frankreich haben sie ihre Regel mitgebracht. Neben Tageszeiten und Chorgesang blieb ihnen auch die Arbeit Vorschrift. Mancherlei Merkmale der späteren Regel des HL. BENEDIKT waren hier vorgeformt. Als CHRODEGANG 755 die Chorherren der Kathedrale von *Metz* zu einem gemeinsamen Leben zwang, griff er in den 34 Kapiteln seiner Regel Elemente der Augustiner- und der Benediktinerregel auf. Die Synode von Aachen hat 816 diese Vorschriften für alle Bischofsstifte verbindlich gemacht.

Gleichzeitig lebte in vielen älteren Klöstern auch die reine Regel des HL. AUGUSTI-
NUS fort. Priesterorden, die Prämonstratenser im 12. Jahrhundert, die Dominikaner im 13. Jh., haben sie übernommen. Auch die meisten Ritterorden schlossen
sich an. Eine ganze Reihe von Eremiten-Kongregationen hat sich etwas später in
ihrem Dienst zusammengefunden. Dieser Zusammenschluß erhielt 1256 durch
die Bulle Alexanders IV. ›Licet ecclesiae catholicae‹ seine Bestätigung. So entstanden als ein neuer Orden die Augustiner-Eremiten. Es waren also neben manchen kleineren Abzweigungen vier große Organisationen, die im Laufe der Zeit
sich den Vorschriften des größten unter den Kirchenvätern untergeordnet hatten:
die Augustinerherren und Chordamen und mit ihnen alle Kanonikerstifte, von
denen es gegen 1600 allein 4500 männliche im Abendland gab, später dann die
Prämonstratenser und die Dominikaner und zuletzt die Eremitenvereinigungen.
Später kamen immer neue Stiftungen hinzu. 1514 konnte ein Benediktiner 34
Ordensgesellschaften nennen, die nach der Regel des HL. AUGUSTINUS lebten. 1623
waren es 43 Orden mit 28 Kongregationen. Trinitarier, Serviten, Ursulinen und
Salesianerinnen gehören zu ihnen. Würde man alle ihre Niederlassungen zu-
sammenzählen, sie würden an Zahl jede andere Gruppe, selbst die der Benedik-
tiner und ihrer Reformzweige übertreffen.

Dennoch haben sie weder in der Frühzeit noch während aller späteren Jahr-
hunderte eigene Formen monastischer Architektur ausgebildet. Es gibt kein
Klosterbauschema, an dessen Merkmalen alle oder doch einige der wesentlichen
Mönchsgemeinschaften zu erkennen wären, die nach dieser einen Regel ihr
Leben gestalteten. Die Frage, ob im Bereich der Domstifte, die nach der Augu-
stinerregel lebten, oder im Bereich der benediktinischen Organisationen der
Kreuzgang neben der Kirche und das Schema der sie umlagernden Gebäude zuerst ausgebildet wurden, muß zugunsten der letzteren beantwortet werden.
Ich werde auf sie zurückkommen. Auch sonst haben die Augustiner, deren Regeln dem hl. Benedikt bei seiner Festsetzung der Tagesgebete vorgelegen haben
müssen, mancherlei der konsequenteren Entwicklung der Benediktinerordnungen
wiederum entnehmen können. Die Baugeschichte der Kanonikerstifte und deren
Sonderformen steht außerhalb dieser Übersicht. Sie ist noch nie untersucht worden. Man wird sicher zahlreiche für die Geschichte der monastischen Architektur
bedeutende Einzelbauten aufführen können. Einen neuen und zugleich richtungweisenden Baugedanken aber vermag ich ihnen nicht zu entnehmen.

Tours und Lérins in Gallien

Bald nach der Mitte des 4. Jahrhunderts erreichte der Klostergedanke Gallien. Der erste überragende Mönchsführer Frankreichs wurde der HL. MARTIN VON TOURS (ca. 316–397). Dieser Sohn eines römischen Soldaten, dessen Legion 316 in Ungarn gestanden hat, sollte zum Nationalheiligen der Franken aufsteigen. Um 360/70 entstand um seine Zelle das erste Großkloster an der Loire. Da sich die Geschichte ebenso wie die Legende bald der überragenden Gestalt annahm, konnten in seiner Nachfolge im 5. und 6. Jh. zahlreiche Töchterklöster gegründet werden. Das westliche Frankreich wurde ein Klosterland. In der Vita des hl. Martin beschreibt schon gegen 400 Sulpicius Severus das neue Großkloster von *Tours*. In einem durch Mauern abgesicherten Bereich lebten die Mönche in Hütten, die sich an diese Mauer anlehnten, während in der Mitte des Raumes ein zweigeschossiges Haus gestanden hat, das unten die Zellen Martins und einiger seiner Mitbrüder enthielt, oben aber einen gemeinsamen Speiseraum. Eine kleine Kirche und bald mehrere lagen benachbart. Es gab Grabkapellen, später Reliquienkrypten. Das Ganze machte mehr den Eindruck eines Dorfes, einer Siedlung als den eines Klosters, oder besser gesagt, der Klostergedanke hatte noch keinen ihm eigenen Bautypus entwickeln können. Auch war diesen Jahrhunderten des untergehenden Römerreiches, der Invasionen der Germanen und des Neubeginns der jungen Barbarenstaaten eine Monumentalarchitektur fremd geworden. Alle Bauten der Völkerwanderungszeit sind klein und wirken, wie das *Baptisterium in Poitiers* oder die *Grabkrypta von Jouarre,* mehr durch die ornamentale Gestaltung von Wänden, Säulen und Sarkophagen als durch die architektonische Form. Die Kunstgeschichte dieser Jahrhunderte ist eine Kunstgeschichte der Kleinkünste. Auch alle Kirchen, deren Grundrisse ergraben wurden, waren klein. Wo immer nicht mehr Bauten der Römerzeit den äußeren Rahmen bildeten, müssen selbst große Klöster eher den Lagern von Nomaden geglichen haben, in denen man verstreut in Zelten wohnte, als einer antiken Stadt. Allein die Mauer grenzte den Bereich als einen geheiligten aus. Das *Tours* des HL. MARTIN war ein 'Klosterkral' mit einem römischen Steinhaus in seiner Mitte.

Gleichbedeutend für die Entwicklung mit *Tours* wurde das Inselkloster *Lérins,* das der HL. HONORATIUS, wie man annimmt ein flüchtender Römer aus Britannien, zwischen 400 und 410 vor der südfranzösischen Küste gegenüber Cannes gegründet hat. Man lebte ohne feste Regel, vielfach in Einsiedeleien, zeitweise über alle vier Inseln der Lérins und das Küstenland zerstreut. Zu Beginn des 7. Jahrhunderts sollen 3700 Mönche in diesem Klosterstaat gewohnt haben. Bei einem Sarazeneneinfall 732 wurden 500 von ihnen, zusammen mit

dem Abt, niedergemetzelt. Der Versuch, die Benediktinerregel einzuführen, mißlang. Die Mönche erschlugen 677 den Abt, der ihnen dieses disziplinierte Leben
zuzumuten gewagt hatte, in dem selbst der Askese Grenzen gesetzt waren. Noch
viel weniger ließ sich in der Frühzeit eine bauliche Klosterordnung festhalten.
Sieben kleine, dem Verfall preisgegebene Kirchlein von hohem Alter weisen heute
allein noch darauf hin, daß man Jahrhunderte lang in diesem Inselparadies verstreut gelebt hat, Gott und der Sonne ausgesetzt. Doch wurde das Kloster die
Pflanzstätte der südfranzösischen Theologie. Über 70 Heilige sind aus ihm her-
vorgegangen, zahlreiche Bischöfe und Erzbischöfe. Seit dem 10. Jahrhundert
waren auch hier die benediktinischen Lebensprinzipien zur Norm geworden.

In einer beeindruckenden Karte hat Friedrich Prinz die drei Etappen der
Ausbreitung des Klostergedankens von Süden und Westen aus, den Quell-
stätten *Tours* und *Lérins*, nach Norden und Osten veranschaulicht (Schrifttum Nr.
33). Albrecht Mann hat eine andere Karte zur Geschichte der Entfaltung der
karolingischen Kultur zusammengetragen, mit allen 'Großbauten', d. h. Kathe-
dral- und Klosterkirchen, die uns bis zur Mitte des 9. Jh., dem Tode Kaiser
Lothars, bezeugt sind[1]. Es waren nicht weniger als 1695, darunter 1254 Klöster
im Raum des Frankenreiches. Zugleich ergab sich, daß die Größe einer Stadt uns
für diese Frühzeit vor allem durch die Zahl der Klöster veranschaulicht werden
kann, die in ihr oder an ihrer Peripherie begründet worden sind. Die Liste der
Hauptorte des Abendlandes würde nach dieser Statistik von Rom mit 54 Klöstern, zu Ravenna mit 16, Paris mit 17, weiter nach Le Mans (15), Vienne (13),
Lyon (10), Tours, Köln und Mailand (8), zu Metz, Orléans, Trier, Pavia und
Lucca mit 7 führen. Jean Hubert verdanken wir den Nachweis, daß an den Ausfallstraßen von Le Mans allein im 7. Jh. 8 Klöster in einer Entfernung zwischen
200 und 900 m von der Stadtmauer entstanden sind[2]. Man brauchte den Schutz
der Römermauern in Notzeiten; aber man suchte sich der Jurisdiktion des Bi-
schofs so weit wie möglich zu entziehen. Offenbar wollten viele mächtige Adels-
persönlichkeiten lieber ein eigenes Kloster gründen, als in ein fremdes eintreten.
Doch bilden diese Stadtklöster nur einen kleinen Teil der Gesamtzahl. Die Masse
lag in kleineren Plätzen oder auf dem freien Lande. Die meisten von ihnen sind
vom 5. bis 7. Jahrhundert gegründet worden. Man muß sich bewußt machen, daß
die erstaunlichen Erfolge, die namentlich *Lérins* zu Beginn des 5. Jh. gehabt hat, in
Zusammenhang mit der Flucht der römischen Oberschicht aus Nordgallien und
den Gebieten an Rhein und Mosel stehen, die STILICHO durch den Rückzug seines
Heeres und der Reichsverwaltung 401 nach Mailand und Arles verursachte. Die
Flucht vor den Barbaren in noch sichere Bereiche wurde zur Weltflucht ins
Kloster. Dieser Weltflucht mag es zuzuschreiben sein, daß die Kultur-, Bau-

und Kunstleistungen der Klöster der Merowingerzeit so erstaunlich gering sind. Von wenigen, relativ späten Ausnahmen abgesehen, von denen gleich noch zu sprechen sein wird, vermögen wir uns kein einziges dieser zahlreichen Klöster im Grundriß zu vergegenwärtigen. Wenn immer wieder auf die schöne Krypta von *Jouarre*, ihre Gräber und ihre aquitanischen Kapitelle hingewiesen wird, so deshalb, weil wir in ihr fast den einzigen monastischen Innenraum besitzen, der sich erhalten hat. Man datiert sie an den Ausgang des 7. Jh. Diesem Zeitalter fehlte auch hinter den Klostermauern die Kraft zu monumentalen Gestaltungen. Es fehlte ihm ebenso ein Arbeitsethos, welches die Voraussetzung für Großbauten war. Man wollte nichts aufbauen, wollte noch keine neue Ordnung stiften. Die Asketen der Frühzeit im Osten wie im Westen, von wenigen berühmten Gelehrten und Geschichtsschreibern abgesehen, taten zunächst einmal durch Jahrhunderte hin wenig oder nichts. Das benediktinische Arbeitsideal hatte noch keine konkrete Gestalt gefunden. Es ist gewiß kein Zufall, daß wir kein einziges Buch besitzen, das in den Klöstern der Frühzeit in einem der drei germanischen Königreiche entstanden wäre, weder in Italien noch in Spanien oder dem Frankenreich. Der älteste Band wurde 669 im Kloster *Luxeuil* geschrieben (New York, Pierpont Morgan Library 334). Es hat zwar sicher ältere gegeben, jedoch kaum solche, die der Nachwelt erhaltungswürdig erschienen sind.

Von Lérins aus die Rhône aufwärts – so hörten wir – drangen östliche Klosterregeln nach Norden. ST. PATRICK übertrug noch im 5. Jh. von *Auxerre,* einer Gründung Lérins, einige Wesenszüge des Ordensgedankens nach Irland.

Das irische Mönchtum

Im Italien des 4. und 5. Jh., in Frankreich und auf den britischen Inseln standen die Anfänge der Mönchsbewegung durchaus unter dem Einfluß des Ostens. Das rücksichtslose Askeseverlangen Afrikas hat dabei größere Bedeutung besessen als die gemäßigte Geistigkeit der griechischen Provinzen Asiens. Das keltische Mönchtum, das sich seit dem ausgehenden 5. Jh. von Irland aus zu einer Mönchskirche entwickelte, baut auf dem ägyptischen Anachoretentum auf. Seine Entstehungsgeschichte aus britischen Wurzeln und wohl doch burgundischen Anregungen – der HL. PATRICK (385/86–461), ein Brite, der als Gefangener und Sklave der Iren nach Irland kam, wurde nach seiner Flucht in *Lérins* zum Mönch, in Auxerre zum Priester – braucht uns hier nicht zu beschäftigen. Bei seinem Tode 461 war Irland ein christliches Land geworden. Einige Klöster rühmen sich ihrer Gründung durch Patrick selbst. *Downpatrick* und *Armagh* gehören zu ihnen. Doch die Entfaltung des monastischen Gedankens vollzog sich erst im

6. Jh. ST. FINIAN († 549) verwandelte (um 513) den Bischofssitz *Clonard* des hl. Patrick in ein Kloster, und bald war das christliche Leben der ganzen Insel durch zahlreiche Klostergründungen von einem römisch-hierarchischen zu einem asketisch-monastischen geworden. Große Teile der Bevölkerung scheinen damals in die Klöster gezogen zu sein. Den Abt stellte von Generation zu Generation jeweils die Familie, die das Land gestiftet hatte und über die Region herrschte. Clonard selbst soll Tausende von Brüdern, Lehrern und Schülern beherbergt haben. Der HL. BRENDAN (*577) soll wenig später in *Clonfert* eine Niederlassung mit mehr als 3000 Mönchen geleitet haben, die nach einer unerbittlich strengen Regel lebten. Die Askeserekorde scheinen sich von Jahrzehnt zu Jahrzehnt erhöht zu haben. COLUMBAN (521–597) mutete seinen Mitbrüdern zu, das Leben mit einem Minimum an Schlaf und Speise durchzustehen und sich ebenso an die furchtbarsten Auspeitschungen wie an überlange Hochämter zu gewöhnen. FINTAN von *Clouenagh* verbot seinen Mönchen sogar, sich des Zugviehs auf ihren steinigen Äckern zu bedienen. Sie hatten sich selbst vor den Pflug zu spannen. Zur Askese gehörten auch das Einsiedlerleben wie das Gelübde ewiger Wanderschaft, das ein Kennzeichen der irischen Weltentsagung gewesen ist. Hier zuerst wurde selbst das Zuhause des Klosters als eine Gefahr für die Selbstentäußerung empfunden.

Der bedeutendste irische Mönchsführer, der HL. COLUMBAN (ca. 530/40–615), beeinflußte vor allem durch sein Poenitentiar, eine Sammlung von Strafbestimmungen auch gegen die undeutlichsten Regungen einer sinnlichen Vorstellung, die Entwicklung des Mönchtums. Sie wurde als 10. Kapitel einer Regel von nur 9 Kapiteln angehängt, die in vielen Klöstern des Frankenreichs gemeinsam mit der Regel des HL. BENEDIKT befolgt werden sollte. Es steht uns nicht zu, mit modernen medizinischen und moraltheologischen Begriffen diesen extremen Rigorismus abzuwerten. Die Vorkehrungen, die Jahrhunderte hindurch die Klosterordnungen gegen die sich regende Sinnlichkeit getroffen haben, insbesondere gegen die Gefahr der Sodomie und Onanie, würden ebenso einen Band Kulturgeschichte füllen wie die Strafen, die überall dort vollzogen wurden, wo man sie nicht verhindern konnte. So bleibt das Bild der einsamen Mönche unvergeßlich, die im bewegten Meer vor den irischen Küsten von Sonnenuntergang bis Sonnenaufgang bis zum Hals im Wasser standen, um unter Psalmengesang eine Versuchung des Fleisches abzubüßen. Man hatte erkannt, daß man auch die Mönche nie allein und auch in kleineren Gruppen nie unbeobachtet lassen durfte, daß zum wirklichen Vollzug jeder Regel eine Mindestzahl von Mönchen erforderlich war, deren Absinken meist den Sittenverfall zur Folge hatte. Ferner hat COLUMBAN in *Luxeuil*, seiner neben *Bobbio* bedeutendsten Gründung auf dem

Kontinent, das ununterbrochene Gotteslob eingeführt, in dem sich die Mönchs-
chöre ablösen sollten. Der nächtliche Chordienst im Winter wurde auf 75 Psalmen (im Sommer 24) erweitert. Es blieben knapp vier Stunden noch für den
Schlaf.

Wer an das Mönchtum des 5. und 6. Jh. im Abendland denkt, an die Stätten,
in denen sich in der Trümmerwelt des versinkenden Römerreichs einzelne Weltflüchtige verbargen, an die ersten Klöster Spaniens, die Küsten Südfrankreichs,
an Irland und Schottland, dem treten nicht Bauwerke vor Augen. Es ist hier
auch nicht sinnvoll, von dem Kulturgut zu sprechen, welches einzelne, wie der
große CASSIODOR (ca. 490–583) in seinem Kloster *Vivarium,* vor der Zerstörung
retten konnten. Gerade Irland und die schottischen Küsten sind ein Beispiel
dafür, daß man die Orte selbst und die seltenen Male aufsuchen muß, an denen
die frühen Mönche sich festsetzten, um ihren Geist zu erfassen. Inseln und Klippen, Bergesschluchten, Einöden, das Unbewohnte und Unbewohnbare traten ihnen als eine Aufforderung zur Askese entgegen. Das Unzugängliche, nur unter
größten Beschwerden Erreichbare zog sie an. Felsen vor der Geräuschkulisse eines
immer tobenden Meeres, Höhlenklöster und Klosterhöhlen, umgeben von spär-
lichem Schwemmland, waren der Schauplatz ihrer Askesebestimmung. Eine verborgene Schlucht, ein überhängendes Felsmassiv lud sie ein, sich ein Leben lang zu
verbergen. Auch dort sind Bauwerke entstanden. Ich sprach von Malen – ein aus
rohen Steinen gefügter, fast lichtloser Kirchenraum, ein Turm, ein Kreuz, hohe
Gemäuer. Wo ein Kloster bis in die Jahrhunderte der Romanik fortblühte – wie
etwa *San Juan de la Peña –,* nahm es auch an ihrer Formkultur teil. Abb. 13 zeigt
den Kirchenbau, der sich zusammen mit den kleinen Klostergebäuden an dem
romanischen Kreuzgang in den Schutz des großartigsten Felsenüberhanges be-
geben hat. Nicht die Architektur, vielmehr die Natur, die Auswahl des Ortes und
das Verharren im Grandios-Unwirtlichen kennzeichnen den Klostergeist.

Wenn von der großen Zahl der irischen Klöster nur ganz wenige Spuren uns
erhalten blieben, so liegt dies vor allem an ihrer Architektur selbst. Sie war nie
monumental. Die Mönche lebten in einzelnen Hütten aus Feldsteinen, gewölbt,
ohne Mörtel wie die Trulli Apuliens, doch schlichter. Oft begnügten sie sich wie
die Orientalen mit geflochtenen Weiden. Über die erfolgreichste Gründung des
HL. COLUMBAN, das Kloster auf der Insel *Hy* oder *Jona,* besitzen wir eine Beschreibung, laut derer die Mönche in 12 kleinen Zellen aus Holz und Erde wohnten, während dem Abt eine etwas größere Zelle auf einem Hügel vorbehalten
war, das *tuguriolum,* wie man sie nannte. Die Anlage erinnert an *Tours.* In
Irishmurry in Schottland haben sich solche bienenkorbartigen Zellen erhalten.
Auch die Kirchen waren kleine und dunkle gewölbte Räume, keine länger als

knapp zehn Meter. Auch sie sahen steinernen Körben ähnlich. Es gab einzelne Türme. Die Mauern, die den weiten Klosterbereich umschlossen, glichen den Mauern der Weinberge der Mittelmeerwelt. Man weiß, daß diese Mönche eine großartige Ornamentkunst geschaffen haben, Bücher wie Goldschmiedewerke, in der der Ornamentschatz der germanischen und keltischen Vorgeschichte fortlebt. Gemeinsam mit der angelsächsischen Kunst hat die irische Miniaturmalerei Einfluß auf den karolingischen Neubeginn des Kontinents gewonnen. Die Bedeutung der irischen Mönchsmission im Frankenreich ist bekannt. Mindestens seit dem 11. Jahrhundert haben die 'Schottenmönche' gute Klöster, freilich nur selten mit eigenständigen Formgedanken, erbaut. Von der frühen irischen Mönchsarchitektur jedoch gingen keine Einflußströme über den Kanal, die dort Beachtung finden konnten. Wo immer es sie vereinzelt bei Neugründungen gab, wurde der irische Kirchengrundriß durch einen aufwendigeren verdrängt. So beansprucht die irische Klosterarchitektur keine Seite in der Geschichte der westlichen Baukunst. Es scheint, daß es eben jenes Verlangen nach Wanderschaft gewesen ist, welches die Entstehung monumentaler Bauten in Irland verhindert hat. Man liebte die Improvisation, mißachtete das Dauerhafte, alles, was sich anmaßte, für die Ewigkeit gefügt zu sein. Erst die *stabilitas loci*, die BENEDIKT gefordert hatte, lieferte eine der Voraussetzungen auch für die Monumentalbaukunst, für die Stabilität der Architektur.

Benedikt von Nursia

Reichtum und Phantastik der keltischen Vorstellungswelt, ein leidenschaftlicher Radikalismus und hoher Sinn für das Extreme haben in der irischen Klosterkultur bedeutenden Ausdruck gefunden. Darin glich sie der ägyptischen und syrischen. Es ist bezeichnend, daß nicht diese, vielmehr der nüchterne und maßvolle Geist BENEDIKTS VON NURSIA (um 480 bis vor 553), vielfach vermittelt durch die englische Kirche, im Abendland den Sieg erringen sollte. Für das lateinische Mittelalter haben die Benediktiner die Grundlage geschaffen. Das Benediktinerkloster kann nach den vielen griechischen, keltischen und gallischen Versuchen als das erste lateinische Kloster bezeichnet werden.

Ein kleines Buch mit den 73 Kapiteln der *regula sancti Benedicti* (Schrifttum Nr. 12) hat am Anfang gestanden: Vorschriften für den Abt oder Vater zur Regentschaft über die Mönche, die sich ihm unterstellt haben (Dokumente Nr. I). Es ist heute nicht mehr allgemein anerkannt, daß der HL. BENEDIKT sein Verfasser gewesen ist. Man hat herausgefunden, daß sich in dem kurzen Text zwei verschiedene Regeln zu überlagern scheinen, eine Abtsregel und eine Mönchsregel.

Auf jeden Fall wurden die Kapitel nicht einheitlich niedergeschrieben, sondern nacheinander und hintereinander gehängt. Die Regel ist ein Buch ohne Plan, ohne Gliederung oder Aufbau, Stück an Stück gefügt. Ihr Autor bediente sich nicht der Hochsprache, sondern des schlichten Vulgärlateins. Er gehörte nicht zu dem Personenkreis, der in Rom Rhetorik studiert hatte. Viele Gedanken und Sätze aus älteren Mönchsregeln sind in den Text eingegangen. Seine Einfachheit und römische Klarheit sicherte ihm seinen Welterfolg. Denn nach dem Evangelium ist der kleine Band das zweite Werk der neuen Buchreligion, welches die Missionare auf allen Wanderungen mit sich führten. KARL DER GROSSE ließ von ihm eine Abschrift herstellen, die dann ohne jede Zutat in allen Klöstern verbreitet wurde. Das Sankt Galler Exemplar gilt als der einzige Text, in dem wir ein Werk der antiken Literatur durch nur ein Zwischenglied vermittelt besitzen. Die beiden Mönche, die es herstellten, haben hervorgehoben, daß sie sich Wort für Wort, ja Buchstabe für Buchstabe an ihr Vorbild gehalten hätten. Gleichzeitig wurde in der Aachener Synode von 816 verordnet, daß jeder Mönch, wenn immer er dazu in der Lage sei, ihre Kapitel auswendig müsse hersagen können[3]. Mindestens einmal wöchentlich, in manchen Klöstern täglich, versammelte der Abt seine Mönche zur Lektüre und Deutung der Regel. Die schlichten Paragraphen wurden Gegenstand schöpferischer Meditation.

Von dem Mönchsvater des Abendlandes wissen wir fast nichts. Schon der erste Bericht über sein Leben aus der Feder des ersten Benediktinerpapstes GREGOR DES GROSSEN (vor 540 bis 604) verklärt es zur Legende. Immerhin kann man festhalten, daß sich dieser Römer aus dem Städtchen Nursia (Norcia), fünfzig Kilometer östlich von Spoleto in den Sabiner Bergen, mit etwa zwanzig Jahren in die Einsamkeit von *Subiaco* zurückzog. Drei Jahre hat er als Einsiedler in einer Höhle zugebracht. Bald werden Wunder von ihm berichtet. Jünger finden sich ein, und es entsteht der Gedanke, eine Organisation zu entwickeln, innerhalb derer jeweils zwölf Mönche in zwölf Klöstern um ein Zentralkloster leben sollten. Doch diese erste Organisation mißriet. Benedikt sah sich gezwungen, mit einigen Gefährten nach Süden auf den Bergesrücken von *Monte Cassino* auszuweichen. Nach den Erfahrungen erst in der Organisation von Einsiedlern, dann von Gemeinschaften in Hütten, unternahm er es jetzt, ein Zusammenleben in einem großen Haus zu gestalten. Als Datum nennt man das Jahr 529.

Wo immer dieser große Pädagoge die einzelnen Abschnitte seiner Regel herbezogen haben mag, ihre Auswahl und Abfolge spiegelt genau seinen Geist, dessen Kennzeichen das Maßvolle, die Klarheit und die Einfachheit war. Allem Extremen blieb er abgeneigt. Es kam darauf an, den Tageslauf im Sonnenjahr, das Kirchenjahr, die Bedürfnisse der Klostergemeinschaft, deren Versorgungsdienste, auch ihre Gottespflichten mit der Verschiedenheit der menschlichen Natur in Übereinstimmung zu bringen. Dabei wurde zunächst noch nicht daran gedacht, dem Mechanismus dieses genau abgestimmten Uhrwerks das ihm entsprechende genau abgemessene Gehäuse zu geben. Von Architektur ist in der Regel des HL. BENEDIKT nicht die Rede.

Zum Verständnis der Regel muß man wissen, daß der römische Tag in zwölf gleichlange Zeitabschnitte von Sonnenaufgang bis Sonnenuntergang und wiederum von dort bis zum Aufgang eingeteilt war. Diese Abschnitte entsprachen nur an den zwei Tagen der Tag- und Nachtgleiche unseren Stunden, am Frühlingsbeginn und Herbstbeginn. Im Sommer dauerten am längsten Tage auf der Breite von Monte Cassino die Tagesstunden 75 Minuten und die Nachtstunden 45. Im Winter war es genau umgekehrt. Man arbeitete, betete, studierte und schlief das ganze Jahr hindurch immer die gleiche Anzahl von Stunden, nicht aber die gleiche Zeit. Im Sommer, in der kürzesten Nacht, erhob man sich schon um 1 Uhr morgens nach unserer Zeitrechnung und ging erst um 20 Uhr schlafen. Das waren nur fünf Stunden Schlaf. Den Ausgleich mußte die Mittagsruhe bringen. Im Winter erhob man sich erst um 2.30 und ging schon um 17 Uhr zu Bett, schlief also 9 Stunden und 30 Minuten. Je nach Jahreszeit arbeiteten die Mönche sechs bis acht Stunden körperlich, beteten täglich etwa dreieinhalb Stunden und widmeten ebensoviel Zeit dem Studium, der Meditation oder der Lektüre. In diesem letzten Bereich konnte der Ausgleich für die unterschiedlichen Arbeitszeiten gefunden werden. Man arbeitete im Sommer mehr und las im Winter mehr. Neben der Gebets-, der Arbeits- und Schlafordnung legte die Regel genau die Zeiten und das Ausmaß von Speisen und Getränken fest. Dabei wurde Rücksicht auf Schwache, Junge, Alte und Kranke genommen. Man betete gemeinsam, arbeitete gemeinsam, schlief zur gleichen Zeit. Doch wußte BENEDIKT, daß sich nicht alle Menschen gleich rasch vom Schlafe erheben können und ließ deshalb die ersten Psalmen am Morgen langsam singen, um den Zuspätkommenden die Möglichkeit zu geben, sie nachzuleisten. Den radikalen Rigorismus älterer Orden lehnte er ab. Statt eines ewigen Schweigens bevorzugten die Benediktiner die Schweigsamkeit (*taciturnitas*), mehr als die vollkommene Armut schätzten sie die Sparsamkeit. Sogar Wein war gestattet. Bei Strafen war die Erziehung, nicht die Buße oberstes Ziel.

Im ersten Kapitel seiner Regel spricht BENEDIKT von den vier Arten der Mönche, beschreibt aber die historische Entwicklung dabei in umgekehrter Reihenfolge. Er nennt als erste die 'Könobiten', die gemeinsam in einem Kloster leben und unter einem Abte, dem Vater, nach einer genauen Lebensregel kämpfen. Es ist bezeichnend für diesen späten Römer, daß er die Mönche den

Soldaten vergleicht, das Kloster einem Lager oder einer Festung. Die Anachoreten charakterisiert er als Einzelkämpfer, die »durch lange Prüfungen im Kloster geformt, gelernt haben, dank der Hilfe vieler Mitbrüder gegen den Teufel allein zu streiten«. BENEDIKTS eigener Lebensweg, wie der der meisten großen Mönchsführer, ist umgekehrt verlaufen. Er führte aus der Einsiedelei ins Kloster, nur in Ausnahmefällen aus der Klostergemeinschaft wieder zurück in die Einsiedlerklause. Seinen ganzen Zorn richtete er gegen die 'Sarabaiten', die keine Regel anerkennen. »Was sie meinen und wählen, das nennen sie heilig, und was ihnen nicht entspricht, das halten sie für unerlaubt.« Sie verkörpern eine Lebenshaltung, die in vielen Kulturen die originellsten Persönlichkeiten hervorgebracht hat, Künstler und Weisheitslehrer aller Schattierungen. Noch schlimmer sind nach Benedikt die 'Gyrovagen', Wandermönche, welche ihr ganzes Leben damit verbringen, von Land zu Land zu ziehen und sich für drei oder vier Tage in den Zellen dieser oder jener Mönche als Gäste aufzuhalten, immer unterwegs, niemals beständig, Sklaven ihres Eigenwillens. Unter ihnen hat er selbst in seinen jungen Jahren am meisten zu leiden gehabt. Sicher hätte er auch zahlreiche irische Mönche wegen ihres Wanderlebens verurteilt. Einer der wichtigsten Grundsätze seiner Regel ist die *stabilitas loci*. Auch das gehörte zur Ordnung, daß man ein Leben lang am gleichen Orte, im gleichen Kloster ausharrte.

Die Zahl der Mönche in jedem Kloster wollte Benedikt überschaubar halten. Man rechnet mit etwa 150 in den letzten Jahren seiner Tätigkeit in *Monte Cassino*. Die Riesenklöster des Ostens mit bis zu 3000 Mönchen lehnte er ab. Der lateinische Begriff der Familie sollte auch für das Kloster gelten. Der Abba als Vater sollte alle Mitglieder genau kennen und lenken. Die Klosterfamilie war zugleich eine Schule, die *scola dominici servitii*, wobei *scola* zugleich Schule und Schar bedeutet, eine kleine militärische Einheit. BENEDIKT wollte vieles auch hier der Entwicklung überlassen. Seine Regel sollte nur einen Anfang setzen und eine Regel für Anfänger des Mönchslebens sein. Er wollte sich keinen Illusionen über ihren Erfolg außerhalb der eigenen Gemeinschaft hingeben.

Immerhin hat es bei seinem Tode schon zwölf Niederlassungen gegeben, die sich Monte Cassino anschlossen. Sein Ruhm war weit verbreitet. Auch König Totila hat ihn 543 aufgesucht. Doch haben schon zwischen 580 und 590 die Langobarden *Monte Cassino* erobert und das Kloster zerstört. Das Unternehmen schien beendet.

Doch gerade mit der Zerstörung kam der Erfolg. Einige Mönche waren nach Rom geflohen. Ein Mitglied des römischen Benediktinerklosters, GREGOR DER GROSSE (von 540–604) wurde Papst. Ihm ist es zu verdanken, daß sich der benediktinische Klostergedanke im Abendland durchsetzen konnte. Sein ›Leben des hl. Benedikt‹ trat nun neben den schmalen Band der Regel und gab für alle Zeiten das Leitbild eines vollkommenen Abtes. In seinem Auftrag entschloß sich der englische Benediktiner AUGUSTINUS, mit Büchern und Missionaren nach England zurückzukehren. Von Canterbury aus begründete er die englische Kirche, die eine Mönchskirche war, in der die wichtigsten Bischofssitze Benediktinern vorbehalten blieben. Von England aus wurde durch WILLIBRORD, BONIFATIUS und andere das östliche Frankenreich missioniert und mit einer kirchlichen Organisation versehen. Der benediktinische und römische Geist gewann an den Höfen der Karolinger beherrschenden Einfluß. Die Entwicklung gipfelte in dem Befehl KARLS DES GROSSEN, dem zufolge alle Klöster seines Reiches die Regel Benedikts übernehmen mußten. Das Wirken des Ordensstifters war durch das Wirken des Papstes Gregor und des Kaisers Karl zur Grundlage der abendländischen Kultur geworden.

Die Entstehung des Benediktinischen Klosterschemas

Im St. Galler Idealplan um 820 – jenem utopisch vollkommenen Kloster, von dem ich im nächsten Kapitel berichten werde – tritt uns das Klosterschema der Benediktiner nahezu voll entwickelt entgegen. Es sollte im ganzen Mittelalter vorherrschend bleiben. Der Kirchenbau mit dem Kreuzgang im Süden, um ihn die monastischen Gebäude Dormitorium, Refektorium, Küche und Keller, dazu außerhalb dieses Kernes das Haus des Abtes, die Gebäude für Kranke und Novizen, die Unterkünfte für Pilger und Gäste, die Häuser für die Schulen und für die Ärzte, Werkstätten und Wirtschaftsgebäude, alles ist vorgesehen und in gute Ordnung gebracht. Nur der Kapitelsaal, der wenig später unter das Dormitorium gelegt wurde, war noch nicht vorgesehen. Man hielt das Kapitel in dem Kreuzgangflügel, der sich an die Kirche anlehnte. Wann und wo ist das Schema entstanden? Wodurch kennzeichnen sich die Etappen seiner Entwicklung?

Die Frage hat die Forschung oft beschäftigt (Schrifttum Nr. 27–31). Es zeigte sich, daß alle Einzelteile dem älteren Mönchtum bekannt waren. Man brauchte keine Gebäudetypen zu erfinden. Das Material lag bereit, allein auf seine funktionelle Neuordnung kam es an.

Die Archäologie ließ dabei die Bauforschung im Stich. Im Osten gab es monumentale Anlagen, aber keine Benediktinerregel. Im Westen wird die Zeit der Völkerwanderung gekennzeichnet durch den Mangel an Sinn für alles Monumentale. Die Bauten sind unregelmäßig und klein. Wo man sich nicht in verlassene Römerruinen einnisten konnte, blieb man bescheiden. Einzelne Elemente des

späteren Schemas konnten an vielen Plätzen nachgewiesen werden. Die Frage
Orient oder Rom wurde unterschiedlich beantwortet und die Lösung Orient und
Rom hebt das Problem selbst auf.

Vorschriften zu dem klassischen Schema fanden sich nicht, oder doch nur in
Ansätzen zu ihm. Die Suche nach den Vorstufen des klassischen Benediktinerklosters des Abendlandes selbst mußte in die Irre führen, denn man suchte, was
es nicht geben konnte. Der Plan von *St. Gallen* ist ein Werk des Mittelalters,
nicht der Spätantike. Seine Gestalt wird durch die besonderen Aufgaben bedingt,
die das fränkische Königtum den Klöstern übertrug. Die Mönche, die aus der
Welt geflohen waren, erhielten durch die Germanenfürsten neue Pflichten in
eben dieser Welt. Sie sahen sich gezwungen, neue Bauorganismen zu entwickeln,
die die Erfüllung ihrer neuen Kulturaufgaben möglich machten. Die Klöster
wurden Zentren der landwirtschaftlichen Versorgung, Etappenstationen der
Verteidigung, Gasthäuser auf den Wegen des reisenden Hofes; sie wurden
Schulen, Kanzleien, Forschungsstätten und Stützpunkte der Mission. Die Abtstellen in vielen Klöstern waren politische Ämter und zuweilen von höherem
Rang als jene von Bischöfen oder Grafen. Das ganze Kloster entwickelte sich zu
einer politischen Institution. Die Frage nach der Entstehung des Benediktinerschemas kann nur im Zusammenhang mit der Frage nach der Entstehung dieser
politischen Institution beantwortet werden.

Alles weist daraufhin, daß *Monte Cassino* nicht den Ausgangspunkt gebildet
hat. Die Niederlassung war im Ausgang des 6. Jahrhunderts zerstört und verlassen worden. Zu Beginn des 8. Jahrhunderts lebten erneut einige Eremiten auf
dem Berge, die ein gewisser PETRONAX aus Brescia um 720 zu einer neuen Gemeinschaft zusammenzuschließen suchte. 729 fand der HL. WILLIBALD auf der
Heimreise von Jerusalem wieder eine kleine Klostergemeinde vor. Dem Wirken
dieses Engländers, der zehn Jahre dort blieb, ist es zuzuschreiben, daß das Mutterkloster erneut Einfluß erlangte. Erst durch die Stiftungen der Karolinger-
könige gewann es die alte Bedeutung zurück.

Einen besseren Ausgangspunkt lieferten einige fränkische Klöster, von denen
gute Beschreibungen vorliegen. Es sind vor allem zwei Großklöster der Frühzeit,
die uns in solchen Beschreibungen anschaulich werden: *Jumièges* in einem Seine-
knie und *Fontenelle* unweit von Rouen. Die Beschreibung von *Jumièges* findet
sich im 8. u. 9. Kapitel der Vita des HL. PHILIBERT, der dieses Kloster um 655
gegründet hat. Die entscheidenden Stellen des Textes aus der Mitte des 8. Jahrhunderts haben wir im Anhang abgedruckt (Dokumente Nr. II). Philibert ist
ein Reformator gewesen, der, von der Regel des Iren COLUMBAN kommend,
wesentliche Merkmale der Benediktinerregel für sein Kloster verbindlich gemacht

hat. Auch weiß man aus dem gleichen Text, daß seine Klosterneubauten großes Aufsehen erregten und nachgeahmt wurden. Es war ein Riesenkloster, das unter dem großen Abte 900 Mönche beherbergt hat. Man vergegenwärtige sich eine große quadratische Anlage, die mit Mauern und Türmen befestigt war und in deren Mitte die kreuzförmige Kirche stand. Neben der Kirche lag der Kreuzgang, dessen Arkadenreihe aus Stein gearbeitet war und deren reicher Schmuck bewundert wurde. Hier also finden wir zum erstenmal im Westen das grandiose Baumotiv genannt, dessen Variationsreichtum unerschöpflich sein sollte. Angelegt an das Ostquerhaus der Kirche, erhob sich ein Dormitorium von 290 Fuß Länge und 50 Fuß Breite, das durch große verglaste Fenster erhellt wurde, ein Raum also von 97 x 16 m und damit größer als jeder spätere – wenn die Zahlen zuverlässig sind. Unklar beantwortet der Text die Frage, ob im Westen des Kreuzganges ein zweiter ähnlicher Raum gestanden hat, oder ob der Schreiber einen doppelgeschossigen Trakt vor Augen hatte. Auch das Studium des St. Galler Planes gibt keine Antwort auf die Frage nach dem Bestimmungszweck des Raumes unter dem Dormitorium, welches im ersten Obergeschoß lag. Später sollten dort der Kapitelsaal und ein Mönchssaal ihren Platz finden. Dieser Raum war also unbelegt. Ausdrücklich nennt der Verfasser der Vita nur noch zwei Gebäude, den Keller und das Refektorium, »wo jene zusammenkommen, die Christus würdig dienen, nichts besitzen und für nichts ein Entgelt fordern, aber weil sie auf Gott vertrauen, dennoch mit allem versehen sind«. Es ist wahrscheinlich, daß das Kellergebäude und das Refektorium den Klosterhof ebenso eingefaßt haben, wie wir es von den späteren Anlagen kennen.

Auch der Chronist von *Fontenelle* ordnet seinen Bericht der Lebensgeschichte des Abtes ANSEGIS (822–833) ein und gibt deshalb nicht nur Nachrichten über die Bauwerke, sondern auch über die Reihenfolge ihrer Entstehung. *Fontenelle* und *Jumièges* gehörten und gehören der gleichen Diözese an, und es ist selbstverständlich, daß die Baumeister des jüngeren Baues den älteren kannten. Wir stehen jetzt auf der Höhe der karolingischen Kulturreform, ja in ihrer Spätzeit unter Ludwig dem Frommen, wenige Jahre bevor die Normannenstürme das Ganze erneut in Frage gestellt haben (Abb. 6). Ausgangspunkt bildete ein älterer Kirchenbau, den ANSEGIS erweitern und verschönern ließ, doch nicht ersetzen wollte (Dokumente Nr. IV). Im besonderen hebt der Chronist die drei gleichhohen Gebäude um den Kreuzgang hervor, von denen zuerst das Dormitorium, dann ihm gegenüber Keller und Refektorium, und auf der Südseite zuletzt ein drittes Haus errichtet wurden, dessen Bestimmungszweck als Camera und Caminata bezeichnet wird. Es kann sich nur um Arbeitsräume für die Mönche handeln, vielleicht auch um die Kleiderkammer. Diese drei Gebäude

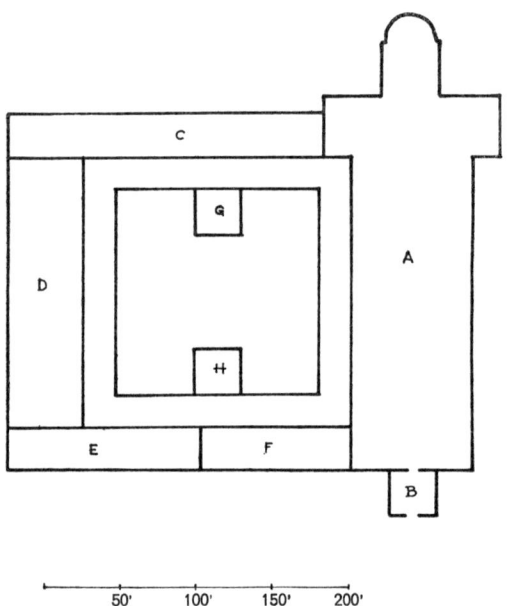

A Kirche
B Vorhalle
C Dormitorium, unten Kapitelsaal
D Domus Maior mit Camera u. Caminata
E Refektorium
F Cellarium
G Archiv
H Bibliothek

50' 100' 150' 200'

6 Fontenelle. Nach G. Hager

waren rund 21 m hoch, müssen also doppelgeschossig gewesen sein. Während das Dormitorium – es handelt sich erneut um einen sehr großen Raum von 85 m Länge und freilich nur 9 m Breite – genau beschrieben wird, erfahren wir nichts über den Bestimmungszweck des Erdgeschosses. Vom Refektoriumsbau hören wir, daß er zur Hälfte als Vorratskeller und zur Hälfte als Speisesaal diente, wobei eine horizontale Teilung immerhin noch wahrscheinlicher ist als eine vertikale. Der dritte Bau endlich diente einem Zweck, dem in allen späteren Klöstern kein vergleichbar wichtiges Bauwerk zugeordnet wurde. Bedeutsam ist, daß sowohl das Refektorium im Westen wie das Dormitorium im Osten einen Vorbau in Gestalt eines Erkers besaß, der als Bibliothek, bzw. als Archiv diente. Zu einem besonderen Raum für die Kapitelversammlung wurde die Portikus vor der Kirche, also der Nordflügel des Kreuzgangs ausgebaut. Hier fanden in vielen frühen Klöstern die Kapitelversammlungen statt. Auch der Gedanke, an dieser Stelle das Grab und den Gedenkstein des Stifterabtes vorzusehen, wurden später oft wieder aufgegriffen. Man möchte glauben, daß ANSEGIS sich nicht als erster diese Stelle ausgewählt hat. Der Kapitelraum war immer die Hauptwirkungsstätte des Abtes gewesen.

Die Beschreibung von *Fontenelle* zeigt, daß auch in hochkarolingischer Zeit das klassische Schema eines Benediktinerklosters noch nicht voll entwickelt war.

Zwar hatte das Dormitorium, wie schon in *Jumièges*, seine endgültige Stelle eingenommen, doch hatte man noch nicht erkannt, daß es besser wäre, Refektorium und Keller auf zwei verschiedene Gebäude im Süden und Westen zu verteilen, an deren einer Ecke die Küche ihren organischen Platz finden könnte. Auch hat es sich später erwiesen, daß für die Mönchsstube kein eigener Bau notwendig war, da unter dem Dormitorium ausreichend Platz vorhanden war. Von dem Gedanken, Archiv und Bibliothek in besonderen Gebäuden am Kreuzgang unterzubringen, ist man zunächst wieder abgekommen. Immerhin ist schon der Aufwand, mit dem man baute, und der Reichtum der künstlerischen Ausstattung beachtlich. Das Kloster rückt neben der Pfalz und der Bischofskathedrale an die Spitze der monumentalen Aufgaben des Zeitalters.

Es war noch viel zu tun, um die drei großen und gleich hohen Gebäude am Kreuzgang funktionell aufeinander abzustimmen. Gerade die Beschreibung des Klosters von ANSEGIS weist darauf hin, daß sich bis dahin kein verbindlicher Klosterplan hatte durchsetzen können. Hier sollte das Projekt für *St. Gallen* einen bedeutenden Schritt weiter führen. Erst auf der Aachener Synode von 816 scheint man den Bauplan im Bezug auf die Regel genau durchgesprochen zu haben. Daß man damals noch zu keinem Abschluß kam, beweist schon die Tatsache, daß der Kapitelsaal als Hauptraum unter dem Dormitorium sich nicht vor Beginn des 11. Jahrhunderts belegen läßt. Wahrscheinlich hat man zuerst in *Cluny* im Ausgang des 10. Jahrhunderts einen Kapitelsaal gebaut. Immerhin genügen die Belege zu der Aussage, daß das klassische Klosterschema in wesentlichen Teilen ein Werk der karolingischen Renaissance ist.

Karolingische Großklöster

Die vielfachen Aufgaben, welche die Frankenkönige in wachsenden Ausmaßen den Klöstern übertrugen, verursachten eine Wachstumsbewegung dieser Institutionen, für die das *Jumièges* des 7. Jahrhunderts eines der ersten Beispiele darstellt. Die Klöster wurden reicher, größer und mächtiger. Karl der Große konnte dem ersten Gelehrten seines Reiches, ALKUIN, mit dem Nationalheiligtum der Franken in *Tours* einen Klosterstaat übergeben, in dem 20000 Menschen wohnten. Diese Riesenklöster entsprachen keineswegs den Vorschriften Benedikts. In Tours zog man deshalb auch wenige Jahre nach Alkuins Tod die Konsequenz und führte die freieren Lebensformen der Kanoniker ein. Nie vorher auf dem Kontinent und nur selten später, lebten in den Benediktinerklöstern so zahlreiche Mönche, die meisten von ihnen nicht aus persönlicher Neigung, vielmehr auf Befehl ihrer Herren; sehr viele auch als gefangene Gegner der Könige, wie

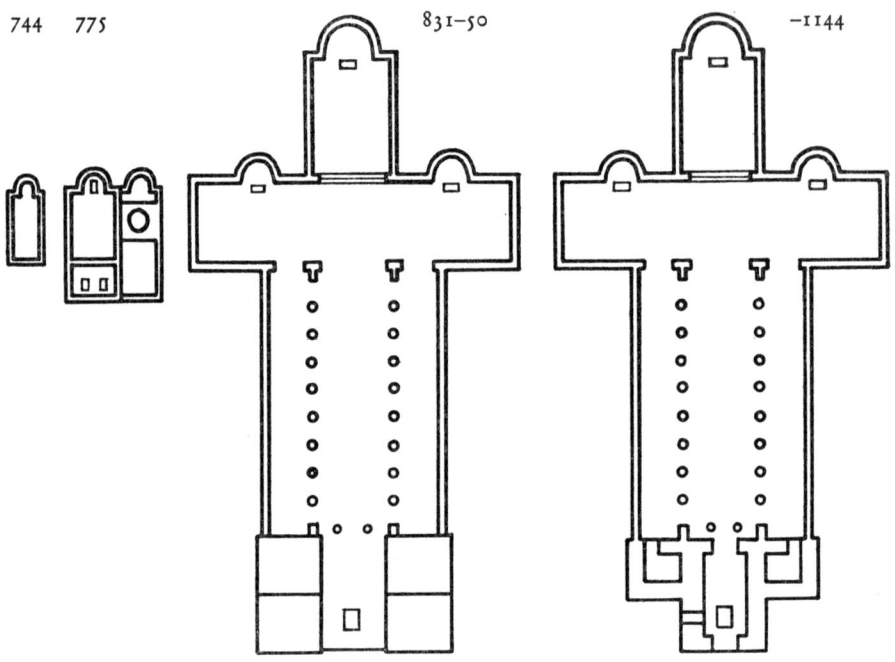

744   775   831-50   -1144

7   Hersfeld, Entfaltung der Bauprojekte. Nach D. Groszmann

Tassilo von Bayern oder der Langobardenkönig Desiderius. Gleich Soldaten wur-
den Mönche aufgeboten, gleich Sklaven und Hörigen wurden sie gekauft; wo
immer es dienlich schien, konnte man zum Mönchtum verurteilt werden. Der
Staat – soweit man von einem Staat sprechen kann – nahm auch die Klöster
in seine Hand. ANGILBERT benötigte für den Betrieb seines Klosters *Centula* bei
Abbeville 300 Mönche und 100 Klosterschüler, ADALHARD, ein Vetter Karls des
Großen, für *Corbie* 300 Mönche und 150 Klosterknechte. Das sind gewaltige
Zahlen, wenn man sie mit jenen der Einwohner der Städte vergleicht, die alle
nicht volkreich waren. Und diesen Zahlen entsprachen die Bauten, einige von
ihnen wuchsen ins Maßlose. Die Kunstgeschichte kennt diese Tendenz zum
Übergroßen in vielen archaischen Kulturen, ebenso hat sich die Gegenbewegung
wiederholt, die ein Riesenhaftes, zuweilen Unförmiges ins Wohlabgemessen-
Überschaubare zurückdrängte. Beispiele liefern der Vergleich der archaischen
Kuroi Griechenlands mit den klassischen Jünglingsbildern und der der Florentiner Bauten des Trecento mit Frühwerken Brunelleschis. In der karolingischen
Welt war es BENEDIKT VON ANIANE (um 750–821), der diese Rückbildung befahl;

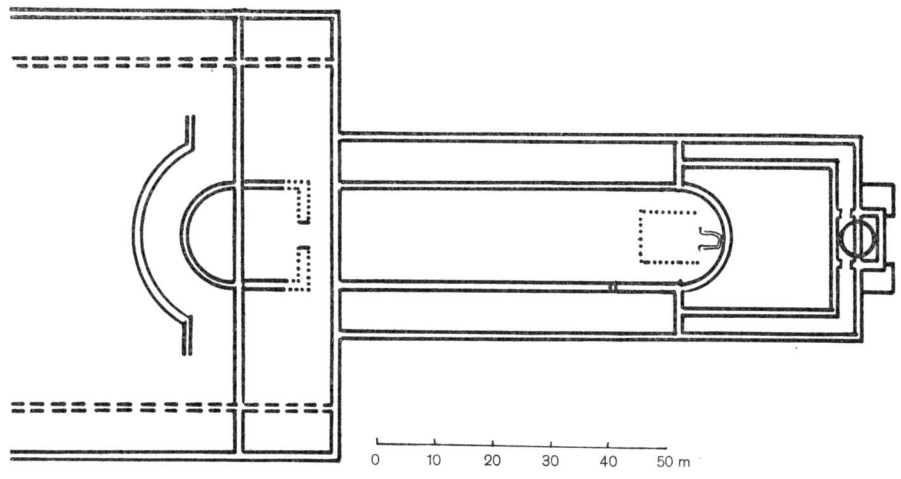

8 Fulda, Kirche und Kloster. Nach D. Groszmann (N ↑)

sein neues Kloster Inden bei Aachen, das spätere *Cornelimünster*, ist staunenswert klein (Schrifttum Nr. 35).

Das Vordringen der karolingischen Kultur von Westen nach Osten im 8. Jahrhundert spiegelt sich nicht nur in den Karten der Klosterneugründungen. Auch Großklöster hat man zunächst im Westen erbaut – *Jumièges, Corbie* und *Tours* sind Beispiele –, erst später nahe den Missionsfronten im Osten. Ihr rascher Aufstieg bezeugt das Interesse, das ihnen Karl der Große entgegenbrachte. Nach wenigen Jahrzehnten schon wagte man es in *Hersfeld* und *Fulda,* die kleinen ersten und zweiten Kirchen durch Neubauten zu ersetzen, die zu den größten Kirchenbauten des Mittelalters überhaupt gehören. Der Vergleich der Kirchengrundrisse von *Hersfeld* veranschaulicht den Aufstieg (Abb. 7). Die Beweggründe, die einige der beherrschenden Abtsgestalten veranlaßten, ihren Mönchen so gewaltige Baulasten aufzubürden, waren zweifacher Natur: einmal eine Bauleidenschaft, die von dem Verlangen nach *renovatio* der römischen Größe getragen wurde, und zum zweiten die Forderung nach reichem, ja utopischem Kultaufwand. Für das erste ist *Fulda* ein Beispiel, für die zweiten *Centula.* Beide Neubauten sind gleichzeitig emporgewachsen, das Kloster von Centula seit 789, die neue Kirche von Fulda seit 791 (Abb. 8).

In *Fulda* hatte RADGER unter Abt BAUGULF einen Bau entworfen, der in Ausmaßen und Gestalt der Peterskirche vergleichbar werden sollte. Man begann im

Osten. 802 wurde Radger zum Nachfolger Baugulfs gewählt – der Baumeister wurde zum Abt. Erst jetzt scheint er das Ausmaß seiner Pläne enthüllt zu haben, der ganze Konvent mußte seiner Bauleidenschaft dienen. Mehrmals haben sich die Mönche bei Karl dem Großen beschwert, sie seien zum Gottesdienst und zum Studium, nicht aber als Bauhandwerker in das Kloster eingetreten. Ludwig der Fromme hat diesen Beschwerden 817 nachgegeben und RADGER, den der spätere Abtskatalog einen *sapiens architectus* nennt, absetzen lassen. In der Vita seines Nachfolgers EIGILIS (817–822) wird er als Monoceros, das stoßende Einhorn, bezeichnet. Wir besitzen den Nachstich einer karolingischen Miniatur aus dieser Vita, die RADGER in seiner neuen Kirche eingeschlossen zeigt, während ein Einhorn die Herde von Schafen verfolgt, in denen die Mönche zu sehen sind[4]. Hinter dem gewaltigen Westquerhaus der Kirche, nach Süden vorragend, war das Kloster seit 819 erbaut worden. Wir kennen weder das Programm der Bauten noch ihre Gestalt. Die Lage allein erweist, daß man sich nicht an das Schema gehalten hat, welches gleichzeitig auf der *Reichenau* entwickelt wurde und uns im Plan von *St. Gallen* überliefert ist (s. das folgende Kapitel), der Zeitpunkt freilich zeigt, daß es aus einer ähnlichen Geisteshaltung heraus erwachsen sein muß. EIGIL, noch mehr sein Nachfolger HRABANUS MAURUS (822–842), haben mit Sicherheit ein vollkommenes Kloster gefordert und errichtet. Der Kirche entsprechend hatte es monumentale Ausmaße.

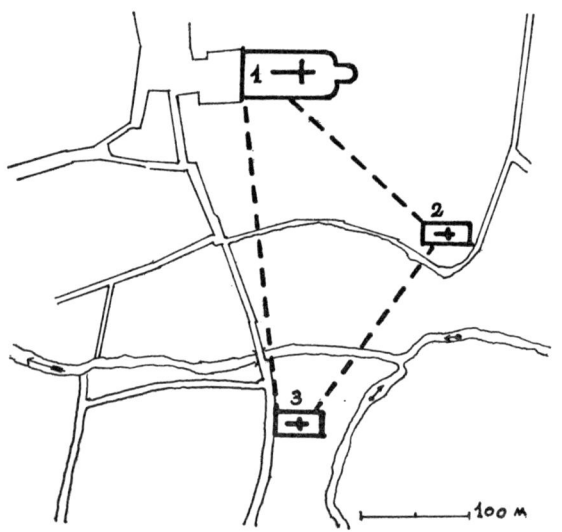

9   Centula. Nach J. Hubert

1   St. Rickarius
2   St. Benedikt
3   St. Maria

Auch für *Centula* wissen wir nichts über die Konventsgebäude. Wie die meisten Großklöster der Zeit besaß es mehrere Kirchen – eine Kirchenfamilie, wie Edgar Lehmann solche Kompositionen nannte (Abb. 9, 14). Die bedeutendste Klosterkirche wurde von Effmann rekonstruiert, ihre Altaranordnung ist bekannt[5]. Auch weiß man durch neuere Ausgrabungen, daß eine der drei Kirchen, die kleine Marienkapelle, ein Zentralraum ähnlich der Aachener Pfalzkapelle gewesen ist (Schrifttum Nr. 46, S. 369 ff.). Neu ist der Gedanke dem Kreuzgang die Funktion zuzuordnen, diese drei Kirchen mit einem überdeckten Prozessionsweg zu verbinden. Er hat also nicht nur die Aufgabe, das Atrium zu bilden, an dem die Konventsgebäude liegen, vielmehr darüber hinaus jene zweite und größere – Gang zu sein, der zu den Kirchen führt. Diese Aufgabe bedingte, daß man ihn nicht klein, sondern möglichst groß gestaltete, auch, weil die Gesänge, die für die Prozessionen von Kirche zu Kirche vorgeschrieben waren, lang sein sollten.

Von Abt ANGILBERT hat sich eine genaue Gottesdienstordnung erhalten (Schrifttum Nr. 43, S. 296–306). Kloster und Kirche waren die Instrumente, um diese Ordnung zu vollziehen. Zugrunde lag der Gedanke, daß durch alle 24 Stunden des Tages das Lob Gottes nicht unterbrochen werden sollte. Diese *laus perennis* war in östlichen Klöstern entwickelt und zuerst von dem Gebirgskloster *St. Maurice* im Wallis aufgegriffen worden. Angilbert organisierte die »Schichtarbeit zum Lobe Gottes« in seinem Kloster bis in alle Einzelheiten durch. Die Mönche unterteilten sich in drei Chöre zu je 100 Stimmen, zu denen noch je 30 Knaben kamen. Es wurde genau festgelegt, was an den großen Festen jeder der drei Chöre an bestimmten Stellen der Hauptkirche, während der Prozessionen und an den Nebenkirchen zu singen hatte, wo sie sich vereinigten und was sie gemeinsam singen sollten. Die Lektüre dieser Texte vermittelt das Bild einer Klosterkomposition, die von singenden Mönchsgruppen das ganze Kirchenjahr hindurch durchzogen wird, wobei sie sich bald trafen, dann wieder trennten, bald einzeln, bald gemeinsam, dann wieder sich im Wechselgesang ergänzten.

Berühmt ist ein Nachstich des 17. Jahrhunderts nach einer Miniatur oder Zeichnung des 11., die uns die drei Kirchen des Klosters und den Kreuzgang zeigt (Abb. 14), ehe 1071–1097 das Ganze durch einen Neubau verändert wurde. Jean Hubert hat den guten Einfall gehabt, nach dem Kataster von Abbeville die Maße dieser Anlage zu ermitteln (Schrifttum Nr. 45, S. 293 ff.). Es ergab sich eine Gesamtlänge des Kreuzgangs von rund 720 m, allein die Wegstrecke von der Hauptkirche zur Marienkapelle mißt 300 m. Im Lichte der ›Institutio Angilberti Centulensis‹ beleben sich diese Bogengänge (Schrifttum Nr. 43, 70–75). Mehrmals am Tage werden sie von den verschiedenen Mönchschören durchschritten.

An großen Festtagen waren sie in die Liturgie der Kirche einbezogen. Die drei Kirchen und in der Hauptkirche die verschiedenen Altäre bildeten die Stationen, an denen sich die Chöre sammelten. Der Mechanismus des Gesamtklosters geriet damit nicht nur für die Bedürfnisse des täglichen Lebens in Bewegung, vielmehr erwies er sich zur Durchführung der Liturgie als notwendig.

Saint-Riquier war ein Kloster, dessen Blüte mit der Übernahme seiner Leitung durch ANGILBERT eingesetzt hatte, nach dessen Tod in der Abtszeit seines Sohnes Nithart, des großen Historikers, der ein Enkel des Kaisers war, sicher noch fortgewirkt hat, das sich jedoch von der Normannenzerstörung nie mehr ganz erholen konnte. *Corbie* hatte sowohl eine bedeutendere Vergangenheit als auch eine größere Zukunft, wenn auch seine größte Entfaltung in die Abtszeit ADALHARDS fiel, eines Staatsmannes und Vetters Karls des Großen, der dort fast ein halbes Jahrhundert von 781 bis 826 regiert hat. Diese Gründung der Königin Bathilde, Gattin Chlodwigs II., um 660, hatte in der Merowingerzeit die bedeutendste Schreibstube des Frankenreiches beherbergt. Dort hat Abt MAURDRAMNUS vor 781 jene reine karolingische Minuskel entwickelt, die auch für unser Alphabet maßgeblich gewesen ist. *Corbie* – so nimmt man an – wurde dem König Desiderius der Langobarden von Karl dem Großen 774 als Gefängnis zugewiesen. In seinen Statuten von 822 hat ADALHARD die Zahl der Mönche auf 300 festgesetzt, die der dienenden Brüder auf 150. Die Aufzählung der Klostergebäude im gleichen Schriftsatz vermittelt ein anschauliches Bild des Großklosters[6].

Es besaß nicht weniger als fünf, vielleicht sieben Gotteshäuser, drei Kirchen und zwei bis vier Kapellen. Deutlich kann man aus der Liste der Profangebäude drei Gruppen zusammenstellen: die monastischen Bauten rings um den Kreuzgang, die übrigen Klosterbauten innerhalb der Klostermauern und die Gebäude außerhalb dieser Mauern. Am Kreuzgang lagen wie üblich Dormitorium, Refektorium, Küche und Keller. Es gab auch einen Wärmeraum, doch noch keinen Kapitelsaal. Genannt werden der Abtspalast und das Krankenrevier, aber wir hören nichts über ihre Lage. Innerhalb der Mauern lagen zahlreiche Wirtschaftsgebäude, so die Bäckerei, die Brauerei, die Wäscherei und mehrere Werkstätten. Hinzu kommen Pilgerherberge und Gästehäuser, auch das Gebäude für zwei Ärzte wird genannt. Außerhalb der Mauer lagen die Ställe, die Mühle, die Remise und sogar die Schule für die Laien. Nichts erfahren wir über die Größe der einzelnen Gebäude. Wenn man den Maßstab des Planes von *St. Gallen* zugrunde legt, in dem nur für 72 Mönche Betten im Dormitorium vorgesehen waren, so muß die Anlage gewaltig gewesen sein. Erneut stellt sich freilich die Frage, welche Funktion die Räume unter dem Dormitorium hatten. Auf eine gewisse Regelmäßigkeit der Gesamtanlage weist die Nennung eines Mittelportals hin, als ein zweiter Eingang wird ein St. Albins-Tor hervorgehoben, das sicher zu der gleichnamigen Kirche vor den Klostermauern geführt hat.

Großklöster, so sahen wir, erwuchsen aus fränkischer Überlieferung. In neuen Organisationsformen wetteiferten die ersten Herren des Hofes, so Karls Freund ANGILBERT in *Centula* und Karls Vetter ADALHARD in *Corbie*. Diese Herren liebten es, ihre Mönche im Chordienst wie die Frankenkrieger in Reiterspielen in wechselnden Ordnungen zu bewegen. Ein letztes Beispiel liefern die Verordnungen von Adalberts Halbbruder WALA. Ludwig der Fromme hat ihn als eines der Häupter der Reichspartei, die die Einheit des Erbes gegen die Teilungspläne des Kaisers zu verteidigen suchte, nach *Bobbio* verbannt, der berühmten Gründung COLUMBANS, dem Monte Cassino Oberitaliens. Wir wissen nicht, ob er sich dort mit Bauplänen beschäftigen konnte, doch fällt in seine kurze Abtszeit (834–836) eine Verordnung über die Aufteilung der Verwaltungsämter im Kloster, die anzeigt, wie genau er den Organismus durchdacht hat. Er schuf nicht weniger als vierundzwanzig Ämter in dieser Abtei. Ein *praepositus primus* betreute die allgemeine Verwaltung, der *decanus* sorgte für die Disziplin, der *custos ecclesiae* für die Gottesdienstordnung; es gab einen Bibliothekar, einen Archivverwalter, einen *cellerarius* oder Kellermeister, dem der *cellerarius familiae* für den Wein, der *cellerarius junior* für das Tafelgeschirr und der *cellerarius panis* für das Brot beigegeben waren. Neben dem *portarius hospitum,* dem Pförtner der Gastgebäude, stand der *hospitalarius religiosorum* und der *hospitalarius pauperum*. Die verschiedenen Bereiche der Güterverwaltung, des Bauwesens und der Handwerke waren verschiedenen Amtsträgern anvertraut, die doch wohl alle Mönche waren. Es kommt hier nicht darauf an, sie im einzelnen aufzuzählen[7]. Das Streben nach einer vollkommenen Ordnung, nach Vorausplanung bis hin zu den kleinsten Vorgängen, kennzeichnet die Entwicklung der Organisationsformen in den Händen dieser alten Truppenführer. Alles sollte sich dem Plan unterordnen. Prinzipien einer fürstlichen Hofhaltung wurden auf den Klosterstaat übertragen. Die Mönchstruppe wurde auf Persönlichkeiten durchmustert, die für jeden der vierundzwanzig Positionen die beste Eignung besaßen. Verglichen mit der Substanz an Vermögen und Kräften erreichte die Überorganisation die Grenzen einer Utopie, in der Gedankenspiele das Notwendige überwuchern. Im Klostergrundriß von *St. Gallen* finden dieselben Ziele ein Dokument aus dem Bereich der Architekturgeschichte.

Monte Cassino selbst, das Mutterkloster, kann unter den Organismen, die die bauliche Ausgestaltung des Klosterschemas bestimmt haben, nur mit Einschränkungen genannt werden. Weder für das erste Kloster, das 581 von den Langobarden zerstört wurde, noch für das zweite, karolingische Kloster, welches 883 die

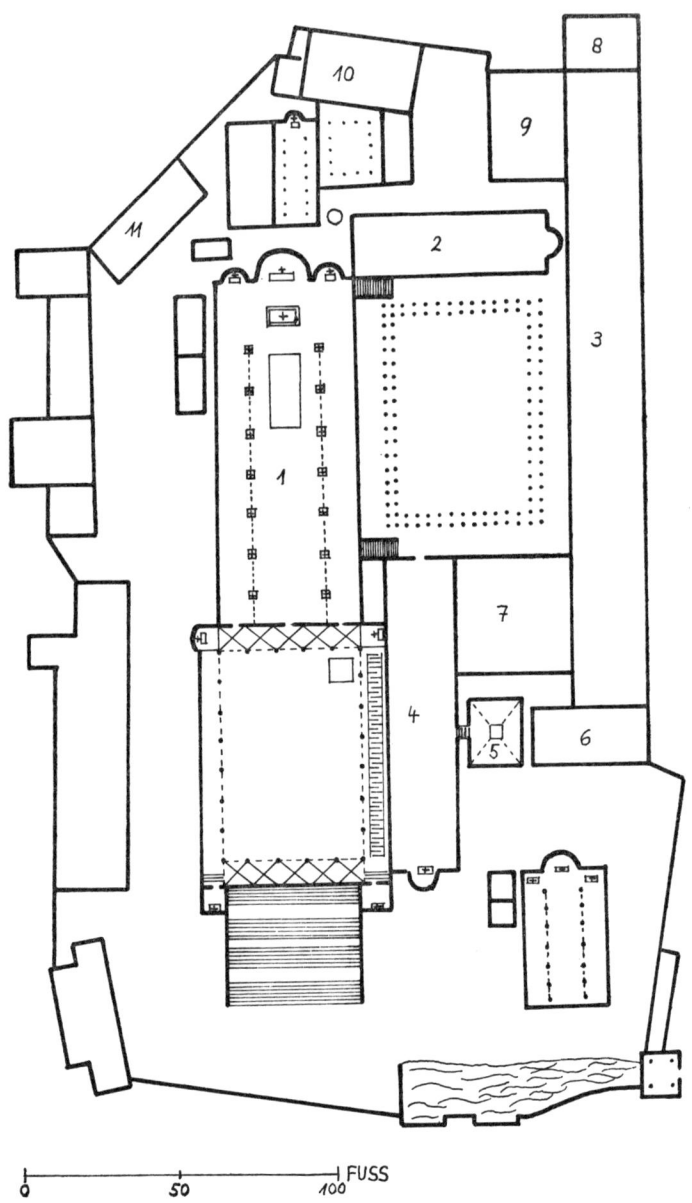

10   Monte Cassino, Planskizze. Nach J. v. Schlosser. (N ←)

1 Kirche   2 Kapitelsaal   3 Dormitorium   4 Refektorium   5 Küche   6 Cellarium   7 Novizenzelle   8 Vestiarium   9 Altes Infirmarium   10 Neues Infirmarium   11 Palatium Richers

Sarazenen zerstörten, konnten bisher archäologische Untersuchungen einen verbindlichen Gesamtplan ermitteln. Das karolingische Kloster, für das mit Hilfe Willibalds 717 der Anfang gesetzt wurde, dessen Kirche 748 Papst Zacharias weihte, in das sich Pippins Bruder Karlmann zurückzog, das Karl der Große selbst 787 besuchte, war sicher eine bedeutende Anlage gewesen. Doch den ersten Bau, den wir mit einiger Sicherheit rekonstruieren können, das Kloster des Abtes DESIDERIUS (1058–87), war unter dem Einfluß von ODILOS Kloster von *Cluny* erbaut worden. Französisches Baudenken hat die italienische Anlage beeinflußt. Abweichungen von dem überlieferten Schema erzwangen vor allem die topographischen Gegebenheiten, so die Lage auf einem schmalen Bergrücken. Die Planskizze (Abb. 10) zeigt, daß dem Kapitelsaal der gesamte Raum im Osten des Kreuzgangs vorbehalten war, daß das langgestreckte Dormitorium die gesamte Südseite füllte, während das Refektorium sich sowohl an den Kreuzgang als auch an das Atrium anlehnte. Die Stellung von Küche, Krankenhaus und Keller zeigt, daß man auch in Monte Cassino rational dachte. Doch greife ich hier vor. Ich möchte aber annehmen, daß auch das Kloster des 8. Jh. eher von den Klöstern des Frankenreiches beeinflußt war als umgekehrt. Ich wiederhole die These: das benediktinische Klosterschema ist ein kennzeichnendes Werk der karolingischen Renaissance.

3 Die Utopie von St. Gallen

Das überraschendste Dokument frühmittelalterlicher Benediktinerarchitektur ist der Plan eines karolingischen Idealklosters, den die Stiftsbibliothek von St. Gallen aufbewahren konnte. Er stellt die einzige Architekturzeichnung Europas vor dem 13. Jahrhundert dar, auf der wir planende Vorstellungskraft am Werke sehen. Man verdankt seine Erhaltung der Tatsache, daß die Rückseite im 12. Jahrhundert zur Niederschrift einer Vita des hl. Martin wiederverwendet wurde, wodurch das Faltblatt in den Schutz bibliothekarischer Sorgfalt kam. Schon Gelehrte des 17. Jahrhunderts sind auf seinen Wert aufmerksam geworden, und der größte Historiker des Benediktinerordens, Mabillon (1632–1707), hat ihn als erster besprochen. Seitdem hat sich die Forschung leidenschaftlich um die richtige Deutung des Risses bemüht. Die Bestrebungen um sein Verständnis gipfeln in dem Modell von Walter Horn (Abb. 15, 16), dem sich eine umfassende Monographie anschließen wird.

Der Plan ist 77 : 112 cm groß, 30 zu 40 karolingische Zoll. Er wurde auf die sorgsam geglättete Vorderseite von fünf Kalbshäuten mit Mennige gezeichnet. Eine genaue Prüfung des technischen Verfahrens unterrichtet uns darüber, daß es sich bei dem erhaltenen Exemplar um die Kopie eines wenig älteren Vorbildes handelt. Die Zeichnung umfaßt den Grundriß von mehr als 40 Gebäuden im Maßstab 1 : 192. Walter Horn hat begründet, warum $^1/_{16}$ eines karolingischen Zolls auf dem Pergament sinnvoll einem karolingischen Fuß am Bau ($^1/_{16}$: 1) entsprechen konnte. Die angelsächsische Welt rechnet heute noch mit diesen Verhältnissen. Der Bestimmungszweck dieser Gebäude, die Namen der Titelheiligen der Altäre, einige Angaben über Teile des Mobiliars und der Maße sind ebenso eingetragen wie die Namen der Bäume des Klostergartens. Immer dort, wo zugleich mit einer Bezeichnung auf ihren höheren Heilssinn hingewiesen werden soll, erhebt sich die Prosa zu Versen und wird damit Ausdruck der Anteilnahme des Auftraggebers an seinem Werk. So liest man rings um das Kreuz inmitten des Friedhofs die Zeilen:

Inter ligna soli haec sanctissima crux est
In qua perpetua poma salutis olent
Der heiligste unter den Bäumen des Feldes ist das Kreuz
An welchem die Früchte des ewigen Heils duften.

Der Gedanke wird über und unter dem Kreuz in zwei Zeilen fortgeführt:

Hanc circum iaceant defuncta cadauera fratrum
Qua radiante Iterum Regna polj accipiant
Rings um dies Kreuz sollen die Leiber der verstorbenen Brüder liegen,
und durch seine Strahlkraft das Königreich des Himmels erlangen.

Wir befinden uns in einem idealen Bereich. Der Auftraggeber wollte ein
Idealmodell gestalten. Er war sich bewußt, daß ein Kloster von gleicher Vollkommenheit nicht erbaut werden kann. Auch hat er sich nicht darum bemüht,
einen baureifen Plan vorzulegen. Schon die Anschrift macht es kenntlich: »Ich
habe Dir, liebster Sohn Gozbert, dieses bescheidene Exempel der Anordnung
der Klostergebäude zugesandt, damit Du Deinen Geist an ihr üben kannst ...«
GOZBERT war 816–836 Abt von *St. Gallen,* hat sich mindestens seit 830 mit Neubauplänen für dieses Kloster beschäftigt, vielleicht sogar schon Jahre zuvor. Als
Schreiber von 265 der 341 Einzeleintragungen des Planes ließ sich ein Reichenauer
Mönch ermitteln. Die Kopie für Gozbert sollte die Grundlage und Ausgangspunkt für neue Planungsarbeiten bilden. Das mit ihr in allen rein architektonischen Teilen übereinstimmende Original im Kloster Reichenau nahm unmittelbar auf einen Klosterneubau nicht Bezug; denn auf der Reichenau sollte – soweit
wir wissen – damals kein neues Großkloster das bestehende ersetzen. Nur in
der Altaranordnung und der Wahl ihrer Titelheiligen trägt der Kopist den
dortigen Gegebenheiten Rechnung. Doch gibt es zahlreiche Hinweise, die es
wahrscheinlich machen, daß HAITO (763–836), von 806–23 Abt der Reichenau,
von 802–23 auch Bischof von Basel und einer der führenden Männer am Hofe
Karls des Großen, den Plan entworfen hat. Denn wir kennen das geistige Anlie-
gen, das ihn dazu veranlaßte.

Nachdem schon die älteren Frankenkönige den Klöstern neue Aufgaben in und
für die Welt und den Staat zugeordnet hatten, erkannte Karl der Große, daß die
Benediktinerregel besser als jede andere den äußeren Rahmen für diese Aufgaben
bilden konnte. Das Kloster als Schule, als Missionszentrum, als landwirtschaftlicher Betrieb, als Stützpunkt der Verwaltung mußte eine streng und straff
organisierte Einheit sein. Er sah mit Wohlwollen auf die Reformbestrebungen,

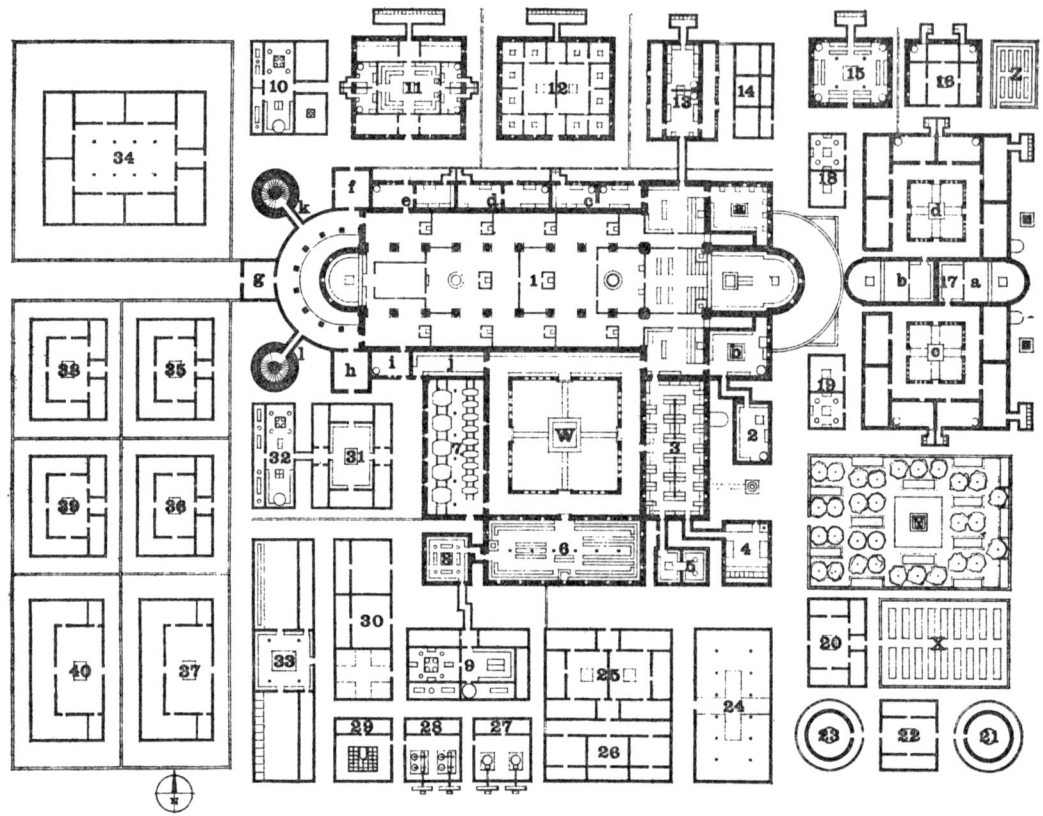

11   Der Plan von St. Gallen

1 Kirche   a Schreibstube im Erdgeschoß, Bibliothek im Obergeschoß   b Sakristei im Erdgeschoß, Kammer für die liturgischen Gewänder im Obergeschoß   c Wohnung für durchreisende
Ordensbrüder   d Wohnung des Vorstehers der Äußeren Schule   e Wohnung des Pförtners
f Zugangshalle zum Haus für vornehme Gäste und zur Äußeren Schule   g Empfangshalle für
alle Besucher   h Zugangshalle zum Pilger- und Armenhaus und zu den Wirtschaftsgebäuden
i Wohnung des Verwalters des Pilger- und Armenhauses   j Sprechraum der Mönche   k Turm
des hl. Michael   l Turm des hl. Gabriel   2 Zubereitungsraum des heiligen Brotes und Öles
3 Schlafsaal der Mönche im Obergeschoß, Wärmeraum im Untergeschoß   4 Abtritt der Mönche
5 Bade- und Waschraum der Mönche   6 Speisesaal der Mönche im Erdgeschoß, Kleiderraum im
Obergeschoß   7 Wein- und Bierkeller der Mönche im Erdgeschoß, Vorratskammer im Obergeschoß   8 Küche der Mönche   9 Bäckerei und Brauerei der Mönche   10 Küche, Bäckerei und
Brauerei für die vornehmen Gäste   11 Haus für vornehme Gäste   12 Äußere Schule   13 Abts-
haus   14 Küche, Keller und Badhaus des Abtes   15 Aderlaßhaus   16 Ärztehaus   17 Noviziat
und Krankenhaus   18 Küche und Bad des Krankenhauses   19 Küche und Bad des Noviziats
20 Gärtnerwohnung   21 Hühnerstall   22 Haus der Hühner- und Gänsewärter   23 Gänsestall
24 Kornscheune   25 Haupthaus der Werkleute   26 Nebenhaus der Werkleute   27 Mühle
28 Stampfe   29 Darre   30 Küferei, Drechslerei und Getreidehaus für die Brauer   31 Pilger-

die BENEDIKT VON ANIANE (um 750–821), Sohn eines Grafen und Waffengefährte seiner Jugend, in Südfrankreich entfaltete. Benedikt war Franke. Doch blieb er beherrscht von dem Verlangen nach jener grenzenlosen Askese, die das Mönchtum der Ostkirche wie Irlands immer wieder in eine im Grunde kulturfeindliche Haltung gedrängt hat, wobei wohl nur die Hauptkirche seines südfranzösischen Klosters eine Ausnahme machte. Sie wird uns als mit großer Pracht ausgestattet beschrieben. Früh muß er Einfluß auf Ludwig den Frommen gewonnen haben, der in den aquitanischen Königsresidenzen seine Jugend verbrachte. Er vor allem ist es gewesen, der diesen Frankenprinzen zu einem 'Frommen', in Gewissensängsten sich verzehrenden Zauderer erzog, dessen Zweifel an der eigenen Sendung, an seinem 'Gottesheil' das Reich dem Untergang entgegenführte. Wenn Karl der Große bestrebt gewesen ist, der ganzen Mönchskirche eine zentrale Leitung zu geben, so fand Ludwig den Mann, der allein in seinem Jahrhundert das Format besaß, um sich an ihre Spitze zu stellen. Ludwig berief Benedikt nach Aachen und gab ihm die Möglichkeit, ein neues Musterkloster in *Inden*, dem späteren Cornelimünster, zu erbauen. Als 'Reichsabt' hat BENEDIKT VON ANIANE die beiden Synoden »*in domo Aquis palatii qua ad Lateranis dicitur*« von 816 und 817 geleitet. Ihre Ergebnisse sind uns in den Erlassen vom 23. August 816 und 10. Juli 817 erhalten (Auszüge siehe Dokumente Nr. III). Der Widerstand vieler Äbte – wie wir annehmen möchten namentlich aus den Klöstern im Norden des Reiches – mag ihn gezwungen haben, die strengen Bestimmungen von 816 in die gemäßigteren von 817 abzuwandeln. Es müssen ihn dabei nicht nur Hinweise auf die Regel selbst beeindruckt haben, sondern auch andere auf alte und ehrwürdige Gewohnheiten in Klöstern, die dem Herrscherhaus nahestanden. Den St. Gallener Plan kann man als eine Demonstrationszeichnung zur Veranschaulichung des klösterlichen Lebens nach den gemäßigten Bestimmungen von 817 bezeichnen. Einen viel diskutierten Hinweis von A. Dobsch von 1916 aufgreifend, hat dies Walter Horn in seinem großen Buch über St. Gallen dargetan[8].

Abt HAITO scheint eine der führenden Persönlichkeiten im Kampf gegen den südfranzösischen Askesegedanken gewesen zu sein. Wir besitzen mit den sogenannten 'Murbacher Statuten' eine Sammlung der Beschlüsse von 816, die in

und Armenhaus 32 Küche, Bäckerei und Brauerei für die Pilger 33 Pferde- und Ochsenstall und Wärterunterkunft 34 Haus für des Kaisers Gefolgschaft (Identifizierung nicht gesichert) 35 Schafstall und Schafhirtenunterkunft 36 Ziegenstall und Ziegenhirtenunterkunft 37 Kuhstall und Kuhhirtenunterkunft 38 Haus für die Knechte von abliegenden Besitzungen und für Knechte in der Gefolgschaft des Kaisers (unsicher, vgl. 34) 39 Schweinestall und Schweinehirtenunterkunft 40 Stall für die trächtigen Stuten und Füllen und Wärterunterkunft x Gemüsegarten der Mönche y Friedhof und Obstgarten z Garten für Heilkräuter seinem Bischofssitz Basel nach einem Hinweis von B. Bischoff geschrieben wurden und deren Kommentare die milderen Bestimmungen von 817 teilweise vorwegnehmen oder fordern. Die politischen Aufgaben, die der Frankenherrscher den Klöstern übertragen hatte, ließen sich nicht mit der extremen Askese einer der Welt abgewandten Mönchsgemeinde verbinden. Wieder ist es Walter Horn, der auf fünf wichtige Punkte hingewiesen hat, von denen drei sich den strengen Bestimmungen von 816 entziehen, den gemäßigteren von 817 aber genau folgen, während von den zwei anderen der erste schon 816 neu eingeführt wurde und der letzte 817. Bei diesen drei ersten Punkten handelt es sich um die Fragen, ob der Abt wie auf dem Plane über einen eigenen Palast verfügen dürfe, ob auch die Mönche selbst, und nicht nur Kranke und Novizen, wenigstens eine kleine Anzahl von Bädern haben könnten, und ob das Kloster neben der inneren Schule im Noviziat auch eine äußere für Laien und Fremde besitzen solle. Gerade dieser letzte Punkt war seit langem in den Klöstern des Frankenreichs ein umstrittener gewesen. Sollte man dem Erziehungsauftrag des Herrscherhauses folgen oder dem Weltfluchtgedanken, aus dem das Mönchtum erwachsen war und den die irischen Mönche überall auf dem Kontinent zu verteidigen suchten? Die beiden Schulen des Planes finden sich so angelegt, daß sie beide etwa gleich weit von dem Raum über der Schreibstube links neben dem Kirchenchor entfernt waren, in dem die Bücherei aufbewahrt werden sollte. (Vgl. die Nr. 12 und 17 d zu der Bibliothek in 1 a auf dem Plan Abb. 11). Bei unserem vierten Punkt, der schon 816 gefordert worden war, handelt es sich um die Bestimmung, daß den Handwerkern, die für die Mönche Schuhe und Kleider herstellten, innerhalb der Klostermauern Arbeitsplätze zugewiesen werden sollten. Dadurch wurde sowohl der Verkehr des Klosters mit den benachbarten Siedlungen auf ein Mindestmaß beschränkt als auch der autarke Charakter der Klosterstadt gesteigert. In besonderem Ausmaß verdeutlicht eine fünfte Bestimmung die Beziehung des Planes zu dem Erlaß von 817. Sie enthält die Anweisung, daß den durchreisenden Mönchen neben der Kirche ein Schlafraum zugewiesen werde. (*Ut dormitorium iuxte oratorium constituatur, ubi supervenientes monachi dormiant.* Dokumente Nr. III, XXIV. Kap.). Der Ort dieses Schlafraumes (I c an der linken Seite der Kirche) erweist, daß der Abt jene Diskretion pflegen wollte, die zu jeder echten Gastlichkeit gehört. Sie gab den durchreisenden Brüdern die Möglichkeit, zwischen dem strengen Leben der Mönche im Chordienst und dem freien der weltlichen Besucher ihre Wahl zu treffen. Es ist dies eine Einzelheit, die auch HILDEMAR in seinem Regelkommentar vorschreibt (Dokumente Nr. V, p. 611 sq.). In diesem Dokument von etwa 850 findet man begründet, warum schon nach der Regel BENEDIKTS die Gastmönche in unmittelbarer Nähe der

Kirche unterzubringen seien, die Laien aber von ihnen getrennt an einem dritten Ort.

In der Tatsache, daß der Plan von St. Gallen den Kirchengrundriß des gerade im Bau befindlichen Kölner Domes ziemlich genau wiedergibt, darf man einen weiteren Hinweis auf seinen Zusammenhang mit den Aachener Synoden sehen. Nach Lage der Dinge muß neben BENEDIKT VON ANIANE der Erzkaplan des Hofes und Erzbischof von Köln HILDEBALD den Vorsitz bei diesen Synoden geführt haben. Er war zugleich Bauherr des neuen Domes. Wenn wir dennoch weiterhin annehmen möchten, daß der Gesamtplan von *St. Gallen* ein Auftrag HAITOS war, so auch deshalb, weil er in seinem Leben nicht das einzige Dokument für das Streben nach utopisch vollkommenen Ordnungen darstellt. Haito muß als eine ebenso starke und reiche wie eigenwillige Persönlichkeit unter den karolingischen Großen hervorgetreten sein. Er ist der Bauherr der neuen großen Klosterkirche der Reichenau und des neuen Baseler Domes. Karl der Große hatte ihn 811 an den Kaiserhof nach Konstantinopel geschickt, und sein Gesandtschaftsbericht, der verlorengegangen ist, wird uns als ebenso ausführlich wie beeindruckend geschildert. Dem Niedergang des Diözesanklerus in Basel suchte er durch kluge und strenge Statuten zu gebieten, die als ›Capitulare Hettonis‹ einiges Ansehen errangen. Im Anschluß an die erste Aachener Synode hat er dann jene ›Murbacher Statuten‹ mit seiner Ausdeutung der Erlasse zur Regel des hl. Benedikt geschrieben, von der wir sprachen. Erst die Wiederauffindung einer Originalfassung durch J. Semmler 1950 in Wolfenbüttel hat jeden Zweifel an der Person des Verfassers beseitigen können. Es ist auch wahrscheinlich, daß in seinem Auftrag jene zwei Mönche der Reichenau, GRINALD und TATTO, 817 nach Aachen reisten, die eben die Abschrift der Regel, die Karl der Große aus Monte Cassino hatte kommen lassen, genau kopierten. »In unserer Abschrift fehlt nicht ein Satz, nicht eine Silbe, ja nicht ein Buchstabe des Originals«, vermerken sie zu ihrem Text, der sich ebenfalls in St. Gallen erhalten hat. Die Aachener Synode 816 hatte als ersten und wichtigsten Punkt verordnet, und Haito ist darauf in den Murbacher Statuten ausführlich eingegangen, daß die Regel bis hin zu jedem Worte im Kloster diskutiert werden sollte, und als einen zweiten, daß wenn immer möglich sie jeder einzelne Mönch auswendig aufsagen müsse. Hier haben wir die gleiche Entschlossenheit für das utopisch Vollkommene, die uns auch aus dem Plane entgegentritt. *(Primo enim capitula denuntiandum est, ut cum abbates ad propria loca remeassent, regulam per singula verba discutientes relegerent et adimplerent ... Secundo, ut qui possent regulam memoriter discerent ... Uni iungendum putavimus ut, cum ex corde recitanda discitur, a dictatoribus ordinatis discentibus interpretatur.* – Corpus Consuetudinum Monasticarum I, 1963, 441).

Auf Haitos Charakterbild wirft die Tatsache ein Licht, daß er mit Entschlossenheit in seinem 56. Lebensjahr allen Amtsgeschäften in Basel und der Reichenau entsagte, um sich ganz dem Leben nach und unter der Regel widmen zu können. Jetzt sehen wir den alternden Abt damit beschäftigt, nach allen Richtungen hin Briefe zu senden, um die Großen des Reiches, alle Klöster und alle Bischöfe, von denen er wußte, in langen Listen zu einer Gebetsverbrüderung Name für Name zu vereinigen, als wollte er die Prominenz seines Jahrhunderts dadurch zu einem Reichstag im Jenseits versammeln. Gleichzeitig schien es ihm bedeutsam, die Visionen aus Fegefeuer und Hölle aufzuzeichnen, die seinen Schüler Wetti 824 auf dem Sterbebett beunruhigt hatten. WALAFRIED STRABO, der größte Schüler Haitos, hat dessen Prosa in Verse umgegossen und damit ein Vorbild für Dantes Divina Commedia geschaffen. Haito scheint ein karolingischer Kirchenmann mit jenem Verlangen nach dem Extremen gewesen zu sein, dem wir im 8. und 9. Jahrhundert wiederholt begegnen.

Vier Hauptbereiche des Klosters werden auf dem Plane deutlich voneinander abgegrenzt. Hierin mag man das Neue in Haitos Ordensdenken erkennen. Die Aachener Synoden und sicher auch die Bauerfahrungen des Kaiserhofes wurden ihm zum Anlaß, den gesamten Klosterorganismus auf seinen organischen Funktionalismus hin zu überprüfen.

Den *ersten* dieser Bereiche bildet das Klaustrum, die Mönchsgebäude um den Kreuzgang, die abgeschlossene Welt von Dormitorium im Osten (3), Refektorium im Süden (6) und Vorratshaus im Westen (7). In diesen Bereich, in dem man streng nach der Regel und ungestört die Tageszeiten verrichtete, führt nur ein einziger Zugang durch den Sprechraum der Mönche (j), in dem auch den Gästen nach der Vorschrift der Regel die Füße gewaschen werden. Später in *Cluny*, aber vielleicht auch schon hier, sollte man den ganzen Raum das *mandatum* nennen, denn die Mönche sangen während der Fußwaschung die Worte Christi: »*Mandatum novum do vobis: ut diligatis invicem* – ein neues Gesetz gebe ich euch, daß ihr einander liebet...« Schon auf dem Plane kennzeichnet ihn die Inschrift als: *exitus et introitus ante claustrum ad conloquendum cum hostibus et ad mandatum faciendum* – Eingang und Ausgang zum Kreuzgang, in dem mit den Gästen geredet wird und das *mandatum*, d. h. die Fußwaschung, vollzogen wird. Die Gebäude um den Kreuzgang bildeten das Kloster im Kloster, die Clausur. Der Plan zeigt das Dormitorium mit seinen 77 Betten im Obergeschoß, das Refektorium mit seinen Tischen – auch jenem des Abtes – im Erdgeschoß, während für den Kapitelsaal noch kein besonderes Haus erbaut werden sollte. Man versammelte sich zur Lektüre der Regel auf den Bänken, die im Kreuzgangflügel längs der Kirche angeordnet waren. Den Beischriften entnimmt man, daß unter dem Dormitorium sich der Tagesraum der Mönche befand, die sogenannte Wärmestube und über dem Refektorium die Kleiderkammer. Für den Vorratsflügel melden sie, daß dem Keller unten ein Speicher für Speck und andere »Notwendigkeiten« oben entsprechen sollte. Der Kreuzgang bildet ein Quadrat von genau 100 Fuß. Die Anordnung der Säulen, Arkaden und Stützmauern weist darauf hin, daß größte Regelmäßigkeit und genaue Symmetrie angestrebt worden sind. Die äußere, ästhetische Ordnung sollte die innere widerspiegeln.

Dem abgeschlossenen Bereich der Ruhe rechts der Kirche entspricht ein *zweiter*, der Welt aufgeschlossener auf ihrer linken Seite. Dort befanden sich die Gebäude für vornehme Gäste (11), die Schule für Laien und Fremde (12), der Palast des Abtes (13) und das Haus für seine Küche und sein Bad (14). Auch ein großes Küchengebäude mit Brauerei und Bäckerei allein für die Gäste ist vorgesehen (10), zu denen auch der Kaiser und sein Gefolge gehören konnten. Man erinnert sich daran, daß die Regel vorgeschrieben hatte, daß der Abt mit ihnen, nicht mit den Mönchen zu speisen habe. Auch der Neubau des Klosters *Monte Cassino* im 11. Jahrhundert hat Abtpalast und Gästebauten links der Kirche aneinandergereiht (s. S. 50). Jahrhunderte später sollte sich aus diesem offenen Bereich der Prälatenhof der Barockklöster entwickeln, der meist links der Kirche dem Mönchhof gegenüber erbaut wurde. So z. B. in *Weingarten* (siehe unten S. 240). Schon der Grundriß läßt auf dem Plan von *St. Gallen* erkennen, daß das Haus des Abtes ein Palast aus Stein werden sollte, im Erdgeschoß mit zwei großen Kaminräumen, an den Längsseiten Wandelhallen, die mit Säulen und Arkaden sich nach außen öffneten, eine bewußt repräsentative Gestaltung, neben der Königshalle von Lorsch und dem Aachener Palast das bedeutendste Beispiel karolingischer Profanarchitektur, das wir rekonstruieren können.

Mit den beiden anderen Bereichen meine ich jenen der Kranken und Novizen hinter der Kirche, die das strenge Leben nach der Regel noch nicht oder nicht mehr zu führen verpflichtet waren, und die Zone der Versorgungsgebäude, in denen die Handwerker und Knechte in ihren Werkstätten und zusammen mit dem Vieh wohnten.

Für diesen Wirtschaftshof vor der Kirche und rechts neben den Konventsgebäuden sollten spätere Jahrhunderte ebenso wie für den Prälatenhof (s. S. 235 ff.) ein festgefügtes Schema entwickeln. Hier kam es dem Zeichner mehr auf die Vollständigkeit aller für die Versorgung der Mönchsstadt notwendigen Betriebe an als auf ihre Eingliederung in einen architektonisch gestalteten Gesamtplan, der zugleich auf die funktionelle Zuordnung von Scheunen, Stallungen und Werkstätten Rücksicht nehmen mußte. Man darf mit Sicherheit annehmen, daß auch

HAITO und sein Zeichner oder Baumeister gewußt haben, daß diesen Wirtschaftsgebäuden der notwendige Verkehrsraum gefehlt hat – dem Wirtschaftshof eben der Hof. Doch bekundet sich ihre Gesinnung in der Sorgfalt, mit der
in dieser Kloster-Arche-Noah an alles gedacht wurde, an Hühner und Gänsestall (21, 23) links und rechts vom Haus des Hühner- und Gänsewärters (22),
an Mühle, Stampfe, Darre (27, 28, 29), an Pferde- und Ochsenstall, in dem auch
die Knechte wohnten (33), den Schafstall und die Unterkunft der Hirten (35),
den Ziegenstall und die Unterkunft der Ziegenhirten (36), den Kuhstall und die
Unterkunft der Schweizer (37), den Schweinestall mit den Schweinehirten (39)
und den Stall für trächtige Stuten und ihre Füllen, in dem ebenso ein Lager und
Feuerplatz ihrer Wächter vorgesehen war (40). Gerade das Bestreben nach Vollständigkeit und der Wille, alle Ställe, Lager, Handwerksbetriebe streng voneinander in gesonderten Gebäuden abgetrennt unterzubringen, verleiht diesem
Grundriß seinen utopischen Charakter und verweist ihn in den Bereich der
Fürstenspiele, aus denen später jene gleich utopischen Festungspläne und Stadt-
grundrisse erwachsen sollten.

Besondere Sorgfalt hat der Auftraggeber des Planes dem *vierten* Bereich,
dem der Novizen und Kranken, zugewandt. Sowohl für die Klosterschüler als
auch für die Alten und Kranken ist ein kleines Kloster hinter der Hauptkirche
vorgesehen gewesen, jedes mit eigenem Kreuzgang und eigener Kapelle (17),
jedes auch mit einem eigenen Badehaus und einer eigenen Küche (18, 20). Benach-
bart dem Krankenbereich lag das Haus der Ärzte (16) und die Stube für Aderlässe (15), welche auch als Operationssaal diente. Den Ärzten – es müssen mindestens zwei gewesen sein, denn ihr Haus sollte über zwei getrennte Toiletten
verfügen – oblag auch die Pflege eines kleinen Gartens für Heilkräuter. Die
Inschriften sprechen von einer *domus medicorum*. Sie schreiben vor, daß darin
auch die Schwerkranken schlafen sollten (*cubiculum valde infirmorum*), sagen
sogar, wo der Chefarzt wohnen sollte (*mansio medici ipsius*) und wo sein Arz-
neischrank (*armarium pigmentor*) zu stehen habe. Um die Verkehrswege kurz
zu halten, war der Friedhof nicht weit von dem Krankenkloster gelegt worden.
Auch dieses kleine Kloster besaß genau wie das Hauptkloster ein Dormitorium,
ein Refektorium, einen Vorratsraum und den mit Arkaden geschmückten Kreuzgang. Dieser war für Benediktinerklöster um 800 eine Selbstverständlichkeit
geworden.

Es gab Gebäude und Gebäudekomplexe, die keinem dieser vier Bereiche an-
gehören, und gerade bei ihnen bewundert man die Umsicht, mit der sie genau
an jener Stelle dem Plane eingeordnet wurden, an dem sie sinnvoll ihre Aufgabe
erfüllen können. Das große Haus für den Troß der vornehmen Gäste (34) gehört

zu diesen Gebäuden ebenso wie die Häuser für Pilger und Arme (31, 32), denen das Kloster die alte Gastfreundschaft schuldig war. Sie liegen bewußt neben der Kirche und neben der Wohnung des Pförtners, der auch das Pilgerhaus zu betreuen hatte (f). Die Bäckerei und das Brauhaus der Mönche (9) war so angeordnet, daß es die Brüder erreichen konnten, ohne den Wirtschaftshof zu betreten. Auch die Bäder (5) und die Toiletten (4) der Mönche sollten nur von den Schlafräumen aus zugänglich sein. Es bleibt bezeichnend für die Anschauungen des Zeitalters, daß für die Knechte und den Troß keine Toilettenkabinen vorgesehen waren, während die vornehmen Gäste, das Abthaus, die Krankenstube (15), in der auch Operationen durchgeführt wurden, wie die Klöster der Kranken oder Novizen mit diesen »Necessaria« reichlich ausgestattet waren. Unmittelbar der Kirche zugeordnet befand sich auf der Seite des Abthauses im Erdgeschoß (a) die Schreibstube und im Obergeschoß die Bibliothek, während auf der gegenüberliegenden Seite der Raum für die Sakristei und die Kammer für die liturgischen Gewänder eingeplant waren. Die Anordnung der Bibliothek an dieser Stelle sollte sich nicht bewähren. Man hat sie in späteren Klöstern an den Kreuzgang unter das Dormitorium verlegt; doch mag ihr Platz in *St. Gallen* gegenüber dem Abthause von dem Verlangen des Abtes bestimmt worden sein, diese Kostbarkeiten einerseits immer unter den Augen zu behalten, zum zweiten, sie vornehmen Fremden als den eigentlichen Schatz des Klosters zeigen zu können. Es ist bezeichnend für die Sorgfalt, mit der HAITO jede Einzelheit bedacht hat, daß er rechts von der Sakristei ein eigenes Gebäude für die Zubereitung des heiligen Brotes und die Aufbewahrung des heiligen Öles vorgesehen hat.

Zählt man die Betten im Dormitorium, die der Plan angibt, so ergibt sich, daß man im Ganzen mit 77 Mönchen gerechnet hat. An den Tischen des Refektoriums hätte eher noch eine größere Anzahl Platz gefunden. Auch im Abthaus waren Betten für mindestens acht Personen vorgesehen. Im Haus der vornehmen Gäste gab es vier Einzelzimmer, in denen ein Fürst mit seinem Gefolge wohnen konnte. Hinzu kamen zwei Vorräume für die persönlichen Bediensteten. Es ist bezeichnend, daß auch hier die Pferde mitten durch den Gemeinschaftsraum geführt werden mußten, um ihre Stallungen zu erreichen. Denn keiner der Gäste wollte getrennt von seinen Pferden schlafen.

Zwei Fragen haben die Forschung stets von neuem besonders beschäftigt: die Gestalt und Maße der Kirche und die Rekonstruktion der Holz- und Fachwerkbauten, die sie umgeben sollten. Für diese Nebengebäude hat Walter Horn in seinem Modell Ergebnisse vorgelegt, die aus dem Studium aller Quellen zur mittelalterlichen Holzbaukunst erwachsen sind (Abb. 15, 16). In allen wesentlichen Punkten gibt das Modell die Intentionen des Entwurfes, soweit wir ermessen können, richtig wieder. Eine vermeintliche Widersprüchlichkeit zwischen den Maßangaben und der Zeichnung der Kirche hat zahlreiche Theorien ausgelöst, von denen die meisten nur ihren Erfinder überzeugen konnten. Auch die jüngsten Vorschläge von Adolf Reinle machen hier keine Ausnahme (Schrifttum Nr. 55). Er glaubte, das ganze Problem dadurch aus der Welt schaffen zu können, daß er die entscheidende Inschrift anders zu übersetzen suchte: *ab oriente in occidente longit ped cc – ped* sei nicht *pedum*, vielmehr eine Abkürzung von *pedare –* »Von Osten nach Westen miß die Länge zweihundertmal«. Doch diese Übersetzung ist sicher falsch. Man muß der älteren Ansicht vertrauen, daß diese Maßangaben sich auf den Versuch einer Verkleinerung der Kirche beziehen, der später vorgeschlagen worden ist und auch zu Veränderungen des Gesamtplanes nachträglich gezwungen haben würde. Denn der Gesamtplan ist nach einem genauen Maßstab entwickelt, der von der Breite des Langhauses ausgeht, die 40 karolingische Fuß betragen sollte, was 2¹/₂ Zoll auf dem Lineal entspricht, dessen sich der Zeichner bedient hat. Jeweils ¹/₁₆ eines Zolls auf dem Plan ist gleich einem Fuß am Bau. Dabei ergab sich für den Kreuzgang die klassische Größe von 100 zu 100 Fuß, die ein wenig späterer Autor HILDEMAR aus *Corbie* als angemessen hervorhebt[9].

Doch hat in einem anderen Punkt A. Reinle uns den Plan genauer sehen gelehrt. Seinem Beitrag entnehme ich den Hinweis, daß die beiden Kleinklöster der Novizen und der Kranken (Nr. 17 des Planschemas) nicht in dem größeren karolingischen Fußmaß von 32,16 cm, vielmehr nach dem kleineren kapitolinischen von nur 29,6 gezeichnet seien, welches in Italien immer üblich geblieben ist. Offenbar finden wir in ihnen eine Anordnung aus einer fremden und älteren Planskizze übernommen. Es ist wahrscheinlich, daß in ihr ein Doppelkloster mit Mönchen und Nonnen wiedergegeben war, wie es in der Frühzeit des Mönchtums häufig erbaut wurde. Der Unterschied seiner absoluten Größe, im Vergleich zu jener des karolingischen Projektes, bezeugt den Kulturaufstieg, für den die Siege Karls des Großen die Grundlagen gebildet haben. Die Existenz einer solchen Vorlage zwingt zu dem Schluß, daß das regelmäßige Klosterschema auch im Süden schon im 8. Jh. allgemein eingeführt war. Die strenge Trennung der Bereiche auch innerhalb der Kapellen, die nicht miteinander kommunizieren können, würde dort weniger auf hygienische Gründe als auf moralische Rücksicht nehmen. Die Vorlage gibt uns zugleich Gewißheit darüber, daß der St. Gallener Plan kein Unikum gewesen ist. Wo man an vielen Orten im Frankenreich mit Klostergründungen, Klostererweiterungen und Neubauten beschäftigt blieb, müssen Pläne von vielfältiger Gestalt zwischen den Äbten ausgetauscht worden sein.

Doch noch ein Letztes muß bedacht werden: der Plan ist nicht nur ein Denkmal des Strebens nach 'perfectio', er ist dadurch auch ein Denkmal der karolingischen Geistigkeit und Frömmigkeitshaltung, wie sie dem späteren Mittelalter zum Vorbild wurde. Beide werden uns in gleicher Weise durch die Inschriften wie durch die Maßverhältnisse deutlich. Auch die Auswahl der Titelheiligen der Altäre und die Anordnung dieser Altäre im Kirchenraum weisen auf sie hin.

Denn neben vier Bereichen, die wir beschrieben haben, muß noch ein fünfter die Aufmerksamkeit auf sich ziehen. Die Kirche hat deshalb eine so langgestreckte Gestaltung erhalten, weil sie zugleich als Mönchskirche und als Pilgerkirche zu dienen hatte. Der Kreuzgang lehnt sich nur an die östliche Hälfte des Langhauses an, und die Mönche betraten im Querhaus vom Kreuzgang oder ihrem Schlafraum aus unbemerkt das Gotteshaus. Nur der Abt und die durchreisenden Gastbrüder konnten ebenso unbemerkt in die Kirche gelangen. Der einzige feierliche Zugang zur Kirche war zugleich der Haupteingang des Klosters, eine breite Straße, von der eine Inschrift sagt:

Omnibus ad scm turbis patet haec via templum – quo sua vota ferant unde hilares redeant
Dies ist der Weg für die Scharen zum heiligen Tempel, wo sie ihre Gebete darbringen, von wo sie freudig zurückkehren mögen

Am Eingang begrüßen sie die beiden hohen Türme, die, den Erzengeln Michael und Gabriel geweiht, in ihrem Obergeschoß Altäre dieser heiligen Engel aufwiesen, die ihren Segen nach allen Richtungen in die Ferne tragen sollten. Mit den vornehmen Reisenden von links und den Pilgern von rechts versammelte das Volk sich in dem offenen Atrium, das der Plan das paradiesische Feld nennt. Sein Anteil an der Kirche reichte vom Petrusaltar in der Westapsis bis zum Kreuzaltar in der Mitte des Raumes. Zu ihm gehörten neben den Taufbrunnen im ganzen neun Altäre, denn die Vielfalt der Fürbitter und Segensspender sollte sich in der Vorstellung zu einem Chore vereinen.

Die eigentliche Mönchkirche begann erst zwei Joche vor der Vierung. In ihr steht der Ambo und die beiden Lesepulte für Evangelium und Epistel. Die Vierung ist besonders als der Chor für die Psalmen hervorgehoben, die Stundengesänge der Mönche. Über sieben Stufen links und rechts steigt man zum Hochaltar empor. Inmitten dieser Stufen stehen die Altäre des hl. Benedikt und Columban, des Stifters des Benediktinerordens und des Gründers der ältesten St. Gallener Zelle. Der Hochaltar ist Maria und dem hl. Gallus selbst geweiht. Hinter ihm steht der Sarkophag des Titelheiligen. In diesem großartigen Bild der Altäre jener Heiligen, denen sich die Mönche vor allem verpflichtet fühlten, gipfelt die Komposition des Heilsweges durch die Kirche. Denn die Pilger konnten durch den rechten Eingang, ebenso wie die vornehmen Gäste durch den linken an allen Seitenaltären vorbei unmittelbar zum Grab des hl. Gallus gelangen und so in der dunklen Gruft und Krypta das Ziel ihrer Fahrt erreichen, die Berührung des Heilbringers.

Auftraggeber und Zeichner haben das Kloster als Organismus mit seinen vier Bereichen und die Kirche als Konstellation verschiedener Heiligenaltäre immer als Einheit empfunden. Die Heiligen der Altäre sind ihnen wie in einer 'Sacra Conversazione' der späteren Tafelmalerei gemeinsam vor Augen getreten. Doch diese Einheit wäre für sie eine unvollkommene gewesen, hätten sie sie nicht auch durch geheiligte Maßzahlen verfestigt. Die Fußzahlen der Längen und Breiten der einzelnen Teile auf dem Grundriß ist ihnen Gegenstand sorgsamster Überlegungen gewesen. Dabei erweist sich, daß sie bestrebt sein mußten, den Rang jeder Architektur schon durch die Vollkommenheit der Maßzahlen kenntlich zu machen. Je höherrangig ein Bau, desto schöner und klarer mußten auch die Zahlen sein, die seine Proportionen bestimmen. Ausgangspunkt ist dabei für alle Betrachter der Gegebenheiten das Vierungsquadrat der Kirche von 40 : 40 Fuß gewesen. Es bestimmt ebenso wie die Maße der Kirche jene der Gebäude rings um den Klosterhof und diesen selbst. Welche Größen für den Auftraggeber die entscheidenden waren, d. h. welche für ihn einen besonderen Sinngehalt besessen haben, läßt sich schwer ausmachen. Reinle hat Reihen zusammengestellt, denen zufolge das dreiteilige System des sogenannten einfachen Goldenen Schnittes bestimmend gewesen ist (Schrifttum Nr. 55). Es ergibt folgende Zusammenstellung:

40 : 80 : 120 = Mittelschiffbreite : Langhausbreite : Querschifflänge
80 : 100 : 180 = Langhausbreite : Kreuzganglänge : Schifflänge
120 : 180 : 300 = Querschifflänge : Schifflänge : Kirchenlänge.

Das Quadrat der dreimal drei Zahlen läßt sich senkrecht wie wagerecht lesen. Die Proportionen bezeugen nicht nur den Willen zu einer gesetzmäßigen Harmonie, sondern auch eine Geistigkeit, die in jeder Zahl ein religiöses Symbol zu erfassen suchte. Die dreimal drei weist auf die Dreifaltigkeit hin, in den gleichlautenden mittleren Zahlen senkrecht wie waagerecht erkannte das Auge das Kreuz Christi, wie es das Zeitalter auch in seinen *Carmina figurata*, den Figurengedichten, dargestellt hat. In diesem Klosterplan steht alles zu allem in vielfachem Bezug. Erst als das funktionell genau der Regel entsprach und das Sakrale auch in den Zahlengesetzen zum Ausdruck gekommen war, konnte sich HAITO zufriedengeben. Im Lichte dieser Tatsachen versteht man seinen Brief an Abt

GOZBERT im Wörtlichen. Haito forderte ihn auf, am Studium des Planes seinen Geist zu bewähren. So möchte ich auch dem Leser diesen Brief als Ganzes nicht vorenthalten und zugleich mit der Übersetzung seine Deutung geben:

Haec tibi dulcissime fili cozberte de posicione officinarum paucis exemplata direxi quibus sollertiam exerceas tuam, meamque devotionem utcumque cognoscas, qua tuae bonae voluntatj satisfacere me segnem non jnverniri confido. Ne suspiceris autem me haec ideo elaborasse, quod vos putemus nostris indigere magisteriis, sed potius ob amorem dei tibi soli perscrutinanda pinxisse amicabili fraternitatis intuitu crede. Vale in christo semper memor nostri. Amen.

»Ich habe Dir, liebster Sohn Gozbert, dieses bescheidene Exempel der Anordnung der Klostergebäude zugesandt, damit Du Deinen Geist an ihr üben kannst ... und meine Freundschaft erkennen magst; glaube nicht, daß ich diesen Entwurf ausgearbeitet hätte, weil wir dächten, ihr hättet Belehrung nötig, sondern glaube mir, daß wir es aus Liebe zu Gott in freundschaftlicher Brüderlichkeit für Dein eigenes Studium gezeichnet haben. Lebe wohl in Christus Amen.«

HAITO legte seinem Abtbruder die 'Idee' vor, damit er an ihr seinen Geist übe. Er will ihn nicht belehren, vielmehr ihm einen Liebesdienst erweisen, der als eine gottgefällige Tat verstanden werden soll. Wie die Regel selbst, so soll auch der Plan für den Abt, und zwar für den Abt allein, Gegenstand der Meditation über den Sinn und Wert des Klosterlebens sein. Gerade seine Vollkommenheit erhebt ihn über alle praktische Verwendbarkeit hinaus zu einem Werk, das den Klostergedanken fördern, das Leben im Kloster verherrlichen soll. Wie die Nachdenklichkeit über die Aufgaben des Klosters zur Meditation über die Regel gehört, so muß auch die Ausgestaltung von Idealplänen im Mittelalter ebenso die Vorstellungskraft der Äbte herausgefordert haben wie später im Barock. Der St. Gallener Plan steht in einer alten Tradition, und es hat sicher immer wieder Briefe von Äbten an Äbte gegeben, denen ein Klostergrundriß beigefügt war.

4 Cluny

Geschichte – Das Kloster Odilos – Das Kloster Peters des Ehrwürdigen –
Die Kreuzgänge von Moissac und La Daurade

Geschichte

Unter den Klöstern des 10. und 11. Jahrhunderts ragte eines über alle anderen
hinaus und erhob sich zielstrebig zur Hauptstadt eines Klosterreiches: das burgundische *Cluny* (Abb. 17). Dieses größte Kloster, das je im Abendland erbaut
worden ist, beherrschte im 12. Jh. rund 1500 Abteien und Priorate in allen Teilen
Europas. Unter der Führung von *Cluny* trat an die Stelle vieler und mächtiger
Einzelabteien ein zentralisierter Mönchsstaat. Seine Äbte, unter ihnen vier
große, weise, ja geniale Mönchsführer, stiegen zu Mönchsfürsten auf. Mit
Königen verglichen ihre Gegner sie spöttisch; Groß-Äbte möchte man sie nennen.
Vor ihnen, nicht vor dem eigenen Abt, legten die Brüder zahlreicher Klöster ihre
Gelübde ab; Ratgeber und Richter waren sie nicht nur in den Klöstern, die sich
ihren Reformen angeschlossen hatten, sondern ebenso im weltlichen Bereich.
Kaiser, Päpste, Könige kamen um ihren Schiedsspruch ein.

Drei Umständen verdankt *Cluny* seinen Aufstieg und seine Sonderstellung:
erstens der Lage in einem »Leerraum von Herrschaft« (Walasch), einem Gebiet,
das weder zum Reich gehörte noch dem französischen Königtum untertan war;
zweitens der Dynastie jener vier großen, jeweils rund ein halbes Jahrhundert
regierenden Äbte; drittens einer neuen monastischen Geistigkeit, aus der auch
Wesenszüge der neuen burgundischen Romanik erwachsen sind, jener mittelalterliche Klassizismus, dessen schönste Zeugnisse die Kapitelle mit den Darstellungen der neun Töne über den Säulen des Chors der dritten Kirche sind, nach
Inhalt und Form gleich ausdrucksmächtige Definitionen dessen, was *Cluny* angestrebt hat (Abb. 18).

Diese Geistigkeit war Teil einer umfassenden Bewegung, die im letzten Drittel des 11. Jahrhunderts die Geschichte Europas bestimmen sollte. Die Stände trennen sich; Papst und Kaiser besinnen sich auf ihre gegensätzlichen Aufgabenbereiche, die Grafen werden weltlicher und die Bischöfe kirchlicher, die Bürger bürgerlicher und die Mönche geistlicher. Große übergeordnete Ziele erfaßten die Völker, und bald erwies sich, daß *Cluny* zu ihnen allen nicht nur Stellung beziehen mußte, vielmehr zu ihrer Verwirklichung die Führung zu übernehmen hatte. Aus den Ratgebern und Förderern der ottonischen und salischen Kaiser wurden Verteidiger einer neuen Papstmacht. Das Kloster, das sich von allen weltlichen Geschäften freihalten wollte, wurde zum wichtigen Träger des Kreuzzugsgedankens im Osten und der Reconquista in Spanien. Gleichzeitig, sich wechselseitig fördernd, wuchs seine geistige und seine weltliche Macht. Es wurde unermeßlich reich und einflußreich.

Die Geschichte *Clunys* liest sich wie die Geschichte des Aufstiegs einer Kleinstadt zur Großmacht (Schrifttum Nr. 59, 68, 76). Es gab in ihr vom Beginn des 10. Jahrhunderts bis zur Mitte des 12. nur unbedeutende Rückschläge. Wilhelm von Aquitanien hatte 909 einen Gutshof mit einer Kapelle im Tal der Grosne, einem Nebenfluß der Saône, für den Neubau eines Klosters gestiftet. Die neue Gründung sollte weder dem Bischof, noch dem Herzog, vielmehr allein dem Papst unterstehen. Doch waren die Päpste des 10. und frühen 11. Jahrhunderts nicht in der Lage, die Mönchskirche zu führen und zu schützen. Umgekehrt wurden die Mönche bald Führer des Papsttums. Die Verbundenheit mit Rom bezeugten die Kluniazenser auch dadurch, daß sie fast alle ihre Kirchenneubauten dem hl. Petrus weihten, während später die Zisterzienser ihrer Frömmigkeitshaltung mit der Weihe aller ihrer Kirchen an die Madonna Ausdruck gaben.

Gründungsabt war BERNO VON BAUME (910–926), der für seine zwölf Mönche eine erste Kirche erbaute, hinter deren Benediktusaltar er seine Grablege fand. Sein Nachfolger Abt ODO (926–954) erhielt von Kaiser Heinrich I. das Privileg, seinem Kloster andere Klöster zu unterstellen. Abt MAJOLUS (954–994), ein Freund Ottos des Großen, ersetzte die bescheidene erste Kirche durch einen Neubau, der als *Cluny II* in die Kunstgeschichte eingegangen ist. Schon sein Vorgänger hatte das richtungsweisende Werk gegen 950 begonnen; 981 konnte es geweiht werden. In die Regierungszeit seiner beiden Nachfolger, ODILO (994–1049) und HUGO VON SEMUR (1049–1109), fällt die Blütezeit der Kluniazenserkultur. Es war fast ein symbolischer Akt, daß Heinrich II. der Abtei seinen Reichsapfel vererbt hat. Die Zahl der Mönche stieg im Hauptkloster allein von 1063 bis 1122 von 73 auf über 300 an. Ausdruck der neuen Macht und Geistesmächtigkeit ist der Bau der dritten Hauptkirche (1088 – etwa 1120), *Cluny III*. Sie wurde zugleich die größte romanische, die größte französische und die größte Klosterkirche, die je gebaut worden ist.

ODILO hatte im Laufe seiner 55jährigen Regierungszeit dem Kirchenbau von *Cluny II* ein neues Kloster angefügt, dessen Marmorkreuzgang die Zeitgenossen bestaunt haben. Doch schon HUGO VON SEMUR mußte erkennen, daß es für die anwachsende Zahl der Mönche nicht ausreichen konnte. Während eines ganzen Jahrhunderts hat man immer wieder über die Erweiterung des Riesenorganismus nachgedacht. Neubaupläne und Baumaßnahmen überschichten sich. Einen Rückschlag bedeutet die Regierungszeit des eitlen PONS DE MEGEUIL (1909–1122),der aus Cluny vertrieben wurde und exkommuniziert in Rom starb. Erst sein zweiter Nachfolger PETER DER EHRWÜRDIGE (1122–1156) – Hugo II. regierte nur wenige Monate – hat das gewaltige Werk zu einem gewissen Abschluß gebracht. Es ist hier nicht der Ort, die Lebensleistung der vier großen und heiligen Äbte zu schildern. MAJOLUS hat vierzig Jahre regiert; ODILO standen fünfundfünfzig zur Verfügung; HUGO VON SEMUR waren genau sechzig Jahre gegeben und PETER DEM EHRWÜRDIGEN sechsunddreißig. Die Geschichte kennt kein 'Wahlkönigtum' von gleichem stetigen Erfolg. Auch muß man sich bewußt machen, daß Bau und Umbau von Kirchen und Klausurgebäuden nie im Mittelpunkt der Anstrengungen stehen konnten. Man baute nur mit der linken Hand, während die Rechte ein Reich regierte. Und man baute für einen einzigen Zweck: das ganze Mönchsleben sollte fast ausschließlich der liturgischen Feier dienen, so ausgedehnten Gottesdiensten, daß ihnen gegenüber Meditation und Studium fast ganz, die körperliche Arbeit völlig vernachlässigt wurde. Gesänge und Litaneien füllten den ganzen Arbeitstag. Diese 'Kunst für Gott' schien nunmehr die einzige Aufgabe der Mönche. Die wenigen Bauteile und Bildwerke, die uns erhalten blieben oder überliefert sind, erweisen, daß man allem einen vorbildlichen Charakter geben wollte. Es war richtungweisend als Kunstleistung wie als Ordnung. In seiner höchsten Vollkommenheit muß sich das Kloster bei dem Zusammentreffen von Papst Innozenz IV. und Ludwig dem Heiligen 1245 gezeigt haben. Voller Stolz berichten die Mönche, daß sie in der Lage waren, die Gefolge von zwölf Kardinälen und zwanzig Bischöfen zugleich mit dem König, seinem Hofe, seiner Mutter und seinem Bruder, dazu noch dem Kaiser von Byzanz mit dessen Gefolge zu beherbergen, ohne daß sie selbst auf ihr Dormitorium, das Refektorium, den Kapitelsaal, ja irgendein für das monastische Leben wichtiges Gebäude hätten verzichten müssen[10]. Schon aus dem 12. Jahrhundert haben wir Bericht, daß bis zu 1200 Patres und Brüder in den Schlaf- und Eßsälen Unterkunft finden konnten. Die Kirche faßte Tausende.

»Cluny, das ist das Größte, was das Mittelalter geschaffen hat«, schrieb Emile Mâle. »Bewahren ist schwerer als Neubeginnen«, hatte PETER DER EHRWÜRDIGE prophetisch seinem Freund und Gegner Bernhard von Clairvaux geantwortet. Unmittelbar nach seinem Tode begann der Niedergang. Er führte 1252 zum Verzicht auf die Unabhängigkeit und zur Unterstellung des Klosters in den Schutz des Königs. Seither wurden die Äbte nicht mehr frei gewählt. Die meisten von ihnen residierten, wie später RICHELIEU und MAZARIN, die beide Kommendatar-Äbte von *Cluny* waren, in Paris. Auch als Kongregation ging *Cluny* in der Vereinigung der Mariner (1634–44), später in der Vereinigung von St. Vannes auf. Letzter Kommendatar-Abt war der Kardinal DOMINIQUE DE LA ROCHEFOUCAULD (seit 1757), der, wenn er vereinzelt nach *Cluny* kam, in einem besonderen Schloß, nicht mehr in den Klosterbauten wohnte.

Gegen *Cluny* richteten sich mit der größten Entschiedenheit die beiden Bewegungen des 18. Jahrhunderts, die gegen alles Mittelalterliche Stellung genommen haben: das klassizistische Ordnungs- und Einheitsdenken der Aufklärung und die Französische Revolution. 1727 wurden die alten Klostergebäude eingerissen. Die in Paris ausgearbeiteten Neubaupläne, die dem Ganzen den Charakter einer Schloßanstalt geben sollten, wurden nur mehr zu einem kleinen Teil gegen und nach 1750 ausgeführt. Unmittelbar nach der Säkularisation 1790 begannen die Bürger von *Cluny* den Abbruch der Riesenkirche. Ihre Leidenschaft entzündete sich an den Zeugen einer überkommenen Ordnungsmacht. Ein neuer Fortschrittsglaube wollte sich von allen Vergangenheiten befreien. Die restaurative Bewegung seit den Zwanzigerjahren des 19. Jahrhunderts konnte nur mehr Trümmer retten. Und wenngleich die französische Archäologie seither immer wieder die ungeheure Größe der Leistung hervorgehoben hat, die hier zerstört worden ist, so hat die französische Öffentlichkeit doch bis heute der Revolution recht gegeben. Damit hängt auch zusammen, daß großzügige Ausgrabungen nie durchgeführt werden konnten und die neuen Besitzer selbst die Besichtigung des Bestehenden erschweren. Nach mancherlei Ansätzen zur Wiedergewinnung des noch Erhaltenen im 19. Jahrhundert blieb es dem Idealismus des amerikanischen Architekten Kenneth J. Conant vorbehalten, in jahrzehntelanger Bemühung wenigstens eine Rekonstruktion in Modellen und Plänen zu versuchen. In seinem Schrifttum zähle ich nicht weniger als zwölf Beiträge über Cluny von 1929 bis 1965, und noch immer fehlt der abschließende Bericht (Schrifttum Nr. 77–86). Conant hat in stets neuen Ansätzen durch Stichgrabungen, Interpretation der Schriftquellen und Überlegungen zu den mathematischen und geometrischen Gesetzmäßigkeiten versucht, sich ein Bild von dem Gesamtgefüge zu machen. Er mußte wiederholt im Verlaufe seiner Studien seine Ansichten ändern. Auch reichen die

Unterlagen zur Festlegung vieler Einzelheiten nicht aus. Sicher hätte ODILO Kompromisse, die Conants Pläne für das Kloster *Cluny II* zeigen, ebensowenig akzeptiert wie PETER DER EHRWÜRDIGE andere für *Cluny III.* Wenn es auch gewiß ist, daß bei allen Einzelbauten an ihre Einordnung in einen Gesamtplan gedacht wurde, so wissen wir doch nicht, ob es tatsächlich im Klosterbau, ebenso wie beim Kirchenbau, nur zwei Gesamtkonzeptionen gegeben hat. Wo die planende Phantasie sich durch zwei Jahrhunderte mit dem riesenhaften Organismus beschäftigte, liegt es nahe, daß zahlreichere Schichten von Neuplänen sich abgelöst haben, denen gegenüber Conants Rekonstruktionen von einem Kloster Odilos und einem Peters nur Abstraktionen sein können (Abb. I u. II, siehe Innenseiten des vorderen und rückwärtigen Umschlags).

Dennoch sprechen die Quellen wie die Sachlage dafür, daß mit diesen zwei Rekonstruktionen alles Wesentliche, was das frühe 11. und dann wieder das späte 11. und das 12. Jahrhundert gebaut oder vollendet haben, erfaßt worden ist. Dabei bildet der Gesamtplan des Klosters in einer Aufmessung vor der Zerstörung von 1623 und einer zweiten von etwa 1710 (sicher nach 1698 und vor 1727) unseren wichtigsten Ausgangspunkt (Abb. 17). Die Kirche und große Teile der Klostergebäude haben sich in den dazwischenliegenden 500 Jahren nur wenig verändert. Doch auch diese Pläne vermögen die Frage nach den Bauten, die zwischen dem 12. und dem 17. Jahrhundert errichtet oder erneuert wurden, nur unvollkommen zu beantworten. Man bemerkt eine Reihe Neubauten, auch zahlreiche Umbauten, wenn man diesen Plan mit Conants Rekonstruktion des Klosters Peters des Ehrwürdigen vergleicht (Abb. 17 und II). Die Baugeschichte Clunys im einzelnen muß noch geschrieben werden.

Wir haben aus Anlaß der Untersuchung des Planes von *St. Gallen* von den vier Bereichen gesprochen, die in dem Idealgrundriß zusammengefaßt wurden. Drei von ihnen wird man auch in ODILOS Kloster (Abb. I) wiedererkennen. Nur Wirtschaftsgebäude waren bis auf wenige Werkstätten des gehobenen Handwerks nicht mehr eingeordnet. Die Mönche arbeiteten nicht mehr auf dem Felde. Cluny ließ seine Landwirtschaft durch Pachthöfe betreiben. Deutlich zeichnen sich der Bereich der vornehmen Gäste und jener der Pilger links und vor der Kirche ab. Hier ist die Entwicklung auf die späteren 'Prälatenhöfe' des Barock einen großen Schritt weitergegangen. Die Klausurgebäude um den Kreuzgang stimmen in ihrer Anordnung mit jenen des St. Galler Planes überein. Nur der Kapitelsaal, an den sich die Marienkapelle anschloß, und das Parlatorium, der Sprechsaal, sind hinzugekommen, da die Kluniazenser unbedingtes Schweigen für Kreuzgang, Dormitorium und Refektorium forderten. Wie in *St. Gallen* liegen das Krankenhaus und der Friedhof im Osten der Kirche, wobei bemerkt werden muß, daß letzterer dicht an den Chor des Klosterdomes herangeschoben worden ist. Die Mönche wollen unmittelbar im Schatten des Allerheiligsten ihre letzte Ruhestätte finden. Bedeutsamer ist, daß das Krankenhaus von dem Noviziat getrennt wurde, das rechts vom Kreuzgang im Süden seinen Platz fand. Diese Trennung entspricht einer inneren Logik und wird wohl auch in karolingischer Zeit schon in der Praxis gehandhabt worden sein.

Die bedeutsamste Neuerung jedoch muß man in einem anderen Element der Klosterbaukunst suchen, das uns auf der Rekonstruktionszeichnung Conants zum erstenmal greifbar wird: die Bauten für die dienenden Brüder, jener lange und schmale Trakt, der das Klosterareal im Westen abschließt. Im Untergeschoß sollte er eigene und fremde Pferde aufnehmen, im Obergeschoß hatten die Laienbrüder und Konversen ihr Dormitorium und ihr Refektorium. Unter den Zisterziensern sollte sich dieser Teil zu einem wesentlichen Element der Klosterarchitektur entwickeln. Man darf ihn auch nicht mit den Wirtschaftsgebäuden der älteren Klöster verwechseln, die bei den Zisterziensern sich außerhalb des Bereichs der Laienbrüder entfalten sollten. Vielmehr spiegelt er eine Gesamtentwicklung des abendländischen Mönchtums, der Kluniazenser und Zisterzienser, neben anderen Organisationen, in verschiedener Weise Rechnung getragen haben.

Wie in den Zeiten Benedikts waren noch in einer karolingischen Klostergemeinschaft nur verhältnismäßig wenige Brüder zu Priestern geweiht gewesen. Selbst große Gelehrte und Mönchsführer wie ALKUIN oder PAULUS DIAKONUS begnügten sich mit den niederen Weihen. Die Mönche, Priester wie Brüder, verrichteten alle Dienstleistungen gemeinsam, wobei jene Arbeiten, die sie von der Einhaltung der Tagesgebete abgehalten hätten – so die Wartung des Viehs – Knechten überlassen wurden, oft auch Unfreien. In der Folgezeit hatte sich eine Klerikalisierung des Mönchtums durchgesetzt, in deren Verlauf immer zahlreichere Mönche Priester wurden. Doch auch bei jenen, die auf die Weihen verzichteten, setzte sich ein geistlicherer Lebensstil durch. Man hörte auf, auf dem Felde zu arbeiten. Gleichzeitig drängten Mitglieder der unteren Stände zum Klosterleben, die auch für bescheidene Ansprüche weder bildungsfähig noch bildungswillig waren. Die Klosterknechte selbst trugen Verlangen danach, in die religiöse Gemeinschaft aufgenommen zu werden. So trat im Verlauf des 11. und frühen 12. Jahrhunderts neben die Mönche der neue Stand der Konversen, die nach eigenen Regeln und durch ein ewiges Gelübde gebunden am Rande der Klostergemeinschaft wohnten. Es ist auch vorgekommen, daß Bußgesinnung und das Verlangen nach Demut Mitglieder der höheren Stände, Ritter und Grafen, selbst Priester, ja Bischöfe veranlaßt hat, das schlichtere Gewand der Konversen jenem der Mönche vorzuziehen. Ein besonderes Konverseninstitut begegnet uns zuerst in der Zeit des HL. ROMUALD bei der Gründung von *Camaldoli* 1012. Die Zisterzienser sollten seiner Gestaltung genauere Aufmerksamkeit zuwenden. Neben die *patres* waren die *fratres* getreten – wenn man die Unterscheidung gestatten will – , denen bald alle niederen Dienste überlassen wurden. Wie in der Kirche besondere Bänke, so waren ihnen auch im Kloster besondere Gebäude vorbehalten. Die bauliche Gestaltung von *Cluny II* und *III* veranschaulicht, daß ihre Eingliederung noch nicht vollkommen vollzogen war. Man hatte die neue Ständeordnung im Kloster nicht in allen Konsequenzen durchdacht.

Halten Conants Rekonstruktionen für das Kloster Abt ODILOS von 1043 und das Kloster PETERS DES EHRWÜRDIGEN von 1154 einer kritischen Prüfung stand? In der Gesamtanordnung mit Sicherheit, in vielen Teilen nicht mit gleicher Notwendigkeit. Auch sind die Etappen des Umbaus nicht in allen Einzelheiten festzulegen. Die Mönche standen immer wieder vor der Aufgabe, ihren Riesenorganismus zu erweitern und zu verbessern, ohne daß der Tageslauf nach der Regel dadurch gestört wurde. Das Umbaumanöver durfte die Klosterordnung an keinem einzigen Tag behindern. Der Verfasser hat die Möglichkeiten mit Architekturstudenten durchexerziert, ohne zu eindeutigen Ergebnissen zu kommen. Man darf annehmen, daß zwischen 950 und 1150 in *Cluny* immer gebaut worden ist. Dabei konzentrierten sich die Anstrengungen abwechselnd auf Kloster- und Kirchenbauten. Der ältesten Kirche von *Cluny I* müssen Verbesserungsarbeiten an den Klostergebäuden gefolgt sein, ehe man den Großbau von *Cluny II* in Angriff nehmen konnte. Das dieser Kirche angemessene Kloster hat dann ODILO im frühen 11. Jahrhundert errichtet. Doch folgten auf die Vollendung des zweiten Klosters nicht unmittelbar Neubaupläne für eine dritte Kirche. Es entstand um und nach 1080 eine Situation, in der man abwechselnd und gleichzeitig an Kloster und Kirche baute. Beim Tode HUGOS VON SEMUR 1109 hatte der Gesamtorganismus eine Größenordnung erreicht, die eine dauernde Baupflege notwendig machte. Das Mittelalter hat nie aufgehört, an diesem riesenhaften Organismus Teile auszuwechseln, zu erneuern, zu ergänzen. Seit der Mitte des 12. Jahrhunderts überstiegen die Baulasten die absinkende Wirtschaftskraft des Klosters. Auch für Cluny gilt jenes berühmte Gesetz, nach welchem die größten Bauten erst vollendet werden, nachdem die Blüte der Institutionen, die sie tragen, überschritten ist.

Das Kloster Odilos (Abb. I, in der vorderen Umschlaginnenklappe)

Alle Versuche, das Kloster ODILOS zu rekonstruieren, leiden darunter, daß mit Ausnahme der Kirche nur wenige Mauern durch Stichgrabungen gesichert werden konnten; doch werden sie begünstigt durch Quellenschriften, die im Lichte der späteren Umbauarbeiten keinen Zweifel an der Gesamtanordnung aufkommen lassen.

Die Lebensbeschreibung dieses Abtes berichtet, daß er mit Ausnahme der Wände der Kirche das Kloster von innen und von außen durchaus neu gebaut hat (Dokumente Nr. VII). Ein zeitgenössischer Besucher hat voller Bewunderung in diesen Gebäuden gestanden und hat einige Einzelheiten über sie mitgeteilt (Dokumente Nr. VIII). Auch sah die Klosterordnung vor, daß durchreisende Geistliche die Klausurgebäude besichtigen konnten. Laien war der Eintritt verwehrt. Es ist die erste Nachricht, aus der wir entnehmen können, daß nicht nur die Kirche, vielmehr auch die Klostergebäude dem Zeitalter besichtigungswürdig erschienen. Der Rundgang, bei dem sie der Prior führte, war festgelegt. Die Bestimmungen schreiben vor, daß dazu die Stunde nach der Messe gewählt werden solle, während der die Patres noch in der Kirche beteten, damit sie in ihren Wohnräumen nicht gestört würden. Der Besichtigungsweg läßt an der Richtigkeit der Gesamtanordnung auf Conants Plan keinen Zweifel aufkommen.

Der Rundgang begann im Hause des Pilgerpflegers, der 'domus elemosynaria', wo schon nach dem Plan von St. Gallen den Gästen die Füße gewaschen werden sollten (Abb. I, Nr. 15). Man zeigte den Gästen zuerst Keller (14) und Küchen (12 und 13), dann das Refektorium (9), von dem aus man das Noviziat (26–30) besuchte. Anschließend kehrte man in den Kreuzgang zurück, um sich das Dormitorium (5) anzusehen. Der Text erwähnt nicht den Kapitelsaal (2), doch hat man selbstverständlich diesen Hauptraum, von dem wir aus anderen Quellen wissen, daß er dicht neben der Kirche gelegen war, nicht ausgelassen, zumal von ihm aus die Marienkapelle (18) betreten wurde. Der Rundgang endete mit der Besichtigung des Krankenhauses (20–25). Nicht in den Rundgang einbezogen waren Kirche und Gästehäuser, die den Fremden ohnehin bekannt wurden. Ebensowenig werden die Werkstätten (31) erwähnt, die nicht als besichtigungswürdig galten. Beachtlich bleibt, daß man nicht gleich durch den Kreuzgang zum Refektorium gegangen ist, sondern auch Keller und Küche einbezog. Sie müssen auch als Bauleistungen interessant gewesen sein. Wenn man das Noviziat im Süden und das Krankenhaus im Osten aufgesucht hat, so beweist dies, daß es dem Prior darauf angekommen ist, die innere Logik des Klosterorganismus anschaulich zu machen. Man wollte zeigen, daß *Cluny* allen Bestimmungen der Regel nachgekommen ist; und man wollte ein Exemplum für ein vollkommenes Kloster vorführen.

Nun sind wir in der glücklichen Lage, wenigstens einen Reisebericht des 11. Jahrhunderts von einem Mönch zu besitzen, der eben diesen Rundgang mitgemacht haben muß. Es handelt sich um einen römischen Kleriker, der die Reise von 1063 beschreibt, die er in Begleitung des Kardinals PETRUS DAMIANUS nach *Cluny* durchgeführt hat (Dokumente Nr. VIII). Ihn hat die Größe und Schönheit des Klosters beeindruckt. Er hebt die Ausdehnung des Dormitoriums und des Refektoriums hervor. Die Tatsache, daß es überall im Kloster fließendes Wasser gab, das in verborgenen Kanälen herangebracht wurde, ist ihm besonders aufgefallen. Die Installationen stellten der planenden Vorstellungskraft neue Aufgaben, und es ist wahrscheinlich, daß ihre Lösung durch die Kenntnis arabischer Vorbilder aus Spanien ermöglicht wurde, die den Kluniazensern bei der Einführung der römischen Liturgie in Navarra, Aragon und Kastilien nach der Reconquista bekannt geworden sind. Die gleiche Beschäftigung mit arabischer Kultur bezeugt auch die erste Übersetzung des Korans durch den Engländer ROBERT VON KETTON im Auftrag PETERS DES EHRWÜRDIGEN 1143.

Aus diesen Berichten über das Kloster ODILOS fällt Licht auf die wichtigste Quellenschrift, eine Beschreibung eines Kluniazenser Musterklosters von ca. 1042, die dem zweiten Buch der Disciplina Farvensis, den Vorschriften für das Kloster *Farva*, nördlich von Rom, eingeordnet worden ist (Dokumente Nr. VI). Als ›Ordo Farvensis‹ hat sie Julius von Schlosser 1889 gekennzeichnet. Seit der Mitte des 19. Jahrunderts hat man in ihr immer wieder eine Beschreibung des Odilo-Klosters gesehen. Mortet nennt sie 1911 in seiner berühmten ›Recueil de textes relatifs à l'histoire de l'architecture en France au Moyenage‹ schlechthin den 'Ordo cluniacensis'. Schon Mabillon erkannte den Bezug. Conants Rekonstruktion steht und fällt namentlich bei den Gästehäusern und dem Trakt der Laienbrüder mit dieser Annahme. Der Prolog zum ersten Buch der Disciplina gibt an, daß dem Verfasser, einem Mönch namens Guido, eine Klosterordnung vorlag, die ein apulischer Mönch Johannes nach dem Besuch von *Cluny* geschrieben hatte. Eine Untersuchung des Textes selbst und einiger ihm beigegebener Texte, so des Verzeichnisses von 64 Büchern, die an 64 Mönche zur Lektüre in der Karwoche ausgegeben wurden und deren Titel sich im 12. Jahrhundert sämtlich in der Bibliothek von *Cluny* befanden, macht es unwahrscheinlich, daß mit diesem Musterkloster ein anderes als *Cluny* gemeint sein könnte[11]. Auch allgemein historische Überlegungen weisen darauf hin. Einzelheiten der Beschreibung schließen die Vermutung aus, daß mit dem Musterkloster *Farva* selbst vorgestellt werde. Denn die beiden Türme am Narthex der Kirche sind ein Merkmal *Clunys,* das in der italienischen Baukunst des 11. Jahrhunderts unverständlich wäre. Das große und lange Gebäude vor der Westfront der Laienbrüder hat es mit Sicherheit in *Farva* nie, mit großer Wahrscheinlichkeit aber in eben der Form in *Cluny* gegeben, die Conants Rekonstruktion zeigt.

Farva, das durch Karl den Großen hochbegünstigte 'Reichskloster', hatte sich vor den Zerstörungen durch die Sarazenen erst am Ausgang des ersten Jahrtausends im Zusammenhang mit der Einführung der Kluniazenser-Reform erholt. ODILO selbst war in *Farva* gewesen, und jene Klosterordnung von 1042 steht ganz unter dem Einfluß der kluniazensischen Geistigkeit. Die Klosterbeschreibung muß man dem Klosterplan von *St. Gallen* zur Seite stellen, um sie recht zu verstehen. Wie dieser als Musterplan von der *Reichenau* in das Nachbarkloster kam, so könnte jene als Musterordnung von *Cluny* nach *Farva* gekommen sein. In dieser Beschreibung folgen auf eine größere Anzahl Gebäude, die als bestehend gekennzeichnet sind, andere, von denen die Verbalform, mit der sie eingeführt werden, den Schluß nahelegt, daß sie erst noch gebaut werden müssen. Man hat daraus geschlossen, daß zu dem Zeitpunkt, an dem Johannes aus Apulien in *Cluny* war, noch nicht alle Bauten ODILOS vollendet waren (Dokumente Nr. VI). Doch sei das dahingestellt.

Conants Rekonstruktion fußt in fast allen ihren Angaben auf dieser Beschreibung. Es werden in ihr 25 Gebäude genannt, deren Größe immer, und deren Lage zueinander meist angegeben ist. Der Autor beginnt mit der Kirche, deren Länge nahezu mit der ergrabenen *Cluny II* übereinstimmt, 140 Fuß oder 57,6 m (1). Genau beschreibt er den Kapitelsaal (2), der drei Fenster im Norden und vier im Osten besessen haben soll, dazu 12 Arkaden nach dem Kreuzgang zu, die von Doppelsäulchen getragen wurden. Conant hat in seinen älteren Rekonstruktionen nur eine Stützenreihe vorgesehen und erst in seinen letzten von 1959 und 1963 eine Doppelreihe von Säulen, was wahrscheinlicher ist. Dem Kapitelsaal schließt sich der Sprechraum der Mönche (3) und ihr Wohn- oder der Arbeitsraum (4) an, während das Dormitorium (5) mit einer Länge, die mit 160 Fuß jene der Kirche übertrifft, das Obergeschoß einnahm. Es war 23 Fuß, also über 7 m hoch. Besonders werden die 97 schmalen, rund 2 m hohen Fenster hervorgehoben. Es war benediktinischer Brauch, daß jedes Bett oder doch jede Bettgruppe durch ein eigenes Fenster gut erleuchtet war, damit die Mönche während der Mittagsruhe lesen konnten, wie es die Regel (Kap. 48) ihnen einräumt. An diese dichte Fensterfolge muß man sich halten, wo immer über den Bestimmungszweck eines Gebäudes, wie in *Mont-Saint-Michel,* Unklarheiten aufgekommen sind (S. 215, Anm. 31). Bei einer Breite von über 11 m (34 Fuß) ist auch hier eine doppelte Stützenreihe wahrscheinlich, wenngleich der Raum nicht gewölbt war. Man muß sich die Proportionen vergegenwärtigen, und man versteht, daß jener römische Mönch von 1063 beeindruckt worden ist (Dokumente Nr. VIII). Es ist bezeichnend, daß Besucher von 1042 die Höhe der Fenster, die hoch über den Betten angebracht waren, nicht messen, vielmehr nur schätzen konnten. Den langen Saal mit den dicht gestellten, zahlreichen hohen und schmalen Fenstern wird man sich ebenso wie den Kapitelsaal eher im Raum der burgundischen Architektur des 11. Jahrhunderts vorstellen können als in Italien. Bei erhaltenen Zisterzienserbauten wird uns im 12. Jahrhundert ähnliches begegnen.

Die Beschreibung verharrt ausführlich bei der Schilderung der großen Latrinenanlagen (6), berichtet von ihren 45 Sitzen, über denen jeweils eine 'finestrella' der Entlüftung diente. Anschließend wendet sie sich dem Wärmeraum (8), dem Refektorium (9), den beiden Küchen für Mönche (12) und Laien (13) zu, um den Rundgang mit dem Vorratsgebäude (14) und dem Raum des Armenpflegers (15) zu beschließen, mehr ein Gang als ein Saal, von dem es ausdrücklich heißt, daß er mit seiner Länge der Breite des Vorratsgebäudes entspricht. Immer gibt der Autor die Größe der Gebäude mit überzeugender Zuverlässigkeit an. Den Kreuzgang, den er umschreitet, nennt er nicht, doch vermerkt er die Distanz zwischen dem Eingang der Kirche und dem Wärmeraum (8), die 75 Fuß betrage. Auch war der neue Kreuzgang ODILOS 1042 noch nicht vollendet. Wir wissen auch aus anderen Quellen, daß die Mönche ihre Kirche nicht unmittelbar vom Dormitorium her, sondern durch ein prächtiges Tor am Kreuzgang betreten haben. Merkwürdig auch im Vergleich mit dem St. Galler Plan ist, daß die verschiedenen Gebäudetrakte rings um den Kreuzgang unterschiedlich breit waren. Das weist darauf hin, daß die Bauleute ihre Pläne einem älteren Organismus einfügen mußten. Sie waren in vielen Einzelheiten durch die Vorgängerbauten gebunden, zumal sie nicht alles auf einmal erstellen durften, vielmehr Glied nach Glied. Auch bleibt auffallend, daß dieses Kloster für die Kirche eher zu groß als zu klein gewesen ist. Man gewinnt den Eindruck, als fordere es geradezu den neuen Kirchenbau heraus. Mittelalterliche Vielgestalt, nicht antike Einheitlichkeit wie noch in *St. Gallen,* bestimmte den Eindruck.

Die Beschreibung wendet sich vom Kreuzgang der Marienkapelle (18) und den Krankenhauszellen (20–25) zu. Ein Gebäude für den Arzt wird noch nicht genannt. Vier Krankenräume mit je acht Betten sind vorgesehen. Die Bemerkungen HILDEMARS in seinem Regelkommentar (Dokumente Nr. V) legen nahe, daß es einem älteren Brauch entsprach, wenn man für das Krankenhaus vier Räume vorsah. Ein weiterer Raum dient dem Aderlaß (wohl 25), ein anderer als Waschraum für Krankenwäsche (entsprechend 24). Auch in dieser unerwartet hygienischen Anordnung möchte man den arabischen Einfluß schon auf die zweite Klosteranlage erkennen.

Ausführlich weilt der Verfasser bei der Beschreibung der großen Gästegebäude (35–38) und des langen Traktes für die Laienbrüder (39–42). Er nennt sie *famuli,* hat also ihre besondere Stellung noch nicht erkannt. Auch die innere Einrichtung der Gebäude wird erwähnt und namentlich der Komfort des Hauses für vierzig vornehme Herren (36) und dreißig vornehme Damen (37) hervorgehoben. Unwahrscheinlich ist Conants Rekonstruktion der Latrinen (35 und 38) neben dem Klostereingang und am Friedhof der Laien. Sie müssen im Norden hinter diesem Gebäude gelegen haben, und wie man sich nach ihrem Abbruch infolge des Neubaus von *Cluny II* beholfen hat, machen die Rekonstruktionen nicht kenntlich. Der lange Trakt für die Ställe der Pferde (40 und 41) mit den Schlaf- und Eßräumen der Laienbrüder im Obergeschoß hat gemeinsam mit Kirche und Gästegebäude einen Vorhof umschlossen, der zu den architektonischen Kostbarkeiten romanischer Profanarchitektur zählte. Den repräsentativen Charakter des Gästepalastes hebt jene Bemerkung des Dokuments hervor, in der von den Vorhängen *(cortinis)* und Stoffen *(pallis)* gesprochen wird, mit denen er an Festtagen geschmückt werden sollte. Die beiden Türme des Kirchenvorraums (1a) ebenso wie die Toranlagen haben den langen Flächen der Fronten ihre Akzente verliehen. Die Klosteranlage von *Cluny III (Abb. II)* sollte gerade diesen Vorplatz noch weiter bereichern. Schon der Grundriß läßt die Vielgestalt der Bauten erahnen. Das Weltlich-Prächtige, auch Mannigfaltige, trat in bewußten Gegensatz zur Stille des Klosterhofes, zum Gleichklang seiner Arkaden.

Am Schluß kommt das Dokument auf die Gebäude im Süden des Kreuzgangs zu sprechen. Es gibt Angaben über zwölf Baderäume – *cripta* – mit ihren zwölf Badezubern (7), über das Noviziat (26–30), über Wohnräume und Werkstätten für Goldschmiede, Glasbläser und Maler (31). Es spricht von mehreren Gebäuden, die bis zur Mühle und Bäckerei reichen (32). Die Stelle ist zwar in der Beschreibung und Kennzeichnung jedes einzelnen Gebäudes klar, nicht aber in ihrer Lage zueinander und zu einem Kreuzgang der Novizen, welcher nicht genannt wird. Diese Unklarheiten sind die Ursache dafür, daß Conant seine Meinung namentlich über die Anordnung des Noviziates im einzelnen und der Bäder mehrmals wechseln mußte, zumal Grabungsbefunde ihn hier fast ganz im Stich gelassen haben. Die Beschreibung würde dafür sprechen, daß der Studiensaal (26), das Refektorium (27) und das Dormitorium (28) rings um einen kleinen Klosterhof liegen sollten, wozu sich in *Cluny* schwerlich Raum fand. Mit Sicherheit muß die Badeanlage der Mönche im Osten nahe dem Dormitorium gelegen haben, und ebenso sicher war die Backstube in der Nähe der Küche erbaut worden. Auch muß der Wasserweg, den der Besucher von 1063 bewundert hat, an den Latrinen und den Bädern vorbei zu jenem Brunnen geführt haben, den Conant in einer Ecke des Klosterhofes rekonstruiert (11)[12]. Fremdkörper innerhalb dieses wohldurchdachten Gesamtgefüges bilden die Werkstätten des gehobenen Handwerks (31), der Goldschmiede- und Emaillekünstler und jener *magistri vitrei,* die vielleicht auf den Anteil *Clunys* an der Entfaltung der Glasmalerei hinweisen, die seinem Denken in Symbolen entsprach, dann aber von den Zisterziensern verboten wurde. Im Plane von *Cluny III* fehlen diese Werkstätten ebenso wie der gleich unorganisch angegliederte Raum der Schneider und Schuhmacher im Norden der Kirche (34) und neben der Sakristei (33), die man sich ebenfalls lieber an einer anderen Stelle eingeordnet denken würde – nahe dem Eingang der Mönche, nicht ihm gegenüber (s. rückwärtige Umschlaginnenseite).

Genügt die Beschreibung, genügt der Grundriß, um sich die architektonische Leistung als Ganzes zu vergegenwärtigen? Den Marmorkreuzgang ODILOS haben die Zeitgenossen ebenso bewundert wie die verborgenen Wasserkanäle, die an vielen Orten Brunnen ermöglichten. Die funktionelle Logik des Gefüges ist offensichtlich. Von dem Formenreichtum des Vorhofes haben wir gesprochen. Eine richtungweisende Schöpfung muß der lange Raum des Dormitoriums mit seinen Fensterreihen gewesen sein. Überraschend bleibt die Tatsache, daß im Nordflügel des offenen Kreuzganges (17) die Plätze der Schreiber lagen, in einer Ecke daneben der Schrank für die Bücher (16). Haben diese Kopisten wirklich im Offenen gearbeitet, den Blick auf den Säulenhof und die Bewegung der Mönche?

Die Beschreibung des Mönches JOHANNES von dem Kapitelsaal des Klosters ODILOS stellt die Frage nach der Entstehung dieses Gebäudetyps überhaupt. Sein Kennzeichen ist neben dem Ort am Querhaus der Kirche die Arkadenreihe, mit der sich der mäßig große Bau (in Cluny 45 x 30 Fuß, also 15 zu rund 10 m) auf den Kreuzgang hin öffnet. Das Dokument nennt *XII balcones,* die von Doppelsäulen getrennt werden. Ihr Sinn war, Novizen und anderen Mitgliedern der Klostergemeinschaft, die nicht zum Kapitel zugelassen waren, Einblick in die Vorgänge zu gewähren. Die Forderung, einer Gruppe von Zuhörern, die im Kreuzgang geschützt gegen die Witterung standen, an einem bestimmten Punkt der Tagesordnung teilnehmen zu lassen, hat der architektonischen Phantasie durch Jahrhunderte eine fruchtbare Aufgabe gestellt. Von einer besonderen *domus* für die Sitzungen des Kapitels hören wir erstmalig in der Beschreibung des Klosters *St. Wandrille* durch Ansegis. Doch war hier wohl nur der Kreuzgangflügel längs der Kirche gemeint (Dokumente Nr. IV). Der älteste Kapitelsaal, von dem wenigstens die Grundmauern erhalten sind, befindet sich im Kloster auf dem *Heiligenberg* bei Heidelberg. Er wird um 1030 datiert, mag also kaum älter gewesen sein als jener von *Cluny,* von dem Conant annimmt, er sei 1035 entstanden, zehn Jahre vor dem neuen Kreuzgang ODILOS von 1045. Man muß annehmen, daß

Lage, Ausmaße und Grundgestalt der Kapitelsäle mindestens seit dem Beginn des 11. Jahrhunderts zu dem Programm der meisten Benediktinerklöster gehörten. Auch ist wahrscheinlich, daß von den Klöstern die Kathedralen und nicht umgekehrt das Motiv übernommen haben. Auf die Festigung des Typus hat die reiche Ausgestaltung des Raumes in *Cluny* mit Sicherheit großen Einfluß besessen.

Seit seinen Anfängen diente der Kapitelsaal auch als Begräbnisstätte für Äbte, seltener für Stifter. Das mag einer der Anlässe dafür gewesen sein, daß man ihn an seiner Rückseite mit der Marienkapelle verband, die als Friedhofskapelle diente. Das Motiv taucht zuerst in *Cluny* auf und wird von einigen Klöstern, die unter *Clunys* Einfluß standen sind – so in *Hirsau* – nachgeahmt. In *Cluny* mag es auch von der Lage der älteren Marienkapelle angeregt worden sein, die 1032 entstanden ist, und für die der Kapitelsaal selbst eine Art Vorhalle gebildet hat. Die Zisterzienser sollten gelegentlich – so etwa in *Maulbronn* – einen eigenen kleinen Chor mit einem Altar an dieser Stelle an den Kapitelsaal anbauen, und dieses Motiv hat sich vor allem in Italien bis an die Schwelle der Renaissance (Pazzikapelle) als fruchtbar erwiesen. Überraschender ist, daß die großen Äbte von *Cluny* im Kloster ODILOS noch keinen eigenen Palast, keinen Schlafraum und keinen Arbeitsraum besessen haben sollen. Frühromanisch streng und klar ist die Anlage gewesen, indes in vielen ihrer Teile schon vom Wachstum des Ordens überholt, als sie vollendet wurde. Durch das Jahrhundert verstummte die Klage über zu große Enge nie.

Das Kloster Peters des Ehrwürdigen (Abb. II, in der rückwärtigen Umschlaginnenklappe)

Als wollten sie mit weitausgestreckten Armen Gott eine Weihegabe von noch nie geschaffener Größe darbringen, haben die Kluniazenser seit 1088 und bis etwa 1130 alle ihre Anstrengungen darauf konzentriert, außerhalb ihres Klosters, nördlich ihrer Kirche, jenen gewaltigen Klosterdom zu errichten, der zugleich zum Spiegel ihrer Wirtschaftsmacht wie zum Ausdruck ihrer Geistigkeit, ihres Idealsinns und ihres Kunstwollens wurde. Es war ein kühner, ja verwegener Plan. Nicht auf dem geheiligten Boden der alten Klosterkirche, wie üblich, vielmehr weit jenseits von ihr, auf jungfräulichem Grund wollte man bauen. Am 30. September 1088 setzte ein Legat des Papstes den Grundstein; 1130 konnte Innozenz II. die Schlußweihe vornehmen. Schon 1121 ist das Langhaus von *Cluny II* abgerissen worden. Der eigentliche Kirchenbau muß also in rund dreißig Jahren vollendet gewesen sein. Anstoß mag die Übersendung von 10 000 Goldstücken aus der Araberbeute nach der Einnahme Toledos 1085 durch den spanischen König gewesen sein. Ein Zeitraum von drei Jahren für die Planung eines Noch-Nie-Dagewesenen mag eher zu kurz als zu lang erscheinen. Die Kühnheit der Gesinnung bekunden nicht nur Bauformen und Ausmaße; der umbaute Raum übertraf eher um mehr als um weniger das Zehnfache jener alten Klosterkirche. Die Tatsache, daß man das neue Werk so weit nach Süden verlegt hat, daß kein einziges der alten Gebäude während der ganzen Bauzeit hatte abgerissen werden müssen, bezeugt die Großzügigkeit des Unternehmens. Das Klosterleben konnte ungestört und abgeschirmt durch die ältere Kirche während der ganzen Bauzeit weitergeführt werden. Selbst der Lärm der Baustelle dürfte schwerlich in das Innere des Kreuzganges gedrungen sein. Man wollte nicht umbauen, erweitern oder erneuern, nicht Bauteil nach Bauteil durch größere ersetzen, wie später bei den Kathedralneubauten in Köln, Amiens, Beauvais oder Florenz, vielmehr ungestört etwas in allen Maßstäben Neues und anderes errichten. Das alte Kloster wurde geistig, manuell wie materiell zur Werkstätte, das angehängt an die Riesenbaustelle zugleich sich ganz auf diese Aufgabe konzentrierte und sein Eigenleben weiterführte. Man sieht das ausgehende 11. Jh. in Frankreich mit anderen Augen, wenn man sich bewußt macht, daß es zu dieser Kirche fähig war.

Der Plan der neuen Klosterkirche soll von GUNZO, Abt von *Baume,* stammen, der seinen Lebensabend in *Cluny* zubrachte. Die Vita HUGOS VON SEMUR, die gegen 1120 verfaßt worden ist, berichtet, daß der kranke Abt den Auftrag zu dem Neubau in einer Vision durch die hl. Petrus, Paulus und Stephanus erhielt, wobei ihm die Heiligen selbst, wie sie mit Seilen den Grundriß der Kirche absteckten, erschienen seien (Dokumente Nr. IX). Um 1180 stellt eine Miniatur aus dem Kloster *St. Martin des Champs* den Vorgang dar. Für die Zeitgenossen war das Geschehen eine unbezweifelbare Wirklichkeit. Bedeutsamer ist, daß ein erkrankter Abt ein Vorstellungsleben führt, das von Neubauplänen beherrscht war. Nicht nur im Dormitorium der Mönche, auch in den Krankenstuben träumte man von einer Riesenkirche, die alles bisher im Raum der Christenheit Erbaute übertreffen sollte.

Die gleiche Vita des HL. HUGO berichtet von der drangvollen Enge im Kloster und dem Beschluß, ihm »geräumigere Fundamente zu geben«. 1146 sprechen die Klostervorschriften PETERS DES EHRWÜRDIGEN von einem *novum monasterium.* Conant mußte sich die Frage stellen: welche Teile von ihm sind noch unter Hugo von Semur und vor der Klosterkirche entstanden, was unter Peter dem Ehrwürdigen und nach ihr? Es gab nur wenige Ausgangspunkte in den Quellen zu ihrer Beantwortung. Der Plan von 1710 (Abb. 17) erweitert mit größerer

12 Kal'at Sim'ân

13 San Juan de la
Peña

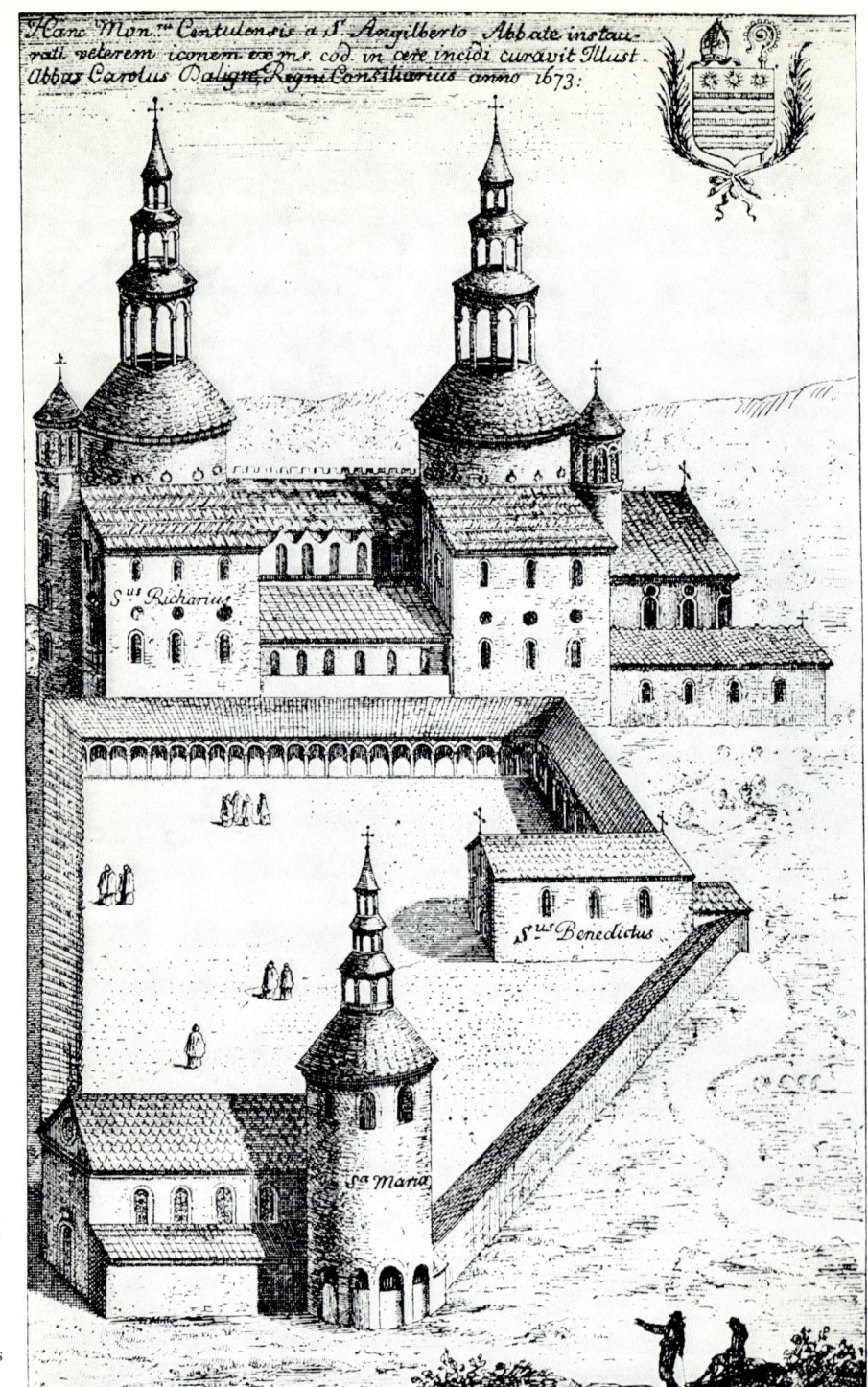

Hanc Mon.m Centulensis a S. Angilberto Abbate instaurati veterem iconem ex ms. cod. in cere incidi curavit Illust.
Abbas Carolus Baligr. Regni Consiliarius anno 1673:

S.us Richarius

S.us Benedictus

S.a Maria

14 Centula, Stich des 17. Jh., nach einer Zeichnung des 11. Jh.

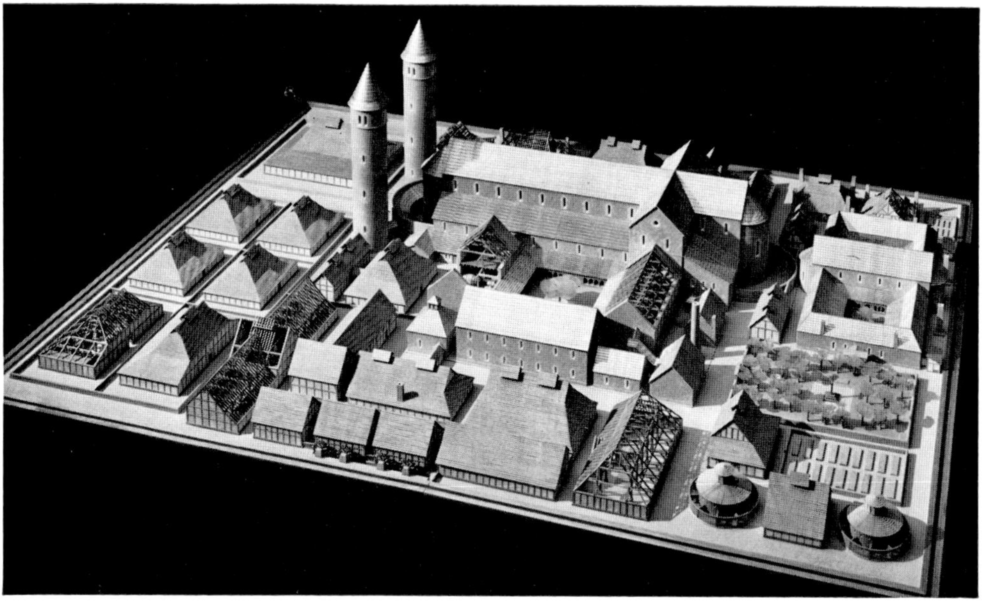

15/16 Modell nach dem Plan von St. Gallen. Von W. Horn, E. Born, S. Kartschunke

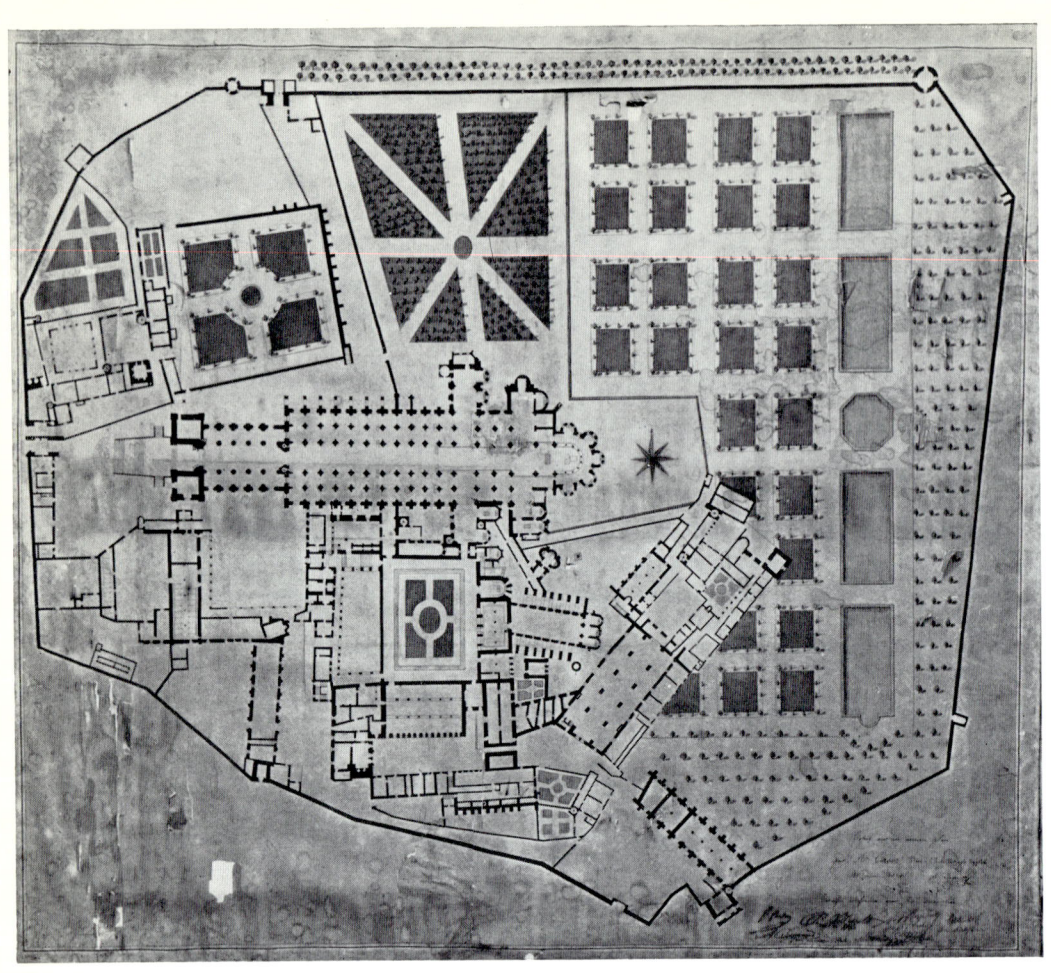

17 Cluny, nach einem Stich von 1710

18 Kapitell aus der
Abteikirche von
Cluny

19 Abt Durand.
Moissac, Kreuzgang

20 Kreuzgang von Moissac

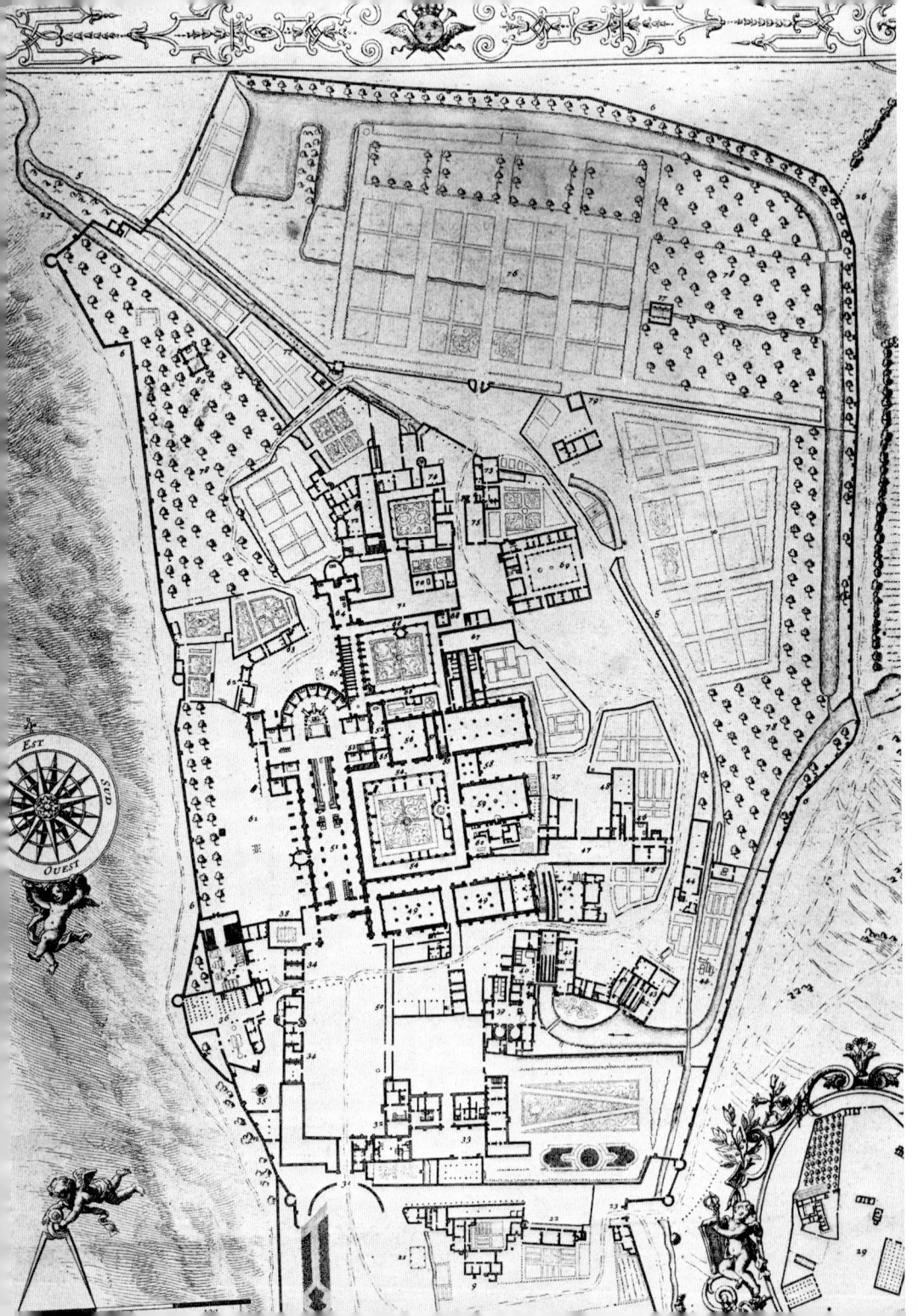

EST
SUD
OUEST

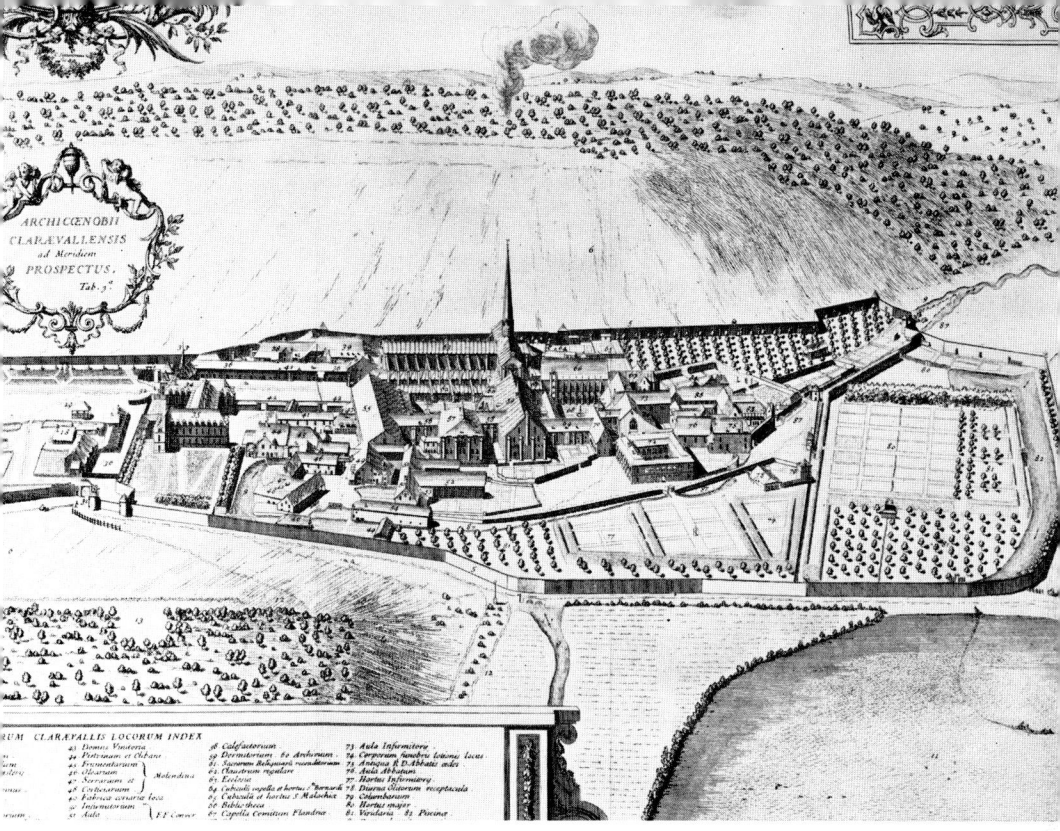

RUM CLARÆVALLIS LOCORUM INDEX

22   Clairvaux, Ansicht. Nach Lucas

◁   21   Clairvaux, Plan von 1708. Nach Lucas

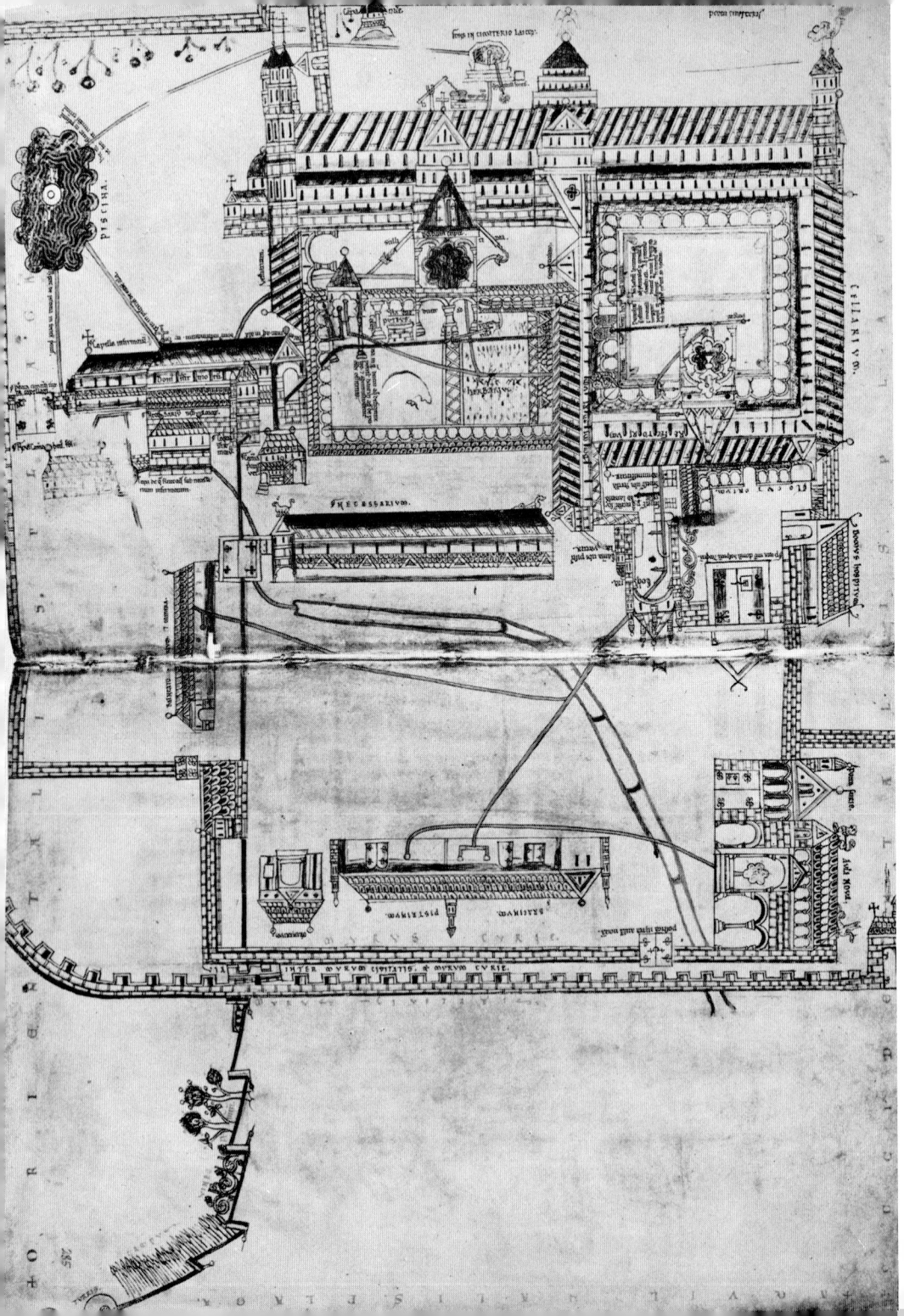

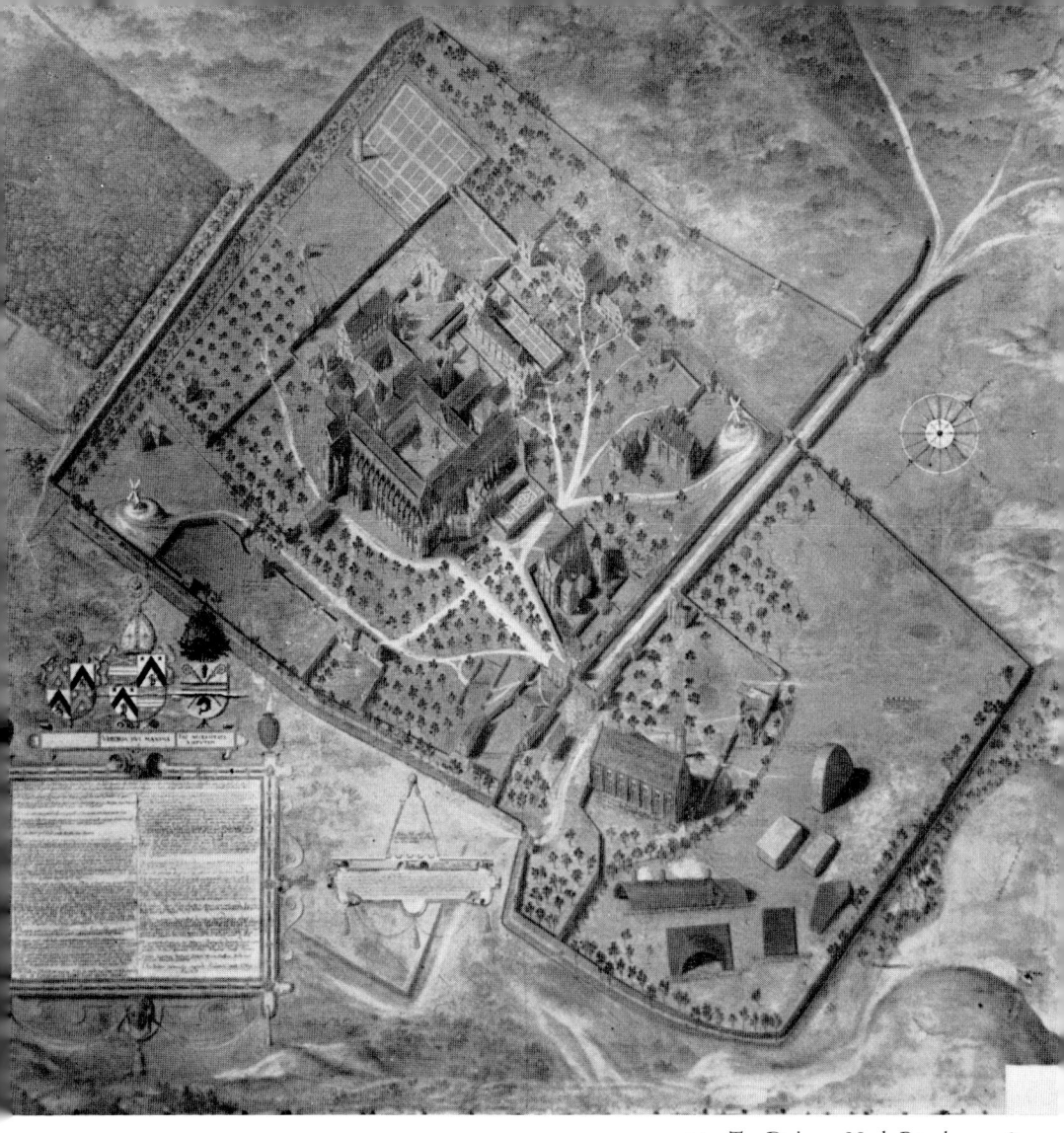

24   Ter Duinen. Nach Pourbus, 1580

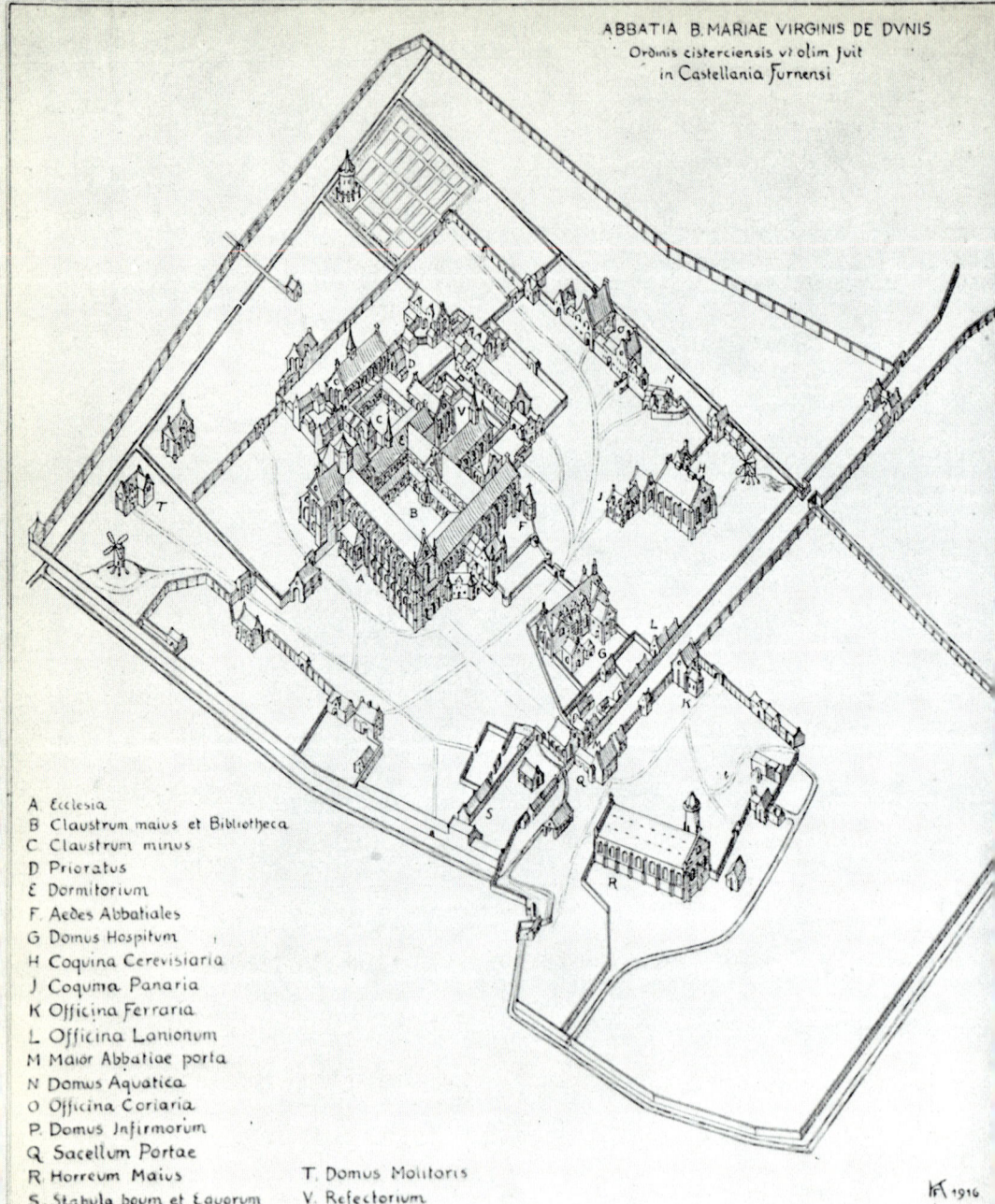

ABBATIA B.MARIAE VIRGINIS DE DVNIS
Ordinis cisterciensis vt olim fuit
in Castellania Furnensi

A. Ecclesia
B. Claustrum maius et Bibliotheca
C. Claustrum minus
D. Prioratus
E. Dormitorium
F. Aedes Abbatiales
G. Domus Hospitum
H. Coquina Cerevisiaria
J. Coquina Panaria
K. Officina Ferraria
L. Officina Lanionum
M. Maior Abbatiae porta
N. Domus Aquatica
O. Officina Coriaria
P. Domus Infirmorum
Q. Sacellum Portae
R. Horreum Maius
S. Stabula boum et Equorum

T. Domus Molitoris
V. Refectorium

K 1916

25   Ter Duinen. Nach Sanderius, 1640

26   Ter Duinen. Nach Pourbus, Ausschnitt   ▷

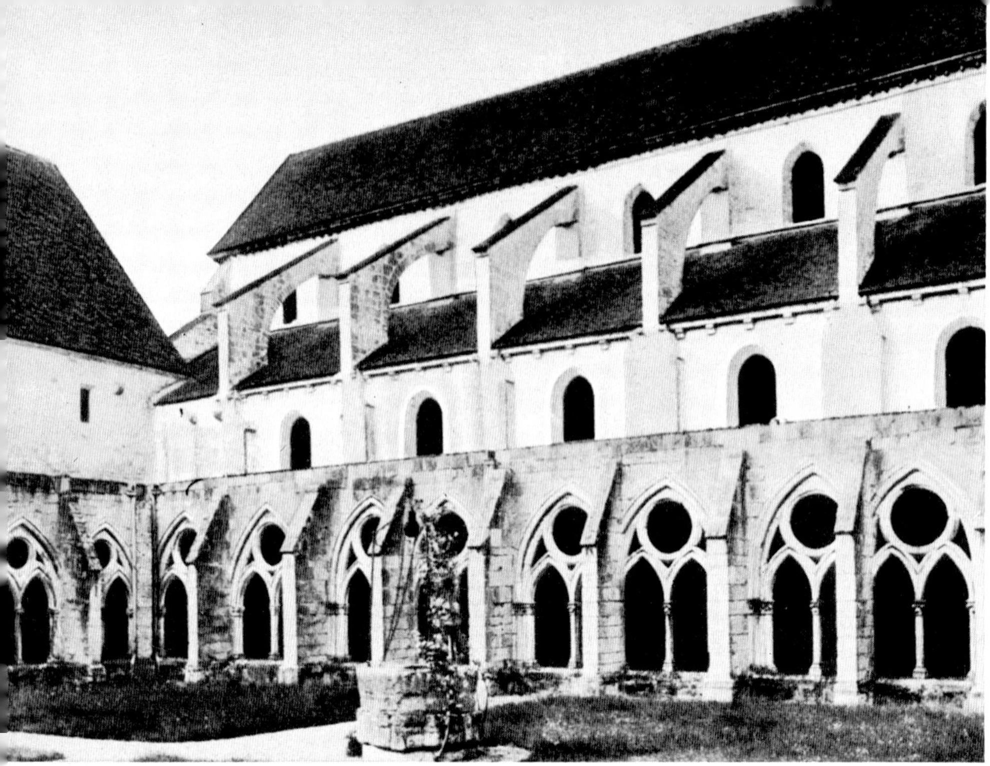

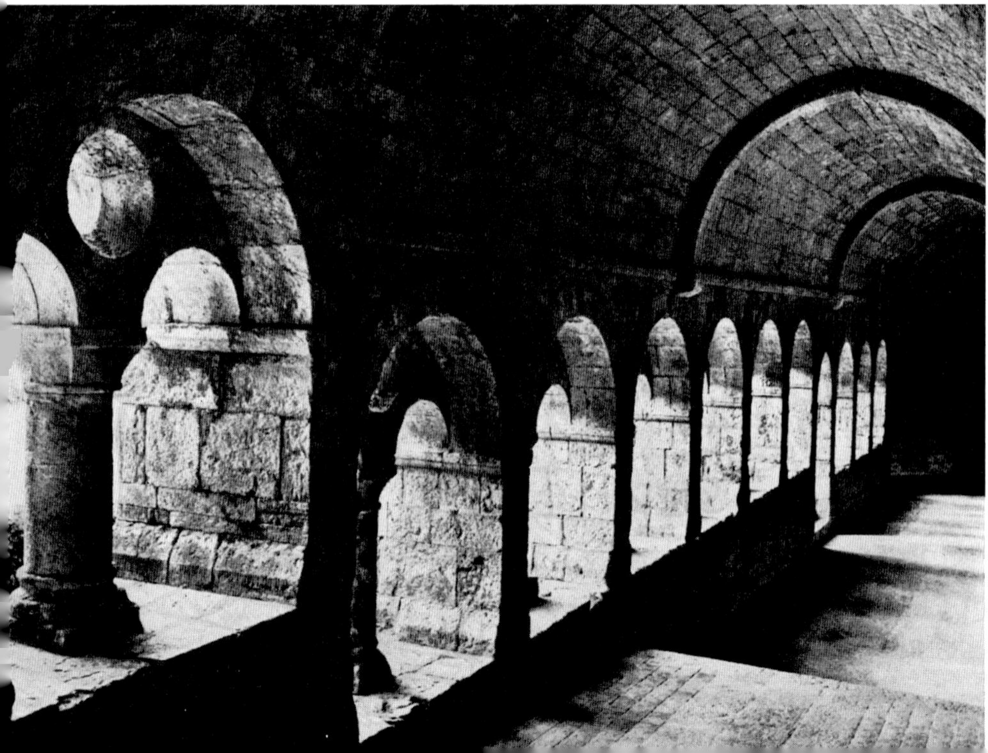

29 Fontenay, Kreuzgang 1139–47

30 Royaumont, Kreuzgang 1231–35

◁ 27 Noirlac. Kirche 1150–60, Kreuzgang 2. Hälfte 13. Jh.

◁ 28 Le Thoronet, Kreuzgang 1160–75

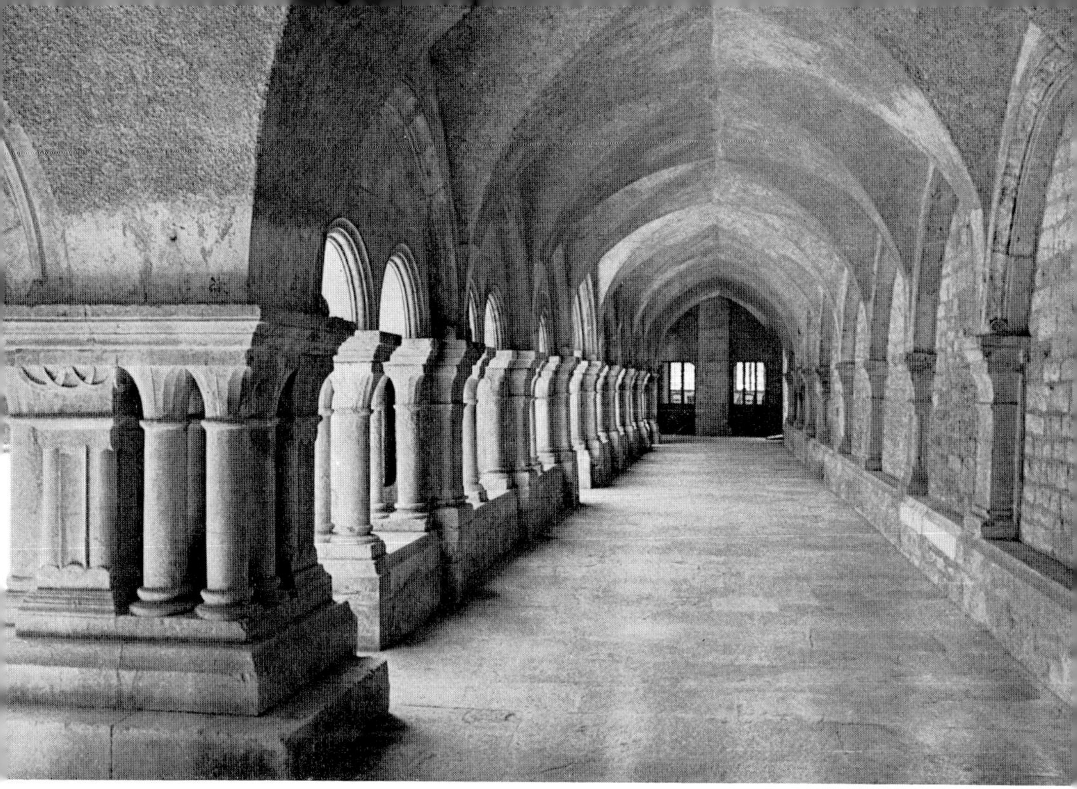

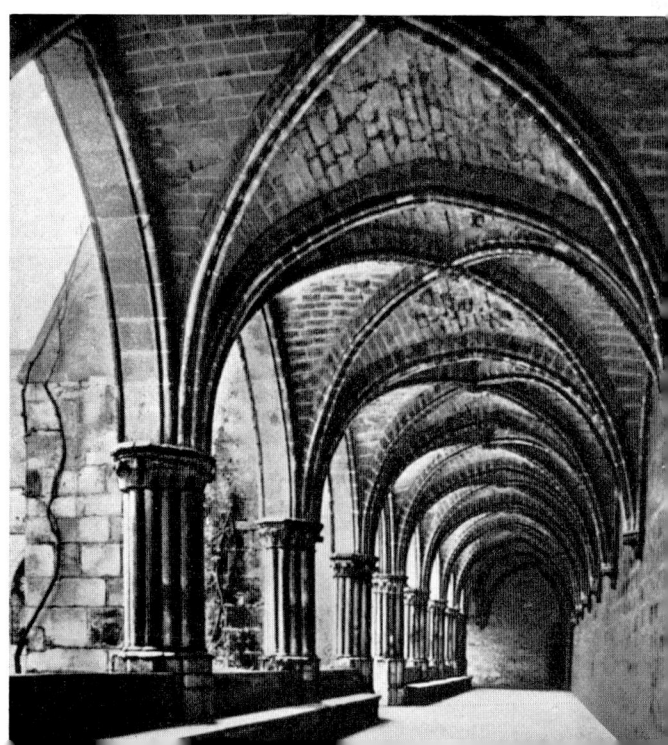

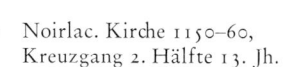

31 Maulbronn, Blick vom
    Kapitelsaal in den
    Kreuzgang

32 Noirlac, Kapitelsaal
    gegen 1170

33 Fontaine-Guérard,   ▷
    Kapitelsaal 13. Jh.

34 Bebenhausen, Kapitelsaal
    um 1200   ▷

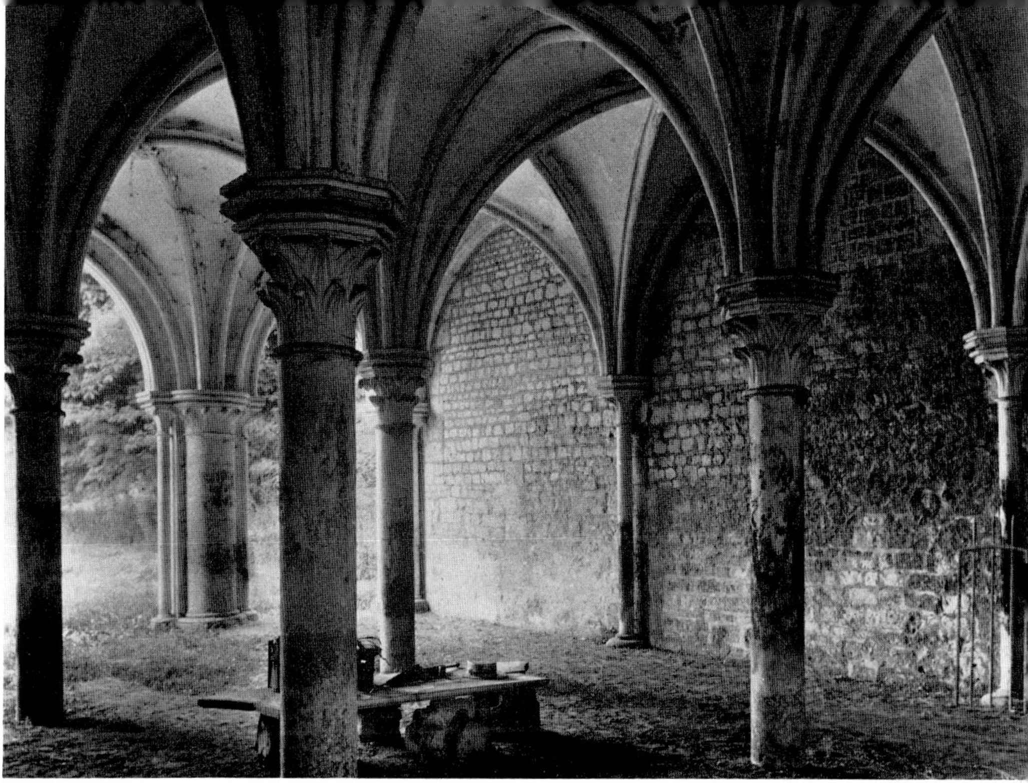

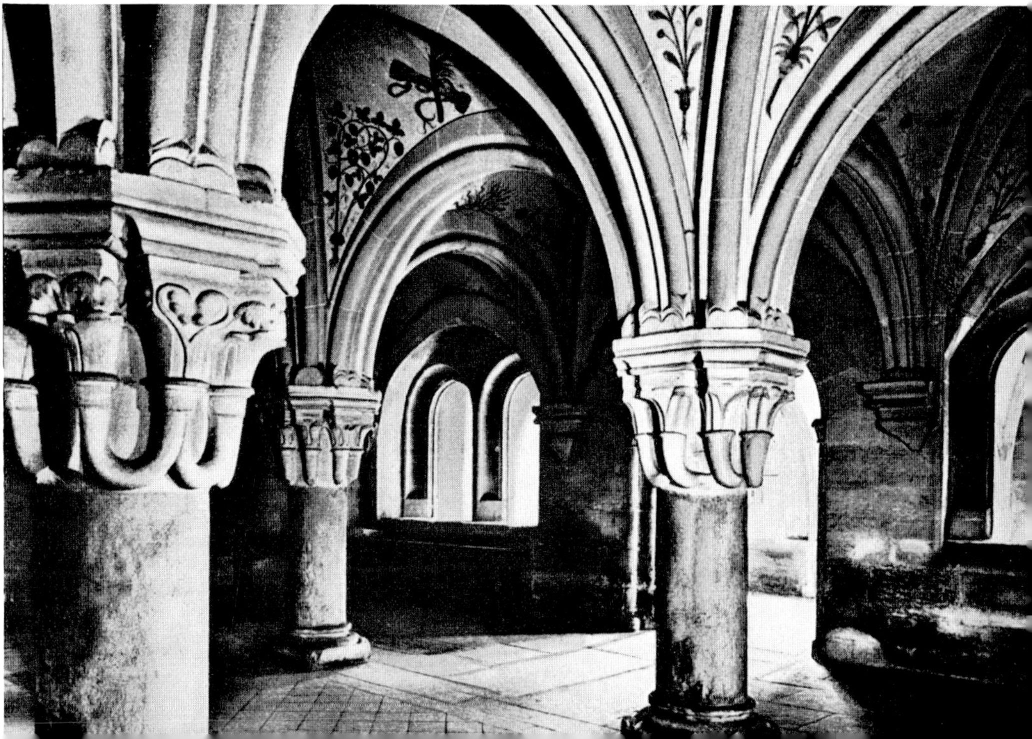

35 Zwettl, Kapitelsaal um 1180

36 Fontenay, Kreuzgang und Kapitelsaal 1139–47

37 Senanque, Kapitelsaal Ende 12. Jh.

38 Poblet, Kapitelsaal

39 Eberbach,
Kapitelsaal um
1345

40 Fossanova,
Kapitelsaal um
1200

41 Le Thoronet, ▷
Kreuzgang mit
Brunnen
gegen 1175

42 Heiligenkreuz, ▷
Klosterbrunnen
Ende 13. Jh.

43 Fossanova, ▷
Klosterbrunnen
13. Jh.

44 Alcobaça, ▷
Klosterbrunnen

45 Le Thoronet, Dormitorium
1160–65

46 Eberbach, Dormitorium
1270–1345

47   Royaumont, Refektorium 1231–35   48   Poblet, ehemaliges Refektorium

49 La Huerta, Refektorium

50 Maulbronn, Refektorium um 1220

51 Ourscamp, Krankensaal
um 1210

52 Gloucester, Lavabo 15. Jh.

53 Fountains

Bestimmtheit die Frage: welche Gebäude gehen auf das 11. und 12. Jahrhundert zurück? Welche sind später zwar erneuert, in ihrem Grundriß jedoch schwerlich verändert worden und welche sind von Neubauten verdrängt worden? Ist der Gedanke, außerhalb des bestehenden Areals einen unabhängigen Neubau zu wagen, zuerst bei dem neuen Kirchenplan aufgetaucht? Besitzt er Vorgänger im Klosterbereich?

Die neue Marienkapelle B ist 1085 geweiht worden. Ihre Vergrößerung kann im Zusammenhang mit einer Vergrößerung auch des Friedhofes (19) stehen, dem sie als Totenkapelle diente. Für ihren Bau hätte das alte Krankenhaus eingerissen werden müssen. Seit langem werden die durch den ›Ordo Farvensis‹ beschriebenen 32 Krankenbetten nicht ausgereicht haben, zumal auch viele fremde Mönche, wie jener Abt GUNZO VON BAUME, nicht nur ihre geistige Heimat, vielmehr auch ein ruhiges Ende in *Cluny* gesucht haben. Der Gedanke, außerhalb des bestehenden einen neuen Krankenbezirk im Osten zu errichten, besitzt so viel innere Logik, daß man Conant recht geben muß, der ihn für 1082 als vollendet annimmt (C). Diesen Ausweitungen nach Osten sind ähnliche nach Westen gleichgeordnet gewesen. Die Erinnerung an die neuen Ställe, die Abt HUGO erbaut hat, ist im Kloster immer lebendig geblieben (G, H, I). Es handelt sich um eine überaus kühne Planung. Conant nimmt an, daß diese Ställe und die über ihnen liegenden Räume wie die zugehörigen Gästehäuser 1078 vollendet waren. Der Grundgedanke war, die Hälfte des großen Gebäudes der Laienbrüder zurückzuschieben und den neugewonnenen Hofraum mit einem dritten Trakt zu begrenzen (G). Man kann den Eindruck nicht von der Hand weisen, daß mit dieser Erweiterung schon das neue Atrium der Kirche gefordert war, das ein Jahrhundert später noch nicht vollendet gewesen ist. Es entstand eine Hofarchitektur, in der von allen Bauten des Klosters nur mehr der alte, freilich allein durch den ›Ordo Farvensis‹ bezeugte Gästetrakt (36 und 37) sich zur Geltung bringen konnte. Es gibt eine großartige Rekonstruktionszeichnung von Kenneth Conant, die in der Geschichte des romantischen Architekturbildes sich neben jeden Entwurf von Viollet-Le-Duc stellen kann (abgebildet in Speculum 1963, S. 27). Das mag im einzelnen alles anders gewirkt haben, die monumentale Gruppe in ihrer Vielfalt als Ganzes muß ähnlich gewesen sein. Einen Hauptakzent erhielt diese Architektur wenige Jahrzehnte später durch den Abtpalast, der in und über dem Galiläum (1a) der alten Kirche errichtet wurde (F). Ein Text spricht von den *Domus Superiores,* die man später als Palast des Papstes bezeichnete. Dort im Bereich des Abtspalastes sind eine Reihe von Gebäuden dem alten Vorratshaus und dem Gang des Almosenpflegers (14, 15) vorgelagert worden. Es haben sich damit zahlreiche Möglichkeiten zur Unterbringung von Gästen und Pilgern eröffnet.

Auch das Stallgebäude und das große Hospiz (I, H, G) besaßen einen Portikus. Es ist wahrscheinlich, daß dieses große Gästehaus von *Cluny*, durch welches nach Conant Unterbringungsmöglichkeiten für bis zu 2000 Personen geschaffen wurden, in der Aula Nova, die der Plan von *Canterbury* zeigt (Abb. 23), nachgeahmt worden ist. Durch diese Gebäude entstand in Cluny der erste 'Prälatenhof', von dem die Geschichte weiß, ein Binnenhof von beeindruckender Formenmannigfalt und Größe.

Überliefert ist, daß HUGO ein neues Refektorium erbaut hat (D), Conant schreibt, ca. 1080. Es hat mit Sicherheit am gleichen Ort wie jenes des ODILO gestanden, dem gleichen auch, an dem eine Beschreibung von 1632 und der Plan von 1710 es zeigen. Hat es schon die gleiche Form besessen? Odilos Refektorium, vertraut man den Maßangaben des ›Ordo Farvensis‹, war 31,5 m : 8,62 m groß, 267,65 qm. Verlängern ließ es sich am gleichen Kreuzgang nur, wenn man den Anrichteraum zwischen Küche und Refektorium verlegte (E); der Gewinn war nur etwa 5 m. Denn die Kreuzgangbreite ist bis zum 18. Jahrhundert unverändert geblieben. So mußte Hugo bemüht sein, durch Verbreiterung den nötigen Raum zu schaffen. Nun berichtet das ›Chronicon Cluniacense‹, das gegen 1500 geschrieben wurde, daß damals das Refektorium 38 zu 24 Schritt gemessen habe. Berechnet man den Schritt zu knapp einem Meter, so entspricht das noch dem Bau des 17. Jahrhunderts mit 36,37 : 21,76 m, rund 790 qm, ein wahrer Saal, an dessen Stirnseite sich ein Wandbild mit dem Jüngsten Gericht befunden hat.

Faßt man zusammen, so ergibt sich, daß in etwa acht Jahren zwischen 1078 und 1086 das Kloster sich ein neues Krankenhaus, später ergänzt durch das neue Priorat, die neuen Hospizgebäude, die neue Marienkapelle und das neue Refektorium erbaut hat. Weniger sicher sind wir bei den Angaben über den Zeitpunkt, zu dem das alte Dormitorium sowohl nach Süden als auch durch einen Anbau nach Osten erweitert worden ist. Der alte Raum von rund 53 zu rund 11 m konnte unmöglich die wachsende Zahl von über 300 Mönchen beherbergen. Die Anbauten, die Conant mit guten Gründen, gestützt auf die späteren Beschreibungen und Pläne, annimmt, ließen sich ohne Störung der alten Schlafordnung durchführen und in Benutzung nehmen.

Nachdem Chor und Langhaus der dritten Klosterkirche vollendet waren, konnte 1121 das Langhaus der zweiten abgerissen und der Kreuzgang erweitert werden. Damals hat man den Chor und das Querhaus der alten Kirche noch belassen (1) und lieber eine unregelmäßige Form der Kreuzgangarkaden in Kauf genommen. Auch fand man zwischen der alten und der neuen Kirche Raum für eine besondere Abtkapelle, die 1118 geweiht wurde (N). Erst zu einem späteren Zeitpunkt wurden im Norden und Westen der Kirche neue Gebäude für den Abt, für Gäste und ihren Troß erstellt und damit eine Gesamtkomposition in größerem Maßstab wiederholt, die schon um 1050 mit ODILOS Kloster festgelegt gewesen war (vgl. Abb. I). Es entstanden die Päläste der Äbte JEAN III. VON BOURBON (1156–1185) und JACQUES D'AMBOISE (1485–1510) mit ihren Terrassen und Gartenanlagen. Im 15. Jahrhundert erst war man verwegen genug, das Querhaus der zweiten Klosterkirche abzureißen. Der Kapitelsaal und endlich sogar das Dormitorium wurden erneuert, der Kreuzgang selbst wurde begradigt. Doch gehören diese Baumaßnahmen zwar noch zur Geschichte dieser Klosterindividualität, aber nicht mehr zur Geschichte der Kluniazenser Bewegung.

Betrachtet man die Nachzeichnung nach Conants Grundriß (Abb. II) und ebenso den Plan des 18. Jahrhunderts (Abb. 17), so drängt sich die Erkenntnis ins Bewußtsein: allein die großen Neubauten, die jenseits der alten Klostermauern, also extrapoliert, errichtet worden sind, konnten architektonisch gelingen; in erster Linie die Kirche im Norden, dann der Krankenbereich mit den anschließenden Verwaltungsgebäuden im Osten und das große Hospiz mit seinen Stallanlagen im Westen. Das Refektorium als solches ist sicher ein sehr schöner Raum gewesen, breit und auch licht. Aber die Ordnung des Kreuzganges und der ihn begrenzenden Gebäude auf den drei anderen Seiten wurde durch die Umbaumaßnahmen zerstört. Da flicken und häkeln sich Gebäudeteile aus verschiedenen Epochen höchst mittelalterlich zusammen. Die hochgepriesenen Marmorsäulen des frühen 11. Jahrhunderts im Kreuzgang wurden nicht durch stärkere und reicher mit Kapitellskulpturen geschmückte ersetzt. Sicher blieb auch der neue Kreuzgang ein noch nicht gewölbter. Ich vermag nicht anzugeben, wie die neuen Kreuzgangtrakte gestaltet wurden. Wirkten sie noch zierlich und leicht oder schon romanisch, formenreich und gedrängt? Eine radikale Lösung verbot die Ehrfurcht vor dem alten Kirchenchor und seinen Abtgräbern. Auch den Kern der Mönchswohnung mit Kapitelsaal, Sprechraum, Mönchsstube und dem langen Dormitorium darüber hat man nicht anrühren wollen. Das große Umbaumanöver des 'Klosterschiffes' mitten im Kirchenjahr und Regeltag mißlang im Innern. Die gleichen Baumeister, die mit dem Kirchenneubau das größte Werk des romanischen Mittelalters schufen, mußten hier der Vielfalt die Einheit opfern. Schon *Cluny II* war als Umbau hier vorangegangen. Die Gebäude wachsen rings über den Kreuzgang hinaus, an den sie sich ursprünglich angelehnt hatten. Wie bei einer mittelalterlichen Residenz verunklärt die Menge der verschiedenen Baukörper, Trakte, Türme, Tore die ursprüngliche Ordnung. Man erkennt, wie die Pläne und Projekte sich überschichtet haben. Es ist ein riesenhaftes Lebewesen, in dem die Vielfalt der Funktionen den klaren Ordnungsgedanken verundeutlicht. Erst *Clairvaux* sollte den Wandel bringen.

Cluny bleibt eine Fata Morgana. Alle Versuche Conants vermögen nicht, sie in den Bereich der Kunstwirklichkeit herabzuholen. Fragt man sich, was dieses Kloster für die Entwicklung der abendländischen Baukunst geleistet hat, so muß man sagen: unendlich viel mit seinen Kirchen, seinen Großbauten für Kranke, Gäste, Äbte. Gegen diese der Welt zugewandte Monumentalität richtete sich die Kritik der Zisterzienser. Im eigentlichen Klausurbereich waren es nur Details: vielleicht das Riesenmaß des Dormitoriums, weiterhin als eine Sonderform die Verbindung von Kapitelsaal und Marienkapelle, die Einrichtung des Parlatoriums und des Mönchsaales. Sicher ist: erst durch *Cluny* wurden die Gebäude rings um den Kreuzgang in neuer Weise zur 'großen' Architektur. Wie reich immer die karolingischen Klöster gestaltet waren, ein *Centula*, ein *Fulda, St. Wandrille* oder *Jumièges,* die Ausmaße und den Aufwand von *Cluny* haben sie nicht erreicht. Hier waren zum erstenmal Fußboden, Wände, Türen und Fenster aus Stein. Hier gewann zum erstenmal jedes Baudetail jene Vollkommenheit, die bisher nur für Kirchen angemessen erschien. Ich spreche von ODILOS Kloster, wie es der ›Ordo Farvensis‹ von 1043 und jener Besucher von 1063 beschreibt. Es hat den Maßstab für viele Klöster der zweiten Hälfte des 11. Jahrhunderts geliefert. HUGOS Umbauten konnten dann auch diese Werke erneut überflügeln.

Der Aufwand im Dienste einer neuen Geistigkeit hat das Urteil Emile Mâles bestimmt, das ich zitierte: Cluny, das ist das Größte, was das Mittelalter geschaffen hat. Ein merkwürdiger Zufall hat uns aus allen Baudetails gerade jene Werke erhalten, die diese Geistigkeit am genauesten versinnbildlichen: die Kapitelle vom Chor der dritten Klosterkirche mit den Darstellungen der neun Töne (Abb. 18). Es ist dies ein merkwürdiges und neues Thema für Kapitellskulpturen. Man kennt nichts Vergleichbares. Die Kluniazenser, die dem *opus Dei,* der liturgischen Feier, alle anderen Aufgaben des Mönchstandes geopfert haben, die *lectio divina* wie das *opus manuum,* stellten im Sanktuarium ihrer neuen Kirche in Stein ein musikalisches System dar. Selbst asketisch rigorose Mönchsführer wie PETRUS DAMIANUS haben es kritisiert, daß man zur liturgischen Feier an großen Festen die ganze Nacht und oft noch den folgenden Tag in der Kirche verbrachte, und, wie das Kirchengebäude selbst, wuchs die Liste der Gesänge ständig noch an. Diese frühklassischen Meisterwerke der burgundischen Skulptur vom Beginn des 12. Jahrhunderts haben weder Gegenstände der Evangelien noch jene romanische Symbol- oder Fabelwelt zum Inhalt, die BERNHARD VON CLAIRVAUX 1124 so leidenschaftlich verurteilen sollte (Dokumente Nr. X). Sie zeigen Undarstellbares, veranschaulichen die Töne, ein Sinnlich-Übersinnliches, in dem das Diesseits dem Jenseits ohne Bruch verbunden war.

Wo auf Töne geachtet wird, da wird meist auch auf die Maßzahlen der Architektur und ihren ideologischen Sinn geachtet. In seiner letzten Studie über *Cluny* hat Conant 1963 versucht, die Maßzahlen zu bestimmen und einem Zahlensystem einzuordnen. Daß es ein solches System gegeben hat, ist ebenso offenkundig wie die Tatsache, daß es einer der bestimmenden Gegenstände der Nachdenklichkeit der Baumeister gewesen ist. Schönheit bewies sich durch das rechte Maß. Zu einer Geschichte der Klosterbaukunst müßte auch eine Geschichte dieser Zahlen und ihrer Bedeutung gehören, doch fehlen dazu fast alle Vorarbeiten.

Die Kreuzgänge von Moissac und La Daurade

Die 'neun Töne' der Kapitelle im Chor der neuen Abteikirche von *Cluny* sind das sublimste Werk der monastischen Skulptur des Mittelalters. Die neue Romanik der Kluniazenser, die später der HL. BERNHARD bekämpft hat (Dokumente Nr. X), wird man deutlicher anhand der Skulpturenprogramme der Portale und Kreuzgänge des Abtes DURAND DE BRETONS (1048–1072 Abt von *Moissac)* und seiner Nachfolger ablesen können. Es sind die Meisterwerke jenes romanischen Expressionismus, in dem sich Motive aus der Kunst der Vorgeschichte mit antikrömischen Bildhauertraditionen vereinigen. DURAND war während eines Besuches ODILOS 1047 zum Abt bestimmt worden. Später wurde er zugleich Bischof von Toulouse und erreichte als solcher, daß sich auch das Kloster *La Daurade* Cluny anschloß. In *St. Sernin* und *La Daurade* in *Toulouse* wie in *Moissac* sind bald nach 1100 jene Folgen von Bildhauerwerken entstanden, die man zusammensehen muß. Sie stehen am Anfang der skulpierten Welt- und Heilsdeutungen der Kreuzgänge, die sich in den katalonischen und südfranzösischen Klöstern links und rechts der Pyrenäen zusammendrängen. Eine Karte dieser Klöster würde zeigen, wie dicht sie nebeneinander liegen. In *Moissac* hat sich jenes monumentale Eingangsportal erhalten, welches als erstes den neuen Gedanken von *Cluny* übernahm, eine Apsiskomposition, nämlich die Erscheinung Christi zwischen den vier Wesen über den vierundzwanzig Ältesten, in das Relief zu übertragen und wie auf einem großen Fächer über den Türsturz auszubreiten. Diese Übertragung der Majestas Domini von dem Endpunkt der Pilgerfahrt durch das Kirchenschiff an ihren Anfang, setzt eine theologische Umdeutung des Sinnes des Kirchengebäudes voraus, die von *Cluny* ausgegangen ist. Wichtiger in unserem Zusammenhang ist die Gestaltung der Kreuzgänge von *Moissac* (Abb. 20), *La Daurade* und *St. Sernin*. In letzteren erhielten die Kapitelsäle, die vom Kreuzgang aus betreten wurden, ein Figurenportal, wie wir es sonst nur bei Kirchen antreffen. In *St. Sernin* werden dort die zwölf Apostel dargestellt, sie erinnern daran, daß das 12. Jahrhundert den Ursprung des Kreuzganges von der Halle des Tempels Salomons ableitete, in der sich die Apostel nach den Act.Apost. 4 zum ersten Male zu einer *vita communis* vereinigt hatten. In *Moissac* ist vor dem Kapitelsaal dem verstorbenen Abt DURAND ein Denkmal in Form eines Reliefs in Ganzfigur gesetzt worden (Abb. 19). Der Abt wurde also nicht nur, wie schon im 9. Jahrhundert in *Fontenelle* (s. o. S. 42), in dem Kapitelsaal begraben: er wurde vor dem Eingang abgebildet. Man darf annehmen, daß auch in *Moissac* die Gewände des Portals zu diesem Raum ein bildkünstlerisches Programm enthielten. An den Pfeilern waren im Kreuzgang die zwölf Apostel in ähnlichen Reliefs dargestellt, nur neun blieben erhalten. Die Kapitelle der Säulen enthielten eine ganze Enzyklopädie von Szenen und Figuren des Alten und Neuen Testaments, sowie den Taten und Leiden der Heiligen. Der Kreuzgang (Abb. 20) wurde durch sie zu einem Ort der Belehrung und der Betrachtung, eine hochgemute Festlichkeit und Feierlichkeit zog mit den farbigen Reliefs in dieses Atrium des Mönchshauses ein, die das Selbstverständnis und die Selbstachtung des Kluniazenser Benediktinertums kennzeichnet. Man geht kaum fehl in der Annahme, daß hier das Zeitalter die oberste Stufe seiner 'Wohnkultur' erreicht hat. Man bewegte sich in einem durchaus von Kunstwerken umschlossenen Bezirk. Sicher hat man dem Kreuzgang auch schon im frühen Mittelalter besondere Beachtung zugewandt, doch scheint es, daß mit ODILOS Marmorkreuzgang von *Cluny* kurz vor 1050 eine neue Stufe der Entwicklung greifbar wird. Der Kreuzgang emanzipierte sich zum architektonischen Hauptmotiv des Klosters. In den folgenden Jahrhunderten wurden seine fast unbegrenzten Möglichkeiten der Variation sowohl in den Architekturformen als auch als Bild- und Skulpturträger von allen guten Klöstern genutzt. Mehr und mehr wurde der Kreuzgang auch zur geistigen Heimstätte der Mönche.

Cluny, wie später mit noch größerer Bestimmtheit *Citeaux*, hat seine Organisation gegen den Individualismus der mächtigen Klosterpersönlichkeiten gerichtet. Die Vielfalt sollte der Einheit weichen, und dies galt ebenso für die Regel wie für die Bauten. Doch ist *Cluny* selbst mit seinem dritten Kloster als soziologisches Gebilde wie als Bauwerk zur reichsten Individualität emporgewachsen — so reich, daß es von keinem zweiten Kloster mehr zum Vorbild genommen werden konnte. Der Einfluß der Bauformen der neuen Klosterkirche ist ein berühmtes Thema der Kunstgeschichte; dem Einfluß des Klosterorganismus nachzugehen ist unmöglich, es sei denn anhand der Bauten jener Bewegung, die die angeblichen Auswüchse von *Cluny* bekämpft hat, also anhand der Pläne von *Clairvaux* und der von ihnen abhängigen Zisterzienserklöster. Der HL. BERNHARD und die Zisterzienser sind es dann auch gewesen, die jene neue Ästhetik vorbereiten, aus denen die Klöster der Gotik erwachsen sind.

5 Die Zisterzienserklöster

Der neue Orden – Zwei Episoden – Armutsgebot und Luxusverbote –
Der Zisterziensische Idealplan – Clairvaux als Vorbild – Entfaltung der Formen

Der neue Orden

Den Gegenpol zu *Cluny* in der Welt des 12. Jahrhunderts bildete *Citeaux*. Es stellt den Versuch dar, das benediktinische Mönchtum den weltlichen Aufgaben zu entziehen, die ihm im Laufe der Geschichte zugefallen waren. Wie konnte der Mönch einer Welt entfliehen, die zu einem guten Teil von Mönchen geführt und beherrscht wurde? Kann der Einzelne dem Ideal der Armut leben, wenn die Klostergemeinschaft als Ganzes unermeßlich reich geworden ist? Für den HL. BENEDIKT VON NURSIA und seine Klöster im Raum des zusammenbrechenden Römerreiches stellten sich diese Fragen nicht. In den Aachener Reformsynoden von 816 und 817 mußte sie BENEDIKT VON ANIANE seinen Mitäbten vorlegen. In gleicher Weise gab ihnen die Entwicklung der Reichsklöster des 11. Jahrhunderts wie jene der Reformbewegung von *Cluny* neue Aktualität. Die Wirklichkeit trat in Widerspruch zur Idealität der Theorie. Auch die Zisterzienser sollten es im Laufe ihrer eigenen Geschichte erneut erfahren. Sie waren in Einsamkeiten und Wüsteneien gezogen, doch ihr Arbeitsethos hatte die einsamen Täler und Sümpfe reich gemacht. Nachdem es zu Beginn des 13. Jahrhunderts offenbar wurde, daß selbst ihnen das Geschenk der Armut nicht erhalten blieb, weil es mit dem Gebot zur Arbeit nicht vereinbar war, wollte der HL. FRANZ lieber auf die Arbeit als auf die Armut verzichten. Doch erkannten seine Nachfolger, daß sie damit auf das Kloster selbst hätten verzichten müssen (s. u. S. 181).

Ausgangspunkt des neuen Reformordens bildete die Flucht ROBERTS 1075 aus seinem Kloster *St. Michèle de Tonnère* mit sieben Mönchen in den Wald von *Molesme*. 22 Jahre später, 1098, zeigte sich, daß auch diese Einsamkeit zu einem

Treffpunkt der Welt geworden war, und man floh weiter in die Sümpfe von *Citeaux*. In dem Burgund dieses ganz dem Jenseits zugewandten Jahrhunderts ließ sich heilige Lebensführung schwer verbergen. 23 Mönche hatten sich diesmal angeschlossen, unter ihnen der Engländer STEPHAN HARDING, der die Ziele der neuen Gründung in einem kleinen Meisterwerk der lateinischen Prosa von kaum sechs Seiten, etwa 1680 Worten, zusammenfaßte. Diese ›Carta Caritatis‹ hat Papst Calixtus II. 1119 bestätigt. Sie wird ergänzt durch die ›Consuetudines‹ der neuen Klosterordnung, die man dem zweiten Abt von Citeaux, ALBERIC (1099–1109), zuschreibt. Ihre drei Abschnitte enthalten Vorschriften für die Gottesdienstordnung, das Leben der Mönche und das Leben der Konversen. Hinzu kommt als dritte Schrift der jungen Gemeinde die Geschichte ihres Auszuges aus Molesme und des Lebens in Citeaux bis 1115, das ›Exordium Cisterciensis Cenobii‹, das man später das ›Exordium Parvum‹ nannte, um es von dem ›Exordium Magnum‹ zu unterscheiden, in dem wir, untermischt mit vielen Wunderberichten, die spätere Geschichte des Ordens bis etwa 1180 geschildert finden (Schrifttum Nr. 99). Die drei frühen Texte werden durch die ›Instituta‹ oder Bestimmungen der jährlichen Generalkapitel ergänzt, die 1134 niedergeschrieben, dann 1152 um einige Paragraphen vermehrt wurden. Die ›Consuetudines‹ und ›Instituta‹ hatten zum Ziele, der Regel des HL. BENEDIKT erneut in allen ihren Vorschriften Geltung zu verschaffen. Auch sollte alles verboten sein an Aufwand in Kleidung, Wohnluxus oder Speise, was sie nicht ausdrücklich als gestattet vorschrieb. Es war offensichtlich geworden, daß von den drei Aufgaben des Mönches, dem Gotteslob, der Lektüre der heiligen Schriften und der körperlichen Arbeit, in den meisten Abteien nur mehr die beiden ersten gepflegt wurden. In *Cluny* war sogar nur noch die liturgische Feier übrig geblieben, deren Länge und Vielfalt fast alle Zeit beanspruchte. STEPHAN HARDING hatte seine Schrift deshalb ›Carta Caritatis‹ genannt, weil sie in erster Linie von dem liebevollen Zusammenleben aller Mönche weit über die Grenzen der einzelnen Abtei hinaus handelte. Sie war gegen den Individualismus der einzelnen Klosterpersönlichkeiten gerichtet, gegen die Selbständigkeit der großen Abteien. Alle Äbte hatten jährlich auf dem Generalkapitel zu erscheinen, jeder mußte sich in seinem Kloster zweimal im Jahr die Visitation durch den Abt des Mutterklosters oder einen seiner Beauftragten gefallen lassen. Im eigenen Kloster war er nurmehr der Vollstrecker von Anordnungen. Auch der Abt von *Citeaux* konnte von den vier Äbten seiner vier ältesten Tochterklöster gemaßregelt, ja sogar abgesetzt werden. An die Stelle der vielen Einzelabteien trat hier zuerst der alles beherrschende Orden.

Mehr als bei den Kluniazensern mußte sich dieser Zentralismus auch im Bauwesen auswirken. Weil sich das Leben in allen Zisterzienserklöstern nach genau den gleichen Gesetzen Tag für Tag abspielen sollte, mußten theoretisch auch alle ihre Klöster gleich aussehen. Praktisch wurden die meisten von ihnen in ihren Grundformen ähnlich gestaltet. Allein für die Zisterzienser ließ sich deshalb ein verbindliches Klosterschema aufstellen (Abb. 54), im Vergleich zu dem alle ausgeführten Klöster Variationen bilden. In ihm findet die Entwicklung des mittelalterlichen Benediktinerklosters ihren Höhepunkt und ihren Abschluß. Es ist der Rationalismus dieser Architektur, der unserem Bild von romanischer Baukunst einen neuen Akzent verleiht.

Das entscheidende Ereignis in der Geschichte des Ordens war der Zug BERNHARDS von *Fontaines* (1091–1153) mit dreißig Adeligen, darunter vier seiner Brüder, 1112 nach *Citeaux*. Man gewinnt den Eindruck, daß alles, was von burgundischen Adeligen den Werbungen der Kluniazenser noch widerstanden hatte, jetzt in die Klöster eintrat. Auch der eigene Vater mit seinem jüngsten Sohn sollte ihm 1120 nachfolgen. Drei Jahre später konnte BERNHARD mit zwölf Brüdern *Clairvaux* gründen. Zweiundsiebzig persönliche Neugründungen sollten im Laufe von kaum vierzig Jahren folgen. Es muß eine begeisternde Überzeugungskraft von dieser mittelalterlichsten unter allen mittelalterlichen Heiligengestalten ausgegangen sein. In seiner Persönlichkeit verbanden sich theologischer Scharfsinn, unbegrenzte Tatkraft einem gleich grenzenlosen Askeseverlangen. Jedes Wort, das er gesprochen oder geschrieben hat, ist von einem bezwingenden Lyrismus durchwirkt gewesen, der eine ganze Jugend für den Klostergedanken erwärmte. Bernhards unbegrenzte geistige Macht vermochte sein Jahrhundert in das Zeitalter der weißen Mönche zu verwandeln. Sie haben alle Einsamkeiten Europas von Irland bis an die Grenzen des russischen Reiches nach Pflanzstätten für neue Klöster abgesucht. 69 Klöster sandten ihre Äbte zum Generalkapitel von 1133; 343 gab es beim Tode Bernhards 1153, 742 am Ausgang des Mittelalters, wozu noch die 761 Frauenklöster kommen, welche lokalisiert werden konnten. Von den Männerniederlassungen waren 525 im 12. Jahrhundert entstanden und 169 im 13. Dann ebbte die Bewegung ab. Im 14. Jahrhundert waren es nur mehr 18, im 15. 20, von denen die meisten im Gebiet der heutigen Niederlande liegen. Im ganzen besaß Frankreich 246 Mönchsniederlassungen, England 76, Schottland 13, Irland 41. In Italien gab es 95 Zisterzienserklöster, in Spanien 59, in Portugal 13, im Bereich Belgiens 18 und in Holland 14. Die Kreuzritter hatten in Griechenland und dem heiligen Land 15 gegründet. In Deutschland und den anschließenden slawischen Bereichen lagen über 100. Man unterrichtet sich über die Zahl und den Ort dieser Klöster heute an Hand der ganz vorzüglichen Karten und Statistiken des Atlas des Zisterzienserordens von *Frédéric van der Meer* (Schrifttum Nr. 101). Wie die Äste eines Baumes verzweigen sich die

Klöster, die von *Citeaux* und seinen vier ältesten Töchtern *La Ferté* (1113), *Pontigny* (1114), *Morimond* und *Clairvaux* (beide 1115) gegründet wurden. *Clairvaux* hatte 355 Töchter, *Morimond* 193, *Citeaux* selbst 109, *Pontigny* 43 und *La Ferté* 17. Man hatte Europa unter sich aufgeteilt. Es war erstaunlich, welches Vertrauen die Äbte der Großklöster auf viele ihrer noch blutjungen Mitbrüder setzten, die sie mit einer Mannschaft von zwölf gleichjungen Gefährten Jahr für Jahr ins Unbekannte und Leere zur Gründung neuer Niederlassungen sandten. Am Ende wurden sogar die Einsamkeiten in Europa rar. 1152 hat das Generalkapitel verfügt, daß jede Klosterneugründung von jetzt an genehmigungspflichtig sei. Keines dürfe näher als 15 000 Schritt vom nächsten entfernt errichtet werden.

Bedingungsloser Lebenseinsatz kennzeichnet den Geist der neuen Stiftungen im Leeren. Die Askese der Mönche hat ihre Lebenserwartung auf 28 Jahre herabsinken lassen. Bedenkt man, daß diese Jugend nie vor dem 15. Lebensjahr, oft erst mit dem 21., wie der hl. Bernhard, ins Kloster ging, so ergibt sich, daß Zisterzienseraskese im Durchschnitt nur rund ein Dutzend Jahre auszuhalten war. Bei der Aufnahme in *Clairvaux* sagte der HL. BERNHARD den Novizen: »Wenn Ihr es eilig habt, verinnerlichte Menschen zu werden, dann laßt Eure Körper draußen. Hier treten nur die Seelen ein. Das Fleisch dient zu nichts.« Dennoch lebten 1148 in *Clairvaux*, der Hauptstadt des Zisterzienserstaates, rund 700 Mönche und Konversen, mehr als in *Cluny* je gewohnt haben. Man fragt sich, wo der verwegenere Idealsinn wirksam wurde, in den Kreuzzügen der Ritter oder den Klostergründungen der Mönche. Beides gehört zusammen und beides ist Frucht der gleichen erregten und erregenden Jahrzehnte. BERNHARD hat sich selbst als die »Chimäre des Jahrhunderts« bezeichnet, halb Mönch und halb Ritter. Der christliche Heilige und Dichter vergleicht sich dem antiken Fabelwesen, dessen Darstellung in der Kunst er gleichzeitig ablehnen wird (Dokumente Nr. X).

Der Kampf des Ordens gegen jeden Aufwand, gegen alles, was die Aufmerksamkeit von der Betrachtung Gottes ablenken könnte, war ein radikaler. Eben sein Radikalismus vereinte die Jugend des 12. Jahrhunderts und ließ in ihr den Glauben entstehen, durch den extremen Verzicht auf alle weltlichen Güter die Welt erlösen zu können. In Männerbünden wetteiferten die einzelnen um die Stufen der Askese. Der Kampf richtete sich in gleicher Weise gegen die Wissenschaft, die Literatur, die bildende Kunst. Er währte mehr als 100 Jahre, und war doch von vornherein ein verlorener. Immer wieder drängte das Gestaltungsverlangen die Askese zurück. Immer wieder versuchte das Generalkapitel mit Einzelverordnungen den Damm gegen die Flut zu festigen. Die Sammlung dieser Verordnungen ergibt ein anschauliches Bild von den Gesetzen, nach denen aus dem Verlangen nach Ordnung und Vollkommenheit Kunst erwachsen muß. »Keinem Abt, keinem Mönch, keinem Novizen ist es gestattet, ohne Erlaubnis des Generalkapitels neue Bücher zu schreiben«, hieß es schon 1134 (Schrifttum Nr. 91). 1199 wird durch einen besonderen Erlaß verfügt, alle Verseschmiede aus ihrem Kloster in ein strengeres zu versetzen (Schrifttum Nr. 91). Man wage es nicht, »rhythmos« vorzutragen. Auch die Novizen erhielten keinen Unterricht. Die Laienbrüder durften kein Buch lesen und sollten nichts außer dem *Paternoster,* dem *Credo,* dem *Miserere* und einigen anderen Gebeten lernen, die sie auswendig zu singen hatten. Nie war ihnen auch nur die Einsicht in Texte gestattet. Die Liste der Verbote von Bildern und Skulpturen, die in einzelnen Klöstern entstanden waren, ist eine lange. Warum dennoch die Schlichtheit der ersten Bauten sich nicht verteidigen ließ, wird noch zu zeigen sein.

Zwei Episoden kennzeichnen den Geist der Bewegung. Die erste hat ihren Sieg in Deutschland, die zweite in England bewirkt.

Zwei Episoden

1123 war *Camp,* das erste Zisterzienserkloster auf deutschem Boden, gegründet worden. Seine Anfänge waren ärmlich und von Mißwuchs bedroht. Man hatte den neuen, burgundischen Klostergedanken nicht verstanden. Da besuchte 1132 auf dem Rückritt aus seinen Studienjahren in Paris als ein Zwanzigjähriger OTTO VON ÖSTERREICH mit fünfzehn Gefährten aus dem höchsten deutschen Adel das Kloster *Morimond.* Die junge Klosterstadt muß diesen Enkel Heinrichs IV., Halbbruder Konrads III. und Onkel Barbarossas so beeindruckt haben, daß die ganze Gruppe sich entschloß, in *Morimond* zu bleiben und das weiße Gewand der Zisterzienser anzulegen. Bedenkt man, von welchen Ideen erfüllt sich der Herzogsohn, der in Paris vielleicht Abaelard (1079–1142), sicher Hugo von Sankt Viktor (1096–1141) gehört hatte, auf dem Rückweg befand, vergegenwärtigt man sich das Erschrecken, das dieser Schritt bei dem Babenberger Markgrafen Leopold III. in Österreich ausgelöst haben muß, so wird das ganze Gewicht der Entscheidung deutlich. Leopold hatte für seinen Sohn das Stift *Klosterneuburg* gegründet und den Knaben schon 1114 zu seinem Probste wählen lassen. Aus den Einkünften des Stiftes bestritt er die Kosten seines Studienaufenthaltes im Ausland. Auf Ottos Einfluß ist es zurückzuführen, wenn Leopold 1135 das Zisterzienserkloster *Heiligenkreuz* in Österreich gründen ließ, sicher auch um den Sohn zur Heimkehr zu bewegen. Doch schon mit vierundzwanzig war ihm 1136 die Abtwürde in *Morimond* selbst übertragen worden. Die meisten seiner Gefährten sind während der sechs Jahre, die er dort blieb, weitergezogen und haben selbst neue Zisterzienserklöster in Deutschland begründet. Es ist die große Jugend dieser Mönchstruppen, die die Vorstellung beeindruckt. Dem Herzogsohn fiel es schwer, als ein eben Sechsundzwanzigjähriger die Klosterstille von *Morimond* und das Erziehungswerk in dieser jungen Gemeinschaft 1138 aufzugeben, um den Freisinger Bischofsthron zu besteigen. Doch der Erfolg der Zisterzienserbewegung im Reich war schon gesichert. Noch ehe er 1147 Konrad III. in seinen verhängnisvollen Kreuzzug nach Jerusalem folgte, hat er im 7. Buch seiner ›Chronica‹ sive Historia de duabus Civitatibus‹ die unabdingbaren Aufgaben des Mönchtums für den Fortbestand der Welt beschrieben[13].

»Wegen der Menge unserer Sünden und wegen der stinkenden Sündhaftigkeit dieser höchst unruhevollen Zeit glauben wir, daß die Welt nicht mehr lange Bestand haben kann, würde sie nicht durch die Verdienste der Mönche, der wahren Bürger des Gottesstaates, erhalten, deren mannigfaltige, wohlgeordnete Bruderschaften in der ganzen Welt in großer Zahl in Blüte stehen.« Und er fährt fort: »Sie leben im Diesseits im Verborgenen, tragen kein Verlangen danach, daß ihr Ruhm erstrahle, führen schon auf Erden ein Leben in himmlischer, engelhafter Reinheit. . . . Sie leben in Gemeinschaft, legen sich gleichzeitig schlafen, stehen einmütig auf zum Gebet, nehmen gemeinsam in einem Raum die Mahlzeiten ein, und Tag und Nacht beschäftigen sie sich mit Beten, Lesen, Arbeiten.« Otto beschließt den Abschnitt mit einer Kennzeichnung, die man schwer vergißt. »So im Inneren und Äußeren ausgestattet, haben sie sich in fruchtbarer, reicher Vermehrung über die ganze Erde ausgebreitet, und ihr Verdienst wie ihre Zahl ist in kurzer Zeit ungeheuer gewachsen; nun strahlen sie im Glanz ihrer Zeichen, leuchten sie durch ihre Wundertaten; oft werden sie durch göttliche Offenbarungen erhoben, und häufiger werden sie beim Abscheiden aus dem Leben durch die Erscheinung eines Engels oder des Herrn getröstet. Sie heilen Kranke, treiben Dämonen aus, und bisweilen bekommen sie, soweit das im Diesseits möglich ist, durch Kontemplation einen Vorgeschmack von den Wonnen des himmlischen Vaterlandes und bringen deshalb, obwohl durch Arbeit ermattet, durch Nachtwachen erschöpft, durch Fasten abgezehrt, wie die Grillen, die mehr zirpen, wenn sie hungrig sind, fast die ganze Nacht mit Gesang der Psalmen, Hymnen und geistigen Lieder wachend zu.«

Soll hier der Historiker, soll der Psychiater die Ausdeutung wagen? Für das Verlangen nach himmlischer Bestätigung gab die Zisterzienser-Architektur die notwendige Abgeschlossenheit. Unter ihren festen Gewölbefolgen fand jener Wettbewerb in Askese statt, der in den jungen Männerbünden das Hochgefühl erzeugte, in einer Gemeinschaftsbewegung tätig zu sein, in der sich die Freundesliebe als Gottesliebe äußerte. Man muß den Quellen selbst das Wort geben, denn es fällt der modernen Sprache schwer, die Vorgänge mit Diskretion zu schildern. Die Zisterzienserbewegung ist von Zartem wie von Strenge durchwirkt. Die zweite Episode macht dies in besonderem Ausmaß deutlich.

1132 brach in dem englischen Kloster *St. Mary* eine Krise aus, die aus der Kritik des Priors RICHARD und zwölf seiner Anhänger an der Lebensweise der Mönche und den Richtlinien des Abtes GEOFFREY erwachsen war. Man kann mit Sicherheit annehmen, daß die Kenntnis der Vorschriften von *Citeaux* der Gruppe der Radikalen die Einsicht vermittelt hat, daß sie nicht mehr nach der Regel des HL. BENEDIKT lebten. Wir haben von den Vorgängen durch einen ergreifenden Bericht Kenntnis, den ein Zisterziensermönch namens SERLO als ein fast Hundert-jähriger 1206 einem seiner Mitbrüder diktiert hat (Schrifttum Nr. 17, S. 232). Serlo war 1132 als junger Kleriker im Gefolge des Erzbischofs THURSTON aus York nach *St. Mary* gekommen, und ein Brief des Erzbischofes selbst an seinen Kollegen aus Canterbury gibt die Gewißheit, daß sich der alte Mönch in jeder Einzelheit an die Vorgänge seiner Jugend erinnert hat, die seinem Leben die Richtung wiesen. Am Höhepunkt des Geschehens sah sich der Erzbischof selbst mit den 13 Rebellen in der Kirche von *St. Mary* eingeschlossen, während im Kreuzgang die Mönche des Klosters und ihr Abt eine exemplarische Bestrafung forderten. Der Tumult währte mehrere Tage. Zuletzt, am 17. Oktober 1133, war es Thurston möglich, nach Hause zurückzukehren und die 13 Mönche mit sich zu führen. Sie blieben etwa drei Monate in seinem Palast in York.

Inzwischen hatte man BERNHARD in *Clairvaux* um Rat gefragt. Zu Weihnach-ten ging THURSTON nach Ripon, wo er große Güter besaß und übergab den drei-zehn, die ihr Kloster verloren hatten, ein Gelände unbebauter Wildnis. Dies waren die Anfänge von *Fountains,* das nach harten Jahren sich rasch zu unge-wöhnlicher Blüte entwickelte (Schrifttum Nr. 119). Es hatte in der Frühzeit enge Beziehungen zu *Clairvaux.* Sowohl sein erster Abt RICHARD, jener überaus tatkräftige Prior von *St. Mary,* wie auch sein zweiter, der Sakristan von St. Mary, ebenfalls ein Richard, waren mehrmals dort gewesen, und Richard I. war 1139 in Rom, Richard II. 1144 in *Clairvaux* gestorben. Richard II. gehörte zu den großen kontemplativen Mönchsführern des 12. Jahrhunderts, und seiner schlich-ten Liebeskraft ist es zuzuschreiben, daß der Zustrom an Brüdern ein rascher war, daß von *Fountains* aus eine große Zahl Neugründungen in wenigen Jahren möglich wurde. Sein Nachfolger HENRY MURDAC hat dann auch noch die letzten überbliebenen Gewohnheiten aus der Tradition von *St. Mary* im Sinne der neuen Ordnung von *Clairvaux* beseitigt. Auch in der Anordnung und Gestaltung der Klostergebäude gehört *Fountains* zu den ersten Abteien, die sich genau an das burgundische Vorbild hielten (Abb. 53, 58). Ein berühmter Baumeister-Mönch aus *Clairvaux*, Geoffray d'Alaine, hatte die Pläne überbracht.

Gleichzeitig mit *Fountains* entwickelte sich das zweite große Zisterzienser-zentrum im Norden Englands, *Rievaulx*. Bernhard hatte seinen eigenen Sekretär, den HL. WILHELM, 1132 als Gründungsabt gesandt. 25 Mönche und Konversen machten den Anfang, schon 1142 waren es 300 und 1165 sogar 740, davon 100 Mönche und 600 Konversen. Von den drei ältesten Klöstern, neben den beiden genannten auch *Waverley* in Surrey, waren bis zum Tode Bernhards 32 Neu-gründungen ausgegangen, davon allein 12 von *Rievaulx*. Das Kloster verdankt seine Blüte dem Wirken des HL. ALFRED, des 'Bernhards' von England, der es von 1147–1167 regierte. Ailred ist ein Genie der Freundschaft gewesen. Seine beiden wichtigsten Schriften, ›Speculum Caritatis‹ und ›De Spirituale Amicitia‹, sind Preisgesänge der Freundschaft. Am schottischen Hof aufgewachsen und mit dem Sohn von König David, Henry I., erzogen, versah er das Amt eines Sene-chal, als er bei einem Ritt über die Hügel von Rievaulx 1134, ebenso wie zwei Jahre zuvor Otto von Österreich vor Morimond, der Versuchung nicht wider-stehen konnte, um Aufnahme zu bitten. Sein ganzes Dasein war erfüllt von dem Bestreben, die Freundesliebe zu seinen Mitbrüdern mit der Gottesliebe zu vereinen. So ist das ›Speculum Caritatis‹ unter dem Eindruck des frühen Todes eines jüngeren Mitbruders SIMON geschrieben worden. »Ich erinnere mich, wie oft, wenn meine Augen hierin und dorthin schweiften, der bloße Anblick von ihm mich mit Scham erfüllte . . . Die Regel unseres Lebens verbot uns, zusammen zu sprechen, aber seine Haltung, sein Schritt, sein Schweigen selbst sprach zu mir.« Es wäre falsch, an homoerotische Neigungen zu denken. Jeder Mönch sah im anderen sein Vorbild in der Erziehung zur Meditation, und die bauliche Abgeschlossenheit dieser steinernen Inseln im Leeren wurde zum Sinnbild des Wettbewerbs in den jungen Gemeinschaften. AILRED konnte auf dem Wege von dem Erzsitz York zurück an den Königshof der Verlockung nicht ausweichen, die allein der Anblick eines Klosters für ihn darstellte. Während der Jahre, die er als Abt und als Mönch dort zubrachte, verwandelte sich das Kloster von einem Holzbau in jenen Steinbau, dessen Ruinen wir bewundern. Gleichzeitig mit *Clairvaux*, und in vielen Einzelheiten ihm ähnlich, vermittelt es uns unter allen erhaltenen am genauesten das Vorbild.

Armutsgebot und Luxusverbote

Es sind zuletzt vier Elemente, die die Voraussetzung für die Entstehung der neuen Baugestalt des Zisterzienserklosters gebildet haben. Nennen wir sie I. den

Armutsgedanken, II. das Weltfluchtverlangen, III. den Auftrag zur Filiation und IV. ein neues Ordnungsstreben, aus dem der veränderte Funktionalismus erwuchs, der auch den Konversen angemessene Gebäude in einer genau bestimmten Folge zuwies. Wie für all dies die *Regula sancti Benedicti* den Ausgang bildete, so blieb auch für alle Baumaßnahmen das überlieferte Benediktinerkloster die Grundlage.

Der Armutsgedanke, die Forderung, daß nicht nur der einzelne Mönch, vielmehr auch das Kloster und seine Kirche arm seien und ihre Armut zur Schau stellen sollten, hat strenge Bestimmungen gegen jede Form des Bau- oder Kunstluxus hervorgerufen. In jedem der Klöster sollten die gleichen schlichten Räume den Mönch umschließen, die gleichen einfachen Geräte ihm für den Gottesdienst zur Verfügung stehen, Kreuze nur aus bemaltem Holz, Kelche und Patenen aus schmucklosem Silber, unbestickte Meßgewänder aus lichtem Leinen, Kerzenleuchter aus Eisen, Weihrauchgefäße aus Kupfer. Die Kirchen durften keine Türme besitzen, die Fenster nur farblose Muster zeigen, als einziges Bildwerk war eine Madonna gestattet (Dokumente Nr. XI). Alle Wände sollten unverputzt belassen werden, alle Bauglieder ohne figürlichen, streng genommen auch ohne ornamentalen Schmuck. In diesem archaischen Zeitalter, in dem überall romanische Formphantasie und bald auch gotisches Ausdrucksverlangen in Skulpturen zur Anschaulichkeit drängten, wo man allerorts Bilder und Glasbilder in leuchtenden, oft krassen Farben bevorzugt hat, forderten die Zisterzienser den nackten, schmucklosen Stein. Das dunkle Gewand der Kluniazenser haben leuchtende rote, blaue, grüne, ja goldfarbene Wände und Wandbilder umgeben, die Zisterzienser sehen wir in weiß-grauen Woll- und Leinenkutten, die weder gebleicht noch gefärbt waren, durch hellgraue Gemäuer gehen. Die Gewänder wie die Gebäude sollten schlicht sein. Dem Hinweis PETERS DES EHRWÜRDIGEN, daß für die schwarze Tracht sowohl die Tradition als auch der Anstand spreche, wollte sich der lyrische Radikalismus des HL. BERNHARD nicht beugen. Zur Askese der Augen verbot er diesem an Farbe gewöhnten Geschlecht eben die Farbe. Sie sei Luxus; sie sei eitel und zerstreue die Sinne. Mit seiner berühmten ›Apologia ad Guillelmum‹ 1124 gegen die Kluniazenser, wohl auch gegen Abt SUGER von Saint-Denis, verdammte er all das, was wir romanische Kunst nennen (Dokumente Nr. X). Er hat damit zugleich auch den Weg für die gotische freigemacht[14]. BERNHARD tadelt die Ausmaße der neuen Kirchen, die Pracht ihrer Wandgemälde, den Luxus des Kultgerätes und richtet seinen ganzen Groll gegen den Skulpturenschmuck der Kapitelle in den Kreuzgängen. »*Caeterum in claustris coram legentibus fratribus quid facit ridicula monstruositas, mira quadam deformis formositas ac formosa deformitas?*« – »Was sollen im Kreuz-

gang bei den lesenden Brüdern jene lächerlichen Monstrositäten, die unglaublich entstellte Schönheit und formvollendete Häßlichkeit?« Der Heilige nennt
die unreinen Affen, die wilden Löwen, die greulichen Kentauren, Halbmenschen,
kämpfende Soldaten, Gestalten mit einem Kopf und vielen Körpern und andere
mit vielen Köpfen und einem Leib. Der ganze Reichtum der romanischen Skulptur steigt vor uns auf. Wir erfahren, daß diese Dinge auch damals berühmt
waren und wegen ihrer Berühmtheit zu Gegenständen weltlichen Interesses
wurden. Bernhard verurteilt den Anteil der Welt in aller Kunst, durch den sie
zugleich für einen auf Gott hin gerichteten Geist zum Luxus wurde.

Die Geschichte des Zisterzienserordens erweist, daß sich Armut noch schlechter
vererben läßt als Reichtum. Diese Mönche wollten in einsamen Waldtälern allein
von dem Werk ihrer Hände leben und haben es auch in der ersten, oft noch in
einer zweiten Generation getan. Sie haben Pelzwerk und Wollmantel verboten,
die Leibwäsche wie die Bettwäsche; sie wollten keine Pachthöfe und keine
Knechte besitzen, weder fremde Mühlen noch fremde Wälder, keine Kirchen
außerhalb der Klostermauern und keine Häuser. Aber sie mochten die einsamsten, zugleich unwirtlichsten Waldtäler für ihre Neugründungen aufspüren, sie
mochten Jahrzehnte von Wurzeln und Haferbrot leben; der befohlene Fleiß
in Verbindung mit der befohlenen Armut mußte den Wohlstand bringen. Ein
jedem Bauern, auch jedem Ritter überlegenes Bildungsniveau und ihr Erziehungs-
wille ließ sie in Land- und Forstwirtschaft Erfahrungen sammeln und überlie-
fern, die diesen Prozeß beschleunigt haben. Sie waren die besten Agronomen, die
besten Viehzüchter und die besten Förster des späteren Mittelalters. Sie waren
Meister der Fischzucht und der Wasserwirtschaft, zugleich die vielgepriesenen
Pioniere in Bergbau und Hüttenwesen. Der theologischen Weitsicht des HL. BERN-
HARD war der Zusammenhang zwischen Arbeit, Askese und Reichtum verbor-
gen geblieben. Dem ganzen Zeitalter fehlte die wirtschaftliche Vernunft, um
zu bemerken, daß die frommen Stiftungen, die allerorts als gute Taten gepriesen
wurden, die Klostergemeinden in die Welt zurückführen mußten. Der II. Kreuzzug von 1147, den Bernhard und sein päpstlicher Schüler Eugen III. (1145–1153)
bewirkt haben, ja ganz persönlich bewirkt haben, veranlaßte die Kreuzfahrer
wie die Zurückgebliebenen zu einer Flut von Stiftungen vor allem an Zisterzienserklöster. Viele Ritter hinterließen ihr Vermögen den Klöstern. Das württembergische *Maulbronn* veranschaulicht, wieviel diese junge Gemeinschaft dem
Kreuzzug verdankte. Bald nach der Jahrhundertwende besaß sie an mehr als
hundert Orten Land- oder Grundbesitz. Mit dem Wohlstand wuchsen die weltlichen Verpflichtungen, die sich hier, wie überall im Mittelalter, als Rechte dar-
taten, die das Kloster wahrzunehmen hatte. Im 13. Jahrhundert begegnen uns

Zisterzienserklöster, die reicher waren als die meisten Kluniazenser-Niederlassungen. Man verfügte über ausgedehnte Ländereien, besaß Pachthöfe, ganze Dörfer, Sägewerke in den Wäldern, Bergwerksbetriebe, Mühlen. Das gleiche *Morimond*, vor dessen Armut 1124 Arnold von Kärnten, ein Bruder des Kölner Erzbischofs Friedrich von Kärnten, geflohen war, dessen rücksichtslose Askese 1133 den jungen Otto von Freising in ihren Bann gezogen hatte, besaß hundert Jahre später 1600 Hektar Land, auf dem 700 Ochsen und Kühe, nebst 2000 Schweinen in Bauerngütern und Pachthöfen gehalten wurden.

Das Gebot der Weltflucht sollte die Erfüllung des Armutsgebotes gewährleisten. Man mußte beide mit unserem dritten Element, dem Auftrag zur *Filiation*, zusammensehen. Die Zisterzienser suchten ihre Klöster fern jeder Stadt, jedem Dorfe, ja jeder Burg in völliger Einsamkeit zu erbauen. Sie wollten verhindern, daß um das Kloster sich eine Dorfgemeinde bilden konnte. Deshalb bevorzugten sie bei ihren Stiftungen enge Waldtäler, wenn immer in ihnen ein fließendes Gewässer zu finden war, welches sie nach ihrer Regel für unerläßlich hielten. Überall sollte es ein jungfräulicher, am liebsten unbebauter Boden sein. Sie begrüßten es als eine Begünstigung ihres Askeseverlangens, wenn ungewöhnliche Schwierigkeiten sich in den ersten Rodungen entgegenstellten. Sümpfe, karger Boden, Felsen, Schluchten, undurchdringbares Walddickicht war ihnen ein 'Gottestal', ein 'Mariental', ein 'Gnadental', wie sie ihre neuen Klöster gerne nannten. Auch waren sie schon mit der Wahl des Klosterortes bedacht, von jedem Bischof, jedem Landesherrn unabhängig zu bleiben. Deshalb wollten sie ungern bestehende Klöster reformieren. Als erste haben sie die Einrichtung neuer Klöster als eine Aufgabe der Mönche selbst bezeichnet. Klostergemeinschaften bewiesen ihren Gotteseifer durch die Gründung von Tochterklöstern, die ihnen auf immer verbunden bleiben sollten wie Kinder den Eltern. Das ist der Sinn des Namens *Filiation*. Die Ausbreitung des Ordens über die ganze bewohnte Erde war eines der Ziele des HL. BERNHARD. Immer wieder sollte sich ein Abt mit zwölf Mönchen in die Ausgangsposition in einer neuen Einsamkeit zurückversetzt sehen. Es war ein Schneeballsystem, das rasch die Möglichkeiten des Jahrhunderts erschöpfen mußte. Man stieß zuletzt ins Leere. Die Karte der Ausbreitung durch Filiation veranschaulicht das Gesetz, nach dem diese Urexplosion verebbte (Schrifttum Nr. 101). Doch bewahrten die neuen Klöster bis hinein in den äußersten Osten die Verbindung zu ihrem burgundischen Ursprungsland und damit auch zu seinen Bau- und Lebenserfahrungen.

Erst mit dem vierten Element, dem neuen Ordnungsdenken, jenem neuen Klosterfunktionalismus, kommen wir auf unseren Gegenstand zurück. Im Lichte der Gegebenheiten einer veränderten Zeit und Welt haben die Gründer und

Führer der Reform die Regel des HL. BENEDIKT genauer durchdacht. Der Mönchs-
tag im Laufe des Kirchenjahres wurde erneut Stunde für Stunde überprüft. Um
den Ausgleich zwischen dem *opus Dei*, der *lectio divina* und dem *opus manuum*,
den die Kluniazenser vernachlässigt haben, erneut zu ermöglichen, wurden auch
Lebensordnung und Aufgaben der Konversen festgelegt. Im ›*Dialogus inter
Cluniacensem monachum et Cisterciensem de diversis utriusque ordini obser-
vatis*‹ hebt der Zisterzienser hervor, daß sein Abt Herr über zwei Klöster sei, das
der Mönche und das der Konversen (Schrifttum Nr. 89, t. V, Col. 1584). Form,
Größe und Lage der Gebäude für beide wurden so genau festgelegt, daß man
einen Idealgrundriß zeichnen konnte (Abb. 54). Alle Anstrengungen der neuen
Ordnung richteten sich auf Vereinfachung, Verdeutlichung, Präzision. Wie aber
aus dem Arbeitsgebot mit Notwendigkeit aus Armut Reichtum erwuchs, so er-
blühte aus dem Ordnungsverlangen Kunst. Aller Aufwand war verboten, jedoch
Klarheit, Reinlichkeit, Dauerhaftigkeit anbefohlen. So wandte sich die Aufmerksamkeit dem Stein zu, seiner sorgsamen Bearbeitung, seinem Gefüge, den
Proportionen der Räume, die er umschlossen hielt. Alle Gebäude wurden aus den
gleichen, glattbehauenen, lichten Steinen erbaut. Stein der Fußboden, Stein
Fensterrahmen und Türen, Stein die Wände und Stein die Gewölbe, die selbst
für bescheidene Räume die Holzdecken ersetzten. Der Zwang zur Wölbung bedingte bei den breiteren Hallen die mittlere Säulenreihe, ein Sinnbild der Festigkeit. Aus Steinplatten waren oft selbst die Dächer gefügt. Stein wirkt immer
dauerhafter als Holz oder Verputz, strenger und zugleich fester. Man gewinnt
den Eindruck, daß sich in diesen Gewölbefluchten die Mönche auf die Dauer eingeschlossen haben. Hier läßt sich nichts verrücken. Das ist zugleich Kerker und
Paradies.

In der steinernen Welt entfaltete sich jene Zisterzienserästhetik, die zur Gotik
überleitete. Wo Farbe und Figur verboten war, drängte die Steinbehandlung zu
neuer Vollendung. Schlichtheit und geometrische Klarheit der Form wird zum
Ideal erhoben. Das zurückgestaute Gestaltungsverlangen bricht sich in neuer
Richtung Bahn. Denn wie die Armut sich nicht erhalten ließ, so auch nicht das
unerbittlich Schlichte. Wo Arbeit und Vollkommenheit gefordert werden, da
mußte jeder Zuwachs an Arbeitsaufwand in einem formenmusikalischen Jahrhundert einen Zuwachs an Kunst zur Folge haben. Bis zu dem Kreuzzug von
1147, bis etwa zum Tode des HL. BERNHARD 1153, ließ sich die Einfachheit der
geometrischen Kuben bewahren. Dann – schon der Kreuzgang von *Fontenay* ist
Beispiel (Abb. 29) – wie von der Automatik eines historischen Gesetzes beschleunigt, nehmen von Jahrzehnt zu Jahrzehnt die Gebilde an Volumen zu. Das
Strenge blüht auf. Plastik drängt sich vor. Knospenkapitelle entfalten sich, und

die Ornamente gewinnen an Fülle. Gewiß, das Kloster geht mit dem Jahrhundert, aber zugleich geht das Jahrhundert auch mit dem Kloster. Der Wachstumsprozeß erfaßt alle Bereiche.

Noch lange vermeidet man Bilder und Monumentalskulptur. Man baute weder Fassaden noch Türme, wie es die *instituta* befahlen. Aber an ihre Stellen treten säulengeschmückte Räume auch im alltäglichen Bereich. Im 13. Jahrhundert haben Zisterziensermönche die prächtigsten Klostersäle des ganzen Mittelalters errichtet. Kapitelsaal, Dormitorium und Refektorium für Mönche wie Konversen übertreffen in *Poblet* in Spanien, in *Casamari* in Süditalien, in *Maulbronn* in Württemberg oder *Eberbach* im Rheingau selbst die Kirchengebäude der Frühzeit an Größe und an Aufwand (Abb. 38, 39, 46, 48, 50).

Der Zisterziensische Idealplan

Alle Zisterzienserklöster liegen an Bachläufen in Tälern, nie auf Bergen, nie an Seen oder großen Flüssen, nie am Meer, nie auf Inseln. Die typische Zisterziensersituation, wie sie in *Clairvaux* (Dokumente Nr. XIII), *Fontenay, Maulbronn, Himmerrod* gegeben ist, besteht aus einem Talgrund, der im Norden, Osten und Süden von Bergen oder Hügeln umschlossen ist und sich nach Westen öffnet. Dort, eben an der Stelle, wo ein Bach oder Fluß in das offene Gelände eintritt, hat der Abt mit seinen zwölf Mönchen das neue Kloster erbaut. Wiederholt, wie in *Clairvaux*, waren sie zunächst zu hoch gegangen, zu sehr ins Enge. Oft sahen sie sich dann gezwungen, ein erweitertes Kloster mehr nach Westen und ins Offene zu rücken. In der Regel wurde die Anlage zu einem Meisterwerk der Landesplanung. Durch die Verwandlung einer Situation in architektonische Ordnung wird die Gegend zu einer Klosterlandschaft und das Tal – man kann es schwer anders sagen – zu einem gesegneten. So liegen auch Städte zuweilen am Austritt eines Flusses aus dem Gebirge auf dem ersten Stück Flachland zwischen drei Höhenzügen. Florenz ist ein Beispiel. Das strenge Planschema der Zisterzienser, die Monumentalität ihrer Bauten, die Tatsache, daß es sich meist um die einzige Architektur in Sichtweite handelt, bestimmen noch einprägsamer den Eindruck. Man bemerkt, wie die Kultur sich der Natur bemächtigt. Ein Garten, Weinberge, Ackerland, Fischteiche entstehen. Und wo das Land sich belebt, kommt mit der Architektur das geistige Maß.

Marcel Aubert hat 1943, Pater Dimier 1962 einen Plan des idealen Zisterzienserklosters vorgelegt, welchen wir nur in unwesentlichen Einzelheiten ergänzen (Abb. 54). Die Vorstellung vergegenwärtigt sich einen ausgereiften Klosterorganismus, in dem für alles gesorgt war, jeder Überfluß vermieden wurde

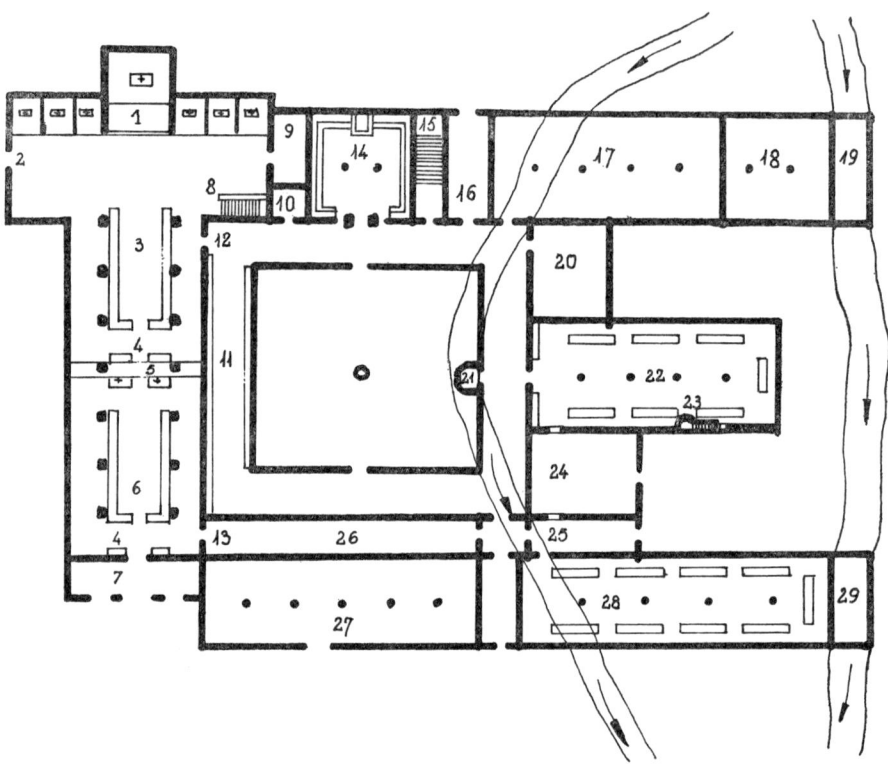

54 Idealplan eines Zisterzienserklosters (N ←)

1 Sanktuarium 2 Totenpforte 3 Mönchschor 4 Krankenbänke 5 Lettner 6 Konversen-
chor 7 Narthex 8 Dormitoriumstreppe 9 Sakristei 10 Armarium 11 Mandatum – Steinbänke zum Lesen und zur Fußwaschung 12 Mönchspforte 13 Konversenpforte 14 Kapitelsaal 15 Dormitoriumstreppe 16 Auditorium 17 Mönchssaal 18 Noviziat 19 Mönchs-
latrine 20 Wärmeraum 21 Brunnen 22 Mönchsrefektorium 23 Lesekanzel 24 Küche
25 Sprechraum des Cellerars 26 Konversengasse 27 Vorratshaus 28 Konversenrefektorium
29 Konversenlatrine

und der sich aus lauter gleichartigen Bauelementen herstellen ließ, die der Kirche nur dank ihren größeren Ausmaßen den Ehrenplatz zuwiesen. Alles wird von dem rechten Winkel beherrscht; Strenge und Klarheit bestimmen die Gliederung des Grundrisses. Dem benediktinischen Brauch gemäß hat man, wo irgend möglich, die Kirche im Norden, den Kreuzgang im Süden errichtet. Die unbedingte Notwendigkeit jedoch, den Flußlauf benachbart dem Refektoriumstrakt des Kreuzganges zu errichten, hat so zahlreiche Ausnahmen erzwungen, daß sie die Regel kaum mehr bestätigen. Die Kirche war nur für das Kloster bestimmt. Es gab keinen Raum für Volk und Pilger, und sie wurden lange auch nicht zugelassen. Deshalb sah das bernhardinische Kirchenschema, das unser Plan wiedergibt, auch keine Fassade, kein weites Westportal vor. Gestattet war eine Vorhalle, bis zu der die Gäste des Klosters gehen durften. Das Schema hält an der einfachen Pfeilerbasilika fest, besitzt ein Querhaus im Osten und nach älterem burgundischen Brauch, zugleich einer Forderung des hl. Bernhard entsprechend, den kleinen, rechteckigen Chor. In den vier, häufiger sechs schlichten Kapellen des Querhauses konnten die Mönche ihre privaten Messen lesen.

Ein Lettner (5) unterteilte die Kirche in den Chor der Mönche (3) und den Chor der Konversen (6). Jedem Teil waren zwei Bänke für die Kranken zugeordnet (4). Während die Mönche dem Gottesdienst am Hauptaltar folgten, waren für die Brüder zwei Nebenaltäre am Lettner vorgesehen, der Altar der Madonna und der Altar für die Totenmessen. Mönche und Konversen betraten ihre Chöre durch verschiedene Eingänge, die Mönche vom Kreuzgang her (12), die Konversen durch jenen schmalen Gang (13), die 'Klosterstraße', dessen Hauptzweck es war, eine Zone der Ruhe zwischen ihrem Bereich und dem Kreuzgang zu schaffen. Die Mönche sollten die Brüder weder hören noch sehen. Für sie gab es zur Nachtzeit noch einen zweiten Zugang zur Kirche, die steile Treppe zum Dormitorium (8), über die sie um ein oder zwei Uhr zum Frühgottesdienst gingen. Sie hatten angezogen auf ihren Pritschen zwischen sechs und sieben Stunden geschlafen und mußten jetzt mit kleinen Unterbrechungen wiederum sechs bis sieben Stunden beim Chordienst in der unheizbaren Kirche ausharren. Gemeinsam war Brüdern und Mönchen nur der Ausgang (2), durch den man die Toten unmittelbar nach ihrem Abscheiden und einem kurzen Gottesdienst ins Freie und auf den Friedhof trug, der dicht hinter der Kirche lag. Die Pforte hatte keinen anderen Zweck.

Die Zisterzienser begnügten sich mit einer kleinen Sakristei (9), denn selbst die schmucklosen Meßgewänder wurden in den Altarkapellen aufbewahrt und vor dem Altar angezogen. Der Raum 10, das Armarium, enthielt die Bibliothek des Klosters und war nicht durch die Kirche, vielmehr nur durch den Kreuzgang zu erreichen. Wie schon in den älteren Benediktinerklöstern hat man an seinem Nordarm, der Kirche zu, steinerne Bänke angebracht (11), auf denen, benachbart der Bücherzelle, die Mönche im Freien und Offenen lesen sollten. Samstags wurden ihnen dort von den beiden Mönchen, die in der Woche vorher und in der kommenden Woche den Küchendienst versahen, die Füße gewaschen. Eine Badestube wie in St. Gallen und in Cluny war nicht vorgesehen. Man sang auch hier zur Fußwaschung das ›Mandatum‹. Der Sakristei schloß sich der Kapitelsaal (14) wie üblich an. Es folgten die Treppe zu dem großen Schlafraum im Obergeschoß (15) und der Sprechraum des Priors, in den die Mönche einzeln eintraten. Dort erhielten sie auch ihre Arbeit und die Arbeitsgeräte zugewiesen. Von dort aus konnten sie unmittelbar die Gärten im Osten des Klosters erreichen. Von Cluny übernahm man die Einrichtung des Mönchssaales (17). Er nimmt den Raum ein, den man gern dem Noviziat vorbehalten hätte. Eine rein bautechnische Notwendigkeit hatte ihn in den meisten Benediktinerklöstern entstehen lassen. Das zur Aufnahme einer wachsenden Zahl von Mönchen verlängerte Dormitorium bedurfte eines Untergeschosses, welches der Kapitelsaal, der Sprechraum und allenfalls noch die Dormitoriumstreppe nicht füllen konnten. In den Vorschriften BERNHARDS war für ihn kein Verwendungszweck vorgesehen. Unwahrscheinlich, daß noch unter seinen Augen den Mönchen gestattet wurde, auch dort zu arbeiten. Ein weiterer kleiner Raum für die Novizen (18) und die Latrine (19) der Mönche konnten sich ihm anschließen.

Besondere Aufgaben waren dem Wärmeraum als dem einzig geheizten Gebäude des Klosters zugewiesen (20). In einigen Klöstern gab es sogar zwei Räume, den kleineren Sommerraum und den größeren Winterraum. Dort sollten die Mönche sich aufwärmen können, dort Pergament und Tinten für den Gebrauch herrichten, ihre Schuhe einfetten, sich nach dem Regen trocknen. Dort wurden ihnen in der Frühzeit siebenmal, später zwölfmal im Jahr Haare und Bart geschnitten, dort wurden sie viermal im Jahr zur Ader gelassen. Auch die Wärmestube öffnete sich nur nach dem Kreuzgang. Man bemerkt, daß die Zisterzienser hygienische Maßnahmen, für die auf dem Plane von St. Gallen und in Cluny noch besondere Gebäude außerhalb der Klausur errichtet worden waren, in diese zurückverlegten. Alles, was die Regel vorsah, sollte sich am Kreuzgang vollziehen.

Eine Neuerung haben die Zisterzienser mit der Stellung ihres Refektoriums (22) eingeführt. Man baute es im rechten Winkel zum Kreuzgang, wohl weniger, wie man meist liest, um eine bessere Beleuchtung zu ermöglichen, als um den Raum für eine Küche (24) zwischen Refektorium und Konversenhaus zu bewahren. Diese Form des Refektoriums wurde unmittelbar auch von einigen Benediktiner-

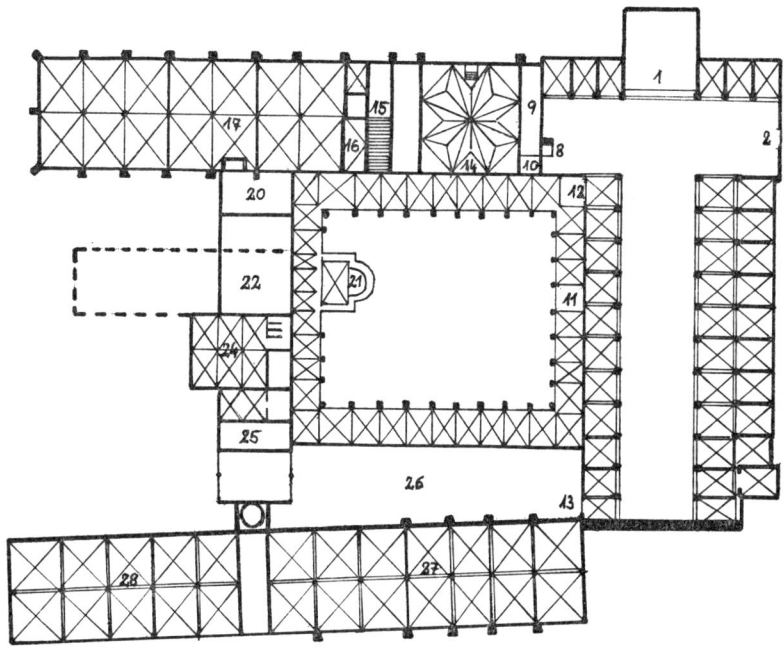

55 Eberbach (Maßstab 1 : 1000, N ←)

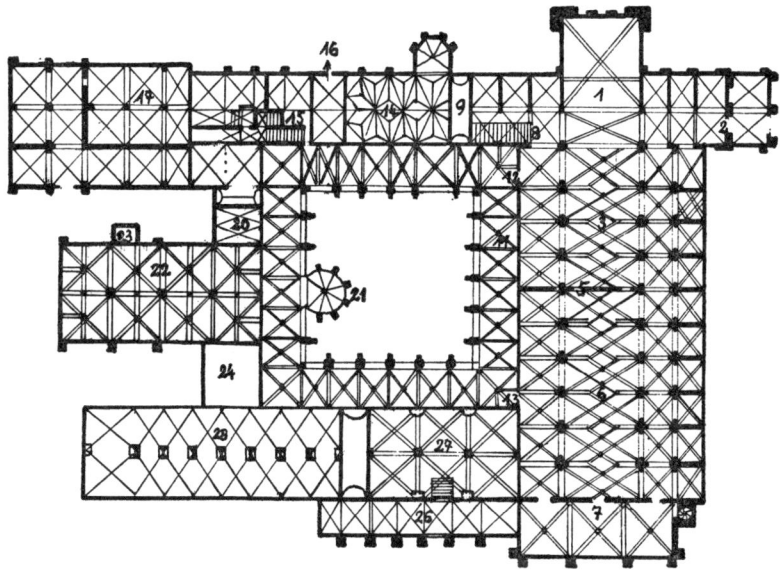

56 Maulbronn (Maßstab 1 : 1000, N ←)

klöstern übernommen, die sich den Kluniazensern angeschlossen hatten. Ein berühmtes Beispiel ist das große Refektorium von *Saint-Bénigne in Dijon*, von dem
wir genaue Pläne und Beschreibungen aus dem 17. Jh. besitzen. Man weiß, daß
der HL. BERNHARD enge Beziehungen zu diesem Kloster der Hauptstadt seines Hei-
matlandes hatte, in dem seine Mutter, die selige Alette, begraben war. Der neue
Gedanke hatte unmittelbar gezündet (Schrifttum Nr. 13). Die Gestaltung des Obergeschosses in diesem ganzen Trakt ist nicht festgelegt worden. Über der Wärmestube wurde zuweilen eine Kleiderkammer eingerichtet. Die Küche konnte kein
zweites Geschoß erhalten. Die freie Stellung des Refektoriums forderte jene
monumentale Gestaltung heraus, die dann unter anderem im *Maulbronner* Herrenrefektorium verwirklicht worden ist (Abb. 50). Der Saal wurde doppelgeschossig, erhielt nahezu Kirchenhöhe. Es entsprach einer allgemeinen Entwicklung, die nicht auf die Zisterzienserklöster beschränkt war, wenn es im Verlauf
des 12. Jahrhunderts allgemein üblich wurde, gegenüber dem Eingang zum
Refektorium einen Klosterbrunnen (21) als Anbau zum Kreuzgang selbst auszugestalten. Das ist auf dem Plan von *Canterbury* von etwa 1160 ebenso (Abb. 23).
Für die Zisterzienser mußte das Lavabo die Bäder ersetzen. Sie wuschen sich täglich das Haupt und vor jeder Mahlzeit die Hände, ehe sie den Eßsaal betraten.
Weniger Hygiene, wie noch von den römischen Badesitten her in *St. Gallen*, als
Sauberkeit war ihnen wichtig. Rechts vom Refektorium befand sich die Küche
(24), die eine Durchreiche sowohl zum Mönchsrefektorium wie auch zu dem
Refektorium der Konversen besaß. Es versteht sich von selbst, daß sie von
außen betreten und versorgt werden konnte. Von Ostern bis zum 14. September
aß man zweimal am Tage, am Mittag und am Abend. Im Sommer wurde das
Mittagessen auf 14 Uhr verschoben, damit man die Feldarbeit nicht unter-
brechen mußte. Von Mitte September an begnügte man sich mit nur einer Mahlzeit um 14 Uhr, die man in der Fastenzeit auf den Abend nach der Vesper gegen
18 Uhr verschob. Ein Frühstück war unbekannt.

Die Stellung der Küche wurde mitbedingt von dem Bestreben, dem Kloster
der Patres ein Kloster der Fratres zuzuordnen, das in einem genau durchdachten
Bezug zur Kirche und zu dem Kreuzgang liegen sollte. Man wollte sie dabei
haben und dennoch von ihnen getrennt sein. Sie wollten sich, ebenso wie die
Mönche, von der Welt abkehren, doch erforderten ihre Arbeiten, daß sie mit ihr
häufigere Verbindungen aufnahmen. Deshalb war ihnen der Westen von Kirche
und Kloster zugewiesen worden. Die Disziplin des Planungsdenkens bezeugt vor
allem die Gestaltung des Konversenklosters. Hier war in *Cluny* noch alles offen
geblieben. Die Konversen wie die Knechte lebten über den Stallungen. Die
Betreuung des großen Klosterkellers im Osten (27) war ihnen seit langem über-

lassen gewesen. In der Verlängerung dieses Kellers erhielten sie nun ihr eigenes Refektorium (28). Erst dadurch, daß auch ihre Eßsitten genau festgelegt wurden, die Stunden, das Maß und die Art der Speisen wie die Gebete, die ihnen vorangingen und folgten, wurden aus Klosterknechten echte Mitglieder der Gemeinschaft. Die Speiseordnung forderte eine ihr angemessene Architektur heraus. Ob dann das Dormitorium der Konversen sich über die ganze Länge des Traktes oder nur über das Refektorium erstrecken sollte, richtete sich nach Anzahl der Brüder. Nie hat man sich vermessen, auch ihren Eßsaal durch zwei Stockwerke hinaufzuziehen.

Noch einmal muß ich auf die Gasse der Konversen zu sprechen kommen (26). Sie vertritt hier gleichsam den großen Hof von *Cluny*, der die Knechte von den Mönchen trennte. Sie veranschaulicht die ganze Problematik einer Ständeordnung im Kloster. In die Kirche mußte man die Konversen lassen, an den Kreuzgang nicht. Die ʿKlosterstraßeʾ ist freilich nicht in allen Niederlassungen erbaut worden. Der Plan für das erweiterte zweite Kloster von *Clairvaux* sah sie von vornherein vor (Abb. 21).

Außerhalb jedes Schemas lagen die Bauten im Osten der Anlage, in deren Mittelpunkt das Krankenhaus erstellt wurde, und jene im Westen mit der Herberge und den Wirtschaftsgebäuden. Sie alle gehörten nicht zum zisterziensischen Idealplan. Wenn die Regel auch vorschrieb, für Kranke und für Gäste zu sorgen, in das Bild Bernhards von dem Leben der Klostergemeinschaft fügten sich diese Aufgaben schwer ein. Hier konnte sich wie in den älteren Abteien ein freies Wachstum entfalten. Doch schlossen sich die Klausurgebäude strenger und härter gegen diese niederen Zonen ab. So wurde das Krankenhaus nur selten, wurden die Gäste- und Wirtschaftsgebäude nie ʿgroßeʾ Architektur.

Clairvaux als Vorbild

Die Beschreibung des Idealplanes läßt die Frage nach seiner Entstehungsgeschichte offen. Sie steht in Zusammenhang mit zwei Problemkreisen, zu deren genauer Schilderung die Nachrichten der Quellen nicht ausreichen. Der erste betrifft die Frage nach dem Anteil der Mönche und jenem der Fremden an Bauplanung und Ausführung. Ein Autor des 12. Jahrhunderts, ODERICUS VITALIS, bezeugt, daß »alle Klöster der Zisterzienser in der Einsamkeit und inmitten von Wäldern errichtet worden sind, und daß sie die Mönche mit den eigenen Händen erbauten« (Hist. Eccl., Migne, PL 188, col. 641). Doch wo immer wir Einzelheiten wissen, ergibt sich, daß viele der leitenden Baumeister und die Masse der Handwerker von außen kamen. Das wird sowohl von dem Stil der Bauornamentik als

auch von Nachrichten über die Bezahlung fremder Steinmetzen bezeugt. Die
Bindungen zu der lokalen Baukunst waren überall eng und in der burgundischen
Klosterlandschaft der ersten Stiftungen total. Dennoch muß man annehmen, daß,
ebenso wie die Äbte für die Gesamtplanung verantwortlich waren, Mönche und
Konversen bei der Ausführung die Hauptlast getragen haben. Die ersten Holz-
bauten der neuen Niederlassungen sind ihr Werk gewesen. Die Umwandlung
dieser Holzarchitektur in Steinarchitektur muß nach der Lage der Dinge in der
Frühzeit meist von ihnen besorgt worden sein. Dem Zuwachs der Bauvolumen
entsprach mit Notwendigkeit ein Zuwachs an Bauerfahrungen und handwerk-
lichem Können. Es liegt in der Natur der Sache, daß die Quellen zwar von den
Verträgen mit fremden Bauleuten berichten, nur sehr selten aber von den Leistungen der Mönche und Konversen. Die Forschung, die zunächst davon ausgegangen
ist, die Klöster seien als Ganzes ein Werk der Mönche, neigt im Lichte dieser
Quellennotizen und der Beobachtungen über den Einfluß der Lokalstile auf die
Klosterbaukunst heute dazu, den Anteil der Mönche zu gering anzusetzen.

Die Frage steht im Zusammenhang mit unserem zweiten Problemkreis. Wir
sind ihm schon bei der Betrachtung von *Cluny* begegnet. Wie baut man ein
kleineres Kloster zu einem größeren um, wie baut man schlichte Holztrakte in
Steinsäle um, ohne den Tageslauf nach der Regel zu stören? Vergegenwärtigt
man sich beispielsweise die Baugeschichte von *Maulbronn* zwischen 1147, dem
Datum der Verlegung des Klosters an den heutigen Ort, und dem Ausgang des
13. Jahrhunderts, ja weit ins 14. hinein, so wurde an Kirche oder Klausurgebäude
durch Jahrzehnte hindurch immer wieder und stets von neuem gebaut. Man weiß
gerade hier, daß die meisten Architekten und Bauleute Fremde waren. Man
muß dennoch annehmen, daß auch Mönche und Konversen vorübergehende Not-
lösungen stets von neuem in Kauf nahmen, um den Kreuzgang und seine Gebäude
größer, dauerhafter, klarer zu gestalten. Das Kloster schuf sich das erweiterte
Kloster selbst. Nicht von außen nach innen wie spätere Klosteranstalten, von
innen nach außen wuchs der Organismus.

Genauer als alle vier anderen Gründungsklöster kann die Abtei BERNHARDS,
Clairvaux, die Frage nach der Entstehungsgeschichte des neuen Klosterplanes
beantworten. Zwar ist das Kloster bis auf geringe Teile von den Fanatikern der
Vernunft in der Französischen Revolution abgerissen worden, doch erfahren
wir viele Einzelheiten aus seiner Geschichte durch die Beschreibungen des ›Exordium Magnum‹ von etwa 1180, durch die erste Vita des HL. BERNHARD (Dokumente Nr. XII), durch eine genaue Schilderung des Schweizer Zisterziensers aus
Wettingen, JOSEPH MEGLINGER von 1667[15] und vor allem aus dem Plan des englischen Benediktiners MILLEY von 1708, den C. Lucas gestochen hat (Abb. 21).

Auch weiß man, daß der Plan des neuen Klosters noch während seines Baus für andere Klöster zum Vorbild geworden ist, die uns, wie vor allem die beiden englischen Klöster *Fountains* und *Rievaulx,* wenigstens in Ruinen gut erhalten blieben (Abb. 53). Später haben die Äbte auswärtiger Klöster ihre Baumeister nach *Clairvaux* gesandt, damit sie das Musterkloster genau vermessen könnten. Aubert berichtet von einem Abt WIGBOLD aus dem Holländischen Kloster *Aduard,* der 1224 einen Konversen und seinen Sohn zu diesem Zwecke nach Burgund sandte (Schrifttum Nr. 105, S. 97). Dieser Laienbruder hat später Kloster und Kirche mit solcher Vollkommenheit erbaut, daß ihm die seltene Ehre eines Begräbnisses vor dem Hochaltar erwiesen wurde.

Von 1115 bis 1133, durch 18 Jahre also, hat BERNHARD mit seinen Mönchen in einer äußerst einfachen und ärmlichen Anlage gelebt. Sie ist im Osten des späteren Klosters auch auf dem Plan von 1708 noch zu erkennen, wo ihre Gebäude als Werkstätten ausgewiesen erscheinen: *artificum mansiones.* Es war ein rechteckiger Kirchenraum, an den sich nur ein Gebäude anschloß, das unten Refektorium und Küche und oben das Dormitorium enthielt. Unter der Treppe befanden sich zwei kleine, dunkle Zellen, in denen man nicht aufrecht stehen konnte, der Raum Bernhards und ein Gästezimmer. Sicher hat es noch Nebengebäude gegeben. Bernhard selbst (Dokumente Nr. XII) nennt die kunstvollen Wasserkanäle. Er erwähnt auch, daß die Gebäude mit großer Mühe aus Stein errichtet wurden. Ein Benediktinerkloster im strengen Sinne war es noch nicht gewesen. Als Bernhard sich 1133 in Rom aufhielt, haben sein Vetter GODEFROID DE LA ROCHETAILLE als Prior des Klosters und der Novizenmeister ACHARD, der selbst Architekt war, sicher auch mit Unterstützung des berühmten Klostersachverständigen GEOFFROY D'ALAINE, den Bernhard gern zur Beratung zu Neugründungen sandte, einen Neubauplan etwa 300 m weiter westlich am Ufer der Aube vorgeschlagen. Ich habe das Gespräch abgedruckt, im Verlauf dessen sich Bernhard nur sehr zögernd überreden ließ, die Genehmigung zum Bau zu erteilen (Dokumente Nr. XII). Dem Argument aber, daß der alte Ort einfach zu eng für die Menge der Mönche und Konversen sei, die ständig noch anwachse, konnte er sich nicht entziehen. Auch flossen Hilfsmittel und kamen Hilfskräfte von allen Seiten herbei. Die ›Vita Sancti Bernardi‹ schildert das rasche Fortschreiten der Arbeiten. Das Kloster begeisterte sich für die neue Aufgabe. Die Kirche konnte schon 1145 geweiht werden. Gleichzeitig müssen auch die Klausurgebäude bezogen worden sein. Den Konversen wurde zunächst das alte Kloster im Osten zugewiesen. Doch beweisen Form und Länge des Kirchenschiffes, daß diese Gebäude von Anfang an für jene Stelle geplant waren, an der es dann sicher noch vor dem Tode des Heiligen 1153 vollendet wurde.

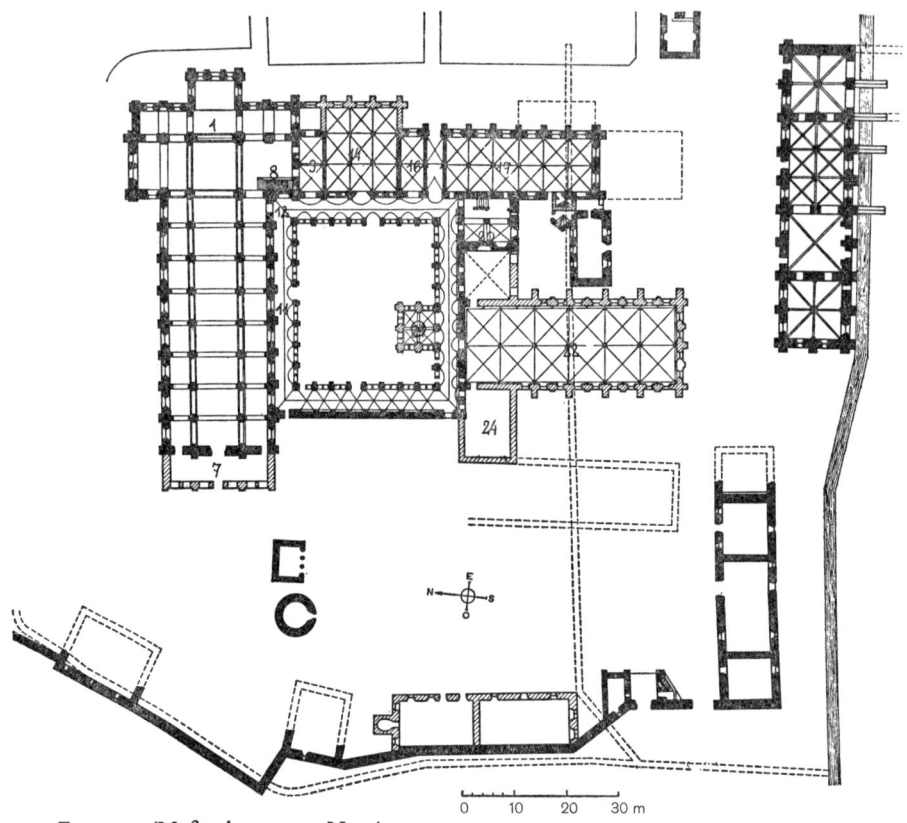

57 Fontenay (Maßstab 1 : 1000, N ←)

Für die 400 Konversen waren im Langhaus sechs Joche gegen nur fünf für die
300 Mönche vorgesehen. Meglinger zählte 1667 316 Sitze für die Konversen
gegen 138 für die Mönche (s. Anm. 15).

Der große Neubauplan von 1133 hat die beiden wichtigsten Neuerungen der
Zisterzienserordnung, die Umorientierung des Refektoriums und den Konversenbau mit der Klostergasse schon enthalten. Das Subdormitorium sollte
damals noch als Noviziat Verwendung finden und wurde erst am Ausgang des
Jahrhunderts unter JOHANN II. (1186–1191), der ein neues Noviziat im Osten
erbaute, den Mönchen als Arbeitsraum zugewiesen. Die Erfahrungen hatten
gelehrt, daß dadurch der Kreuzgang von Funktionen entlastet würde, die seine
Ruhe und auch seine Ordnung störten. Die Länge der Mauer von 2650 m, die
das Kloster umschlossen hielt und als erstes erbaut wurde, beweist, daß man mit
dem grandiosen Klosterplan auch genügend Raum für die Gebäude der Hilfs-

dienste geschaffen hat, für die Zone der Kranken, den Bereich der Schreiber im Osten wie für die Zone der Handwerker und Gäste im Westen. Schließlich hatten die Mönche Zeit gehabt, in *Clairvaux* selbst fast zwanzig Jahre über die Verbesserungsmöglichkeiten nachzudenken. In eben jenen Jahren um und nach 1130, als der Orden sich anschickte, über die Grenzen Frankreichs hinaus nach Deutschland, England, Italien und Spanien vorzudringen, als man begann, die jährlichen Beschlüsse des Generalkapitels in Form von Erlassen zu veröffentlichen, hat man in *Clairvaux* das vollkommene Kloster entwickelt, das rasch vorbildlich wurde.

Eine Vorstufe, mit Sicherheit ein gleichwertiges Werk, ist uns in *Fontenay* (Abb. 57) erhalten. Im Auftrage Bernhards hatte der gleiche GODEFROID, der uns als Prior von *Clairvaux* begegnet ist, dieses Kloster 1118 gegründet. Es war *Clairvaux'* zweite Tochter. Wie wenig später dort mußte man auch hier 1130 die Anlage von einem zu engen Hochtal etwa einen Kilometer weiter flußabwärts verlegen. Ein Onkel Bernhards, Rainard, Herr von Montbard, hatte das Gelände zur Verfügung gestellt. Die vollkommene Einheitlichkeit der Anlage weist darauf hin, daß der Plan schon vor der Rückkehr Godefroids nach *Clairvaux* 1130 vollendet war. Jedoch wurde der Kirchenbau erst seit 1139 dank der Stiftungen eines englischen Prälaten, EBRARD VON ARRUNDEL, Bischof von Norwich, der sich unweit des Klosters zurückgezogen hatte, energisch gefördert. Diese älteste Zisterzienserkirche Frankreichs, die uns erhalten blieb, ist am 21. September 1147 von EUGEN III. in Gegenwart Bernhards geweiht worden. Nur eine genaue Untersuchung der Bauornamentik von Kreuzgang und Kapitelsaal könnte uns darüber Gewißheit verschaffen, wann um die Mitte des 12. Jahrhunderts diese Bauteile errichtet wurden. Mit der Planung waren die führenden Köpfe des Ordens gleichzeitig, wenn nicht früher als mit jener von *Clairvaux* beschäftigt gewesen. Das Ausgeführte veranschaulicht, wie auch *Clairvaux* ausgesehen haben muß. Vom Kapitelsaal wissen wir, daß er wenigstens im Grundriß mit jenem von *Fontenay* übereinstimmte.

Aus *Clairvaux* hat Bernhard 1135 seinen besten Bausachverständigen nach *Fountains* in England gesandt, GEOFFROY D'ALAINE. Dem Umstand, daß man im England Heinrichs VIII. die Abbrucharbeiten mit geringerer Systematik betrieb als im aufgeklärten Frankreich, verdankt man, daß dort die Ruinen ein besseres Bild der ursprünglichen Anlage vermitteln (Abb. 28, 53). Auch sind sie sorgsamer erforscht (Schrifttum Nr. 119). Sieht man von dem vergrößerten Kapitelsaal ab, so gibt *Fountains* das Schema von *Clairvaux* in allen Einzelheiten genau wieder. Auch das Kloster, das Bernhards ehemaliger Sekretär WILHELM um 1132 in *Rievaulx* zu bauen begann, beweist, daß in den frühen dreißiger Jahren alle Einzelheiten festgelegt waren. Wärmestube, Kapitelsaal, Brunnen, Konversenbau haben ihren endgültigen Platz gefunden. Noch ehe das Verbotene durch die Erlasse des Generalkapitels 1134 festgelegt wurde (Dokumente Nr. XI), war das Erlaubte allen sichtbar bewußt entwickelt worden. *Clairvaux, Fontenay, Fountains* und *Rievaulx* sind Zeugen der Entfaltung des gleichen Entwurfs. *Citeaux* hat sich etwas später angeschlossen. Eben zu Beginn der dreißiger Jahre des 12. Jhs. ist eine Gruppe junger Mönche aus dem Umkreis des hl. Bernhard von jener Leidenschaft für das vollkommene Kloster als einem baulichen Organismus erfaßt worden, der wir auf der *Reichenau* 816/20 und in *Cluny* oder *Hirsau* im 11. Jh. begegnet sind. Es waren die wahrhaft schöpferischen Jahre. Zwischen 1130 und 1140 ist das Entscheidende entwickelt und vollendet gewesen. Das Schnittmuster war fertig. Am Schmuck des Umhangs hat man drei Jahrhunderte lang abgeändert.

Die alte Mauerführung von *Clairvaux,* wie sie der Plan von 1708 veranschaulicht, bezeugt, daß man von vornherein der Anlage längs des Flusses, also von Osten nach Westen, nicht von Süden nach Norden, Entfaltungsmöglichkeit einräumte. Auch in *Fountains* begleitet das fließende Wasser das Kloster vom Krankenhaus der Mönche im Osten und seiner Küche bis hin zum Krankenhaus der Konversen im Westen. Zu den Gründen, die BERNHARD gegen den Klosterneubau einwandte, gehörte der Hinweis auf die gut vollendeten Kanalarbeiten für die Führung der Aube durch den Klosterbereich. Auf kein zweites Moment legt später der gleiche Autor bei der Beschreibung des neuen Klosters so viel Gewicht, wie eben auf die Kanalisation des Flusses, der an vielen Stellen Mühlen und Hammerwerke zu betreiben hatte, ehe sich die Kanäle am Ausgang des Klosters wieder im Flußbett vereinigten (Dokumente Nr. XIII).

Auch in *Cluny* wurde, wie wir hörten, die Kunst der Wasserbauer bewundert, und der Plan von *Canterbury* (Abb. 23) hat nur den einen Sinn, sie uns zu veranschaulichen. Diese Planung der Wasserführung setzt voraus, daß schon zu Beginn des Neubaus der Klausurgebäude in *Clairvaux* ein Gesamtplan des Klosters vorgelegen hat, der den Bereich der Kranken und Schreiber im Osten wie die Handwerksstuben, Wirtschaftsgebäude und Gasthäuser im Westen umfaßt hat, der eine Kapelle für die Gäste enthielt, die die Kirche der Mönche nicht betreten durften. Die Mitbrüder Bernhards waren sich der Konsequenzen bewußt geworden, die die Errichtung von Großklöstern mit sich brachten. Das monastische Leben in all seiner Strenge war nur möglich, wenn die Versorgungsdienste anderen übertragen wurden. Für den Ausbau des Klosters jenseits der Klausurgebäude war ein weites Feld abgesteckt worden. Man weiß, daß JOHANN II. (1186–1191) einen besonderen Klosterhof für die Kranken erbaut hat, dem noch ein weiterer für die Schreiber wenig später hinzugefügt wurde. Bei seinem Besuch bewunderte 1667 Pater Meglinger die Menge der Gebäude, die

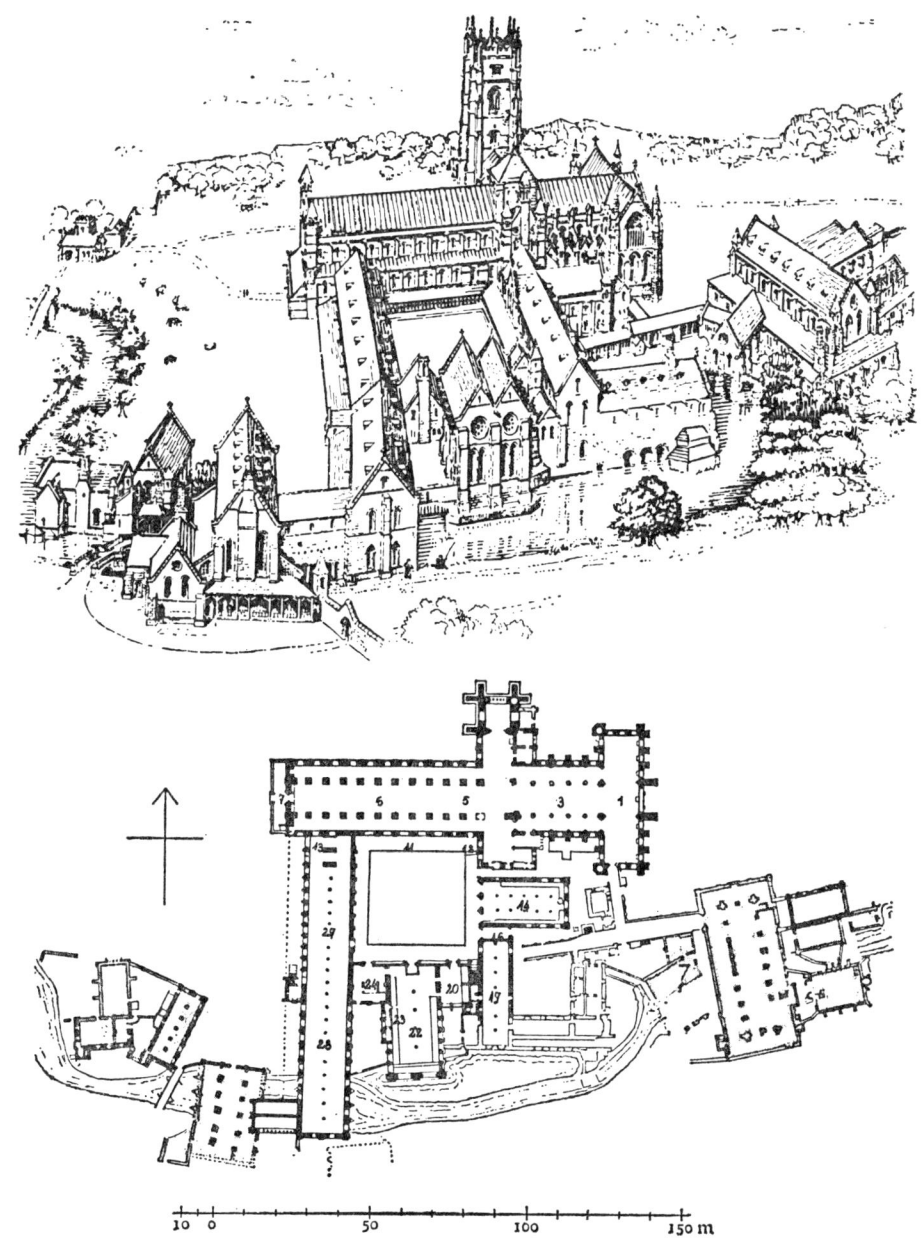

58   Fountains, Ansicht und Grundriß. Nach Fletcher

für alle Zweige des Handwerks erbaut waren, neben Schmieden und Webern, Schustern und Schreinern nennt er auch Maler und Bildhauer. Das Wachstum des Organismus ließ sich nicht aufhalten. Die Neubaupläne von 1133 für *Clairvaux* zeigen an, daß es in der Umgebung von BERNHARD selbst eine Reihe von Mönchen gegeben hat, die, wie später viele Jünger des hl. Franz von Assisi, realistischer über die irdischen Notwendigkeiten des Klosterlebens dachten, als die Heiligen, die die Bewegung ausgelöst hatten.

Entfaltung der Formen

Dem Zugriff seines Jahrhunderts, den Einwirkungen der Kulturlandschaft kann selbst die radikalste Weltflucht nicht ein einziges Werk entziehen. Alle Bestimmungen BERNHARDS zur Einheitsgestalt der Klosterarchitektur haben nicht verhindert, daß man in Burgund burgundisch, in Schwaben schwäbisch und in England englisch baute. Überall entfalteten sich die Formen nach den gleichen Gesetzen, die die Stilentwicklung trugen. Auch die Zisterzienserarchitektur hat den Weg von der Romanik bis zur spätesten Gotik durchschritten. Die Ordensvorschriften lieferten nur das Spalier, an dem vom 12. bis zum 16. Jahrhundert stets neue Früchte reiften. So sehr man sich bemühte, die Triebe immer wieder auf die Norm zurückzuschneiden, am alten Stamme bildeten sich immer wieder neue und andere. Siebenhundertzweiundvierzigmal, wenn man nur die Männerklöster zählt, wurde das Haus der Zisterzienser nach dem gleichen Grundplan erbaut und im Laufe von Jahrhunderten umgebaut, erneuert, erweitert oder neu gebaut. Zahl und Anordnung der Räume rings um den Kreuzgang hat man im Mittelalter und in der Renaissance nie zu ändern gesucht; weder den Kreuzgang noch die Hauptgebäude wie Kirche, Kapitelsaal, Mönchssaal, Refektorium und Konversenhaus, noch die Nebengebäude: Sprechzimmer, Wärmeraum, Küche und Klosterbrunnen. Es gibt keine zweite Bauaufgabe in der Geschichte der Architektur, jedenfalls keine zweite von so komplexem Charakter, an welcher Europa so lange und so konsequent gearbeitet hat. Was die Jahrhunderte und was die Nationen an Formerfahrungen durch alle Phasen der Romanik und Gotik hindurch heranbrachten, haben die Mönche aufgegriffen, umgestaltet, fortentwickelt, um ihr steinernes Haus im ganzen immer nach dem gleichen Schema und im einzelnen immer neu auszubauen. Das Gewicht der verschiedenen Trakte und Räume in der Gesamtkomposition blieb konstant. Es gab große wie das Refektorium, mittlere wie den Kapitelsaal, kleine wie das Kalfaktorium. Auch an den Proportionen hat man nichts Grundsätzliches geändert; allein die Formen wandelten sich. Oft lebte eine Mönchsgemeinschaft Jahrhunderte in

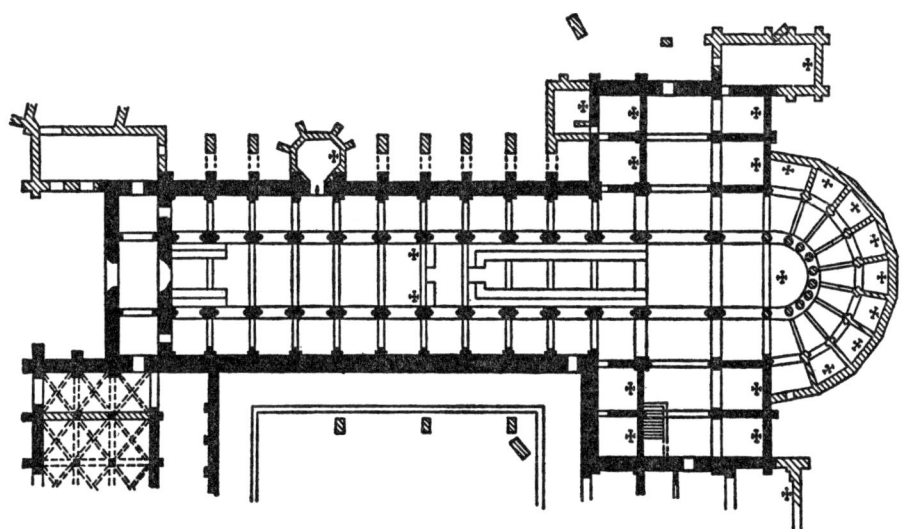

59 Clairvaux, Abteikirche

dem gleichen Gehäuse, Generationen waren mit dem Überkommenen zufrieden. Dann wieder sah sich ein Abt der Forderung nach Erneuerung gegenübergestellt, nach *renovatio,* und bald fanden sich im Kloster selbst oder draußen die Steinmetzmeister, die mit neuen Formen das Brunnenhaus, das Kreuzganggewölbe oder einen der anderen Räume *reformierten.* Das alte Thema wurde neu instrumentiert, und in dem neuen Klang offenbarte sich in Variationen die alte Geistigkeit. Nur so war es möglich, daß jede Klosterkomposition zu einer architektonischen Persönlichkeit herangereift ist. Sie bildet eine Synthese, deren Elementen man nachgeht. Das Zisterziensische ist dabei stets nur das eine und wichtigste der Elemente, das Französische, Englische, Deutsche, auch Spanische, Italienische, Polnische wäre ein zweites. Denn wo sich jedes Motiv, neben der Kirche und allen ihren Bauteilen auch Kapitelsaal, Kreuzgang, Brunnen und Refektorium, als ins Unendliche wandelbar erweist, wußte jeder Stil und jede Kunstprovinz ihre Erfahrungen beizusteuern. Es wird zu zeigen sein, wie die Bindungen an die Zisterzienservorschriften die schöpferischen Anstrengungen weniger gehemmt als gefördert haben.

Dafür ein erstes Beispiel aus der Kirchenbaukunst: Der Rechteckchor der bernardinischen Klosterkirche von *Clairvaux* wurde unmittelbar nach dem Tode des heiligen Abtes umgebaut, verändert und erweitert (Abb. 59). Das bernhardinische Schema gestattete nur ein einfaches Rechteck mit einer Altarmensa in seiner Mitte. Karl Heinz Esser hat hervorgehoben, daß BERNHARD selbst diese schlichte

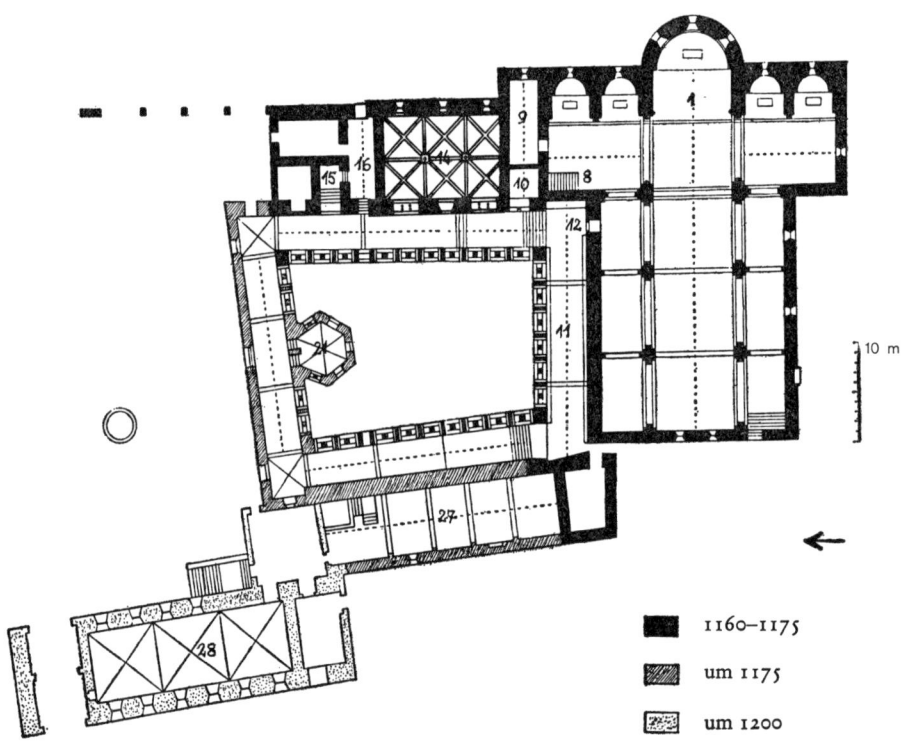

60   Le Thoronet (Maßstab 1 : 1000, N ←)

Lösung für Zisterzienserchöre befahl[16]. Für ihn war die Kirche nicht eigentlich
das Haus Gottes, vielmehr die Stätte der menschlichen Erhebung zu Gott, ein
oratorium, wie es die Regel des hl. Benedikt vorschrieb. Genau nach Bernhards
Grundsätzen hat ACHARD seit 1135 die Kirche von *Himmerrod* in der Eifel an
eben dem Orte errichtet, den Bernhard persönlich auf einer Wanderung von Trier
aus festlegte. Die Mönche lasen ihre privaten Messen an den Altären der Quer-
hauskapellen, von denen es nur acht in *Clairvaux*, nur sechs in *Himmerrod* gab.
Wollte man an dem Grundsatz festhalten, daß an einem Altar nur eine Messe
am Tag zelebriert werden dürfe, so konnte bei der großen Zahl von Priester-
mönchen jeder einzelne das Opfer nur selten vollziehen, was viele beklagten. In
Citeaux hatte man sich dadurch geholfen, daß man einerseits das Querhaus verlängerte und damit Raum für drei Kapellen an jedem seiner Flügel gewann und
zum anderen das Chorrechteck mit einem Kapellenumgang einfaßte, in dem zehn
weitere Kapellen Platz fanden. In *Clairvaux* griff man 1154 auf den alten Bau-

gedanken eines Umgangs mit Kapellenkranz zurück, dem wenige Jahre zuvor Abt SUGER von *Saint-Denis* mit Hilfe des gotischen Wölbungssystems neue Entfaltungsmöglichkeiten erschlossen hatte. So entstand auch in *Clairvaux* ein lichtes und hohes Sanktuarium, das im Kern die Hochchöre der Gotik vorausgenommen hat, die sich ebenso im Zisterzienserbereich wie in den Kathedralen aus ihm entwickeln sollten. Das Thema war angeschlagen, aus dessen Fortführung die reichen Chorkompositionen von *Pontigny* (um 1185–1208), *Royaumont* (1228–35), *Altenberg* (seit 1255) oder *Doberan* (1294–1368) hervorgehen konnten. Das lichte und hohe Sanktuarium hat sich gegen alle Zisterziensertraditionen durchgesetzt, ja es wurde zu einem Kennzeichen ihrer Architektur. Die Chorruine von *Heisterbach* (um 1210) und der Hallenchor von *Heiligenkreuz* (1288–95) mögen für viele Beispiele stehen. Diese Chöre entsprachen zugleich den Notwendigkeiten der Zisterzienser wie den Bauidealen des Jahrhunderts. Aus dem *oratorium* war erneut die *ecclesia* geworden, ein Raum, weniger für die betenden Mönche als für den angebeteten, anwesenden Gott.

Die Geschichte des Grundrißschemas der Klosteranlage beleuchtet die schöpferische Konservativität der Ordensbaukunst von einer anderen Seite. Das Bild wird verunklärt durch die Vielzahl der Beispiele, in denen Variationen des einen Grundgedankens vorliegen. So gibt es kleine Klöster, die sich über ihre Anfangserfolge hinaus nicht mehr entfaltet haben, wie etwa *Thoronet* (Abb. 60). Es gibt andere, die mehrmals erweitert und umgestaltet worden sind, wie *Maulbronn,* und es gibt zahlreiche, die nach kurzer Zeit schon im Verfall waren und nie mehr in Stein ausgebaut werden konnten. Endlich eine Gruppe, die als Werke reicher Stifter von vornherein in ausgereifter Vollendung erstellt worden sind. *Royaumont,* das der HL. LUDWIG von Frankreich in Erfüllung der letztwilligen Verfügung seines Vaters seit 1228 erbauen ließ, ist ein Beispiel für eine solche ausgereifte Schöpfung (Abb. 61). Die Kirche konnte nach sieben Jahren 1235 geweiht werden, die Klausurgebäude müssen wenig später vollendet gewesen sein. Als Grablege wurde das Kloster von vielen Mitgliedern des Königshauses bevorzugt. Mit Ausnahme der Kirche ist es im wesentlichen erhalten. Der Grundriß veranschaulicht, daß man nunmehr ein Zisterzienserkloster am Reißbrett entwerfen konnte. Alles ist mit gleichen Elementen im gleichen Stil entwickelt. Ein nüchterner Rationalismus und kristallinische Klarheit bestimmen die Formen. In seiner Anmut, den knappen, präzisen und schlanken Proportionen aller Bauteile, der Wiederkehr stets derselben Elemente, als seien sie 'vorfabriziert', ist das Kloster ein Musterbeispiel des 'Style Saint Louis' in seiner Frühzeit. Die *Sainte-Chapelle* von 1247 bildet sein höfisches Gegenstück. Selbst die Latrinenanlage im Südosten (19), durch die der Bach geleitet wird, die Küche

(24) und der Gang der Konversen (26) wurden jetzt monumental ausgestaltet. Es entstand ein Musterkloster der klassischen Gotik, an dem wie bei einer gotischen Kathedrale der gleichen Zeit nichts mehr hinzugefügt und nichts hinweggenommen werden konnte. Fast genau hundert Jahre waren seit dem Plan von *Clairvaux* vergangen. Über diesen Plan hinaus hat sich die Zisterzienserkunst nicht entfaltet. Alles Spätere bringt nur lokal bedingte Variationen.

Durch vier Jahrhunderte hindurch sind die Zisterzienser ihrem Schema treu geblieben, was deutlich wird, wenn man neben den Grundriß von *Royaumont* das Bild des flandrischen Klosters *Duinen* oder *Ter Duinen* stellt (Abb. 24); es ist 1580 gemalt. Die Anlage, die 1138 von den Zisterziensern übernommen und 1139 vom HL. BERNHARD selbst besucht worden ist, scheint in der ersten Hälfte des 16. Jahrhunderts in all ihren Teilen wiederhergestellt oder neu erbaut worden zu sein. 1566 wurde sie von den Geusen niedergebrannt, 1577, 1590 und 1593 geplündert, und seit 1628 lag sie verlassen. Man hatte sich nach Brügge zurückgezogen und dort ein neues Kloster errichtet. Die alten Gebäude wurden daraufhin abgerissen. Pourbus malte den Mönchen 1580 das Idealbild ihres Klosters, das um diese Zeit, nach Brand und Plünderung, kaum noch so vollkommen war, wie er es zeigt. Als Antonius Sanderius 1640 die Radierung Creites (Abb. 25) in seine ›Flandria illustrata‹ aufnahm, war es nur mehr ein Erinnerungsbild, und diese Tatsache erklärt die falsche Bezeichnung der Galerie (17) als Krankenhaus[17]. Keines der Hauptgebäude hat seine Lage gegenüber dem Idealschema verändert (Abb. 25), weder das Dormitorium im Osten (11) noch das Refektorium im Süden (12) noch das Haus der Konversen im Westen (15). Zwischen Refektorium und Konversenhaus steht frei das Küchengebäude (13), und wie in *Royaumont* lehnt sich an das Dormitorium das große Latrinengebäude (10). Im Westen gibt es eine Prälatur mit eigenem Garten und einem kleinteilig gotischen Palais – ein Brügger Bürgerhaus. Ihm vorgelagert ist die große 'gasterie' (19). Diesen westlichen Vorbauten entspricht, wie schon in *Clairvaux*, ja auch in *Cluny* und *St. Gallen,* im Osten das Krankenhaus (16), das über einen eigenen Kreuzgang (8) verfügt, der freilich auch dem Noviziat diente, das in den kleinen Häusern an seiner Nordseite untergebracht war. Es war schon Tradition geworden, daß die Verwaltungsspitze des Klosters, der Prior, sein Haus nahe dem Krankenhaus erhielt; so lag der Palast des zweiten Mannes nach dem Abt in *Cluny* ebenfalls in diesem Bereich. Weiter im Süden und Westen fand sich noch reichlich Raum, eine Vielzahl von Wirtschaftsgebäuden anzugliedern.

Überprüft man das Klosterbild und seine Inschriften genauer, so bemerkt man, daß das Verlangen nach einem vollkommenen Organismus zahlreiche neue Ge-

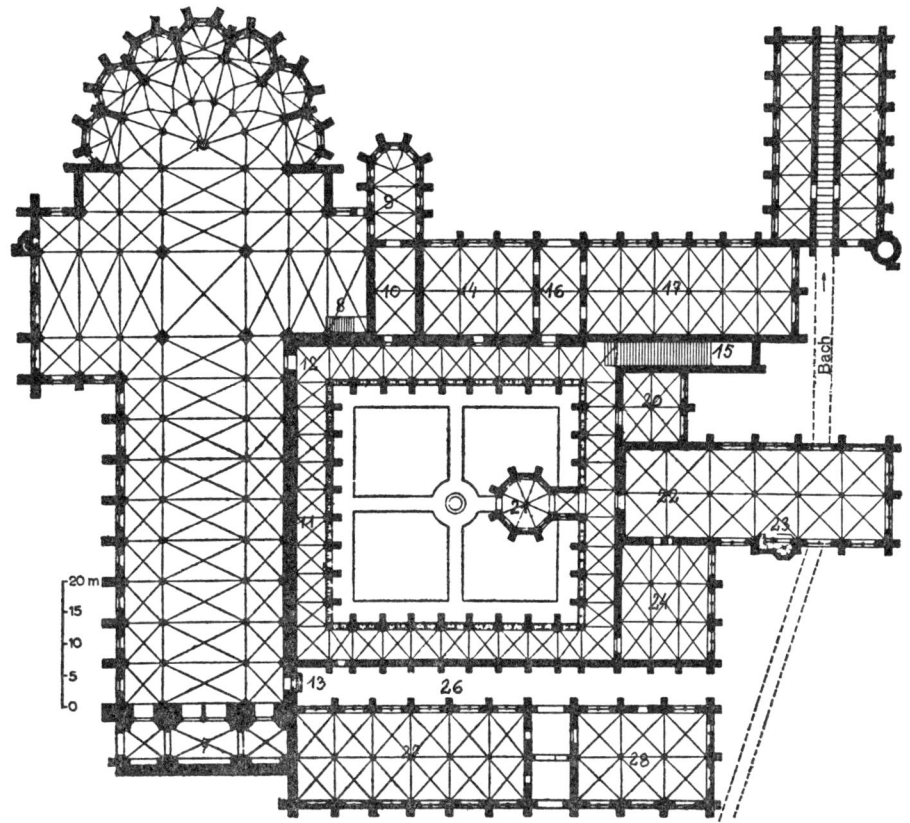

61   Royaumont (Maßstab 1 : 1000, N ←)

bäude entstehen ließ. Das Kloster besaß einen besonderen Galerietrakt (17), ein
Gebäude von 206 Fuß Länge wie die Inschrift besagt, in dem die Genealogie der
Grafen und Gräfinnen von Flandern dargestellt war, demnach eine Ehrenhalle
der Stifter. Mit Wirtschaftsgebäuden und Stallungen war das Kloster reich ausgestattet. Jenseits der großen Eingangsstraße, die zwischen Mauern durch mehrere
Torbauten hindurch bis auf die Höhe des westlichen Kircheinganges führt, entstand ein neuer großer Arbeitshof, dessen merkwürdig geometrisch geformte
Werkhallen, darunter eine Ziegelbrennerei, auffallen. Im Südosten, am Rande
der Anlage befand sich ein großer Gemüsegarten mit einem Turm und am Nord-
rand des Geländes ein lose Kette kleiner Gebäude, die von den Ställen für den
Abt über zwei Häuschen des Almosenspenders zu einer Mühle und dem Haus
des Müllers führte. Besondere Bedeutung besaßen auch hier die Bauten, die der

Wasserversorgung dienten. Man vermutet sie im Osten und wird sie dort auch finden. Es gibt ein Wasserschloß ('t waterslot), von dem zwei Leitungen ausgehen und unter Nr. 20 ein Wasserhaus ('t waterhuis) mit einer Roßmühle von großen Ausmaßen, über die die Inschrift berichtet, daß von ihr aus Kanäle zu allen wichtigen Gebäuden führen: zur Kirche, zum Refektorium, zur Prälatur, zu den Küchen, zur Brauerei, Bäckerei, dem Schlachthaus, dem Krankenhaus und dem Gebäude, in dem gedroschen wurde.

Man sieht, es sind die gleichen Grundgedanken des 12. Jahrhunderts, die nunmehr im 16. Jahrhundert aufgegriffen und ausgesponnen werden. Der Fluß dient und reinigt, bietet sich an und kehrt wieder zurück in die Natur; er wird zum Freund, zum Vorbild und zuletzt zum Sinnbild der Mönche und auch des Mönchstages.

In allen Zisterzienserklöstern hat man dem Wassersystem die größte Aufmerksamkeit zugewandt, seine Geschichte entzieht sich, soweit ich sehe, der Erforschbarkeit. Was hier von den Arabern übernommen, was von älteren Erfindungen aufgegriffen und im Laufe des 12. und 13. Jahrhunderts bis hin zum 17. Jahrhundert fortentwickelt wurde, läßt sich schwer aufgliedern. Zur Zisterzienserästhetik gehört die Sauberkeit. Man begegnet ihr in der Verwendung von sorgsam geglätteten Steinen ebenso wie in der Anlage der Waschräume; die Brunnenhäuser vor dem Eingang der Refektorien haben sich zu diesem Zweck zu immer reicheren Gebilden entfaltet. Sie sind Sinnbilder der Bedeutung, die dem Wasser für die Klosterordnung zukommt.

Man hatte an alles gedacht, alles sieht neu aus, alles ist fertig geworden. Wie heute noch im Stadtbild von Brügge kommt das Große durch das Kleine dicht neben ihm zur Wirkung und das Kleine ebenso durch das Große. In diesem Organismus hatten sich die Mönche so wohl eingerichtet, daß sie hoffen konnten, die Uhr ihrer Tagesordnung nie anhalten zu müssen.

Durch die gleichen Geschoßhöhen, das einheitliche Dach, die Verglasung der Kreuzgänge, die Dichte der Bebauung ist das Leben nach der Regel in diesem Neubau des 16. Jahrhunderts ganz in das Innere verlegt worden. Man weiß, daß auch bei den Zisterziensern jetzt jeder Mönch und jeder Konverse über eine Zelle verfügte. Nicht nur in der Optik des Malers, sondern in ihrem gesamten Lebensstil fand eine Verbürgerlichung der Mönche statt, die die Architektur widerspiegelt. Im Inneren würde man holzgetäfelte, reich ausgestattete Raumfolgen antreffen. In solchen bequemen und gepflegten Klosterräumen erreicht die Wohnkultur des späten Mittelalters einen ihrer Höhepunkte. Die ›Nachfolge Christi‹ des Thomas von Kempen (1379/80–1471) las man am Kamin. Gemälde zogen in die getäfelten Räume ein. Als Stifter betend vor der Madonna hat sich

CHRISTIAN DE HONDT, dreißigster Abt von *Ter Duinen,* 1499 vor dem Kamin in seiner Stube darstellen lassen (Antwerpen, Musée des Beaux-Arts). Doch der Anspruch auf unabdingbare Ordnung und Zuordnung aller Gebäude ist geblieben und verleiht der architektonischen Komposition Sinn und Rang.

Der Weg, auf dem sich die Zisterziensergroßbauten von *Clairvaux* über *Royaumont* bis *Ter Duinen* entwickelt haben, enthält noch zahlreiche Zwischenstationen, und ebenso zahlreiche Seitenwege gehen von ihm ab. Sie zu beschreiben und zu beschreiten, würde das Bild verwirren, das ich zu zeichnen suchte. Von den Zisterziensern in Italien, Spanien, dem deutschen Osten, so herrlichen Klöstern wie *Zwettl, Lilienthal* und *Heiligenkreuz* in Österreich ist nicht einmal gesprochen worden. Hier dienen die wenigen Beispiele auch als Beleg für die Tatsache, daß die Klöster des Mittelalters alle anderen Bauaufgaben durch die Konsequenz ihrer Planung und die Mannigfaltigkeit der Bautypen, die sich zu einem übergeordneten Ganzen vereinigten, übertroffen haben. Dem Wandel ihrer Formensprache im Inneren mag eine neue Auswahl von Beispielen dienen.

Der Zwang zum Stein, der überall in einer zweiten Aufbaustufe nach den Vorschriften BERNHARDS das Holz ersetzen sollte, und der damit verbundene Zwang zum Gewölbe und zur Säule hat sich als ein ungemein fruchtbarer erwiesen. Er gewann noch an Bedeutung durch den Zwang zur Steinsichtigkeit als Folge des Bilderverbots und des Verbots von Farbe. Sogar bei den Wirtschaftsgebäuden wurde im Laufe der Jahrzehnte Holz durch Stein ersetzt. Scheune,

62   Villiers, Refektorium, Anfang 14. Jh.

Tenne, Mühle, Eisenschmiede, Bäckerei und Brauerei stiegen zum Range großer Architektur auf. Küchen und Wasserschlösser wurden monumentale Bauten. Gewölbte Säle und Säulen, freilich einfachster Bildung, schienen für jeden Bestimmungszweck angemessen, weil sie die größere Dauerhaftigkeit veranschaulichten. Raumgestalt und Steindetail interpretieren stets dort, wo sie künstlerisch bedeutend sind, auch den Sinn und die Aufgabe des Bauwerks im und für das Klosterleben nach der Regel, sie werden zu 'Bedeutungsträgern': So die Brunnen zu Gehäusen des fließenden Wassers, die Dormitorien zu Sälen des Schlafes, die Kapelräume definieren den Ernst und die Feierlichkeit der Kapitelsitzungen und die Refektorien den Rang, der dem gemeinsamen Mahl in der Tagesordnung von Asketen zugekommen ist. Das wenige Brot aß man in fürstlichen Speisesälen, die zuweilen an Größe und Aufwand den Kirchen vergleichbar waren (Abb. 63). Zwar haben die Zisterzienser für keines dieser Gebäude einen neuen Typus geschaffen – im Grunde war alles in *Cluny* schon ähnlich proportioniert – doch ermöglichte der Stein und der Verzicht auf Bilder den Reformmönchen präzisere Ausformungen.

In den Ländern des alten Europa haben sich vom 12.–16. Jahrhundert genügend Beispiele erhalten, um sie jeweils zu einer Geschichte der fünf wichtigsten Bautypen aneinanderzureihen: Kreuzgang, Kapitelsaal, Klosterbrunnen, Refektorium und Dormitorium. Die überragende Bedeutung der Kirchengebäude hat die Aufmerksamkeit zu Unrecht von den Konventgebäuden abgelenkt. Die Geschichte der einzelnen Bautypen ist deshalb so reizvoll, weil jeder Gebäudetyp seine Grundproportionen beibehielt, das einzelne Bauwerk jedoch über die verschiedenen Entstehungszeiten und unterschiedlichen Entstehungslandschaften zuverlässig Auskunft geben kann. Die Gestaltungskräfte bewegten sich in einem engen Rahmen. Je höher die Qualität jeder einzelnen Form war, desto genauer konnte sie über Zeit und Ort aussagen, aus denen sie erwuchs. Schon die wenigen Beispiele, die ich für dieses Buch auswählen konnte, zeigen, wie geringe Variationen notwendig sind, um auf einer obersten Ebene verschiedene architektonische Einfälle vorzutragen.

Der *Klosterkreuzgang* ist auch deshalb ein so überaus glückliches Architekturmotiv, weil er erlaubt, schweren Gebäudemassen von unterschiedlichen Proportionen, wie es Kirche und Konventsgebäude sind, eine leichtere Arkadenarchitektur im Erdgeschoß vorzulagern, so daß ein mächtiges Lastendes über einem Zarten aufragt, eine Vielfalt von Volumen über einem einheitlichen Band von Säulen oder Pfeilern und Arkaden (Abb. 27). Dabei haben es die Zisterzienser überall so gehalten, daß die Folge der Säulen, Pfeiler oder Fenster auf einem

63 Saint-Martin-des-Champs, Refektorium

durchführenden Sockel aufruhte, und wo immer die Klosterblüte auch nur wenige Jahrzehnte dauerte, ein festes Gewölbe trug. Die Steinmetzen blieben ganz in ihrem Element, wenn sie den Arkadenreihen von Jahrzehnt zu Jahrzehnt eine immer leichtere Gestalt gaben. So wird die schlichte Romanik von *Le Thoronet* (Abb. 28) zur formenreicheren von *Fontenay* (Abb. 29) und weiter zur vornehmen Gotik von *Royaumont* (Abb. 30), um endlich im Filigran spätgotischer Maßwerkfenster (Abb. 31) den Endpunkt einer Evolution zu finden, in der die Masse stetig ab-, der Formenreichtum ständig zugenommen hat; man brauchte weniger Stein und mehr Arbeit.

Der Bau des *Kapitelsaals* stellte auch deshalb eine besondere Schönheiten versprechende architektonische Aufgabe dar, weil er in seiner Stirn- und Eingangsseite aus eben dem Formenmaterial gestaltet werden konnte, aus dem der Kreuzgang gebildet war, zu dem er sich in drei oder fünf Arkaden, mit meist zwei oder vier Fenstern und einem Portal öffnete. Fast immer war er ein Quadrat, zuweilen ein Rechteck, dessen Gewölbe auf zwei, vier, seltener sechs Säulen oder Pfeilern aufruhte. Nur in wenigen, freilich wichtigen Beispielen begnügte man sich mit einer Säule mitten im Raum (Abb. 39). Immer saßen die Mönche rings an den vier Wänden des Raumes auf ein bis drei Stufen, die ursprünglich alle aus Stein gehauen waren. In vielen Klöstern lag der Fußboden um eben diese Stufen tiefer als jener des Kreuzganges, so daß man in den Saal hinein- und herunterstieg. Doch ist uns mit dem Kapitelsaal des Klosters *Fontaine-Guérard* bei Evreux ein Bau des 13. Jahrhunderts überliefert, in dem der Architekt die Künheit besaß, den Raum durch drei Portale zu ebener Erde auf den Kreuzgang hin zu öffnen, womit er ihm eine neue Feierlichkeit verlieh (Abb. 33).

Immer lag der Schwerpunkt der architektonischen Gestaltung des Raumes in der Kapitell- und Gewölbezone, wobei man der Zusammengehörigkeit von Rippen und Kapitell, wie stets bei den Zisterziensern, große Bedeutung zumaß. Bei den Kapitellen selbst herrschte dabei die größte Mannigfaltigkeit, reich ausladende Formen – *Zwettl* (Abb. 35), *Bebenhausen* (Abb. 34) – wechseln mit anderen von knappestem Zuschnitt wie *Noirlac* (Abb. 32). Klassisches verbindet sich dem Gotischen wie in *Fossanova* (Abb. 40), das Florale dem Ornamentalen. Jedesmal wird man überrascht von der Ausdruckskraft der künstlerischen Persönlichkeit, zu der man jedes einzelne Kapitell entwickeln konnte.

Es ist ungemein reizvoll zu beobachten, wie die gleichen Fenster und Arkaden, über die im Kreuzgang unmittelbar das Gewölbe aufragte, im Kapitelsaal in ein neues Verhältnis zu den weiteren und höheren Gewölben traten, die in der Regel aus dem gleichen Formenmaterial entwickelt wurden (Abb. 31). Meist wurde der Raum außer durch die Arkaden der Eingangsseite noch durch Fenster an der

Rückwand erleuchtet, fast nie wurde er bei den Zisterziensern zu einer Altarstätte ausgeweitet. Dabei bleibt erstaunlich, wieviele Variationsmöglichkeiten die Steinmetze dem Thema im Laufe der Jahrhunderte abgewonnen haben, wobei sich neben dem zeitlichen Wandel die unterschiedlichen Steinmetztraditionen der Völker kundtun. *Fossanova* (Abb. 40) ist eine ebenso italienische Säulenkomposition wie *Fontenay* und *Senanque* französische sind (Abb. 36, 37). *Poblet* ist spanisch (Abb. 38), *Zwettl* (Abb. 35) gehört nach Österreich und *Eberbach* in den Rheingau (Abb. 39). Nirgendwo konnten die Baumeister sehr hoch gehen – das ist der Hauptunterschied zu der mit dem Refektorium gestellten Aufgabe – denn über jedem Kapitelsaal zog sich der lange Trakt des Dormitoriums hin. Dennoch gelang es in *Eberbach* z. B. (Abb. 39) durch die Beschränkung auf eine Säule eine überaus lichte und weite Halle zu schaffen, während in *Fossanova* (Abb. 40) das klassische Gleichmaß der Proportionen wirkt.

Ganz aus dem Formenmaterial des Kreuzganges haben die Zisterzienser das *Brunnenhaus* in seiner Mitte vor dem Refektorium gebildet. Es gewinnt an architektonischem Gewicht, wenn man es mit dem Kapitelsaal zusammen sieht. Öffnet sich dieser vom Kreuzgang her nach innen, so ragt jenes nach außen aus ihm heraus (Abb. 41). Meist haben die Zisterzienser eine Sechseckform, zuweilen auch ein Quadrat für den kleinen Pavillon gewählt, in dessen Mitte immer das Brunnenrund steht, in das das Wasser nie aufhören soll zu fließen. Die Säulen, Arkaden, Galerien oder Maßwerkfenster des Kreuzganges gewinnen durch die neue Proportionierung innerhalb dieses kleinen Baukörpers eine dritte Ausdrucksmöglichkeit. Dieses Brunnenhaus ist der kleinste Typus eines Zentralbaues in Stein, den das Mittelalter geschaffen hat. Schrittweise weiten sich die Arkaden der Romanik zu Maßwerkfenstern aus (Abb. 42). Das Brunnenhaus wird zu einem Glashaus, in dem das eine Portal zum Kreuzgang den fünf weiteren Fenstern antwortet. Alle Arkaden, Säulen und Pfeilerformen der Kirche finden sich in dem Brunnen wieder. Die nationalen Komponenten können hier besonders deutlich hervortreten; man vergleiche das italienische *Fossanova* mit dem portugiesischen *Alcobaça* (Abb. 43 u. 44) und dem schwäbischen *Maulbronn*. Auch die Formen des Brunnenbeckens, die meist mit größter Sorgfalt gestaltet wurden, wechseln. Viele von ihnen sind Hauptwerke der Steinmetzkunst.

Solange Benediktiner und Zisterzienser an dem Grundsatz festhielten, daß die ganze Mönchsgemeinde in einem einzigen Raum schlafen sollte, mußten sie die *Dormitorien* zu gewaltigen Sälen ausgestalten. In der Regel handelt es sich um den größten Profanraum des Klosters; zuweilen übertraf er die Länge des Kirchenschiffes. Meist hatten die Räume zwei Zugänge, einen unmittelbar zum

Querhaus der Kirche, den zweiten zum Klosterhof oder zu den Latrinen. Seit den ältesten bekannten Beispielen des 7. Jahrhunderts lagen sie einer allgemeinen Vorstellung von dem Angemessenen entsprechend im Obergeschoß über dem Kapitelsaal und dem späteren Mönchsraum. Aus diesem Grunde konnten sie nie sehr hoch sein. Wie wir schon in *Cluny* sahen, handelte es sich um einen mäßig breiten, sehr langen und relativ niedrigen Saal, der durch zahlreiche Fenster beleuchtet war, denn man sollte am Tage auf den Betten liegend lesen können. Die Zisterzienser haben ihn überall zu wölben gesucht, wobei sich kleinere Klöster mit einer Tonne begnügten (Abb. 45), die größeren sich für Kreuzrippengewölbe auf niedrigen, gedrungenen Säulen entschieden (Abb. 46). Diese mäßig hohen Säle besitzen für ein Auge, das an die Gewölbe der hohen Kirchenschiffe gewöhnt ist, besondere Reize; man müßte sie mit den flachen, schmalen Betten zusammensehen können, um die Wirkung dieser breiten, langen und niedrigen Schlafsäle ermessen zu können. Die vollkommene Ruhe, die in ihnen befohlen war, findet auch in den Formen Ausdruck, die jeden dramatischen Effekt vermeiden.

Wurden die Dormitorien zwangsweise niedrig gehalten, so sollten und konnten die *Refektorien* hoch sein. Sie liegen zu ebener Erde. Für ein Obergeschoß war in der Klosterordnung kein Bestimmungszweck vorgesehen. So mußten sie bei annähernd gleicher Firsthöhe doppelt so hoch wie die Schlafräume sein. Ich habe hervorgehoben, daß weniger die Beleuchtungsfrage als der Zwang, neben den Refektorien noch Kalefaktorium und Küche unterzubringen, Anlaß war, sie im Gegensatz zu den älteren Benediktinerklöstern nicht mit ihrer Längsseite, sondern mit ihrer Schmalseite an den Kreuzgang zu legen. Immer handelt es sich um gewölbte Räume, meist sind sie zweischiffig (Abb. 47, 48), seltener dreischiffig. Im Gegensatz zu den Dormitorien haben sie hohe und schlanke Säulen, doch sind die Basen und Kapitelle in vielen Klöstern bewußt schlichter gehalten als jene der Kapitelsäle. Die Fenster haben die Form von Kirchenfenstern und erreichen auch deren Höhe. Fast immer war das Lesepult über eine Treppe zu erreichen, die in einem kleinen Anbau untergebracht war (Abb. 49).

In diese prächtigen gewölbten Steinsäle kamen die Mönche nahezu während eines halben Jahres nur einmal am Tage, während des anderen Halbjahres zweimal, zogen schweigend ein, beteten lange und laut, bevor sie sich setzten und hörten schweigend die Lesungen, während sie die karg zugemessenen Speisen ohne jede Hast verzehrten. Kein Hauch von Begier oder Genuß durfte sich auf ihren Mienen zeigen. Sie saßen an zwei oder drei langen, niedrigen Tischen und an einem Quertisch zuoberst der Abt mit wenigen Brüdern oder Gästen.

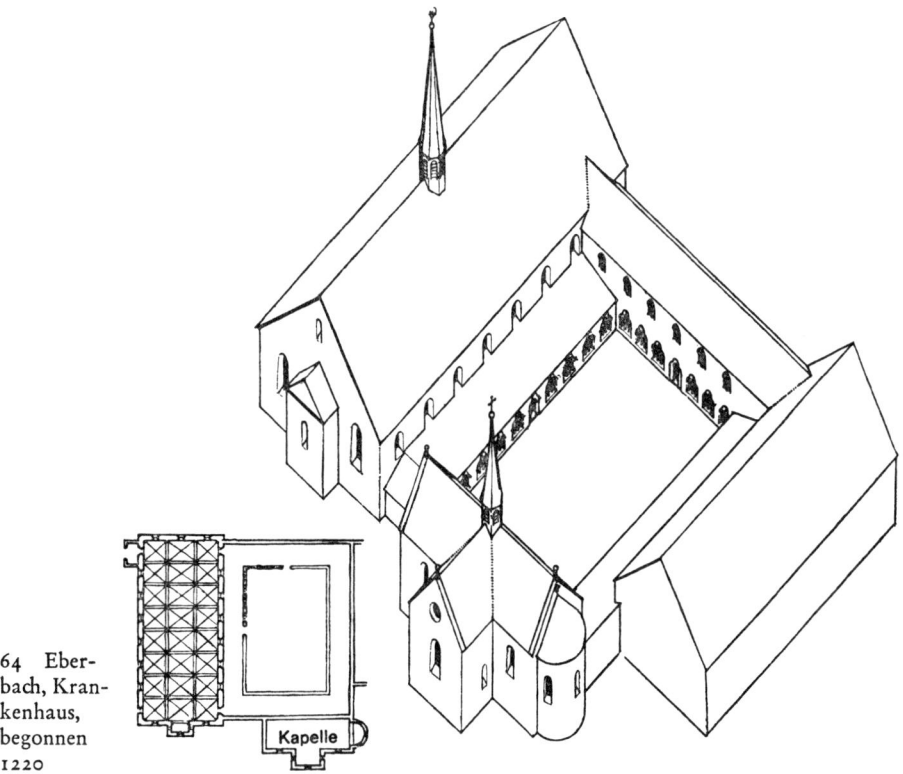

64 Eber-
bach, Kran-
kenhaus,
begonnen
1220

Kapelle

Das Herrenrefektorium von *Maulbronn* ist der aufwendigste Speisesaal, der sich aus dem 13. Jahrhundert erhalten hat (Abb. 50). Seine Bauformen datieren ihn um 1220. Er ist ein Hauptwerk der staufischen Kunst des Übergangsstiles: gotische Proportionen und gotische Konstruktionen mit romanischer Formenpracht vorgetragen. Sieben Säulen, vier schlanke und drei starke jeweils mit Schaftringen, tragen das hochgestellte Rippengewölbe mit den mächtigen Profilen. So entstanden vier sechsteilige Gewölbejoche in der Mitte und vier siebenteilige an beiden Seiten. Vier Fenster an der äußeren Querwand und je fünf an den beiden Längswänden erhellen den Raum; ein sechstes wurde durch jenen Anbau verdrängt, in dem der Vorleser zu seiner hohen Kanzel aufstieg. Diese feierliche und gehobene Pracht kann man nur als Anleitung interpretieren, dem Essen, nach wahren Orgien des Fastens, jene ideale Bedeutung zu geben, von der die Regel des HL. AUGUSTIN sprach (s. S. 16). Das Essen wurde zu einer Zeremonie, der ganze Raum Denkmal einer Speiseordnung, die höheren Sinn besaß.

Den gleichen Sinn sollten dann Franziskaner und Dominikaner durch die Wand-bilder mit dem Abendmahl Christi veranschaulichen. Auf den gleichen Gehalt, der in *Santa Maria delle Grazie* in Mailand durch Leonardos Bild dokumentiert wird (s. S. 196), weisen in *Maulbronn* Säulen und Gewölbe hin. Es ist jener Zwischenbereich, in dem sich Profankunst und Sakralkunst verbinden, dem die gesamte Ordensarchitektur ihre Sonderstellung verdankt.

Eine besondere Betrachtung fordern die *Krankenhäuser* der Zisterzienser-klöster heraus. Wir bemerkten, daß auf dem Plan von *St. Gallen* wie in *Cluny* oder *Clairvaux* den Kranken ein besonderer Bereich außerhalb der eigentlich monastischen Gebäude, aber innerhalb der Klostermauern vorbehalten war. In *St. Gallen* war es ein kleines Kloster im Kloster. Die Bedeutung, die die Regel (Dokumente Nr. I, 31. Kap.) der Fürsorge für Alte und Kranke einräumt, mußte eine eigene Krankenhausarchitektur herausfordern. Oft übertraf der Kranken-saal sogar das Refektorium an Größe und den Kapitelsaal an Bauaufwand. Denn die Krankenfürsorge rechtfertigte den höchsten Maßstab. Meist erhielten die Krankensäle neben dem großen Saal eine eigene Küche, eigene Kapelle und be-sondere Toilettenanlagen zugeordnet. Die schönsten erhaltenen Beispiele sind der Saal von *Ourscamp* von etwa 1210 und jener von *Eberbach*, der etwa ein Jahr-zehnt später entstanden ist. Die 'Salle des Morts' von *Ourscamp*, wie man sie nannte, ist der einzige erhaltene Bau aus diesem berühmten Kloster und dient heute als Kirche (Abb. 51). Es handelt sich um einen hohen, rippengewölbten, dreischiffigen Raum von nicht weniger als neun Jochen. Portal und Fenster haben monumentale Ausmaße. Die Fenster des Obergeschosses bestehen aus zwei schmalen Rechtecken und einem Rundfenster über ihnen. Sie waren verglast und ließen sich nicht öffnen. Im Erdgeschoß, dicht über den Betten, ergänzten sie eine Reihe von kleinen Fenstern, die nur mit Holzklappen verschlossen werden konnten, und so ausschließlich der Lüftung dienten. Diese Trennung von Lüftung und Beleuchtung ist kennzeichnend.[18] Ähnlich, wenngleich kleiner in den Pro-portionen, war das Hospital von *Eberbach* gebildet (Abb. 64). Es lag mit seiner Kapelle, den Nebenräumen mit Küche, Toiletten und dem Saal der Sterbenden an einem besonderen Kreuzgang. Diese Benediktiner wußten, daß auch Kranke einen Bereich benötigten, in dem sie sich beheimatet fühlen konnten. Für kranke Klosterbrüder haben sie deshalb ein Krankenkloster geschaffen.

Neben den Hauptgebäuden entwickelten die weißen Mönche, und nicht nur sie, auch für alle anderen Gebäudetypen besondere Formen. Die Kunstgeschichte hat es versäumt, der Entwicklung der Küchen, der Klosterportale, der Kloster-toiletten und Waschräume (Abb. 52) nachzugehen. Besondere Aufmerksamkeit verdienen auch die Wirtschaftsgebäude, Stallungen, Getreide- oder Heuschober von erstaunlichen Ausmaßen, vielfach Meisterwerke der Holzarchitektur. Walter Horn hat diesen Bauten seine besondere Aufmerksamkeit zugewandt (Schrifttum Nr. 122). In keinem anderen Bereich sind landwirtschaftliche Bauten von vergleichbarer Monumentalität uns erhalten. Noch bedeutendere werden uns in den Wirtschaftshöfen der Fürstabteien des Barock begegnen (s. S. 234 ff.). Auch hier wollten sich die Mönche für die Ewigkeit einrichten. Auch hier forderte die Regel nicht Rentabilität sondern Vollkommenheit.

Haben wir mit dieser Übersicht das Zisterzienserkloster schon ausreichend beschrieben? Ein französischer Literat, der einer Gruppe von Fremden *Le Thoronet* zeigte, machte sie auf die Lichtführung, die Akustik und die Proportionen aufmerksam, die alten und geheimen Gesetzen ihre Schönheit verdanken. Er sprach von den drei Geheimnissen der Zisterzienser, dem des Lichtes, dem der Zahl und dem des Klanges. Es sind romantische Bezeichnungen für die besondere Aufmerksamkeit, die die Mönche, denen Bilder und Skulpturen verboten waren, den Grundelementen der Architektur zuwandten. Sie achteten darauf, daß die Lichtführung den Bestimmungszwecken der Raumteile angemessen war, wählten bewußt und genau die Maßzahlen ihrer Bauten aus den überlieferten, seit VITRUV bekannten, nunmehr mit neuen Symbolbedeutungen versehenen mathematischen Zahlenverhältnissen und bemühten sich um eine Raumakustik, die die Klarheit des Wechselgesangs der Chöre gesteigert hat. Darstellungen der Prinzipien der Lichtführung entziehen sich wissenschaftlicher Überprüfbarkeit, doch bemerkt ein Auge, welches auf die Helligkeitsgrade in den farblosen Räumen zu achten gehalten ist, mit welcher Umsicht man Größe, Zahl und Ort der Fenster festgelegt hat. Dadurch, daß man die Lichtfülle dämpfte, behielt man die Lichtwerte in der Hand; so wechseln düstere Trakte mit anderen, in denen das Licht wohltuend gemäßigt erscheint, nirgends aber herrscht strahlende Helligkeit. Über die Maßgesetze, nach denen die Zisterzienser gebaut haben, besitzen wir bisher nur einige wenige exakte Untersuchungen. Das Buch von Hanno Hahn über die Kirche von *Ebersbach* im Rheingau führt in den Problemkreis ein (Schrifttum Nr. 109). Es kann kein Zweifel bestehen, daß jede Proportion genau überdacht und den Gesetzen jener ideologischen Mathematik eingeordnet worden ist, die für die Theologie der Gotik ständig größere Bedeutung gewann; ihre Darstellung übersteigt meine Möglichkeiten. Ausführlicher sind wir durch Zisterzienserquellen selbst über die Sorgfalt unterrichtet, die die Mönche allem, was den liturgischen Gesang fördern konnte, zuwandten. Über keinen anderen Gegenstand ließ sich schon die Regel des HL. BENEDIKT ausführlicher aus als über die Bedeutung des Gesangs. In ihm erfüllte sich das *opus Dei*. »Denken wir also daran wie wir uns in der Gegenwart Gottes und seiner Engel benehmen sollten und stehen wir so beim Chorgebet, daß unser Geist im Einklang sei mit unserer Stimme.« Schließlich haben diese Männer im ganzen mindestens vier Stunden am Tage gesungen. Wir hörten, daß BERNHARD selbst es unternommen hatte, ein von allen Fehlern gereinigtes Antiphonar herstellen zu lassen. Jedes Versehen im Chorgesang wurde hart bestraft (Dok. Nr. I, 45. Kap.). Im Vollzug der täglichen Liturgie erfüllte sich die Zisterzienserästhetik auf ihrer höchsten Ebene. Über die Akustik der Zisterzienserkirchen liegen keine Messungen vor, doch stellt jeder einzelne der Kirchenchöre einen Resonanzkörper dar, der den Ton zugleich sammelt und dämpft. Echowirkungen wurden vermieden, jedes Wort sollte fest und klar erklingen. Wo Stille in den meisten Stunden des Tages oberstes Gebot war, entwickelten die Sinne genaueres Unterscheidungsvermögen für die Klangstufen des Gesangs.

6 Die Kartause

Neben dem Benediktinerkloster, wie es sich durch die Anstrengungen der Kluniazenser und Zisterzienser im 11. und 12. Jahrhundert zu seiner Vollkommenheit entwickelte, konnte das europäische Mittelalter nur noch einen völlig neuen Klostertypus ausbilden: die Kartause. Der geniale Einfall des Gründers der neuen Reform war es, Einsiedlerleben und Gemeinschaftsleben in einem Kloster zu vereinen. Der HL. BRUNO (um 1032–1101) erkannte, daß man der größten Versuchung des Mönchtums, dem Verlangen nach Meditation in vollkommener Einsamkeit, nur dadurch begegnen könne, daß man das Einsiedlerleben im Kloster selbst möglich machte. Es hat an Vorläufern nicht gefehlt. *Camaldoli* und *Vallombrosa* sind Beispiele. Doch entstanden dort in der Frühzeit zunächst nur Eremitenkolonien oder Dörfer, kein Kloster. Stets von neuem hören wir von Versuchen, Eremitenkolonien in wenige, zentralgelegene Niederlassungen zusammenzuziehen. Die Hieronymiten Spaniens werden uns später bei einem solchen Versuch begegnen. Auch das Kloster auf dem *Montserrat* hat seinen Ursprung in dem Bestreben, die verstreut zwischen den kahlen Felsen des Höhenrückens lebenden Eremiten in einer Anlage zusammenzuführen. Eine Vereinigung der anachoretischen Lauren des Ostens mit der zönobitischen Ordnung des Westens gelang erst den Kartäusern (Schrifttum Nr. 130). Waren die Benediktiner nie allein, so wollten die Kartäuser fast immer allein sein. Zugleich hielt es ihr Begründer für notwendig, daß sie sich zu genau festgelegten Stunden in der Kirche, dem Kapitel, dem Refektorium trafen. Welche Baugestalt konnte dieser doppelten Zielsetzung gerecht werden?

Nach mehreren Ansätzen, die nicht gerieten, war 1084 der HL. BRUNO, ein Kölner, mit sechs Begleitern in eine Bergwildnis geraten, 24 km von Grenoble entfernt, rund 1000 m hoch gelegen, die *Chartreuse*. Die neue Niederlassung wurde von den örtlichen Stellen begünstigt. Man nannte sie *La Grande Chartreuse*. Ein Besucher, Abt GUIBERT VON NOGENT, gibt 1104 eine erste Beschreibung. Er nennt die Zellen, die rings um den Kreuzgang gelegen waren: *cellulae per gyrum claustri.* PETER DER EHRWÜRDIGE, der 1126 die *Chartreuse* besuchte, berichtet, daß das Kloster in der Weise der alten ägyptischen Klöster erbaut worden sei: *more antiquo Aegyptiorum monachorum.* Das könnte also ein einfacher Hof gewesen sein, um den die Lauren lagen. In Wirklichkeit war es weit mehr.

Der HL. BRUNO hat keine Regel hinterlassen. Doch kann kein Zweifel darüber herrschen, daß in den 80 Kapiteln der Gewohnheiten des Kartäuserordens, die sein 4. Nachfolger GUIGO I. 1127 niederschrieb und die oft ergänzt, doch nie verändert worden sind, die wesentlichen Gedanken des Stifters festgehalten wurden (Schrifttum Nr. 131). Im Grundsätzlichen galt die Benediktinerregel. Die Kartausen sollten nur 12 Mönche, mit dem Prior 13, beherbergen. Später gab es auch Doppelkartausen mit 24 Mönchen. Auch die *Grande Chartreuse* wurde 1324 zur Doppelkartause ausgeweitet, 1595 erhielt sie sogar noch einen dritten *'ambitus'.* Jeder lebte für sich in seiner Zelle. Man versammelte sich nur zur täglichen Messe, der Matutin und der Vesper. Alle anderen Tageszeiten betete jeder Mönch allein. Sonntags und an bestimmten Feiertagen aß man gemeinsam im Refektorium und hörte gemeinsam die Lesung. Am Sonntagmorgen durfte man sich im Kapitel versammeln. Erst spät wurde gestattet, Erfahrungen in den geistlichen Übungen während einer Stunde in der Woche im Kreuzgang auszutauschen. Es war ein rein kontemplativer Orden. Jedes Wirken nach außen durch Mission oder Predigt wurde durch die Bestimmungen des Einsiedlerlebens unmöglich gemacht. Zur Einsamkeit kam das Schweigen, das nur in wenigen Stunden der Woche gebrochen werden durfte. Ähnlich den Zisterzienserklöstern ordneten sich auch die Kartäuserpriorate den Visitatoren unter, die sie jährlich zu überprüfen hatten. Jährlich versammelten sich auch die Prioren in der *Grande Chartreuse* zum Generalkapitel, in dem sie alles dem Großprior des Mutterklosters zur Entscheidung vorlegten. Die Mönche hatten die Verpflichtung zur Arbeit aus der Benediktinerregel übernommen. Aber als Arbeitsplatz war jedem von ihnen nur die eigene Zelle und das winzige Gärtlein vor ihr gestattet. Es war deshalb notwendig, eine eigene Organisation zur Versorgung des Klosters zu schaffen, der Konversen und Donaten angehörten, also Laienbrüder. Die Konversen waren zu ewigem Gelübde, die Donaten ohne ewiges Gelübde, beide Gruppen freilich auch zum Leben in Einzelzellen verpflichtet.

Es scheint, daß der gleiche GUIGO I., der die ›Consuetudines‹ niederschrieb, auch das Modell für das vollkommene Kartäuserkloster entwickelt hat. Er sah sich gezwungen, Brunos älteres Kloster wegen der Lawinengefahr zu verlegen. Bei Niederschrift der ›Gewohnheiten‹ 1127 war der Kreuzgang des neuen Klosters noch im Bau. 1132 wurde die Kirche geweiht. Es sind die gleichen Jahre, in denen in *Clairvaux* das vollkommene Zisterzienserkloster entstand. Der HL.

BERNHARD selbst ist wenig später in der *Chartreuse* gewesen. Dieses Hauptkloster des Ordens ist so oft erneuert, zudem nie genau untersucht worden, daß ein archäologischer Beweis für seine Vorbildlichkeit nicht möglich ist. Doch setzen die zahlreichen, in ihrem Typus übereinstimmenden Niederlassungen der Kartäuser den gemeinsamen Prototyp schon zu diesem frühen Zeitpunkt voraus.

Jener romanische Rationalismus, das Verlangen nach Systematisierung, welches für das 12. Jh. auch in den Bild- und Denkprogrammen kennzeichnend war, sind die Voraussetzungen für das Zisterzienserkloster wie auch für jenes der Kartäuser gewesen. Es kam darauf an, die drei Lebensbereiche des Klosters zu einem Organismus zu verbinden. Mit diesen drei Lebensbereichen meine ich den Kreuzgang der Mönche mit seinen 12 Zellen, die Zone der Gemeinschaftsräume, zu der neben Refektorium, Kapitelsaal und Bibliothek auch die Kirche und die Zelle des Priors gehörten, endlich jenen Bezirk, in dem die Konversen und Donaten sowohl die Wirtschaft des Klosters besorgten und seine Gäste empfingen als auch die Mönche vor der Welt abschirmten. Denn in diesen Bereich waren alle weltlichen Geschäfte verlegt worden, ohne die auch das ärmste Kloster nicht auskommen konnte. Das Betteln, zu dem sich dann die Orden des 13. Jh. entschlossen, verhinderte schon die strenge Klausur. Der Gewißheit, durch einen solchen dritten Bezirk vor der Welt geschützt zu sein, ist auch die Tatsache zuzuschreiben, daß die Kartäuser keine besonderen Vorschriften für die Lokalitäten hinterließen, die ihnen für Neugründungen geeignet schienen. Kartausen gibt es in Tälern und auf Bergen, in Dörfern, vor großen Städten, nicht selten auch im städtischen Mauerverband selbst.

Der Grundriß der *Chartreuse de Clermont*, den Viollet-le-Duc 1858 nach einem Restaurationsentwurf vorlegte, zeigt das ideale Kartäuserkloster in klassischer Vereinfachung (Abb. 65). Es handelt sich um eine sehr große Anlage, Frucht einer langen Entwicklung, die in manchen Einzelheiten nicht mehr den strengen Statuten GUIGOS entsprach. Doch lehrt sie uns den Funktionalismus der Kartausen lesen.

Das Kloster war stark befestigt und von einer Mauer umschlossen, die 7 Türme verstärkt haben. Man betrat die Anlage im Südosten durch eine Pforte (O), die leicht von zweien der Wehrtürme aus zu sichern war, und befand sich in dem großen Wirtschaftshof des Klosters, in dessen Mitte das Haus des Priors (G) sich an den Vorhof des Priors (C) anlehnte, von dem man auf die Kirche blickte (B, A). Das Gästehaus (P) und die Stallungen, zugleich die Zellen der Donaten (N), schlossen diesen ersten Klosterhof ein. Links von der Kirche lag das Haus des Subpriors, rechts von ihr (S) der kleine Klosterhof, um den sich die Gemeinschaftsräume gruppierten, der Kapitelsaal (E), das Refektorium (X),

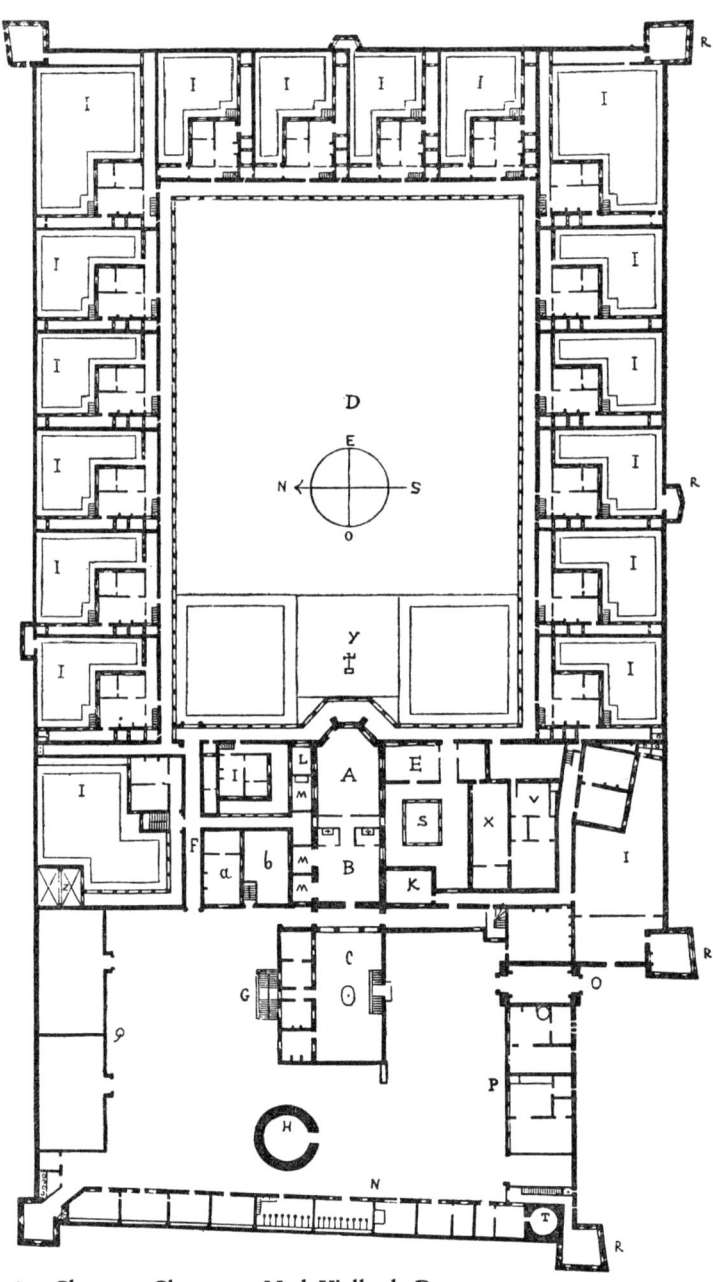

65 Clermont, Chartreuse. Nach Viollet-le-Duc

die Bibliothek (V), dazu noch eine Kapelle (K), die die Familie der Pontibaut, große Gönner des Klosters, gestiftet hatte. Dieser Kreuzgang (S) – man nannte ihn das Claustrum minus – entsprach in vielen Einzelheiten dem Schema der Benediktinerklöster. Man konnte ihn nur vom großen Kreuzgang aus betreten. Zugleich kommunizierte er in der Höhe des Lettners, der uns noch beschäftigen wird, mit der Kirche. Diese Kirche war in eine Vorderkirche (B) für die Konversen und Donaten und in eine Mönchskirche (A) durch eben den Lettner unterteilt. Zwei Altäre standen nach einer späteren Reform der Vorderkirche zur Verfügung, nur einer der Mönchskirche, und ursprünglich war überhaupt nur dieser eine gestattet gewesen. Die Kartäuser hatten als erste auf die Basilika verzichtet und sich mit einem einschiffigen Oratorium begnügt. Laien, die ursprünglich ausgeschlossen waren, erhielten später auf einer bescheidenen Empore an der Eingangsseite Zutritt.

Jenseits dieses Mitteltraktes mit Claustrum minus und Kirche lag das Claustrum majus (D). Es bestand aus einem langen Gang im Geviert, an dem die 18 Zellen lagen (I). Hier wohnten die Mönche, doppelt abgesichert gegen die Welt. Ihren Friedhof (X) hatten sie hinter dem Chor der Kirche, so daß sie ihn immer im Auge behielten. Der Ruhe der Toten entsprach die Stille der Lebenden. Ursprünglich waren Bilder auch im Kreuzgang verboten, doch weisen einige späte Beispiele darauf hin, daß man zuweilen über die Zellenpforten Bibelsprüche geschrieben hat. S. D. Mühlberg (Schrifttum Nr. 130) nennt dafür die Kartausen von *Hain* und *Margaretenthal* in Basel. Monumentalarchitektur war allen Kartausen fremd. Doch spiegelt schon dieser eine Grundriß, daß aus der Wiederkehr immer der gleichen kleinen Bauelemente ein Gefüge von hoher Schönheit entstanden ist. Eine vergleichbare Symmetrie der Anlage, erwachsen auch aus der Achsialität der Kirche, sollte es in anderen Orden erst im Barock geben. Die Kartäuser haben mit ihren Prioraten ein Stadtbauideal verwirklicht, welches in jedem anderen Rahmen hätte Utopie bleiben müssen. Es gibt auch keinen anderen Orden, der die Sonderstellung seines Abtes oder Priors, der seine Einsamkeit zum Wohle der Gemeinschaft aufopfern mußte, durch die Position seines Hauses vor der Kirche und im Hofe der Konversen so deutlich zum Ausdruck gebracht hätte. Hier war ein weites Feld der Gestaltung abgesteckt, in dessen Rahmen sich Variationen und Ergänzungen aufdrängen mußten. Besonders glückliche boten sich an, wo die Natur selbst, wie bei der *Certosa* von *Galluzzo* vor Florenz, die Gesamtanlage wie eine Burg auf einem Felsplateau emporhielt. Gerade weil die Klosterordnung sich mit großer Deutlichkeit in der Bauordnung spiegelt, wollte jede neue Niederlassung das Schema neu durchdenken und wurde so zu einer eigenständigen Bauindividualität.

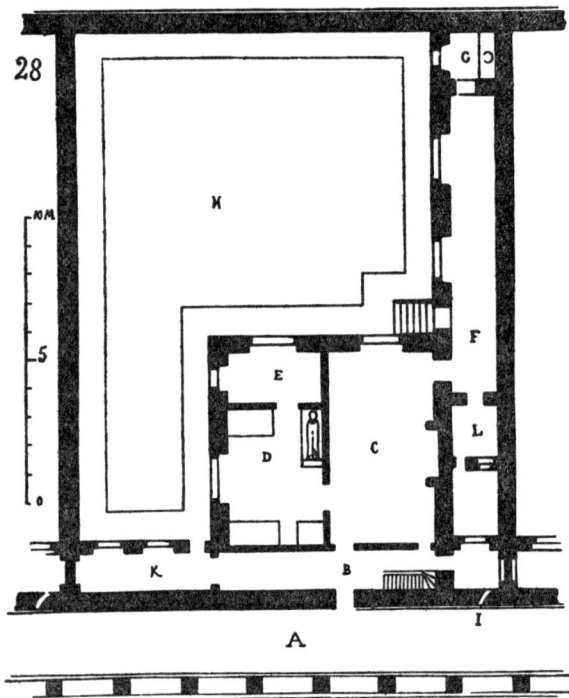

66 Kartäuserzelle.
Nach Viollet-le-Duc

Der Funktionalismus der Kartäuser beherrscht auch die Architektur der Zellen, in denen die einzelnen Mönche lebten. Jede von ihnen umfaßte ein kleines Haus und einen Garten. Es handelt sich um genau durchdachte Kleinstwohnungen, die im Rahmen der Baukunst des Mittelalters einzigartig geblieben sind. Wieder greife ich als Beispiel auf eine Zeichnung von Viollet-le-Duc (Abb. 66).

Alle diese Siedlungshäuser liegen aufgereiht an dem Umgang oder Kreuzgang (A). Haus und Garten waren durch den Gang (B) auch gegen den geringen Lärm im Kreuzgang abgeschirmt. In einem Schlitz (I) stellte ein Konverse das Nötigste als Nahrung ab, das Brot, selten einen Krug Wein und die Zukost, die nicht der Garten lieferte. Auch dieser Schlitz führte nur zu einem Vorraum. Allein der Prior durfte auf diesem Gang bis zu der Gartentür (K) gehen. Dem Einsamkeitsbedürfnis der Mönche trug die Bauordnung in jeder Beziehung Rechnung. Man wollte nicht nur allein sein, man wollte sich auch einsam fühlen. Das Haus selbst bestand aus drei Räumen, dem geheizten Vorraum (C), der Zelle (D), in der die vier Möbelstücke standen, die gestattet waren, das Holzbett, die Bank, der Tisch und das Büchergestell. Hinzu kam eine Kammer (E). Der Raum (L) diente für die Vorräte, (F) war ein Gang, der zur Latrine (G) geführt hat. Der Garten (H) war drei- bis viermal so groß wie das ganze Haus und von einer hohen Mauer umgeben. Es war genau festgelegt, was jeder Mönch besitzen durfte. Einen Strohsack, zwei Decken und ein Strohkissen für das Bett, wenig und einfachstes Eßgeschirr, Geräte zur Erneuerung, Nähzeug, einen Kamm und ein Rasiermesser, Schreibutensilien, nie mehr als zwei Bücher zur Lektüre. An Kunst war nur das Kruzifix vorhanden.

Der Verzicht auf Monumentalarchitektur hatte zur Folge, daß die Kartausen in noch weit stärkerem Ausmaß als die Zisterzienserklöster lediglich Variationen ein und desselben Themas darstellen. Sie bilden, von einigen fürstlichen Stiftungen abgesehen, keinen Gegenstand der Architekturgeschichte. Mit Recht konnte der Orden sich rühmen, daß er nie reformiert worden ist, weil in ihm nie die Zucht in Verfall geriet. Deshalb wurde auch nie versucht, architektonische Neue-

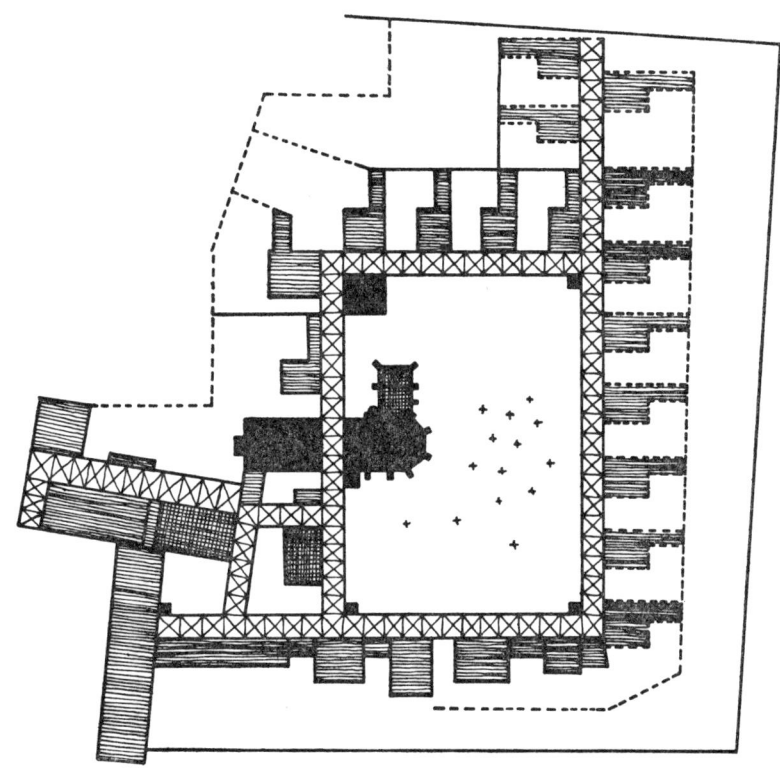

67   Reichskartause Buxheim

rungen einzuführen. Der beste Überblick über seine Klosteranlagen, die nicht gedruckte Dissertation von S. D. Mühlberg (Schrifttum Nr. 130), welche freilich nur den deutschen Sprachraum, ja in ihrem Hauptteil nur die Provinz Franken behandelt, konnte deshalb nur Varianten des Schemas vorführen, die meist von der topographischen Situation und den Eigenarten der örtlichen Baugewohnheiten bedingt worden sind. Auch Stilneuerungen haben die Mönche nur zögernd zugelassen und nie gefördert, soweit immer sie selbst zu entscheiden hatten. Besondere Aufmerksamkeit wurde lediglich und stets von neuem jener Nahtstelle des Klosters zwischen Claustrum majus und Claustrum minus zugewendet, zugleich auch zwischen dem Bereich der Mönche und dem Vorhof zur Welt, in dem die bescheidene Kirche lag. Hier scheint der Zugang zur Kirche, die die Mönche einzeln, nicht wie die Benediktiner in Prozessionen betraten, Gegenstand besonderer Nachdenklichkeit gewesen zu sein. Dabei ist dann als eine Sonderform der Kreuzgang-Lettner entstanden. Der Arkadengang führte nicht wie bei den Benediktinern an der Kirche vorbei, sondern mitten durch sie hindurch.

Der Grundriß der Kartause *Buxheim* kann die Problematik veranschaulichen (Abb. 67). Barockumbauten haben hier das Gesamtschema mannigfach verändert, zumal Buxheim seit 1548 die einzige reichsunmittelbare Kartause gewesen ist, die einzige Niederlassung des Ordens, deren Prior zugleich ein eigenes Territorium regierte. Auch hat das schwere Schicksal, das der Organismus nach der Säkularisation durchleiden mußte, ehe ihn DON BOSCO für die Salesianer erwarb, zum Abbruch zahlreicher Bauten geführt. Immerhin blieb das große Rechteck des Klosterhofes erhalten, an dem die Zellen der Mönche lagen und zum Teil auch noch liegen.

Das Leben der Kartäusermönche vollzog sich durchweg in einem architektonisch gefaßten, ja umschlossenen Raum. Im Gegensatz zu den Benediktinern verließen sie nie das Kloster. Sie zogen nicht zur Feldarbeit aus, besuchten keine fremden Niederlassungen, versammelten sich nicht auf Synoden, predigten nie dem Volk. Ebenso wie den Zisterziensern war ihnen jede missionarische Tätigkeit fremd. Sie unterhielten keine Schulen. Nie, außer in ihren streng ummauerten Gärten, betraten sie das Freie. Auch auf dem Kreuzgang blieben sie innerhalb der Grenzen der Architektur. Man kann sie sich nicht im Inneren des Hofes, ebensowenig auf dem Platz vor der Kirche vorstellen. Ihr einziger Weg war von der Zelle zur Kirche und zum kleinen Klosterhof, an dem Kapitelsaal, Refektorium und Bibliothek lagen. Auf diesem Weg verließen sie nie den Fliesengrund des Kreuzganges. Es ist nicht ganz genau auszumachen, an welchem Orte und zu welchem Zeitpunkt der Gedanke Gestalt gewonnen hat, diesen Gang nunmehr auch in die Kirche hinein und an jener Stelle durch die Kirche hindurch zu

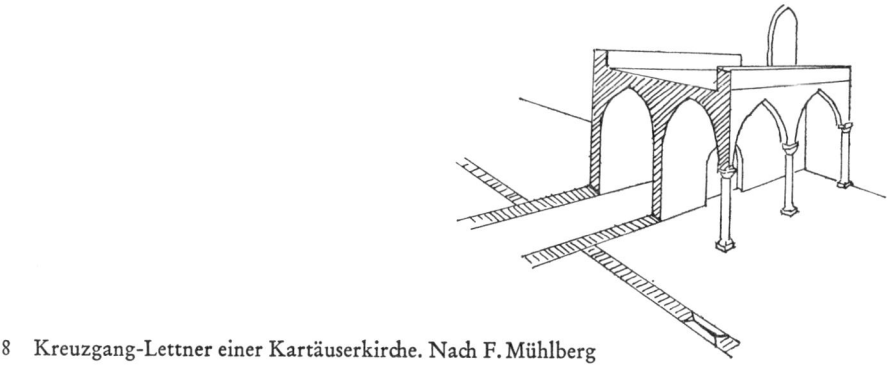

68   Kreuzgang-Lettner einer Kartäuserkirche. Nach F. Mühlberg

führen, an der die Trennungslinie zwischen Priesterchor und Brüderchor lag.
So wurde aus dem Gang zugleich ein Lettner (Abb. 68). Der Zusammenstellung
von Mühlberg entnehme ich, daß sich der älteste Kreuzgang-Lettner aus der
Mitte des 13. Jh. in der Katharinenkirche auf *Valeria* zu *Sitten* erhalten hat. Das
war keine Kartäuserkirche, doch lag sie in einem Bereich, der nicht allzuweit von
der *Grande Chartreuse* entfernt war. In *Mauerbach* in Kärnten kehrt der Gedanke im ersten Viertel des 14. Jh. wieder. Später findet er sich in den Kartausen
von *Köln, Nürnberg, Danzig, Basel, Ittingen, Jülich. Buxheim* ist das einzige
gut erhaltene Beispiel. Es ist wahrscheinlich, daß seine Ausgestaltung auch mit
der Genehmigung eines zweiten Altares für die Laienbrüder um die Mitte des
13. Jh. und des ihm entsprechenden dritten Altares für die Privatmessen der
Chormönche durch einen Nachtrag des Statuts (1276) in Zusammenhang steht.
Im Grunde mußte er sich aufdrängen, sobald entschieden war, daß die Priester-
kirche wie in *Buxheim* in den Hof der Mönche hineinragen sollte, die Laienkirche
in den Bereich der Brüder. Erst durch den Kreuzganglettner wurde erreicht, daß
die Kartäuser, ebenso wie die Benediktiner, zur nächtlichen Matutin die Kirche
betreten konnten, ohne ins Freie zu gehen. Daß sie von zwei Seiten her kamen,
jeder auf dem kürzesten Weg, ist bezeichnend für den Rationalismus, der die
Klosterarchitektur beherrscht.

Die Ausbreitung des Ordens vollzog sich nicht in dem stürmischen Schrittmaß,
das uns bei den Zisterziensern beeindruckt hat und bei den Bettel- und Predigerorden noch beeindrucken wird. Der Ordensstifter hat zunächst nur an eine einzige
Niederlassung gedacht. Bei seinem Tode hatten erst zwei weitere die strenge
Lebensregel übernommen. Gegen 1200 gab es im ganzen Abendland 37 Kartausen, und nur zwei von ihnen, *Seitz* und *Gairach* in der Steiermark, lagen im

äußersten Osten. Im ganzen 13. Jh. kam dort nur eine Niederlassung, *Freudenthal* in Kärnten, hinzu. Bedenkt man, daß jedes Kloster nur 12 Mönche und als 13. den Prior beherbergte, so ergibt sich eine im Rahmen der monastischen Bewegungen des hohen Mittelalters unbedeutende Ziffer. Es ist das Zeitalter der Mystik, das 14. und 15. Jh., welches als die eigentliche Blütezeit des Ordens hervorgehoben werden muß. Die Zahl der Priorate wuchs jetzt auf 195 an, davon 58 in Deutschland, Österreich und der Schweiz. In der Reformation waren die Kartäuserklöster Zentren des inneren Widerstands. Man ließ den Zurückgezogenen ihren Frieden nicht. Es gibt eine überraschend große Anzahl von Märtyrern, unter ihnen namentlich die Mitglieder mehrerer englischer Klöster. Dieser ihrer Haltung ist es zuzuschreiben, daß ihre Zahl bis zum Ausgang des 18. Jh. 295 Häuser erreichte. Erneut richtete sich der Groll der Aufklärung zuerst auf diesen Orden. JOSEPH II. ließ alle ihre Priorate aufheben. Heute gibt es in Europa wieder 19 Klöster, davon 7 in Spanien, 6 in Italien, 4 in Frankreich, je eines in Deutschland und England.

Seit dem 14. Jh. entstanden eine Reihe von Kartausen als fürstliche Stiftungen. Schon das älteste deutsche Kartäuserkloster und die 15. Niederlassung des Ordens, *Johannestal* zu *Seitz*, ist eine Stiftung des steierischen Markgrafen OTTOKARS V. 1314 folgte die Kartause *Allerheiligental* in *Mauerbach* als eine Stiftung Herzog FRIEDRICHS DES SCHÖNEN aus Anlaß seiner Königswahl. Ebenso eine fürstliche Stiftung ist 1342 die *Certosa* von *Galluzzo* vor Florenz, die NICOLA ACCIAIUOLI, einer der reichsten Männer seines Jahrhunderts, auf einem Felsenplateau erbauen ließ. Es ist bezeichnend für die Geistigkeit des späten Mittelalters, daß man es nicht den Mönchen selbst überließ, sich einen Ort für ihr Einsiedlerleben zu suchen, sondern Institutionen begründete, für die man nachträglich die Bewohner aus verschiedenen Ordensniederlassungen zusammenzog. Viele dieser Stiftungen wurden als Grablege und Denkmal der Stifterfamilie aufs üppigste mit Kunstwerken ausgestattet. Die Kartause von *Champmol* in Burgund, eine Stiftung PHILIPPS DES KÜHNEN von 1385, und die Kartause von *Pavia*, eine Stiftung der VISCONTI von 1390, die die SFORZA als ihre Nachfolger in noch größerem Ausmaße begünstigt haben, sind dafür die bedeutendsten Beispiele. Eine Reihe dieser Stifter, so vor allem die Visconti, zählten zu den rücksichtslosesten und grausamsten Fürsten ihrer Zeit. Man kann die Schilderung der Methoden ihrer Verbrechen bei Jacob Burckhardt nicht ohne Schaudern lesen. Der Eindruck entsteht, als hätten sie einerseits Gebetsenergien von großer Potenz zum Ausgleich ihrer Schuld eingesetzt und andererseits ihre Opferbereitschaft in einem Kunstluxus bezeugen wollen, für den sie die Mittel durch neue Umlagen im Volk leicht beschaffen konnten.

Die Urkunden für *Champmol* lassen uns ebenso wie Einzelheiten seiner Baugestalt und Ausstattung diese Zusammenhänge deutlicher erkennen. Der Plan reicht bis 1373 zurück. Erst durch den Tod des Vaters seiner Gattin Margarete von Burgund, 1385, erhielt Philipp der Kühne die nötigen Mittel zu seiner Ausführung. »Für das Seelenheil gibt es nichts Besseres als die Gebete der frommen Mönche, die aus Liebe zu Gott freiwillig Armut erwählen und alle Nichtigkeiten und Freuden der Welt fliehen«, heißt es in der Stiftungsurkunde. Der Herzog ist sich bewußt, daß seinem Rang nur die beste Kunst und auch nur das Beste an Gebeten angemessen sei. Das Dokument fährt fort: »Da die Kartäuser unablässig Tag und Nacht für das Heil der Seelen und für die gedeihliche Entwicklung des öffentlichen Wohles und der Fürsten beten«, so wolle er ... »aus seinen Mitteln für vierundzwanzig Mönche, fünf Laienbrüder und ihren Prior eine Kartause zu Ehren der Heiligen Dreifaltigkeit stiften«.[19] Es handelt sich also um eine Doppelkartause, um die Gebetskraft der Mönche zu mehren. Der Baumeister des Königs, der am Louvre baute, DROUET DE DOUMARTIN, erhielt den Auftrag, die Pläne für das Kloster in größter Eile herzustellen. Die Kirche, die schon 1388 geweiht werden konnte, sollte die Grablege des Geschlechtes werden. SLUTER und BROEDERLAM, die ersten Namen des Zeitalters, wurden zu ihrer Ausstattung herangezogen. Der Gedanke war – in einem fast frevelhaften Erlösungsverlangen –, die Fürstengräber im Chor der Kirche so zwischen das Gestühl der Mönche zu stellen, daß die Wechselgebete über sie hinweg und durch sie hindurch dringen mußten (Abb. 69). Es handelt sich um die Gräber Philipps des Kühnen und seines Sohnes Johann ohne Furcht und dessen Gemahlin, die nach der Säkularisation 1789, die die Kartause zusammen mit den 67 anderen französischen Kartausen traf, verstümmelt wurden und sich heute im Museum von Dijon befinden. Als 'pleurants', Trauernde um den Tod der Fürstin, sind die Mönche mit ihren tief herabgezogenen Kapuzen in die Kunstgeschichte eingegangen. Der Gedanke hatte sich ausgebreitet, demzufolge die Flammen des Fegefeuers so lange nicht brennen, wie für den Verstorbenen Messen gelesen werden. Mehr als ein Jahrhundert später sollte dieser Gedanke Margarete von Österreich veranlassen, für ihren jung verstorbenen Gatten Philipp den Schönen das Kloster *Brou*, das ihre Tante Margarete von Bourbon gestiftet hatte, so reich auszustatten, daß in ihm genügend Mönche für einen ununterbrochenen Messdienst vorhanden waren. Es gibt eine ergreifende Korrespondenz aus den Säkularisationswirren, in der die vertriebenen Mönche die Mitbrüder in den noch bestehenden Kartausen anflehen, ihre oft Jahrhunderte alten Gebets- und Messdienstverpflichtungen mitzuübernehmen, bis sich zuletzt die wenigen Klöster vor den sich zusammendrängenden Gebetsversprechungen nicht mehr retten konnten.

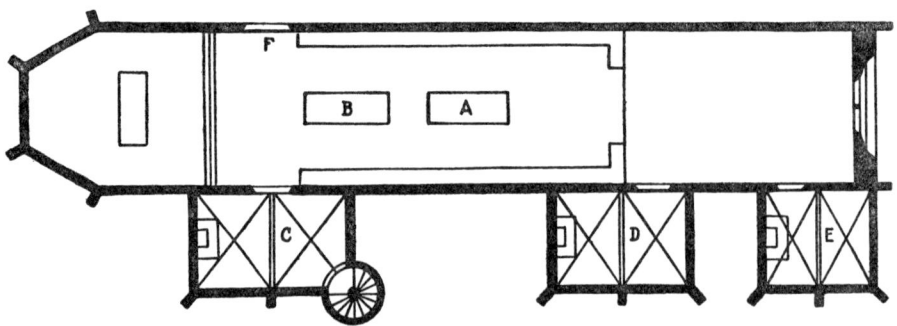

69   Champmol, Kartäuserkirche. Rekonstruktionsversuch

A Grabmal Philipps des Kühnen B Grabmal Johanns ohne Furcht C Chor- oder Engels-
kapelle D Petruskapelle E Agneskapelle F Tympanon über der Tür zum kleinen Kreuzgang

Es ist wahrscheinlich, daß auch das ikonographische Programm des *Moses-
brunnens* inmitten des Kreuzganges von einem ähnlichen Gedanken bestimmt
worden ist. Der Aufwand für diesen Kalvarienberg der Mystik ist einzigartig
in der Geschichte der Klosterbaukunst. CLAUS SLUTER schuf inmitten des großen
Kreuzgangs einen Brunnen, über dem sich eine Kreuzigungsgruppe erhebt, und
deutet damit das Kreuz und Christi Blut als Brunnen aller Gnaden. Gemeinsam
griff er das Motiv des Klosterbrunnens inmitten des Kreuzganges und das Motiv
des Friedhofkreuzes inmitten von Gräbern auf, sich wohl entsinnend, daß die
Kartäuser im Bereich zwischen diesem Brunnen und dem Chor der Kirche, inmitten der Lebenden also, ihre letzte Ruhe suchen wollten. Am Sockel des Auf-
baus prangen die Wappenschilder Flanderns und Burgunds als Sinnbilder der
Herrscherhäuser, über die sich dieser Gnadenstrom ergießen möge. Mit feier-
lichstem Ernst umstehen sechs Gestalten des Alten Bundes diesen Brunnensockel,
wobei man in Moses den Mann erkennen darf, während dessen Gebet auf dem
Berge in der Ebene darunter Josua siegen mußte. Solange Moses die Arme
erhoben hielt, wichen die Feinde zurück, bis sie am Abend des Tages geschlagen
waren. Sluters Moses ist anders wiedergegeben. Der Vergleich darf nicht wörtlich
genommen werden. Doch entspricht der biblische Bericht genau den Aufgaben-
bereichen, die Philipp der Kühne den Mönchen in seiner Staatsordnung zugewiesen hatte. Nur der strengste Orden konnte ihm diesen Dienst leisten. Das
Raffinement dieser höfischen und zugleich die Natur mit Entdeckerfreuden nach-
ahmenden Kunst trat durch seinen Gegensatz zu der Askese des Mönchslebens

deutlicher zutage. Der Glanz des fürstlichen Auftritts wurde durch Distanz zur mönchischen Armut gesteigert. Von diesem Blickpunkt aus gesehen, erhält der Hochaltar der Kirche mit dem Schnitzretabel des JACQUES DE BAERZE und den Bildflügeln von MELCHIOR BROEDERLAM ebenso einen veränderten Sinn wie die Seitenaltäre des JEAN MALOUEL und HENRI BELLECHOSE. Auch im Kapitelsaal, den man sich als eine Schatzkammer der höfischen Kunst Burgunds vor und um 1400 vorstellen darf, befand sich erstaunlicherweise ein reicher Schnitzaltar. Immerhin verfügte Philipp, daß jede Zelle ein Andachtsbild erhalten solle. Zu ihnen könnten die kleinen Tafeln des SIMONE MARTINI im Louvre, im Berliner Museum und in Antwerpen mit der Passion Christi, die aus *Champmol* stammen, ebenso gezählt haben wie das Trinitätstriptychon des Berliner Museums aus dem Ende des 14. Jh., JEAN MALOUELS 'Grande Pitié' im Louvre oder JAN VAN EYCKS 'Verkündigung' in Washington. Alle diese kleinen Tafelbilder fordern zur mystischen Versenkung und theologischen Nachdenklichkeit auf. Das Kloster besaß eine Bildergalerie von höchstem Rang.

Auch Reichs- und Bischofsstädte hielten sich ihre Kartäuser. Es gibt eine große Anzahl von Kartäuserklöstern innerhalb der städtischen Mauern. *Paris* besaß eine berühmte Kartause. In *Köln, Nürnberg, Würzburg, Mainz, Basel* und *Prag* finden wir Kartausen. Sie liegen am Rande der Städte in Zonen der Stille, aber immerhin meist innerhalb der alten Mauern.

Relativ gut hat sich die *Nürnberger* Kartause erhalten, nachdem ihre Gebäude 1857 dem Germanischen Nationalmuseum zur Verfügung gestellt worden sind (Abb. 70). Freilich hat auch hier der Zweite Weltkrieg vieles zerstört. Es handelt sich um die Stiftung eines Nürnberger Kaufmanns. 1380 hatte der Rat die Erlaubnis zu ihrem Bau erteilt, schon 1383 war sie vollendet. Nürnberger Bürger haben die einzelnen Bautrakte bezahlt. Einzelne Familien erklärten sich bereit, jeweils eine Zelle erbauen zu lassen. Dadurch geriet jede von ihnen in den Besitz eines fürbittenden Mönches. Kennzeichnend ist die Auflage, durch die der Stadtrat sich das Kloster unterordnete. Man wollte einerseits die frommen Mönche in der Stadt nicht missen und doch zugleich vermeiden, daß hier erneut ein Organismus eigenen Rechts sich entwickeln könne. Der Prior mußte sechs Bedingungen akzeptieren: er durfte nur 12 Mönche aufnehmen, jeden einzelnen nur mit Genehmigung der Stadt. Alle seine Unternehmungen mußten dem Rat zur Billigung vorgelegt werden. Es wurde ihm verboten, an Kaiser oder Könige mit der Bitte um besondere Freiheiten heranzutreten. Bauern oder Untertanen des Klosters hatten der Stadt, und nicht dem Kloster, ihre Steuern zu zahlen. Endlich mußte sich der Prior bereit erklären, das Kloster, das zwischen der inneren und der äußeren Befestigung lag, abbrechen zu lassen, wenn immer es

die strategische Lage erforderte. Es war eine Stelle, die für die öffentliche Bebauung nicht freigegeben war. Daß es mit den Bestimmungen dann nicht ganz
so genau genommen wurde, beweist die Tatsache, daß man später doch 23 Zellen
genehmigt hat. Es gab zu viele Familien, die eine Zelle stiften wollten. Auch
hat die Kartause nur knapp 150 Jahre bestanden. Der Reformation schloß sich
der Prior des Klosters schon 1525 an. Die Zellen wurden der Stadt überlassen,
die sie als Witwenhäuser nutzte, ehe die ganze Anlage nach der Aufhebung der
Reichsstadt zu einem Militärmagazin herabsank und verkam.

Der Grundriß (Abb. 70) nach der Rekonstruktion von 1892 durch Essenwein,
der Direktor des Germanischen Nationalmuseums war, ist nicht in allen Einzelheiten genau. Auch muß bedacht werden, daß dieses städtische Kloster zahlreiche
Um- und Ergänzungsbauten eingliedern mußte, welche die fortwirkende Anteilnahme der Stifterfamilien bezeugen. Das Leben der Gemeinschaft von Innen
heraus wurde ergänzt durch ein ebenso mit jedem Detail der Planung vertrautes
Wirken von Außen hinein. Die Lage außerhalb der eigentlichen Stadtmauern
ermöglichte es, ein großes Gelände zu ummauern, in dem sich ausgedehnte
Gärten befanden, in der Nordwestecke die schöne Zwölfbotenkapelle, in der
Südostecke der Heilgarten. Man zählt die Einsiedeleien rings um den großen
Kreuzgang und bemerkt, daß der Baumeister den Zwischengang zum Schutze
vor jedem Haus fortgelassen hat. Der kleine Kreuzgang wird von den Konventsgebäuden umgeben, unter denen sich der Kapitelsaal durch sein reiches Netz-
gewölbe auszeichnet. Ursprünglich besaß auch diese Kirche einen Kreuzgang-
Lettner, dessen einer Zugang links von der Kirche noch kenntlich ist. Stallungen
und Remisen sind an die Straßenseite im Westen gelegt, und man kann annehmen,
daß dort auch im Obergeschoß Räume für die Gäste waren. Sehr schön ist die
Anordnung der drei Höfe, ihren Aufgaben entsprechend zueinandergeordnet, der
große Hof im Osten, der Konventshof in der Mitte und der Wirtschaftshof, der
durch die Zelle des Priors in zwei Teile unterteilt ist, im Westen. Man sieht –
und diese Einsicht würde bei einem Vergleich zahlreicher Kartausengrundrisse
noch größeres Gewicht erlangen –, daß die Organismen viele Variationsmöglichkeiten der Gestaltung angeboten haben. Vergleichbar der fürstlichen Kartause
von *Champmol* wurde die bürgerliche von Nürnberg belebt durch die zahlreichen Kunstwerke und Bauteile, die Patrizier bei den ersten Handwerks-
meistern in Auftrag gaben. Auch DÜRER war in der Zwölfboten-Kapelle
vertreten.

Das Bauschema des Ordens war ein so genau vorgeschriebenes, daß auch das
19. und 20. Jh. keine Veranlassung sah, Änderungen vorzuschlagen. Die einzige
Kartause Englands, *St. Hugh's Charterhouse* in *Parkminster,* verdankt ihre Ent-

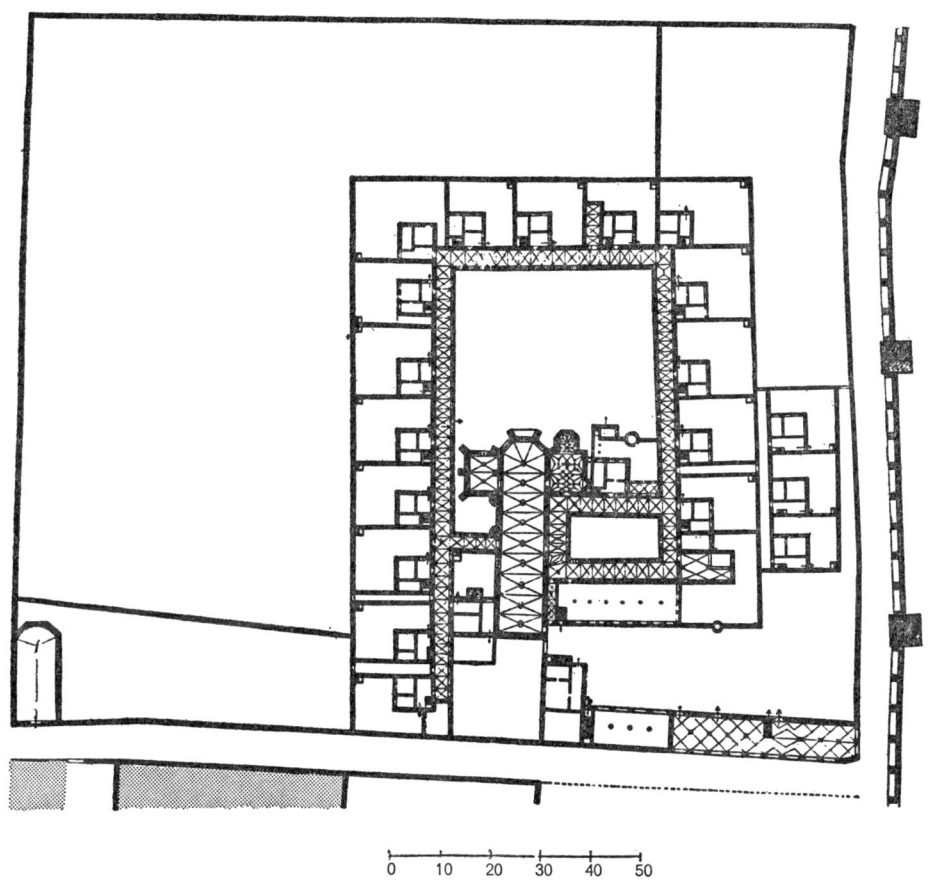

```
0   10   20   30   40   50
```

70   Nürnberg, Kartäuserkloster. Nach A. Essenwein

stehung dem Bedürfnis französischer Kartäuser, die von einer Ausweisung
bedroht waren, sich eine Heimstätte im Ausland zu sichern. Seit 1876 wurde
sie in neugotischem Stil erbaut. Geldmittel standen zur Verfügung. Es entstand
eine Doppelkartause, die sich genau an die alten Vorbilder hielt (Abb. 71). Das
Luftbild veranschaulicht die Folge der drei Höfe, welche der Kirchenbau ver-
klammerte. Als einzige Neuerung beobachtet man, daß die Zellen nicht unmittelbar am Kreuzgang lagen, sondern jeweils von ihm durch ihre Gärten getrennt
worden sind. Doch besaßen die Häuser keine Fenster nach außen. Auch der
Friedhof behielt seinen alten Platz an der Kirche bei. Nur in einem glaubte
man dem neugotischen Geschmack sich beugen zu müssen; die Kirche erhielt einen

Turm, in dessen Untergeschoß die Kreuzgänge einmündeten. Sie wurde dadurch den Mönchen zugewendet. Man glaubte, es sei wichtiger, daß die Mönche den Kirchenbau hochaufragend vor sich sähen, sobald sie den Kreuzgang betraten, als daß sie sich dem Sakrament im Chor der Kirche nahe fühlen konnten.

71   Parkminster, Kartause 19. Jh.

72   Assisi, San Francesco von Südosten

73   Assisi, San Francesco von Westen

74   Florenz, Santa Croce. Refektorium, Abendmahl und arbor vitae von Taddeo Gaddi

75   Stifte und Klöster Kölns   ▷

76   Köln, St. Pantaleon. Modell   ▷

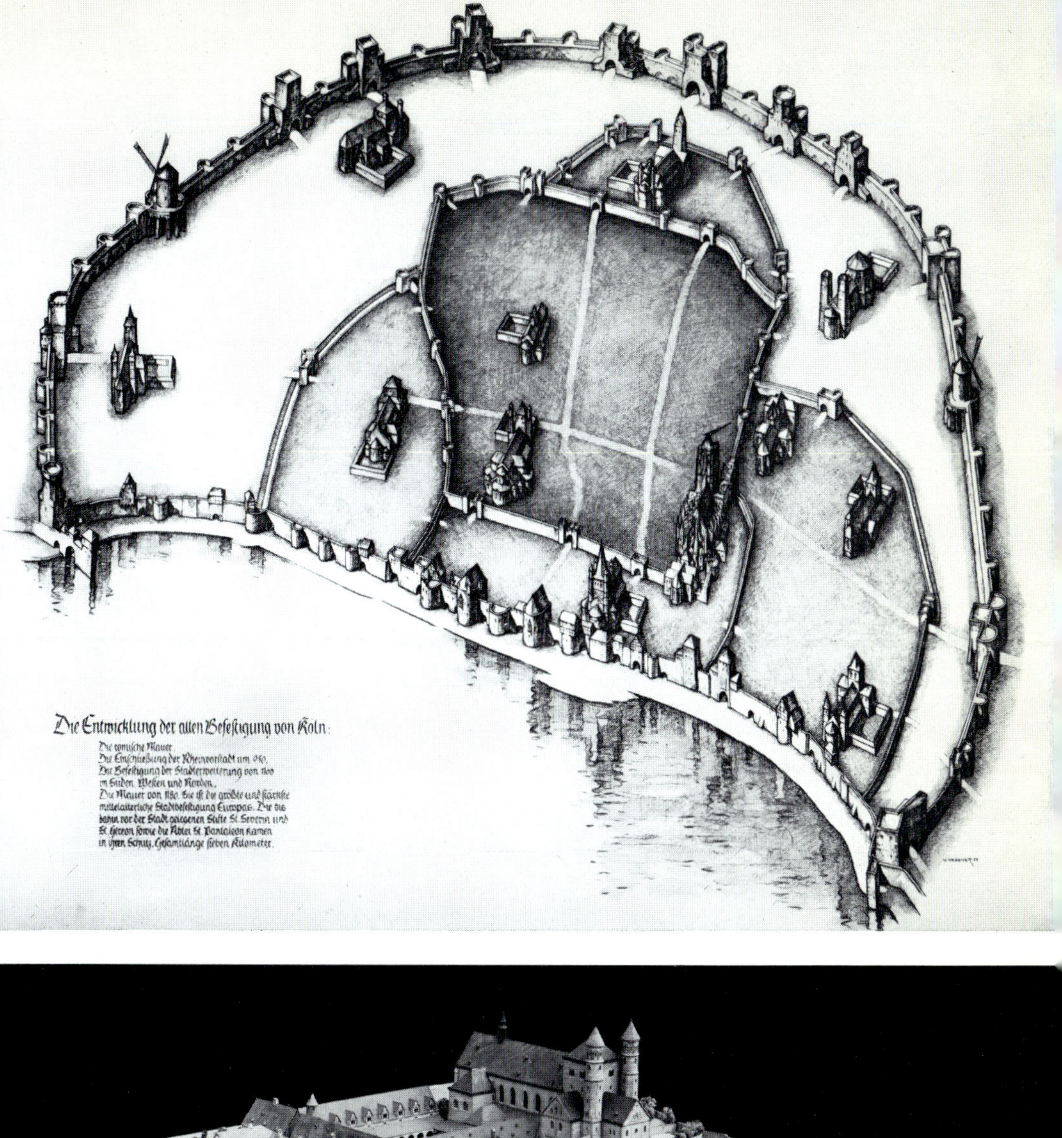

Die Entwicklung der alten Befestigung von Köln:

Die römische Mauer
Die Einschließung der Rheinvorstadt um 940.
Die Befestigung der Stadterweiterung von 1106
im Süden, Westen und Norden.
Die Mauer von 1180. Sie ist die größte und stärkste
mittelalterliche Stadtbefestigung Europas. Bei ihr
bahen vor der Stadt gelegenen Stifte St. Severin und
St. Gereon sowie die Abtei St. Pantaleon kamen
in ihren Schutz. Gesamtlänge sieben Kilometer.

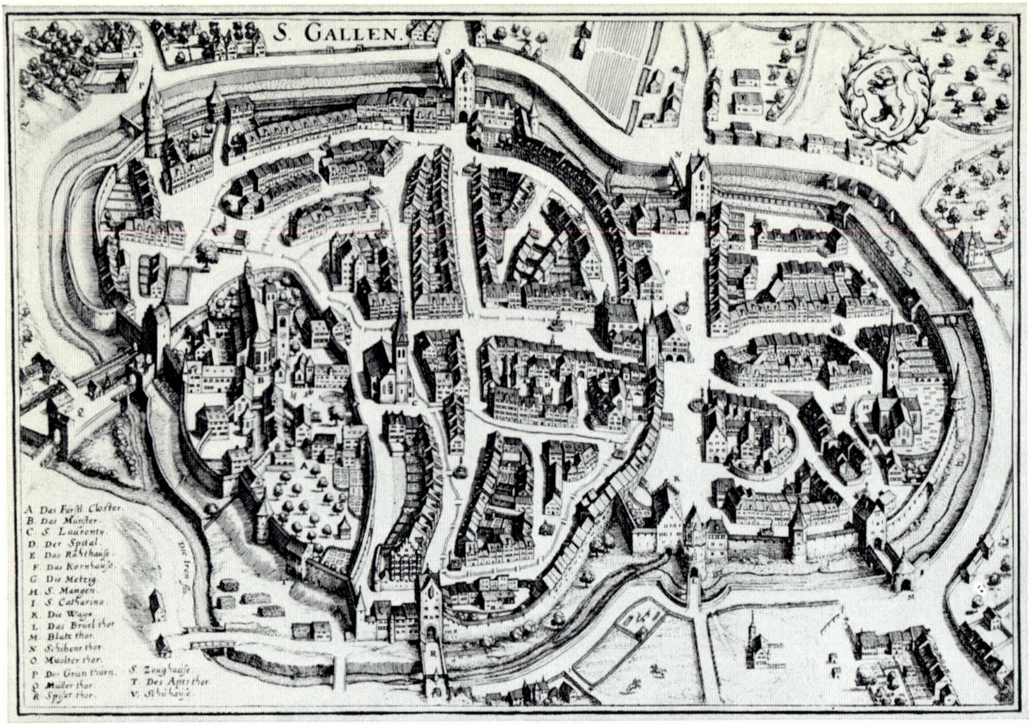

77 St. Gallen, Kloster und Stadt. Nach M. Merian

78 Groß-Komburg

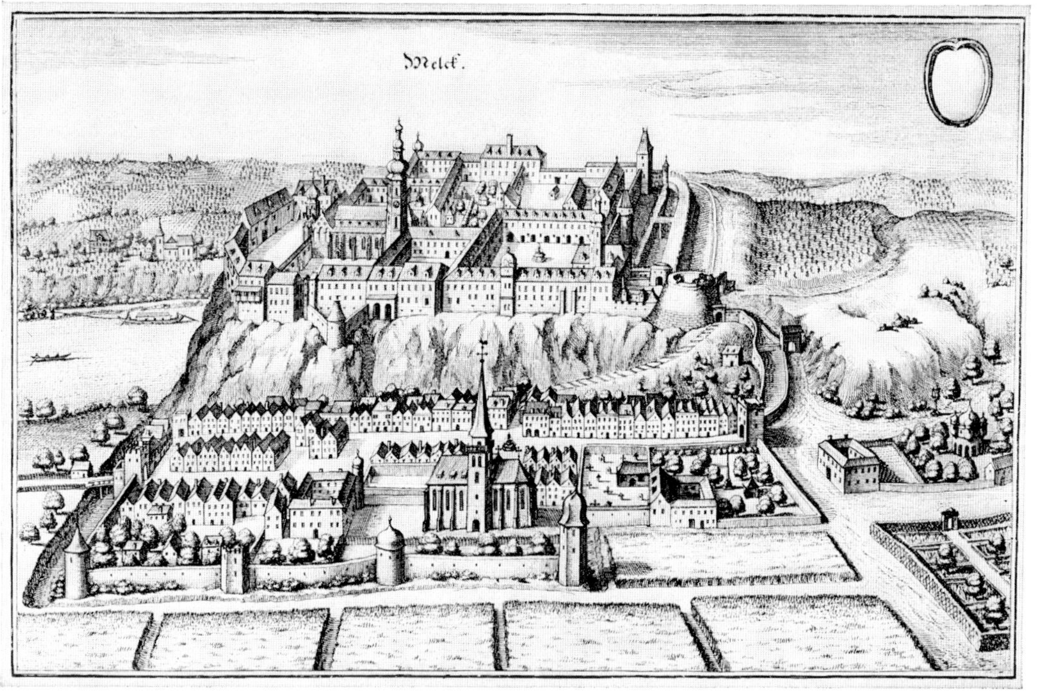

79 Melk. Nach M. Merian

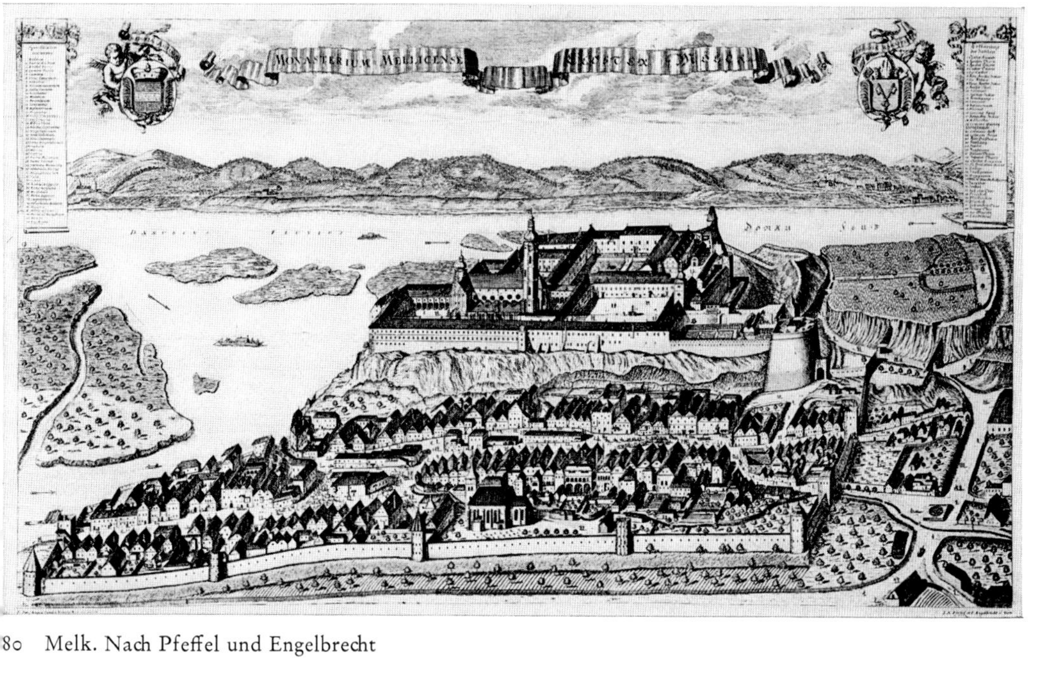

80 Melk. Nach Pfeffel und Engelbrecht

81   Santa Maria Pomposa, von Osten

7 Die Bettelorden

Wie soll man Kunst machen, wenn man nichts besitzen will? Wie ein Kloster, eine Kirche und Gemeinschaftsräume bauen, wenn schon die ärmlichste Hütte auf eigenem Grund dem hl. Franz als ein Verrat an Frau Armut erschien? FRAN-ZISKUS wollte keinen neuen Orden gründen, denn das Leben in der Nachfolge Christi, der nichts hatte, wohin er sein Haupt legen konnte, hatte in seinen Augen nichts gemein mit dem Leben in Klöstern und Stiften. Dort war alles vorgeplant, hier alles dem Gottvertrauen überlassen; es war ein Wirken im Freien und Offenen, nicht hinter Klostermauern. Den Wandermönchen wurde jeder Raum zur Heimstätte, in den sie mit dem Gruß traten, den Franz sie gelehrt hatte: Friede diesem Hause. Zuletzt hatte er angeordnet, daß man seinen Leib in einer Schutthalde am Abhang vor der Stadtmauer verscharren solle[20]. Diese Bestimmung machte jene gewaltigen Substruktionen notwendig, die die Kirche und das Kloster über seiner Grabgrotte tragen (Abb. 72, 73).

Franz wollte vergessen werden. Seine Nachfolger jedoch ließen sein Leben in einer monumentalen Freskenfolge auf die Wandfelder der Oberkirche von *San Francesco* malen, ließen die späteren ›Fioretti‹ durch GIOTTO und seine Schüler an einer Stelle veranschaulichen, wo an vergleichbaren Orten bisher nur die 'Gesta Christi' nach den evangelischen Texten gestattet waren. Der Klostergedanke und der Wille zur Verewigung im Bild erwiesen sich stärker als die Vorschriften und Ermahnungen des Stifters. *San Francesco in Assisi* ist Sinnbild für einen Prozeß, der sich im Verlauf des 13. und 14. Jahrhunderts an vielen Stellen Europas vollzogen hat. Man muß ihn mit der Entwicklung der religiösen Bewegungen des hohen und späten Mittelalters zusammensehen (Schrifttum 142). Diese Bewegungen sind zugleich die Träger einer Kunstentwicklung, die über die Kunst der Mystik zur Kunst der Renaissance führt.

Der Spanier DOMINIKUS (ca. 1170–1221) schuf eine Kampforganisation aus freien und armen Priestern, die, außerhalb des hierarchischen Gefüges der Bistümer und Stifte stehend, doch bald im Auftrage und unter dem Schutz des Papsttums, dem Aufbruch eines sich stetig weiter radikalisierenden Christentums entgegentraten. Inmitten des sich entfaltenden Luxus und Wohlstandes wollte man mit den Armen arm sein; Geld durfte nicht angenommen werden. Ein durch Landbesitz fundiertes Einkommen war untersagt, doch gestattete Dominikus seinem Orden die Annahme von Renten, denn während Landbesitz die Organisation mit Arbeit belastete, wurde sie durch Renten für ihre wissenschaftlichen und pädagogischen Aufgaben frei. Die Priesterbünde stellten sich außerhalb der sozialen Ordnungen, die das hohe Mittelalter beherrscht hatten. Ihr Zuhause sahen sie nicht in Klosterburgen oder Stiftsländern, vielmehr in den Kirchensälen am Rande der Städte. Als Regel gab ihnen Dominikus das alte Buch der Augustinerchorherren in die Hände. Doch sollte nicht der Chordienst, sondern das Wirken nach außen durch Predigt und Beichtstuhl im Mittelpunkt ihres Lebens stehen. Als ein neues Element forderte der Stifter das Studium. Durch bessere Kenntnisse rüstete man sich zum Disput mit dem Irrglauben. ALBERTUS MAGNUS und THOMAS VON AQUIN sind die bedeutendsten unter den Lehrern des neuen Ordens geworden. Gleichzeitig entstand die Inquisition; das Ziel, das Dominikus sich gesetzt hatte, wollten seine Nachfolger mit allen Mitteln erreichen.

FRANZISKUS (1181–1226) ist von anderen Voraussetzungen ausgegangen. Man sieht es der neuen Gemeinschaft an, daß sie in Italien, ja in Umbrien großgeworden ist, wie man den Zisterziensern ihre französische, den Dominikanern ihre spanische Herkunft ansieht, zu der dann freilich jener französische Rationalismus kam, durch den erst die Dominikaner zu den wahren Nachfolgern der Zisterzienser geworden sind. Die Stile der Frömmigkeitshaltung sind verschieden: Die Klarheit der französischen Geistigkeit beherrscht den Orden BERNHARDS, spanischer Ernst und Glaubenseifer die Priestergemeinschaft des HL. DOMINIKUS, italienisches Hingabeverlangen den Lyrismus des HL. FRANZ. Diese Grundhaltungen sind in vielfachen Brechungen Architektur und Bild geworden. Franziskus war selbst ein Anhänger jenes christlichen Radikalismus, der die Katharer, Albigenser und Waldenser am Ausgang des 12. Jahrhunderts einen Weg einschlagen ließ, der aus der Kirche herausführen mußte. Als Franz 1209 oder 1210 mit elf Gefährten vor Papst Innozenz III. trat, um die erste seiner drei Regeln bestätigen zu lassen, mußte die Kurie in ihm einen möglichen neuen Anführer eines solchen radikalen Aufstandes sehen, der, getreu dem Text der Evangelien, gegen jeden Besitz gerichtet war und sich deshalb auch gegen jede hieratische Ordnung richten konnte. Was WALDES 1179 von Alexander III. verweigert worden war, erreichte Franziskus durch die Vermittlung des klugen BenediktinerKardinals Johannes Colonna. Die Kurie sah ein, daß es besser wäre, die junge

Gemeinschaft zu fördern, um vielleicht mit ihrer Hilfe die Massen des Volkes zurückzugewinnen. Auch konnte der hl. Franz darauf hinweisen, daß seine kurze Regel keine Neuerung darstelle, da sie sich fast nur aus Sätzen der Evangelien zusammensetzte. Neue Orden zu gründen blieb verboten, doch hat Franziskus immer betont, daß seine Brüdergemeinschaft kein Orden sei. Die Franziskaner wollten keine Mönche sein, sie haben nie versucht, sich in Klöstern vor der Welt zurückzuziehen. Auch das Leben der Eremiten hatte für sie nur als Vorbereitungszeit einen Sinn. Minderbrüder – *fratres minores* – nannten sie sich selbst, um sich von allen höheren Ständen des Klerus zu unterscheiden. Dennoch willigte der hl. Franz damals ein, die Tonsur zu nehmen und damit, wenn auch nicht Mönch, so doch Kleriker zu werden. Es ist dem Einfluß Honorius III. zuzuschreiben, wenn diese Nachfolger der Apostel zuletzt doch noch ein Orden geworden sind. Eine Bulle von 1220 bezeichnet den Anfang der Umbildung, die Regeln von 1221 und 1223 ihre Fortentwicklung und eine Bulle Gregors IX. von 1230 einen ersten Abschluß. Wie vorher die Dominikaner und später die Jesuiten ordneten sich auch die Franziskaner dem Papsttum in strengem Gehorsam unter. Ihre Organisation förderte den Zentralismus der Kirche. Die neuen Orden der Franziskaner und Dominikaner wurden ein politisches Instrument, wobei man im Auge behalten muß, daß DOMINIKUS von außen her gegen die Häresien seines Jahrhunderts zu Felde zog, während FRANZ von innen heraus das Volk zu gewinnen suchte, noch ehe es den radikaleren Richtungen verfallen konnte. Die beiden Orden haben sich also in ihren Ansätzen ergänzt, dennoch haben sie sich zu allen Zeiten als Rivalen gegenübergestanden und fast überall dort, wo der eine seine Niederlassung schuf, hat sich alsbald auch der andere eingefunden. Paarweise treten sie uns im Bild der europäischen Städte entgegen.

Beide wurden durch das rasche Anwachsen der Bevölkerung im 13. Jahrhundert, namentlich des Industrieproletariats, gefördert. Im Gegensatz zu den Zisterziensern wählten sich die Predigerorden die dichtbesiedelten Städte zum Feld der Bewährung. Seit dem Ausgang des 12. Jahrhunderts bis hin zu der großen Pest von 1348/52 hat sich die Zahl der Städte wie die ihrer Einwohnerzahlen kontinuierlich vermehrt. Zählte man in Deutschland um 1100 knapp 50 mauerumwehrte Plätze, so waren es um 1200 mehr als 100 und um 1300 nahezu 500. In jeder Stadt gab es bald sowohl ein Franziskaner- als auch ein Dominikanerkloster. Sie lagen in der Regel am Rande der Siedlung und nahe der Stadtmauer, wo das Bauland billig und die Entfaltungsmöglichkeiten groß waren. Die Dominikaner- und Franziskanerstatistik ist nicht weniger eindrucksvoll als jene der Zisterzienser (s. o. S. 113). 1277 gab es 414 Dominikanerklöster, 1358 waren es 635 und 1720 sogar 1076. Dies war der Höhepunkt. 1316 umfaßten

die italienischen Provinzen des Franziskanerordens 567 Männer- und 198
Frauenklöster, die französischen im gleichen Jahr 247 Männer- und 47 Frauen-
niederlassungen, die deutschen 203 und 47. Vor allem der Zuzug zu den Frauenklöstern wurde am Ende des 13. Jahrhunderts beängstigend. Die Anzahl der
Schwestern stand in keinem Verhältnis zu der wirtschaftlichen Leistungsfähigkeit
der Niederlassungen. Die Orden hatten sich lange gegen die Aufnahme von
Frauenklöstern gewehrt. Der hl. Franz hat nur den losen Verband mit einem
einzigen gestattet, dem Kloster der HL. KLARA S. Damian. Für Frauenklöster war
das Gebot der Armut noch schwerer durchzusetzen als für die Brüdergemeinschaft. Bis zu ihrem Tode 1253 hatte die hl. Klara das *privilegium paupertatis*
verteidigen können, dann brach der Damm, wie er bei den Dominikanern schon
vorher, 1245, durch die persönliche Intervention der Gräfin Amiciède Joigny bei
Papst Innozenz IV. in Lyon gebrochen war. Noch im gleichen Jahr konnte das
St. Agneskloster in Straßburg zusammen mit fünf weiteren Dominikanerinnen-
klöstern der gleichen Stadt inkorporiert werden. Das Ideal, ganz der Meditation
in völliger Armut leben zu können, begann die Bürgerhäuser zu entvölkern. Man
entzog sich der Last des Jahrhunderts. Die Städte wehrten sich gegen die Über-
weisung immer größerer Liegenschaften an die Klöster und den Entzug von
Arbeitskräften zugunsten der Meditation. Es trat eine Übersättigung ein, deren
Gefahren den Zeitgenossen bewußt waren[21]. Die Frauenklöster beider Orden
sahen sich gezwungen, ihre Pforten vor armen Bewerberinnen um den Ordens-
stand zu schließen. Daraus entwickelten sich Vereinigungen von Frommen, die
keinem Orden angehörten: Beginen, Reuerinnen und andere. Rasch hatte sich der
edle Gedanke des HL. FRANZ ad absurdum geführt. Dabei ist zu bedenken, daß die
Unterschiede in der Lebensform zwischen den Frauen- und Männerklöstern der
Bettelorden weit größer waren als bei den alten Orden. Die Tätigkeit der Brüder
und Priester war ganz nach außen gerichtet, sie wirkten im Volke. Die Schwestern
aber waren vorwiegend selbst Gegenstand seelsorgerischen Bemühens. Sie lebten
in strenger Klausur, wenn nicht auch ihnen, namentlich den Franziskanerinnen,
Aufgaben der Krankenpflege übertragen wurden. Hinzu kamen in beiden Gemeinschaften jene Gebetsverbrüderungen, die als III. Orden oft große Teile der
städtischen Bevölkerung aufnahmen, Bürger und Bürgersfrauen, die sich zu einem
Leben der Askese, des Gebets und der Mildtätigkeit verpflichteten. Es ist ein Ergebnis der missionarischen Tätigkeit der Bettelorden, daß die Trennungslinie
zwischen Weltleuten und Klerikern unscharf wurde. Auch Angehörige der III.
Orden konnten, wie die HL. KATHARINA VON SIENA, ein Ordensgewand tragen.
Dominikanische und franziskanische Frömmigkeit bestimmen die Geistigkeit
der zweiten Hälfte des 13. Jahrhunderts und der ersten Hälfte des 14. ebenso, wie

die Zisterzienserfrömmigkeit das 12. Jahrhundert bestimmt hatte. Es fand ein Ablösungsprozeß statt, der nicht eindrucksvoller hätte sein können. Die alten Orden bestanden fort; die Erfahrungen der Zisterzienser und Prämonstratenser haben sich die Dominikaner beim Ausbau ihrer Organisation zunutze gemacht. A. Hauck nennt diese die vollkommenste, die das Mittelalter geschaffen hat[22]. Nicht selten entstanden auch bei den Benediktinern noch bedeutende Kunst- und Geisteswerke, gekennzeichnet wurde das Zeitalter durch die Franziskaner- und Dominikanerbauten, die Bilder und Skulpturen, die für ihre Kirchen entstanden sind. Auch die Gestaltungskraft der Bischofssitze hat nach 1250 an Energien verloren. Dort, wo noch neue Dome entstanden, war es mehr das städtische Bürgertum als der hohe Klerus, der sie gefördert hat. Die Westfassade des Domes von Straßburg, die Dome von Florenz und Mailand sind Beispiele dafür. Man hat von der Reduktionsgotik gesprochen, die von den Bettelorden gefördert wurde, doch ist der Ausdruck irreführend, denn der Reichtum der Bauformen der Kathedrale wurde nicht nur reduziert, sondern die Formen selbst erhielten einen neuen Sinn, wurden zu Trägern einer neuen Geistigkeit. R. Krautheimer hat hervorgehoben, daß das 'magische Element' in den Kirchen des Bettel- und Predigerordens zurückgetreten sei (Schrifttum Nr. 143). Es handelt sich um einen Entsakralisierungsprozeß, der freilich der Architektur auch neue Aufgaben gestellt und neue Möglichkeiten eröffnet hat.

Unmittelbar nach dem Tode des HL. FRANZ brach der Gegensatz zwischen den Prinzipien seiner Lehre und Lebensführung und den Realitäten der Ordensverwaltung auf. Er führte zur Spaltung der jungen Gemeinschaft in *Spirituale* und *Konventuale*. Der Bau von *San Francesco in Assisi* wurde ein erster Gegenstand des Disputs. Die Spiritualen wollten weiterhin wie der hl. Franz auf jeden Besitz verzichten und wandernde Prediger der Lehre Christi bleiben. Sie weigerten sich, der Entwicklung des Ordens unter dem Zwange der raschen Zunahme seiner Mitglieder Rechnung zu tragen. Sie verurteilten den Bauluxus der Klöster, die Größe der Kirchen, Malerei und Skulptur, ebenso die weltlichen Wissenschaften. Das Franziskanerstatut von 1260 nahm einige ihrer Forderungen an, so blieben nur die Bilder des Kruzifixus, der Madonna, des hl. Johannes, Franziskus und Antonius erlaubt (Dokumente Nr. XIV). Es scheint aber, daß diese Erlasse nie durchgeführt worden sind. Gegen sie sprach auch die Abhängigkeit der Klöster von jenem stiftungsfreudigen Patriziat, ohne das die großen städtischen Brüdergemeinschaften nicht lebensfähig waren. Die Spiritualen haben ungeheure Entbehrungen auf sich genommen, um die reine Lehre stets von neuem gegen eine Entwicklung durchzusetzen, die ebenso zwangsläufig wie unaufhaltsam war. Es kam zur Ausweisung in die Missionen nach Armenien und Syrien, zum Verschwinden Hunderter in Klosterhaft, vereinzelt auch zu Ketzerverbrennungen. Das Papsttum hat mehrmals zu vermitteln versucht. Im 14. Jahrhundert waren überall die Konventualen siegreich, und Kirchenbauten wie *Santa Croce in Florenz* oder *Santa Maria Gloriosa dei Frari* in Venedig konnten ungestört, wenn auch nicht kritiklos, hochgeführt werden[23]. Auch die Franziskaner, wenngleich sie keine Landwirtschaft betrieben, verwalteten nunmehr Liegenschaften und Miets-häuser. Jüngere Gegenbewegungen waren deshalb erfolgreicher als die Spiritua-len, weil sie das Wachstum nicht zu verhindern, vielmehr zu lenken versuchten. Die *Observanten* des 15. Jahrhunderts sind unter ihnen die bedeutendste Gemein-schaft gewesen. In ihrem Namen berufen sie sich darauf, die Regel genau be-achten zu wollen *(observantia regularis)*. Große Volksprediger sicherten ihnen einen ungeheuren Zulauf, so BERNHARDIN VON SIENA, und gegen 1500 gab es zahlreiche Niederlassungen der Observanten als der Konventualen mit rund 30000 Brüdern. Auch sie haben sich zuletzt zur Welt und ihren Ordnungen bekennen müssen. Ihre Leih- und Pfandhäuser, die sie mit rein karitativen Zielen in vielen Städten eröffnet hatten – man nannte sie *montes pietatis* – entwickelten sich zu Bankhäusern. Aus Bewegungen wurden Institutionen; ein Innerliches und Geistiges trat nach außen in Bauwerken und Bildern in Erscheinung.

Es entspricht Ordensgemeinschaften, die die *stabilitas loci,* wie sie der HL. BENE-DIKT gefordert hatte, zugunsten eines Wanderlebens von Niederlassung zu Nie-derlassung aufgaben, daß sie den Ordensbereich in Ordensprovinzen unterteilten. Die Dominikaner besaßen 1218, also drei Jahre vor dem Tode Dominikus', zwölf solcher Provinzen, deren Begrenzungen veranschaulichen, daß man von vornherein das ganze Abendland und seine Missionen als Betätigungsfeld des Ordens ins Auge gefaßt hatte. 1303 waren es achtzehn, 1484 sogar dreiund-zwanzig, wobei die Zunahme der Niederlassungen dazu zwang, immer kleinere Bereiche zu einer Verwaltungseinheit zusammenzufassen. Hatten sich die Zister-zienser schrittweise von ihrem burgundischen Auszugsbereich nach Süden, Nor-den und Osten vorgekämpft, so strebten die Prediger- und Bettelorden von vornherein danach, das Ganze der christlichen Welt in den Griff zu bekom-men. Das Ideal, zur Mission auszuziehen, ließ sich nur selten verwirklichen, so versuchten sie nicht, Neuland zu durchdringen, sondern wollten vielmehr die Infrastruktur der gegebenen Christengemeinden verändern. Auch zeigt das Denken in Ordensprovinzen, daß man der einzelnen Klosterpersönlichkeit un-gleich geringere Freiheit beließ, als sie vergleichsweise die alten Benediktiner-abteien besessen hatten. Beide Orden waren zentralistisch organisiert, an ihrer Spitze stand ein General, der sich nicht wie der hl. Franz sehr lange als Diener oder Knecht der Brüder bezeichnete. Ihm unterstellt waren die Provinzprioren, die bei den Franziskanern ernannt, bei den Dominikanern gewählt wurden. Von den Zisterziensern hatte man das Prinzip der Visitation aller Klöster übernommen, die aber nun nicht mehr von den Prioren, sondern von geeigneten Brüdern, zuweilen Inquisitoren, durchgeführt wurden. Es ist hier nicht der Ort von den Schwierigkeiten zu berichten, die sich aus dem Gegensatz zwischen den Provinzen und den Kongregationen ergaben, also den freiwilligen Vereinigungen verschiedener Niederlassungen im Dienste einer Reformbewegung. Die Franziskaner dachten nicht nur an ihre Stadt und ihr Kloster, sondern auch an die Provinz, das weite Land, in dem sie wirkten, wenn sie an ihr geistiges Zuhause dachten; es war eine größere Einheit. Andererseits bildete nicht der Konvent, vielmehr die Einzelzelle die kleinere Einheit, aus der sie auszogen und in die sie wieder zurückkehrten. Die Ordnung des eigenen Klosters war ihnen weniger bedeutsam als der geistige Auftrag in der Welt und für die Welt. Die Gemeinschaftsräume, in erster Linie die Kirchen, hörten auf, als Burgen des gesicherten Glaubens aufzutreten; sie wurden zu Sälen, in denen die Lehre Christi verkündet wurde. An die Stelle des genau durchdachten Klosterorganismus war das Spannungsverhältnis zwischen der Einzelzelle, in der man sich sammelte und vorbereitete, und jenen Gemeinschaftssälen, in denen man wirkte, getreten.

Weder der HL. FRANZ noch der HL. DOMINIKUS haben über die Bauordnung ihrer Klöster nachgedacht, und auch für keinen ihrer Nachfolger besaß sie größere Bedeutung. Die Frucht dieser Achtlosigkeit gegenüber allem, was sie für äußerlich hielten, war die Übernahme des überlieferten Benediktinerschemas für alle Niederlassungen. Das Gegebene wurde nicht zur Diskussion gestellt. Die Brüder zogen in die fertig entwickelten Häuser der Mönche zunächst einmal ein. Man behielt den Kreuzgang und an ihm die Position der Kirche, des Kapitelsaals, des Dormitoriums und Refektoriums bei. Da es keinen Abt gab und nur ein Prior die Leitung der Gemeinschaft besorgte, fiel in der Regel auch jeder repräsentative Abt- oder Prälatentrakt fort. Da man keine Landwirtschaft betrieb, war ein Wirtschaftshof unnötig geworden, und der Vorratsbau, das alte *cellarium,* wurde abgeschafft oder in den Hintergrund gedrängt. Man lebte aus dem Bezug in den Läden der Stadt und von den Almosen des Patriziats. Auch die Trennung zwischen Laienbrüdern und Priestern hat die bauliche Gestalt der Konvente nur wenig beeinflußt. Im Ansatz waren alle Franziskaner Laien, alle Dominikaner Priester, und wenn sich dies auch in beiden Orden rasch wandelte – es gab Laienbrüder für die niederen Dienste bei den Dominikanern und zahlreiche Priester bei den Franziskanern –, so hat dies doch nie zu einer Trennung des Laienklosters vom Priesterkloster wie bei den Zisterziensern geführt. Die Krankenhäuser endlich entfalteten sich rasch zu großen Institutionen, die auch der städtischen Be-

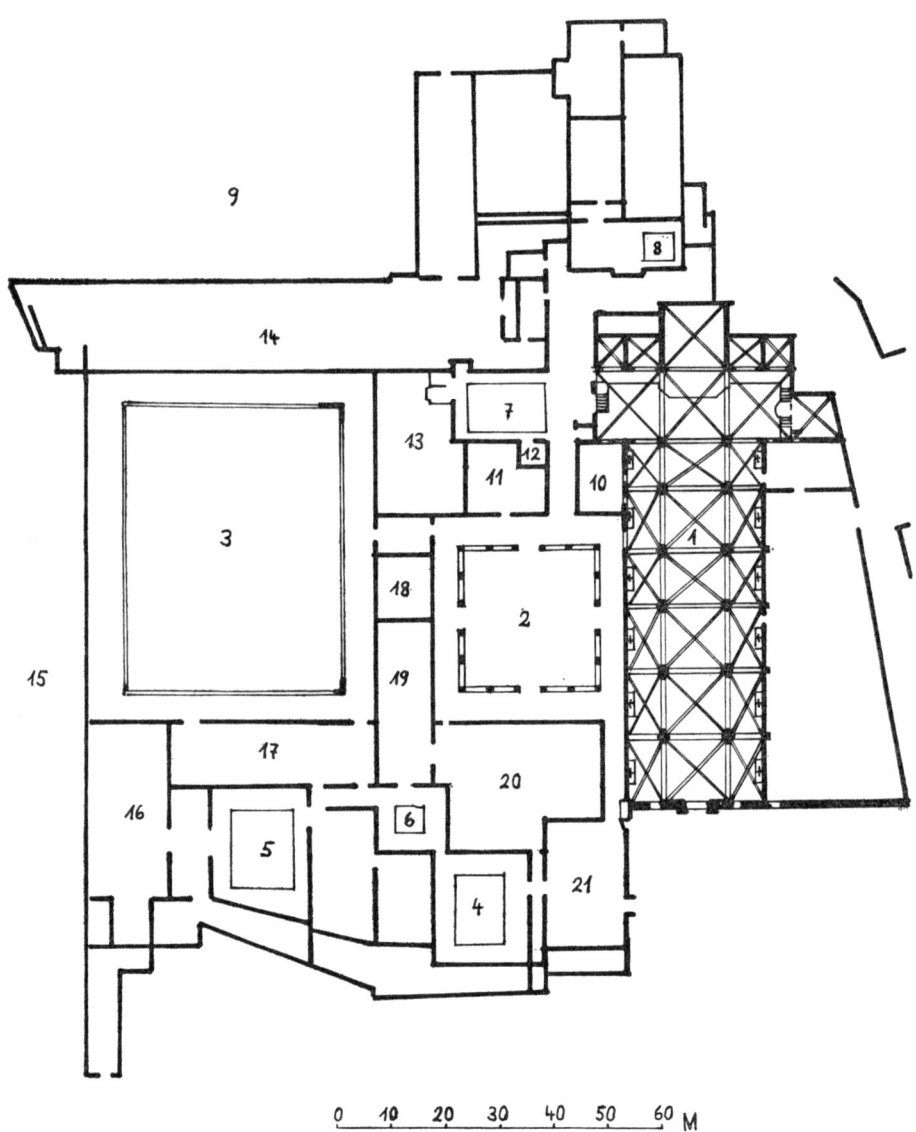

82 Florenz, Santa Maria Novella. Nach W. Paatz (N ↑)

1 Kirche 2 Chiostro Verde 3 Chiostro Grande 4 Chiostro della Porta 5 Chiostro dell'
Infermeria 6 Chiostro Dati 7 Chiostro dei Morti 8 Chiostro 9 Klostergarten 10 Sakristei 11 Spanische Kapelle 12 Kapelle S. Maria Annunziata 13 Dormitorium 14 Dormitorium 'della Capella' 15 Gästehaus mit Papstsaal 16 Kapelle des hl. Nikolaus 17 Infermeria 18 Capitolo del Nocentino 19 Refektorium 20 Wirtschaftsräume 21 Vorhof

völkerung dienten. Meist zogen es die Brüder vor, in schon bestehenden Kranken-
häusern, den Hospitalen zum hl. Geist, zu dienen.

Während der Zwang zu gemeinsamen Prozessionen aus allen der Gemeinschaft
vorgeschriebenen Anlässen bei Benediktinern und Zisterziensern der Bauordnung
der Klöster genaueste Bindung an das einmal entwickelte Schema auferlegte,
konnten sich die Bettelorden, in denen jeder in seiner Zelle wohnte und allein
seinen Aufgaben nachging, freier bewegen. Das Schema selbst blieb verbindlich,
doch ließen sich die Baukörper je nach Lage und Raum zu individuellen Kompositionen zusammenschieben. In *San Francesco in Assisi* zwang die steil abfallende
Halde dazu, das Kloster hinter dem Chor der Kirche in zwei Stockwerken übereinander unterzubringen (Abb. 72). Die unterschiedlichen Ebenen für Unterkirche
und Oberkirche stellten eine Herausforderung an die Gestaltungskraft dar, aus
der in diesem produktiven Jahrhundert eine der überraschendsten Lösungen für
die Umwandlung der Natur in Architektur und des Klosterschemas in einen vielteiligen Organismus entstanden ist. Klöster auf einem Bergesgipfel, in engen
Tälern, in ausgebreiteten Ebenen, auf Inseln und an Flußbögen haben wir
kennengelernt, ein Großkloster am Bergeshang, das war etwas Neues. Auch hier
ist eine Geschichte des Klosters als Bauwerk im Gegensatz zu der Geschichte der
Kirchen noch nicht geschrieben worden und auch nicht ergiebig. Die Planungen
überschichten sich, so wirkt das Labyrinth von Gängen und Höfen mehr durch
das malerische Zusammenwirken seiner Teile als durch Organisation des Ganzen. Das Ganze aber wirkt durch die gewaltigen Substruktionen, mittels derer
die Kirchen und Konventsgebäude auf sich ergänzende Ebenen gehoben werden.
Auch im einzelnen haben der Kapitelsaal, das Refektorium und der Kreuzgang
ihre benediktinische Form nicht verändert, nur das Dormitorium ist durch die
neuen Zellentrakte unnötig geworden. Die *Spanische Kapelle* als der Kapitelsaal
des Dominikanerklosters von *Santa Maria Novella in Florenz* hält an der überlieferten Einordnung in das Klosterschema ebenso fest wie an der Grundform der
Raumproportionen (Abb. 82). Noch die *Pazzi-Kapelle* BRUNELLESCHIS ist nach
Form, Funktion und Dekoration im Gefüge des Franziskanerklosters von *Santa
Croce* ein typischer Kapitelsaal (Abb. 83). Ihre Rechteckform längs des Kreuzgangs, das Verhältnis zum Altarraum, die Steinbänke, die den Hauptraum um-
ziehen, ja die Gestalt der eigenen Vorhalle als Fragment eines Kreuzganges bezeugen, daß Brunelleschi sich der Tradition genau bewußt war. Es entsprach dem
neuen Ordensgeist, wenn sich die Unterschiede zwischen den Sakralbauten und
den monastischen Profanbauten verringert hatten. Ich werde auf diesen Punkt
noch in anderem Zusammenhang kommen. Die schönste Dominikanerkirche
Frankreichs in *Toulouse* (geplant 1245 – begonnen 1260 – geweiht 1292) hat man

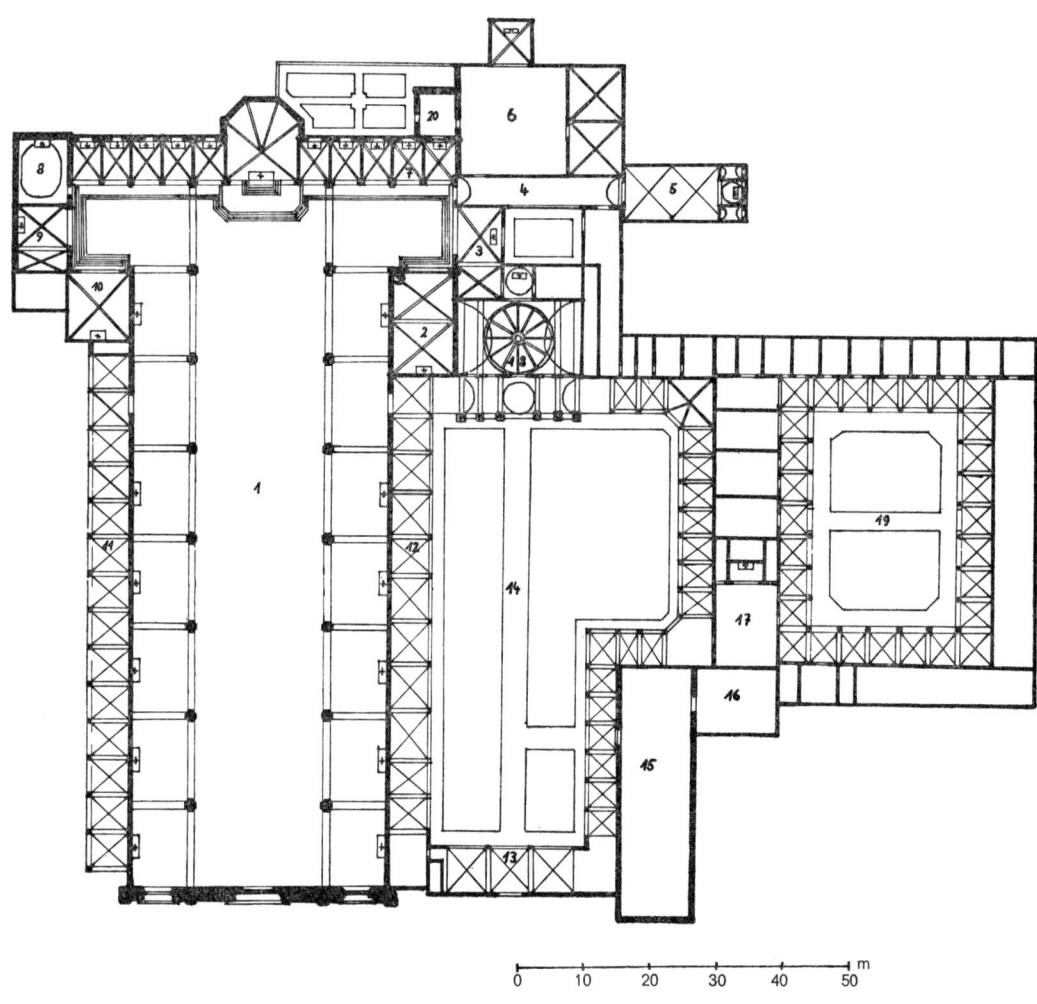

83   Florenz, Santa Croce. Nach O. Müller-Seligenstadt bei Paatz (N ←)

1 Kirche   2 Castellani-Kapelle   3 Baroncelli-Kapelle   4 Korridor der Medici-Kapelle   5 Medici-Kapelle   6 Sakristei   7 Calderini-Kapelle   8 Niccolini-Kapelle   9 Ludwigs-Kapelle der Bardi   10 Salviati-Kapelle   11 Nördliche Loggia   12 Südliche Loggia   13 Torgebäude   14 I. Kreuzgang   15 Refektorium   16 Nebenraum   17 Cerchi-Canigiani-Kapelle   18 Pazzi-Kapelle   19 II. Kreuzgang   20 Campanile

einem riesenhaften Kapitelsaal verglichen. Der Baumeister entschied sich für eine zweischiffige Halle, eine Form, die bisher, abgesehen von der abnormen Höhe – die Rundsäulen messen zweiundzwanzig Meter – nur für profane Klostergebäude, namentlich die Refektorien, diente. Die Kapitelsäle wurden gleichzeitig zu Kapellen, am entschiedensten in England und dort nicht nur bei den neuen Orden. Neuerungen im baulichen Gefüge erwuchsen lediglich durch die Anzahl der Ordensbrüder in einigen Niederlassungen, die zahlreiche Kreuzgänge notwendig machte und durch das Verlangen, jedem Bruder und Priester eine eigene Zelle zu geben. Man hat im Verlauf des späteren 14. und 15. Jahrhunderts das gemeinsame Dormitorium fast überall aufgegeben. Bei Neubauten mußte diese Forderung nach Einzelzellen zu einer völligen Umorientierung des Klosterschemas führen. Der Raumbedarf für die Zellen, für Studienräume und bald auch größere Bibliotheken ließ den Wunsch nach einem einheitlichen Baukörper entstehen, in dem sich die Zellen rings um den Klosterhof im Obergeschoß über alle drei Bautrakte ausbreiten konnten. Die Entwicklung im einzelnen ist unerforscht, sicher jedoch ist, daß der Ausgangspunkt für den doppelgeschossigen Kreuzgang die Schaffung von Einzelzellen für die Mönche war, wodurch ein offener, loggienartiger Gang vor den Zellen notwendig wurde, der beim gemeinsamen Dormitorium der Zisterzienser sinnlos gewesen wäre. Das Jahr 1419, in dem Martin V. den Benediktinern die Einzelzelle gestattete, mag hier für eine Entwicklung stehen, die einen langen Zeitraum umfaßte. Zu den ältesten Beispielen des neuen Klostertypus gehört die Stiftung Cosimos des Alten dei Medici für die Reformkongregation von *San Domenico in Fiesole:* das neue Kloster *San Marco* in Florenz, das durch seine großen Mitbrüder, den hl. Antonius, den sel. Fra Angelico, durch Savonarola und Fra Bartolommeo, berühmt geworden ist. Mit *San Marco* (Abb. 84) hat MICHELOZZO 1433/34 einen Klosterkomplex als einheitliches Bauwerk gestaltet, in dem von vornherein der Kranz der Einzelzellen im Obergeschoß dem Kapitelsaal, dem Refektorium und den Verwaltungsräumen ihre bauliche Selbständigkeit nahm. Doch blieb diese Neuorientierung des gesamten Klosterkomplexes nicht auf die Bettelorden beschränkt, auch Benediktiner und Zisterzienser begannen gleichzeitig sich in Zellen einzurichten und damit einen Wohn- und Schlafbereich über alle drei Seiten des Kreuzganges innerhalb einheitlich gestalteter Baukörper auszudehnen.

Wenngleich weder Dominikaner noch Franziskaner über die Neuordnung des baulichen Gefüges ihrer Niederlassungen Verordnungen erlassen haben, die den veränderten Aufgaben und der verschiedenartigen Lebensführung Rechnung getragen hätten, so mußten sich ihre Klöster doch, einem inneren Gesetz folgend,

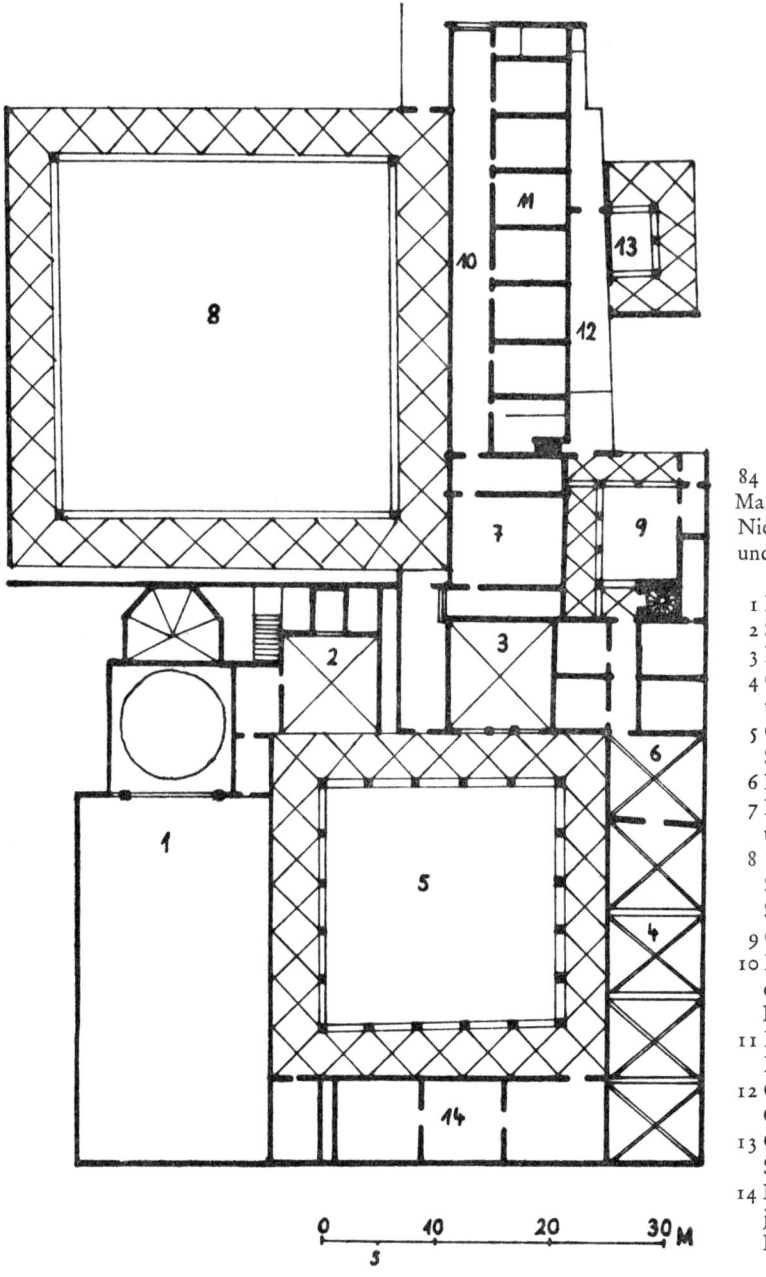

84 Florenz, San
Marco. Nach
Niccoli-Zanetti
und Vasari (N ↑)

1 Kirche
2 Sakristei
3 Kapitel
4 Großes Refek-
  torium
5 Chiostro di
  S. Antonio
6 Lavabo
7 Kleines Refek-
  torium
8 Chiostro di
  S. Domenico
  Spesa
9 Chiostro della
10 Korridor der
  ehemaligen
  Foresteria
11 Ehemalige
  Foresteria
12 Corte del
  Granajo
13 Chiostro de'
  Salvestrini
14 Ehem. Hospiz,
  jetzt Museo
  Fra Angelico

dem neuen Lebensstil entsprechend von innen her verwandeln. Bettelordensklöster des 13. bis 16. Jahrhunderts sehen anders aus als gleichzeitig errichtete Benediktinerklöster. Es ist kennzeichnend, daß sich unser Bericht im folgenden vorwiegend an italienische Beispiele halten kann, so wie er sich bei den Darstellungen der Kluniazenser- und Zisterzienserkunst vorwiegend an französische halten konnte und sich im Barock auf deutsche beziehen wird. Die Schwerpunkte monastischer Produktivität im Bereich der bildenden Künste haben sich jeweils verlagert. Die großen unter den Bettelordensklöstern, etwa das Dominikanerkloster *Santa Maria Novella* und das Franziskanerkloster *Santa Croce* in *Florenz* (Abb. 82, 83) wirken durch ihre Weiträumigkeit. Städte in der Stadt hat sie Giuseppe Richa schon 1754 genannt[24]. Ihrer Bedeutung für das städtebauliche Gefüge kann hier nicht nachgegangen werden. In vielen Fällen schufen sie die neuen Zentren der Peripherie, die zu den alten – Dom, Markt oder Stadtplatz – in ein organisches Spannungsverhältnis traten. Oft haben sie ihre mächtige Substruktion den Befestigungswerken der Städte eingeordnet. *San Francesco* und *San Domenico* in Siena sind ebenso Beispiele dafür wie der Gründungsbau der Franziskaner in *Assisi* selbst (Abb. 72). Dieses Phänomen kann man vor allem bei Städteneugründungen beobachten, wo von vornherein dem Predigerkloster und dem der Minoriten eine strategisch wichtige Position an der Stadtmauer zugewiesen wurde. *Wiener Neustadt* und *Hagenau* liefern dafür schöne Beispiele (Abb. 85). Andererseits beeindrucken die kleinen Niederlassungen, etwa das Franziskanerkloster in *Fiesole*, durch jenes idyllische Element, das sich mit dem Gedanken an den einzelnen Klosterbruder in seiner blumenumrankten, winzigen Zelle verbindet. Das Verlangen der Klosterordnung, einer Gemeinschaft monumentalen Ausdruck zu geben, tritt zurück vor dem Bedürfnis, dem Einzelnen einen ihm angemessenen Wirkungsbereich zu schaffen. Wir hörten, daß den Kern dieser Klöster nicht mehr der Kreuzgang, sondern die Zelle bildete, in der die Fratres nicht nur schliefen, sondern auch arbeiteten. Ein privates Element zieht in den Organismus ein, die Individualität gewinnt an Bedeutung, auch dort, wo sie ihre Qualifikation durch Opferbereitschaft und Demut erlangt hat. Sie rüstet sich im Verborgenen, nicht in der Gemeinschaft für ihr Werk. Die Zelle in *San Marco*, von der aus SAVONAROLA ganz Florenz regierte, ist Sinnbild dieser Lebenshaltung. Viele Stadtmönche haben zwar nicht den gleichen, jedoch vergleichbaren Einfluß wie Savonarola gewinnen können, denn in den Stadtstaaten und Reichsstädten des 14. und 15. Jahrhunderts war die Mystik der Dominikaner und Franziskaner die herrschende Kulturmacht, und einzelne Predigerpersönlichkeiten spielten in der Geistes- und Vorstellungswelt der städtischen Bevölkerung eine entscheidende Rolle. So kam es seit den dreißiger Jahren des

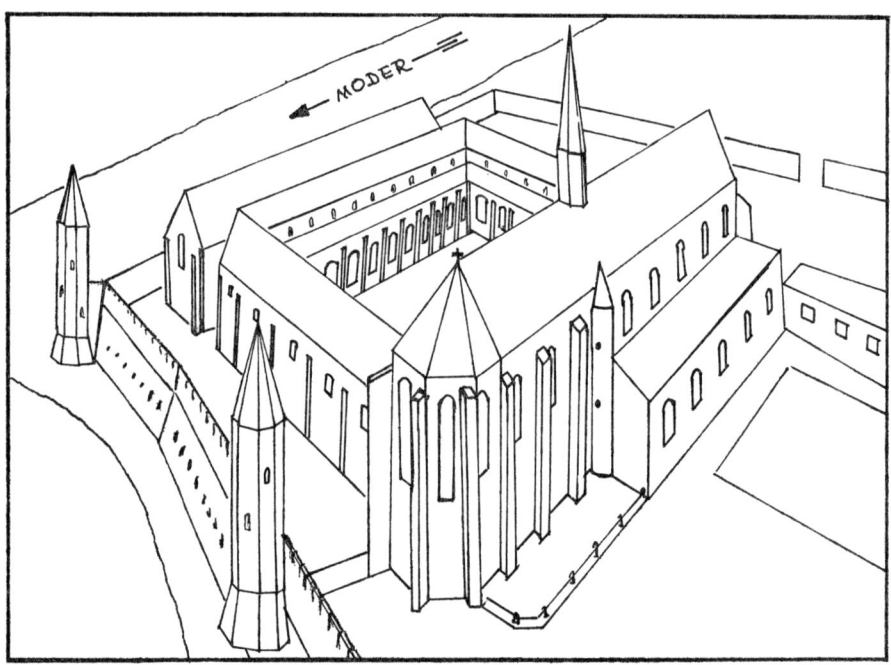

85 Hagenau, Dominikanerpriorat an der Stadtmauer

13. Jahrhunderts immer wieder vor, daß einige Prediger so große Macht über einen Stadtstaat gewannen, daß sie die Verwaltung nach den Idealvorstellungen der Bettelmönche zu verändern suchten: so jener Minorit FRA GERARDO als Anhänger Friedrichs II. von Staufen in Parma, so der Bruder JOHANN VON VICENZA, ein Gegner des Kaisers, der sich erst in Bologna, dann in Verona aufhielt, wo man ihn als Herzog und Rektor ausrief, bis nach wenigen Monaten sein sozialutopischer Kommunismus zusammenbrach. Einzelne Dominikaner, wie etwa PETRUS MARTYR, übten als Vorsteher der eben sich bildenden Inquisition eine Terrorherrschaft aus. Durch ihn wurden nicht nur Häretiker, sondern auch angesehene Bürger als Katharer verfolgt und hingerichtet. Ihn selbst ereilte sein Schicksal auf einsamem Ritt. Heute wird er als Märtyrer verehrt, weil er von Katharern erschlagen worden sein soll.

Wir müssen uns versagen, an dieser Stelle das bewegliche Kunstgut zu nennen, das durch ein Verlangen nach mystischer Versenkung in die Geheimnisse des Glaubens gerade für die Zellen der Prediger- und Bettelorden, namentlich in Deutschland, entstanden ist. Den Zellen gegenüber gewinnen die Gemeinschaftsräume wie Kapitelsaal, Refektorium und Kirche den Charakter öffentlicher oder halböffentlicher Gebäude. Sie sind der Öffentlichkeit zugänglich, oder können es doch zu gewissen Anlässen gemacht werden. Sie bilden den Ort der Wirksamkeit von Einzelnen auf eine Gemeinschaft. Es gibt keinen größeren Gegensatz als jenen zwischen einer Zisterzienserkirche, die ausschließlich den Mönchen und Konversen vorbehalten war und in die Laien, vor allem Frauen, keinen Zutritt hatten, und den Predigträumen der Dominikaner und Franziskaner, die vorwiegend von Laien und unter ihnen wieder vor allem von weiblichen Zuhörern besucht wurden, während sich die Brüder selbst für die Stundengebete in einen kleinen Chorraum hinter den Altar zurückzogen. Erneut sind *Santa Croce* und *Santa Maria Novella* Beispiele. Auch die Bauträger dieser Kirchen sind in erster Linie Laien gewesen, das städtische Patriziat, welches dadurch nicht nur das Recht für eine Grablege in den von seinen Mitgliedern gestifteten Familienkapellen gewann, sondern vielfach auch ein Recht auf bestimmte Plätze in der Kirche selbst. Ebenso waren die Kapitelsäle oft Stiftungen reicher Familien, die dort ihre Grablege erhielten. Es war auch keine Ausnahme, daß die Dominikaner von *Santa Maria Novella* ihren Kapitelsaal dem spanischen Gefolge der Großherzogin Eleonore von Toledo als Privatkapelle überließen, woher er seinen Namen hat. Gewiß orientierten sich die neuen Klöster in ihren Verordnungen über den Chordienst, die Speisenfolge und die Zeiteinteilung im Grundsätzlichen am benediktinischen Vorbild – die Dominikaner genauer als die Franziskaner –, doch beschäftigten sich die Erlasse beider mehr mit Regelbefreiung als mit Regelverschärfungen. So konnte es geschehen, daß auch ein Refektorium zum Ort der Predigt, der Diskussion und des Studiums wurde, zugleich auch der Platz, an dem die Großen und Mächtigen der Stadt gemeinsam mit den Brüdern speisten. Laien konnten sich wie später Cosimo dei Medici in *San Marco* für Tage oder Wochen in das Kloster zurückziehen, um mit den Brüdern gemeinsam zu leben. Die Ordensgeistlichen andererseits hatten ihre Freunde, ja ihre Parteigänger in Sachen des Klosters außerhalb. Habe ich oben darauf hingewiesen, daß die Kirchen des neuen Ordens das Ergebnis einer Entsakralisierung waren, so haben Kapitelsaal und Refektorium umgekehrt eine Resakralisierung erfahren.

Wo immer uns Bauakten zugänglich sind – gute Beispiele liefern wieder die florentinischen und venezianischen Klöster –, erfahren wir, daß jeder einzelne Klostertrakt, jeder Kreuzgang, jedes Refektorium, jedes Dormitorium, das Noviziat, das Gästehaus und der Kapitelsaal, ja jedes Stück ihrer Ausstattung von Bürgern gestiftet wurde. Die Stadt erbaute das Kloster; nicht allein die Bedürfnisse der Niederlassung, auch der Stiftungswille bestimmten seine Größe und seinen Aufwand. Auch war es weniger die Zahl der zu dem einzelnen Konvent gehörenden Brüder, die seine Ausdehnung bestimmte, als vielmehr der Rang der

Stadt als Treffpunkt von Mitbrüdern aus vielen Provinzen, als Ort des *studium generale,* als Wirkungsbereich der größten Prediger. Daher hatte man keine Bedenken, wo immer die Zahl der Besucher, das Verlangen der Stifter oder ein anderer äußerer Anlaß es erforderten, dem ersten Kreuzgang einen zweiten und dritten anzugliedern, die dann lediglich die Funktion eines Freiplatzes besaßen, um den sich neue Gebäudetrakte mit Zellen und Gästehäusern zusammenschlossen. Abb. 82 zeigt, daß *Santa Maria Novella* zuletzt sieben Kreuzgänge besessen hat. Die Priorate der Prediger- und Bettelorden haben sich in der Fläche ausgedehnt, ohne daß wie in *Cluny* oder *Clairvaux* der ältere Bestand für die Erweiterung abgerissen werden mußte. Wie Zelle an Zelle, so hängte sich Klosterhof an Klosterhof, Kreuzgang an Kreuzgang. Bei allen baulichen Maßnahmen dachte man an den Einzelnen und an die Massen, nicht an die Lebensordnung einer überschaubaren, abgezählten Gruppe. In der Renaissance hat sich dann der Kreuzgang zuweilen als reines Kunst- und Bauwerk von seinem Bestimmungszweck emanzipiert. So schuf BRAMANTE für *Santa Maria delle Grazie* in Mailand einen kleinen dritten Säulenhof von unvergleichlicher Harmonie, der zunächst nur die Aufgabe hatte, ein Atrium für die gleich bewundernswerte Sakristeikapelle zu bilden. Auch der zweite Kreuzgang von *Santa Croce,* den man BRUNELLESCHI zuschreiben konnte, ist mehr um seiner selbst willen als der umliegenden Gebäude wegen entstanden. Er will vor allem ein Stück vorbildlicher Architektur sein, eine vollkommene Neufassung des alten und ehrwürdigen Architekturmotivs, ein Kreuzgang um des Kreuzgangs willen.

Die Stellung des Klosters in den Kommunen bedingte, daß man die Entfaltung der Bauformen im einzelnen nur im Zusammenhang mit jener der Architektur der Dom- oder Privatbauten sehen kann. Wo die Zisterzienser meist den eigenen Mönchen und Konversen die Hauptlast der Bauarbeiten übertrugen, sah eine Verordnung der Franziskaner vor, daß man diese Dienste den städtischen Handwerkern überlassen sollte. Man wollte sich ganz seinen geistlichen Pflichten widmen. Dabei kam es durchaus nicht darauf an, ob der Baumeister einer der Mönche war, die regelmäßig auch für die Stadt bauten, wie jener FRA JACOPO TALENTI, der die *Spanische Kapelle* errichtete, oder ein städtischer Baumeister, der für ein Kloster arbeitete, wie BRUNELLESCHI für *Santa Croce,* oder MICHELOZZO für *San Marco.* Wichtiger war, daß in allen jenen Klöstern der private Bereich der Mönche, der halböffentliche der Konventsgebäude und der öffentliche – Kirche und freier Platz vor der Kirche – einen neuen Zusammenhang bewirkt haben, den man besser als an den Gebäuden selbst an ihrer Ausstattung ablesen kann.

Wir betreten hier einen Bereich, der nie systematisch dargestellt wurde, auch deshalb nicht, weil zu wenige Beispiele in gutem Zustand überkommen sind. Der bauliche Aufwand in den meisten Prediger- und Minoritenklöstern ist gegenüber der bildnerischen Ausstattung zurückgetreten. Die Räume sollten vor allem weit und leer sein. Wandbilder veranschaulichten die Ideale des Klosterlebens und den Sinn der Predigten. Was gehörte zur künstlerischen Ausstattung einer Zelle? Man kann sich den Gegensatz zwischen den Höhlen in armen Klöstern und den Räumen, die FRA ANGELICO für *San Marco* ausgemalt hat, nicht groß genug vorstellen. Welche Bildprogramme sind für den Kreuzgang, welche für einen Kapitelsaal, welche für ein Refektorium angemessen? Es haben sich nur wenige Nachrichten und Beispiele aus den älteren Benediktinerklöstern erhalten. Sie reichen nicht, um aus ihnen Rückschlüsse auf die Ausbildung eines verpflichtenden Programms zu ziehen. Weder die erhaltene Bemalung des Kapitelsaals des Klosters *Brauweiler* bei Köln mit Berichten aus dem Alten Testament, daneben Märtyrer- und christologischen Szenen (vor 1149)[25], noch die überlieferte Darstellung eines Jüngsten Gerichts im neuen Refektorium von *Cluny* (s. o. S. 106) scheinen in einem besonderen Bezug zu der Funktion des Raumes zu stehen. Der Beschreibung von 1485 nach waren dort neben der Riesengestalt des richtenden Christus Bilder aus dem Alten und Neuen Testament, es scheint also ganz mit Wandbildern bedeckt gewesen zu sein[26]. AMBROGIO LORENZETTI hat für den Kreuzgang und Kapitelsaal des Franziskanerklosters in *Siena* berühmte Darstellungen der Franziskanermartyrien gemalt, von denen jene des Kapitelsaals später in die Kirche übertragen wurden. GHIBERTI hat den weit größeren Zyklus des Kreuzganges von etwa 1326, der zugrunde ging, als Meisterwerk des neuen Realismus beschrieben. An die Verdienste der Mitbrüder in Kreuzgängen und Kapitelsälen erinnert zu werden, scheint ebenso sinnvoll wie das Verlangen, ihnen dort ein Denkmal zu setzen. Das älteste Beispiel einer solchen Bilderfolge ist uns mit dem Bericht über die vierundzwanzig Szenen aus dem Leben des hl. Gallus überliefert, die zwischen 980 und 990 für den Kreuzgang des *St. Galler* Klosters gemalt wurden. EKKEHARD IV. hatte auf Geheiß des Abtes PURCHART II. (1001–1022) die Tituli zu dieser Folge verfaßt. Häufig begegnen uns später Bilder aus dem Leben des hl. Benedikt in Benediktinerklöstern, SIGNORELLIS und SODOMAS Fresken in der Benediktinerabtei von *Monte Oliveto* bei Siena (gegr. 1313) sind das bekannteste Beispiel unter ihnen. In Spätrenaissance und Barock gibt es Hunderte, die es ergänzen.

Das älteste für einen Kapitelsaal kennzeichnende Programm, das sich erhalten hat, haben die Dominikaner seit 1365 in der *Spanischen Kapelle* durch ANDREA DA FIRENZE malen lassen. Die Grundgedanken gehen auf eine Schrift des Priors von *Santa Maria Novella* J. PASSAVANTI (gest. 1359) zurück. Es entsprach sicher älterer Überlieferung, wenn gegenüber dem Eingang die Kreuzigung dargestellt wurde. Auch FRA ANGELICO sollte später in *San Marco* an der gleichen Stelle seine berühmte Kreuzigung malen. In der *Spanischen Kapelle* wird sie ergänzt durch die Darstellung der Kreuztragung und der Höllenfahrt unten und der Auferstehung im Gewölbe. Es wird deutlich, daß man die vier Wandbilder der Gewölbezwickel mit den Hauptflächen zusammensehen muß. Ebenso überrascht nicht, daß an der rückwärtigen Eingangswand Szenen aus dem Leben der größten Dominikanerheiligen St. Dominikus und St. Petrus Martyr, der seine erschütternden Predigten auf dem Platze vor *Santa Maria Novella* zu halten pflegte, dargestellt sind. Neuartig sind die Seitenfelder, links mit dem System der Wissenschaften im *studium generale* der Dominikaner und mit dem Triumph des hl. Thomas von Aquin; rechts mit dem Bild der streitenden Kirche oder des Triumphes der Buße, über dem, im Gewölbe, Petrus auf dem Meere wandelnd wiedergegeben ist. Nach PASSAVANTI würde der Mensch wie Petrus im Meer seiner Sünden ohne die Gnade Gottes versinken. Man sieht ein Modell des Domes von Florenz, dessen Vollendung in diesen Jahren zur Diskussion stand, und unter ihm die christlichen Stände, die die Kirche beschützen: Abt, Kardinal, Papst, Kaiser, König und Landgraf. Zu ihren Füßen das Volk, dargestellt als Lämmer, bewacht von schwarzweiß gefleckten Hunden – die *domini canes* – die rechts unten die Wölfe, d. h. die Ketzer, zerreißen, während Dominikus, Thomas und Petrus Martyr ihre Lehre widerlegen und sie zwingen, ihre Bücher selbst zu verbrennen. Der Dominikanerorden hat sich mit diesen Werken selbst ein Ruhmesdenkmal gesetzt. Nur Florenz in der Nachfolge Giottos war in der Lage, ihre Glaubenszuversicht in Bildern zu veranschaulichen. Die Wände und Gewölbe des riesenhaften Raumes waren von vornherein als Bildträger konzipiert worden, die Architektur ist nur Schale. Die riesenhaften Gewölbezwickel zwischen den schweren Kreuzrippen, das Fehlen der Mittelsäule, sollten ein Maximum an Bildfläche bereitstellen. Die Idee einer Summa des Glaubens und der Lehre veranschaulicht der Bezug der vier Wände zueinander und zu ihren Gewölben. Die Präsenz eines Ganzen, wie sie der fortlaufende Bericht eines Traktats nie erreichen konnte, gibt der Gestaltung ihren Sinn. Es ist eine Synthese der dominikanischen Heilsgewißheit.

Größere Bedeutung als dem Kapitelsaal kam offensichtlich der Ausstattung der Refektorien zu. Berücksichtigt man allein den Florentiner Bestand, so finden wir in den Speisesälen der verschiedenen Ordensniederlassungen fünfzehnmal das 'Abendmahl' – z. T. im Rahmen eines reicheren Programmes[27] – wiedergegeben, von der ältesten Darstellung von ca. 1340 in *Santa Croce* bis hin zur Mitte des 16. Jahrhunderts. Die Monumente geben nur wenig Gelegenheit, das

Thema des 'Abendmahls' in Refektorien über die Florentiner Wandbilder des 14. Jahrhunderts hinaus zurückzuverfolgen. Ein einziges Beispiel legt für E. Mâle die Vermutung nahe, das Thema sei zuerst in Kluniazenserklöstern aufgenommen: Über dem Eingang zum Refektorium von *Saint-Bénigne* in *Dijon* befindet sich ein Tympanon mit der Abendmahlsdarstellung im Bogenrund; sie ist um die Mitte des 12. Jahrhunderts entstanden. Durch dieses Tympanon wird das Refektorium als Ganzes dem Abendmahlssaal verglichen, doch ist sein Inneres – wie wir aus Briefen von Benediktinerpatres an Mabillon wissen – mit Bildnissen der Päpste, Kardinäle, Heiligen und großen Äbte des Benediktinerordens geschmückt, wobei es sich hier weniger um eine Ruhmeshalle als um eine Vorbildersammlung handelt. Der Bau ist bald nach dem Brand 1137 entstanden, und die Namensliste der Dargestellten macht es wahrscheinlich, daß dieses Programm von Anfang an vorgesehen war.

Das erste uns bekannte 'Abendmahl' in einem Refektorium, das von *Santa Croce*, ist auch das eindrucksvollste (Abb. 74). Seine Figuren sind lebensgroß. An der westlichen Schmalseite des großen, durch je sechs hohe gotische Kirchenfenster an seinen Längsseiten erleuchteten Saales, findet es sich hinter und über dem Tisch des Priors und unter TADDEO GADDIs Darstellung der Kreuzesallegorie nach Bonaventuras ›Tractatus qui lignum vitae dicitur‹. Zugrunde liegt diesem die legendäre Vorstellung von der Übereinstimmung zwischen dem Baum des Lebens aus dem Paradies und dem Holze des Kreuzes, das aus ihm geschnitten ist. AGNOLO GADDI sollte die Geschichte dieses Holzes nach der ›Legenda Aurea‹ später im Chor von *Santa Croce* ebenso erzählen wie PIERO DELLA FRANCESCA in *San Francesco* in *Arezzo*. Es war ein franziskanisches Thema, schon der Name 'Santa Croce' weist auf seine Bedeutung für die Franziskanermystik hin. Die Kunstgeschichte lernte die Zusammenhänge am genauesten durch Werner Cohns Beschreibung der Tafel mit dem 'Lignum vitae' von PACINO DI BUONAGUIDA in der Florentiner Academia kennen[28]. Vom Stamme des Baumes, an dem der Gekreuzigte an einem schlichten Holzkreuz sichtbar wird, dessen Leib man mit dem Baume selbst identifizierte, gehen Äste aus, an denen die zwölf Früchte des Glaubens hängen, die Bonaventura aufzählt: Ereignisse aus dem Leben Christi von Daniels Vision seiner Geburt bis zu seiner ewigen Herrschaft im Himmel. PACINO hat diese Früchte dargestellt, TADDEO GADDI sie jedoch nur auf Schriftbändern genannt, während er unten im Gezweig die vier Evangelisten ihre Schriftbänder vorweisen und an den zwölf Ästen die zwölf Apostel sichtbar werden läßt. Unter dem Baume haben sich die Heiligen des Ordens niedergelassen: Bonaventura schreibend, Franziskus den Stamm umarmend, Antonius von

Padua, Ludwig von Toulouse und als ein Denkmal der Verbrüderung mit den Rivalen: Dominikus. An der Spitze des Baumes ist der Pelikan als Sinnbild der Selbstaufopferung wiedergegeben. Die Fresken links vom Mittelbild veranschaulichen mit der Speisung der Armen durch den hl. Ludwig in Santa Croce (unten) und der Stigmatisation des hl. Franz (oben) die Nächsten- und die Gottesliebe. Auf der rechten Seite wird als ein Beispiel des Wirkens der göttlichen Vorsehung die Legende von dem Priester erzählt, der durch eine Vision während des Ostermahles an die Entbehrungen des hl. Benedikt in der Einsamkeit erinnert wird und ihm Speisen bringt. Darunter findet sich als ein Denkbild der Liebe zu Gott Magdalena zu Füßen Christi beim Gastmahl im Hause Simons, des Aussätzigen, zu Bethanien.

Die Darstellung des 'Abendmahls' weist mit der Einsetzung der Eucharistie und der Frage nach dem Verräter auf jene Paradoxie des menschlichen Daseins zwischen Gnade und Schuld hin, die letzten Endes den Inhalt jeder Predigt gebildet hat und bildet. Sie gibt durch ein Bild der Mahlzeit der Brüder zugleich jene höhere Bedeutung, auf die bei den Zisterziensern allein die Architektur hinweisen konnte (s. o. S. 143). TADDEO GADDI greift sicher eine ältere Tradition auf, die für uns freilich nicht mehr greifbar wird. Zugleich steht Taddeo Gaddis Werk am Anfang einer Überlieferung, die nach Neubildungen von ANDREA DEL CASTAGNO, PERUGINO und GHIRLANDAIO in LEONARDOS 'Abendmahl' im Refektorium des Dominikanerklosters *Santa Maria delle Grazie* in *Mailand* 1497/98 ihren Höhepunkt finden sollte und noch in ANDREA DEL SARTOS Werk von 1527 in *San Salvi* ausklingt. Auch zum Verständnis von Leonardos 'Abendmahl' gewinnt man neuen Zugang, wenn man es im Zusammenhang mit der Gesamtkomposition des Dominikanerklosters sieht. Der halböffentliche Charakter dieses Refektoriums kommt auch dadurch zum Ausdruck, daß es nicht, wie üblich, der Kirche gegenüber, sondern neben ihrer Eingangsseite liegt. Der Stifter Ludovico il Moro hat sich und seinem Hause in ihm ein Denkmal gesetzt; er ließ sich und seine Familie unter dem Kruzifix abbilden, das die Wand gegenüber dem 'Abendmahl' bedeckt. Leonardo faßte das künstlerische Material, das Jahrhunderte angehäuft hatten, zusammen, indem er aus Raum und Bild eine Einheit schuf, die zugleich die hierarchische Ordnung zwischen dem harmonischen Saal der Brüdergemeinschaft und dem zeitlos vollkommenen Bild herstellte. Man tafelte in einem Raum von würdevoller Feierlichkeit in wahrhaft verklärender Stille. Die hohen Fenster, die Melodie der Gewölbekurven, der Wechsel von schmucklos-lichten und bemalten Wänden, das durchaus Sanfte und zugleich Bestimmte aller Formen veranschaulichen, mit welcher Sicherheit sich das Genie des alten Materials bediente, um daraus ein zugleich ganz ihm gehöriges und doch dem alten Auftrag dienendes Werk zu schaffen. Wir erinnern uns an dieser Stelle daran, daß die Dominikaner die Regel des HL. AUGUSTINUS angenommen hatten, und seine Vorschriften zur Tafelordnung ihnen besonders vertraut waren: »denn nicht nur mit dem Munde sollt ihr Nahrung zu euch nehmen, sondern eure Ohren sollen hungrig sein nach dem Worte Gottes«.

In venezianischen Klöstern des späten Cinquecento ist man noch einen Schritt weiter gegangen. TINTORETTO hat bekanntlich seine berühmten Abendmahlsdarstellungen nicht mehr für Refektorien, sondern meistens für den Chorraum der Kirchen gemalt. Es ist bezeichnend für den Wandel des Klostergeistes im beginnenden Barock, wenn PAOLO VERONESE und andere die Abendmahlsdarstellungen der Refektorien durch jene großen Festmahlsbilder ersetzt haben, auf denen wir Christus bei Empfängen zu Tafel sitzen sehen, die an Üppigkeit der Vorstellung keinen Wunsch versagen. 1573 hat VERONESE das 'Abendmahl' TIZIANS im Refektorium des Dominikanerpriorats von *SS. Giovanni e Paolo,* das 1571 verbrannte, durch jenes 'Gastmahl im Hause des Levi' ersetzt, das heute die Breitwand des großen Saales der venezianischen Accademia füllt. Das 'Gastmahl im Hause Simons des Pharisäers' für das Refektorium der Franziskaner-Serviten, das die Serenissima unter allen Bildern auswählte, um es Ludwig XIV. zu schenken, war vorausgegangen. Noch etwas früher malte er den Benediktinern von *SS. Nazaro e Celso* eine erste Darstellung des gleichen Gegenstandes. Ein 'Gastmahl Gregors des Großen' erhielt 1572 das Refektorium der Franziskaner bei der Wallfahrtskirche von *Monte Berico* bei *Vicenza,* auf dem Christus als Pilger anwesend ist, während Papst Gregor bei einem üppigen Festmahl zwölf Arme speist. Auf diesen Darstellungen wird alles aufgeboten, was das Zeitalter von fürstlichem Tafelluxus wußte, um die Gastfreundschaft aus Anlaß eines Besuches Christi hervorzuheben. Das Außerordentlichste schien diesen Klöstern angemessen; man sollte daraus keinen Rückschluß auf ihren eigenen Lebensstil ziehen. Die Allegorese und Emblematik frühbarocker Schaubilder sind modernem Nachempfinden ferner gerückt als etwa die feierliche Architektur des Refektoriums von *Maulbronn.* Man muß ihren Sinn in einem verwandten Bereich in der Sprache einer nun freilich völlig verwandelten Zeit sehen.

Ein Zusammentreffen mehrerer glücklicher Umstände hat dann in den vierziger Jahren des 15. Jahrhunderts dazu geführt, daß mit dem Dominikanerkloster *San Marco* in Florenz das einzige voll ausgemalte Kloster entstehen konnte, das uns aus dieser Zeit erhalten blieb. MICHELOZZO hatte einen Bau erstellt, dessen klare, schlichte Formen Bilder geradezu herausfordern mußten. Der Orden selbst besaß in FRA ANGELICO den führenden Maler der Stadt in diesem Jahrzehnt, der auch über eine leistungsfähige Werkstatt verfügte. COSIMO DEI MEDICI, der das gesamte Malwerk gestiftet hat, stand ihm als Gönner zur Seite. Hier, wie auch in vielen anderen Beispielen muß es auffallen, daß die Mönche und Brüder ihre eigenen Kräfte nur dann einsetzen konnten, wenn ihnen die Unkosten erstattet wurden. So erhielten nicht nur Kreuzgang, Refektorium und Kapitelsaal Wandbilder, sondern auch zusätzlich jede einzelne Zelle. Das Leben Christi wurde auf die verschiedenen Zellen aufgeteilt, die kleineren versah man statt mit dem gewohnten Kreuz mit einem Wandbild, auf dem der hl. Dominikus zu Füßen des Kruzifixes dargestellt ist. Über den Türen des Kreuzganges malten die Fratres den Heiligen mit dem Finger auf den geschlossenen Lippen als ein Sinnbild des Schweigegebots. Im Kapitelsaal entstand die große Kreuzigung, unter der sich die größten Heiligen der Kirche versammelten, und rings in Medaillons die Ehrengalerie der Heiligen und Seligen des Dominikanerordens. Während von der Ausstattung des ersten Refektoriums, das heute als Museumsraum dient, nur ein Tafelbild erhalten ist, wurde in einem späteren Saal durch GHIRLANDAIO das 'Abendmahl' dargestellt. Als einziger Raum blieb der architektonisch reichste ohne Bilderschmuck: MICHELOZZOS Bibliothek. Das Kloster als Bilderbibel – das ist die letzte Stufe der Entwicklung, zugleich eine kennzeichnende Interpretation des monastischen Gedankens durch die Frührenaissance.

Klosterstaaten, Klosterstädte, Klosterburgen

Abteien als staatliche Institutionen – Kloster und Stadt – Köln als Beispiel – Saint-Philibert in Tournus – St. Gallen – Melk – Groß-Komburg – Mont-Saint-Michel – Santa Maria Pomposa – Spanische Klöster als Königsresidenzen – Oviedo – Zisterzienserklöster als Residenzen – Der Escorial

Abteien als staatliche Institutionen

Die Reformbewegungen der Kluniazenser, Zisterzienser und mancher anderer richteten sich vor allem gegen die alten, mächtigen und vornehmen Klosterpersönlichkeiten, die jede ihr eigenes Gemeinschaftsleben entwickelt hatten, ein Leben gewiß nach der Regel des HL. BENEDIKT, doch mit Veränderungen, die den besonderen Aufgaben Rechnung trugen, die diese Klosterstädte, Klosterburgen und Klosterresidenzen in der Welt und für die Welt übernommen hatten. Sie beherrschten Territorien, verwalteten Ländereien, dienten Fürsten und Königen als Residenz, bildeten die Festungen in einem Verteidigungssystem, welches sich sowohl die geistige Macht des Christentums, die Wachsamkeit der Mönche als auch den Wehrcharakter der Steinarchitektur zunutze machte. Wo die monastischen Aufgaben immer wieder auf die Vereinheitlichung der Klosterarchitektur einwirkten, förderten die weltlichen ihre Mannigfaltigkeit.

Das gilt auch für Reformklöster. Es gilt noch mehr für die Reichsabteien in Deutschland, die Königsklöster Spaniens, die Klosterstädte Italiens und Klosterburgen Frankreichs. *Fulda, St. Gallen, Lorsch, St. Emmeram* treten ins Bewußtsein, wenn man von diesen Institutionen des staatlichen Lebens im Mittelalter spricht. Seit dem 7. und 8. Jh. waren die Äbte des Frankenreiches, die Mönchsführer Englands und Irlands große Herren, die um der weltlichen Macht willen die Leitung eines Klosters übernommen hatten. Einige von ihnen waren Reichsfürsten. Das gilt auch von den Äbtissinnen der hochadligen Frauenstifte: *Essen, Quedlinburg, Gandersheim,* im süddeutschen Raum *Zürich, Lindau, Buchau.*

Äbte und Äbtissinnen haben über große Gebiete regiert, und die politischen Aufgaben des Klosters nach außen gewannen stets von neuem das Übergewicht vor den monastischen im Inneren. Für Kaiser und Könige waren viele Klöster die willkommene Herberge auf ihren Reisen. Oft nutzten sie sie als Residenz – so vor allem in Spanien, wo zuletzt mit dem *Escorial* ein Kloster zum Königsschloß und ein Königsschloß zum Kloster wurde. So zeigen uns viele Klöster als Institutionen des staatlichen Lebens einen Januskopf. Lebensstil und Aufgabe des Abtes nach außen traten in Gegensatz zu der Haltung der Mönche im Inneren. Vielfach hat das Klosterregiment dem Land und seinen Bauern Segen gebracht, vielfach auch Unheil, und stets von neuem hören wir von leidenschaftlichen Aufständen des Volkes gegen das Kloster. Haben wir in den vorausgehenden Kapiteln den Schwerpunkt auf die Schilderung der Gebäude gelegt, die den monastischen Aufgaben dienten, so geht es hier vor allem um jene Anbauten, die die weltlichen Verpflichtungen notwendig gemacht hatten. Die besten Lösungen gelangen überall dort, wo der Architektur die Synthese gelungen ist. Das unerreichte Beispiel dafür ist die Verbindung von Kloster- und Festungsarchitektur auf dem *Mont-Saint-Michel*.

Die Zukunft der Klöster hing als politische Institution von ihrer geographischen Lage, der Gunst der Fürsten, dem Talent einzelner Äbte ab. Klostergründen ist ein Zweig der Landesplanung, dem man selten Beachtung geschenkt hat. Alle politisch erfolgreichen Klöster liegen an Orten, die schon von der Natur ausgezeichnet waren. Sie beherrschten einen Berg, ein Tal, einen Flußlauf, eine Insel. Oft hat man bemerkt, daß sich die Mönche gut in der Landschaft, die sie erschlossen hatten, eingerichtet haben. Mehr noch als Städte und Dörfer, vergleichbar allein den Burgen und Schlössern, doch oft selbstbewußter als diese, wußten die Klöster die topographischen Gegebenheiten dazu zu nutzen, ihrer Architektur den richtigen Reliefgrund zu geben. »In Bayern«, so bemerkt GOETHE am frühen Morgen des ersten Tages der Italienischen Reise, »stößt einem sogleich das Stift Waldsassen entgegen – köstliche Besitztümer der geistlichen Herren, die früher als andere Menschen klug waren. Es liegt in einer Teller-, um nicht zu sagen Kesseltiefe, in einem schönen Wiesengrund, rings von fruchtbaren, sanften Anhöhen umgeben. Auch hat dieses Kloster im Lande weit umher Besitzungen.« Die Klosterarchitektur stellt sich als ein Denkmal der Ordnung dar, die das Kloster seinem Reich gegeben hat. Das Zweckmäßige verbindet sich dem Kirchlichen, das wirtschaftlich Notwendige dem für die Verteidigung Günstigen.

Die meisten Klöster liegen schön. Außerordentliche landschaftliche Situationen haben seit dem frühesten Mittelalter die Klostergründer angelockt. Wo und wann immer weltflüchtige Missionare oder Mönchsführer das unerforschte, unerschlossene Land nach einem geeigneten Platz für ein Kloster abgesucht haben, entschieden sie sich zuletzt für die besondere, zuweilen absonderlichste Lage. Man denke an *Weltenburg*, an die *Reichenau*, an *Melk*, an das Frauenstift *Gandersheim*. »Denn der Ort war durch die Annehmlichkeiten der Wiesen und Haine geeignet und bot, durch dichte Wälder und Sümpfe geschützt, für die Wohnung der Streiterinnen Gottes große Sicherheit«, lesen wir bei THANGMAR VON HILDESHEIM über die Gründung des Gandersheimer Stiftes. Oft ist es die Schönheit einer einsamen Natur selbst gewesen, die Fürsten, Bischöfe oder Äbte als Aufforderung interpretierten, dort im Unerschlossenen ein Kloster zu stiften. Denn was anderes könnte der Anlaß für jene zahlreichen sich wiederholenden Berichte gewesen sein, in denen wir von Madonnenerscheinungen während der Jagd hören, von Adlern, die immer wieder über der gleichen Stelle kreisen, von dem Gekreuzigten, der in einer Waldlichtung sich zeigte? Oft waren es Stellen, die seit langem durch den älteren Kult der Germanen, Kelten und Römer ausgezeichnet wurden. *Blaubeuren*, am Blautopf bei Ulm, mag hier als ein Beispiel genannt werden, in dem ein älteres Quellheiligtum zum Kloster umgestaltet worden ist. Das erstaunliche Naturphänomen des tiefblauen Wassers deutete man erst als ein Zeichen der Gegenwärtigkeit von Göttern, dann als eine Aufforderung zum Frommsein. Die äußere Lage ließ hier größere Entfaltung nicht zu. Doch haben sich durch alle Jahrhunderte Stifter gefunden, die die Niederlassung begünstigten. Die Vielfalt der Beispiele macht es unmöglich, die Ursachen, die die politische Blüte eines Klosters bedingt haben, in einem Gesetz zusammenzufassen. Wo immer sie aber erreicht wurde, hat sie architektonische Gestalt gewonnen. Das Ergebnis ist jene ganz unvergleichliche Folge von Werken hoher Monumentalarchitektur im Freien und Grünen. Sie sind zugleich Zeugen jener zahlreichen Formen hochkulturellen Lebens auf dem Lande, wie es sich nur in den Klöstern entfalten konnte.

Kloster und Stadt

Nicht nur der gegebene Rahmen, auch das Verlangen, das Bild überschaubar zu halten, zwingt dazu, die Abhängigkeit des baulichen Organismus eines Klosters von seiner politischen Stellung und Aufgabe an nur wenigen Beispielen zu veranschaulichen. Wir beginnen mit der Frage nach den Beziehungen von Kloster und Stadt. Woran erkennt man, in welcher politischen und rechtlichen Beziehung die Stadt und das Kloster zueinander standen und wer von beiden die Vormachtstellung innehatte? Vor allem in den Provinzen des Heiligen Römischen Reiches strebten Klöster und Städte nach staatlicher Unabhängigkeit und waren deshalb stets von neuem bestrebt, ihre Rechte wechselseitig hervorzukehren.

Wir konnten darauf hinweisen, daß vom 5. bis 8. Jh. an den Ausfallstraßen, oder doch im Bannkreis der alten Römerstädte zahlreiche Klöster gegründet wurden (s. S. 31). Niederlassungen vor den Stadtmauern waren häufiger als solche in der Stadt. *Paris, Lyon, Le Mans* sind dafür ebenso Beispiel wie *Köln, Trier* oder *Regensburg.* Die Größe und Bedeutung einer Stadt ist in diesen Jahrhunderten für uns nur an der Zahl ihrer klösterlichen Organismen meßbar. Später wurde es die Aufgabe des erstarkenden Bürgertums, diese Komplexe durch ihre immer weiter ausgreifenden Stadtmauern einzuholen. Noch für MERIAN zu Beginn des 17. Jh. erweist sich die Bedeutung einer Stadt an der Zahl seiner Klöster, Stifte und Pfarrbezirke. *Köln* stand damals in Deutschland an erster Stelle. Wo auch, wie namentlich im Heiligen Römischen Reich, vom 8. bis zum 11. Jh. noch neue Bischofsstädte entstanden, suchten ihre Stifter sie mit möglichst zahlreichen Ordensniederlassungen auszustatten. *Bamberg,* die Gründung Heinrichs II. von 1007, ist dafür ein berühmtes Beispiel. Ebenso hörten wir, daß später keine der großen Bürgerstädte ohne Bettelordenspriorate auskommen konnte. Die Bedeutung dieser Klosterkomplexe für die mittelalterliche Stadtbaukunst kann nicht hoch genug eingeschätzt werden. Neben Mauer, Markt und Dombezirk bestimmen sie ihr Bild. Als ANTON WOENSAM 1531 seinen berühmten Prospekt der Rheinseite von Köln entwarf, war er bedacht, vor allem die alten Kloster- und Stiftskirchen der Stadt auch dort sichtbar zu machen, wo sie sich dem Auge nicht dargeboten hätten[29]. Kirchen bildeten die Stadtkrone.

Welche politische Bedeutung besaßen Klöster und Stifte in den Städten des Mittelalters und der Renaissance? Es gab drei Möglichkeiten. Die Stadt beherrschte die Klöster, Klöster und Stadt standen in einem fortwährenden Spannungsverhältnis, oder das Kloster herrschte über die Stadt. Jede von ihnen läßt sich unmittelbar aus dem Stadtplan ablesen.

Köln als Beispiel

Wählen wir *Köln* als Beispiel für die erste Möglichkeit. Noch ehe Ritter-, Prediger-, Bettelorden, die Niederlassungen der Kartäuser und Jahrhunderte später der Jesuiten die bürgerlichen Bereiche weiter einengten, umschlossen die großen Mauern der Stadt von 1180 dreizehn, wenn man *St. Heribert* in *Deutz* hinzunimmt, vierzehn Stifte und Klöster. Vor dem Tode des HL. ANNO 1075 war *St. Maria ad Gradus* als letztes Stift gegründet worden. Alle zusammen waren mit einem Federstrich am 2. Juni 1802 aufgehoben worden, einige nach mehr als tausendjährigem Bestand. Es ist erstaunlich, daß zwischen dem 11. und 19. Jh. kein weiterer vergleichbarer Organismus hinzugefügt wurde, keiner auch in

Fortfall kam. Denn die Prediger- und Ritterorden schufen Gebilde von anderer Struktur. Die vierzehn Baukomplexe blieben konstante Komponenten im Stadtbild. Neben dem Domstift handelt es sich um sieben Herrenstifte, drei Damenstifte und drei Benediktinerklöster (Abb. 75). Innerhalb der alten Römermauern lagen nur vier von ihnen: der *Dom*, das Stift *Andreas* und die Damenstifte *Cecilien* und *Maria im Kapitol*. Mit der ersten Stadterweiterung des 10. Jh. am Rhein wurde als neuer kirchlicher Mittelpunkt das Benediktinerkloster *Groß St. Martin* der dicht bebauten Kaufmannsstadt eingeordnet. Etwas später entstand das Benediktinerkloster *St. Heribert* in Deutz. Die Stadt erweiterte sich, indem sie die älteren Stifte und Klöster schrittweise in ihren Mauerbereich einholte, durch Ausbuchtungen zunächst 1109 *St. Georg* im Süden, *St. Aposteln* im Westen und *St. Ursula* und *St. Kunibert* im Norden. Erst durch die letzte Mauer wurden auch die letzten drei Einheiten umschlossen: *St. Gereon*, *St. Severin* und das Benediktinerkloster *Pantaleon*. Diese Mauer von 1180 ist bekanntlich bis 1791 nie von einem Feind durchbrochen worden. Hinter ihren Toren und Türmen konnten sich die Stadt und ihre Klöster sicherfühlen. Es schien, als hätte man sich für die Ewigkeit eingerichtet. 600 Jahre lang blieb man ungestört. Doch mußten Stadt und Stifte zu allen Zeiten versuchen, miteinander auszukommen.

Greifen wir ein Beispiel heraus, *St. Pantaleon*, das älteste und größte Benediktinerkloster der Stadt, das den höchsten der Hügel am Stadtrand beherrschte (Abb. 76). Das Kloster besaß neben der Stiftskirche mit ihrem ottonischen Westwerk und dem Grab der Kaiserin Theophanu eine zweite Pfarrkirche, ein besonderes Hospiz und einen der ältesten Kreuzgänge (10. oder frühes 11. Jh.), von dem uns Reste erhalten sind, den die Konventsgebäude umlagerten. Es verfügte, wie das Modell zeigt, über eigene Gärten und Weinberge. Die Mauer, die den Komplex umschlossen hielt, kennzeichnet es als einen Bereich eigener Ordnung. Nach fürstlicher Repräsentation hat es nie gestrebt. Denn es war nicht reichsunmittelbar, war nicht frei wie etwa das Kloster *St. Emmeram* in *Regensburg*, von dem noch zu sprechen sein wird. Es genoß den städtischen Frieden, bewahrte sich seine monastische Selbständigkeit, versuchte die Sonderrechte gegen die Stadtrechte durchzusetzen. *St. Pantaleon* hatte die gleichen Pflichten und Vorzüge gegegenüber der Stadt wie jedes der drei anderen Stifte und Klöster, mit denen es ebenso in einen fruchtbaren Wettbewerb treten konnte, wie anders die großen Patrizierhäuser der Gemeinde untereinander. Die Entfaltungsmöglichkeiten blieben begrenzt. Das Verlangen, das einmal Erreichte zu bewahren, nicht das Bestreben, sich auszudehnen, bestimmte die Klosteratmosphäre. Die Lebenshaltung wurde geprägt von einer wohltemperierten Genügsamkeit auf der Basis eines gemäßigten Reichtums, gemäßigter Askese und angemessener Frömmigkeit.

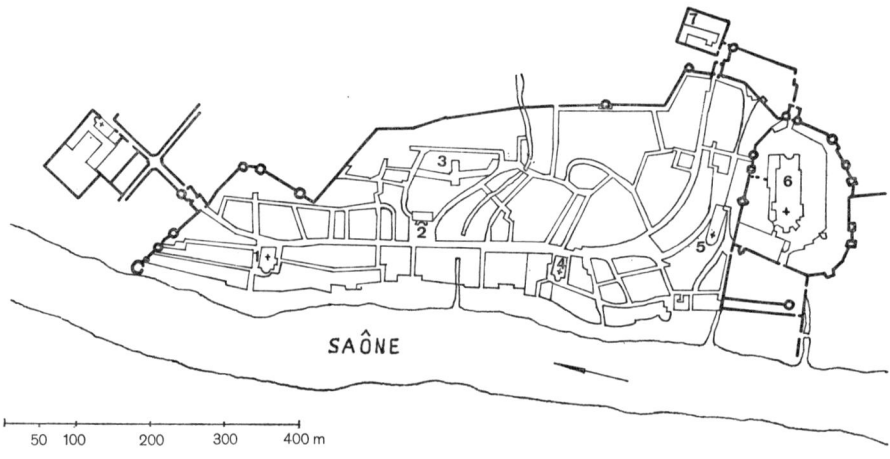

86 Tournus, Kloster und Stadt (→ N)

1 La Madeleine   2 Rathaus   3 Krankenhaus   4 S. André   5 S. Valérien   6 S. Philibert
7 Charité

Leidenschaftlichkeit gehörte nicht zum Repertoire der Kölner Kunst. Keines
der Klöster oder Stifte glaubte sich dazu aufgerufen, das mittelalterliche Gefüge
durch barocke Repräsentationsbauten zu ersetzen. Man begnügte sich mit der
Erneuerung von Details. Würde man die Geschichte der Klosterarchitektur
Kölns in den spät- und nachmittelalterlichen Jahrhunderten schreiben, so läge,
abgesehen von den Bauten für neue Niederlassungen, der Akzent auf der Schilderung einer Bewegung, die zur größeren Selbständigkeit des Wohnbereiches der
einzelnen Stiftsherren oder Patres geführt hat. Zuletzt lebte jeder Mönch aus
gutem Hause in einem eigenen Appartement, jeder Stiftsherr in seinem eigenen
Hof. Die Stadtkultur vom 15. bis 18. Jh. wird weitgehend durch die Kunstauf-
träge dieser Stiftsherren und -damen bestimmt. Es ist bezeichnend, daß aus den
Vermächtnissen zweier Domherren im 19. und 20. Jh. sich die beiden großen
Stadtmuseen entwickelt haben, die Sammlung Wallraf und die Sammlung
Schnütgen.

Eine veränderte Situation spiegelt der Grundriß von *Regensburg.* Fast die
Hälfte des Bodens gehörte nicht nur privatrechtlich, sondern auch staatsrecht-
lich bis zur Säkularisation den vier großen kirchlichen Organisationen, die
reichsunmittelbar geblieben waren, dem bischöflichen Dombereich, dem Kloster *St. Emmeram* und den Klöstern *Ober- und Niedermünster.* Dennoch ist
es den Bürgern seit dem 12. Jh. gelungen, den Status einer freien Reichsstadt zu

erringen und aufrechtzuerhalten. Es war ein mächtiges Gemeinwesen, welches seit dem 16. Jh. dadurch für seine Verluste im Fernhandel wenigstens teilweise entschädigt wurde, daß es den immerwährenden Reichstag beherbergen durfte. Im ganzen waren es also fünf Staatsgebilde, die hinter der gemeinsamen Stadtmauer durch die Jahrhunderte zusammenlebten. Ein jedes von ihnen und allen voran das Reichskloster *St. Emmeram* mußte um reichsfürstliche Repräsentation bemüht sein. Man war zu höheren Anstrengungen als in Köln verpflichtet. Doch hat das Gleichgewicht der Mächte bewirkt, daß nie ein Teil gegen den anderen aufstehen konnte. Das Arrangement hatte höchst mannigfaltige Beziehungen zwischen diesen Klosterstaaten, der Stadt und dem Bischof, zu Zeiten auch dem Herzog des Landes zur Folge. Regensburg ist nicht zuletzt deshalb die schönste mittelalterliche Stadt Deutschlands geworden, die uns erhalten blieb, weil viele dieser Beziehungen als Architektur anschaulich wurden: gebaute Rechtsbezüge und Ansprüche.

Saint-Philibert in Tournus

Ganz anders war die Lage in den Fällen, wo ein einziges Kloster sich einer heranwachsenden Stadt gegenübersah, die es weder überwinden, noch auch entbehren konnte. Es gibt eine sehr große Zahl von Beispielen, die zeigen, wie sich aus den Knechte- und Handwerkersiedlungen vor einem auf freiem Feld gelegenen Kloster eine Stadt entwickelt hat, die ihre Rechte gegen jene des Klosters abzugrenzen suchte. Die immer wiederkehrende Situation mag der Grundriß der Abtei und Stadt *Saint-Philibert in Tournus* veranschaulichen, wo sich die Lage seit dem Ausgang des Mittelalters nicht mehr verändert hat (Abb. 86). Das Kloster bildete einen mauerumwehrten Bezirk im Osten, der stark mit Wehrtürmen befestigt war. Die Stadt entfaltete sich im Westen zu einem selbständigen Gemeinwesen. Diese hohen und starken Befestigungsanlagen des Klosters, welche eng die sie weit überragende frühromanische Kirche und die Zone der Stille um den Kreuzgang umschlossen halten, geben Gelegenheit, zwei Architekturmotive durch ihre Gegensätzlichkeit zur Wirkung zu bringen. Der Eindruck wird verstärkt durch die Lage des Mauerrunds an dem breiten Band der Saône, an das sich das Kloster lehnt. Die Wehrarchitektur steigert die Wirkung dieses wahrhaft monumentalen Kirchenbaus eben durch die Begrenzung, in die es ihn eingliedert. Übergeordnete staatliche Mächte sorgten dafür, daß sich seit dem 15. Jh. kein Konflikt mehr entwickeln konnte. Doch blieben die Äbte besorgt, auch die Befestigungsanlagen in Ordnung zu halten.

St. Gallen

Eindringlicher spiegelt ein Stich MERIANS von Stadt und Kloster *St. Gallen* eine
Konfliktsituation, die Jahrhunderte hindurch nicht aufzulösen war (Abb. 77).
Matthäus Merian hat sich bei seiner Arbeit auf den Planprospekt des MELCHIOR
FRANK von 1596 stützen können, von dessen geringen Versehen er die meisten
übernimmt, in Einzelheiten auch verbessert. Es müssen ihm also mehrere Unterlagen zugänglich gewesen sein (Schrifttum Nr. 53, Bd. II, S. 47–65). Jeder Bericht über die Geschichte des Klosters und der Stadt läßt sich als eine Legende zu
diesem Stadtprospekt verstehen. Dabei muß man wissen, daß das Land rings
um die Stadt zum 'Fürstenstaat' des Abtes gehörte, sich also Stadt und Kloster
wechselseitig umschlossen hielten. Sie mußten miteinander auskommen.

Das Bild des Klosters im Südwesten der Stadt macht kenntlich, daß man den
Karolingerplan (Abb. 11) nicht oder doch nur in Ansätzen verwirklicht hat.
Der Klosterbereich wurde 1566 von der Stadt durch die sogenannte Scheide-
mauer abgetrennt, die im wesentlichen den Verlauf der alten Klostermauer beibehielt. Ebenso hat der Abt das Recht bewahren können, sein eigenes Tor durch
die Stadtmauer brechen zu dürfen, das Karlstor im Süden. Schon 953 schützte
Abt ANNO die »Gotteshausleute«, die vor dem Kloster siedelten, durch eine
Befestigungsanlage, die wahrscheinlich schon den ganzen Bezirk der späteren
Altstadt umschlossen hielt. Damals herrschte das Kloster noch uneingeschränkt
über die Siedler, die in seinem Dienste standen. Im Laufe des 13. Jh. konnten
die Bürger eine gewisse Selbständigkeit einhandeln. Am Ausgang des 14. Jh.
haben sie ihre Stadt durch die Vorstadt im Norden erweitert. Der Aufstieg der
Stadt wurde durch den Niedergang des Klosters zu Beginn des 15. Jh. gefördert,
welches 1411 nur mehr zwei Mönche beherbergte, von denen der eine sich zum
Abte und den anderen zum Prior ernannt hatte. Wenig später hat der Entschluß,
nunmehr auch Bürgerliche als Mönche aufzunehmen, das Kloster rasch zu neuer
Blüte gebracht. Unter dem bürgerlichen Abt ULRICH RÖSCH aus Wangen konnte
1489 der Plan Gestalt gewinnen, das Kloster in das Klosterland nach Rorschach
zu verlegen. An dem Protest der Bürgerschaft mußte dieser Plan scheitern. Ande-
rerseits ist das Bürgertum so rasch wie eben möglich der Reformation beigetreten.
Die Konflikte mit dem Klosterstaat haben diese Stellungnahme mitbeeinflußt.
Ein Bildersturm von großer Leidenschaft, der durch eine ausführliche Beschrei-
bung berühmt geworden ist, vernichtete 1527 den Kunstbesitz von Stadt und
Klosterkirche. Zuletzt hat man sich doch wieder zu arrangieren gesucht. Im 18.
Jh. besaß der Klosterstaat erneut so viel Macht, daß er im engen, vorgegebenen
Rahmen der alten Mauern einen der schönsten Repräsentationsbauten des Ba-

rock mit Konventstrakten, Prälatenschloß und Klosterdom erstellen konnte. Es wäre falsch, als Anlaß zu diesen Werken die Genialität der Künstler, die Baulust der Äbte oder ihr fürstliches Mäzenatentum hervorzuheben. Die staatsrechtliche Situation selbst forderte diese Kulturanstrengungen heraus. Das Kloster mußte seinen Ranganspruch in der Sprache des 18. Jh. kundtun.

Betrachtet man den Klosterbereich des 16. Jh. für sich, so wird deutlich, daß die Kirche im Osten des Ovals gelegen ist und ihre Konventsgebäude sich um den südlichen Kreuzgang lagern. In der Mitte des Klosterkomplexes erhebt sich der Abtpalast, die alte Pfalz. Die Stadt selbst hatte Wert darauf gelegt, daß nur eine enge Pforte, die meist verschlossen gehalten wurde, die Verbindung zwischen dem Kloster und der Stadtgemeinde aufrechterhielt. Die evangelischen Bürger lebten getrennt von den katholischen Mönchen. Dennoch bildete den bewußten städtischen Gegenpol zur Klosterkirche am Ende des großen Marktes das Rathaus, dem sich die Stadtmetzgerei (G) und das Tuchhaus (F) angliedern. Die Gemeinde verfügte über zwei Pfarrkirchen, die ältere *St. Lorenz* unmittelbar vor der Klosterpforte und *St. Mang* im äußersten Norden. Es gab auch ein kleines Beginenkloster *St. Katharina* (I), dessen wenige Insassen sich von 1526 bis 1555 gegen die Aufhebung ihrer Niederlassung durch die Reformatoren heroisch zur Wehr gesetzt hatten. Allein die städtische Schule (V) unmittelbar an der Klostermauer scheint eine ältere Überlieferung zu bezeugen, die dem Kloster alle Lehraufgaben zuordnete. Wir haben ausreichend Belege dafür, daß innerhalb des Klosterbereichs stets von neuem der Organismus durch sinnvolle Bauten bereichert wurde, bis dann seit 1755 die berühmte Neuorganisation des Ganzen in Angriff genommen werden konnte, genau 50 Jahre vor dem Untergang des Klosters durch den Beschluß des Großrates vom 5. Mai 1805. Wie schon beim Karolingerplan von 820 verhinderte auch 1755 die gegebene Situation, daß eine vollkommene Klosterstadt entstehen konnte, wie sie uns beispielsweise in *Weingarten* oder *Ottobeuren* entgegentritt.

Melk

St. Gallen ist Denkmal eines Konfliktes, in dessen Verlauf die jüngere Institution der Stadt die ältere des Klosters besiegt hat. Ganz anders sieht es an Plätzen aus, in denen sich ein Kloster aus einer Burg auf einem Felsenrücken entwickeln konnte. An ihnen allen wurde zur Regel, daß das Kloster, wenn immer es auch als staatliche Institution fortbestand, die bürgerlichen Siedlungsformen beherrscht hat.

Die Bischofsstädte des Heiligen Römischen Reiches bilden vergleichbare Beispiele. Überprüft man ihr politisches Geschick vor der Säkularisation, so ergibt
sich, daß überall dort, wo der Bischof eine Burg in Stadtnähe besaß, er sich gegen
das aufstrebende Bürgertum als Landesherr behauptet hat, während er dort, wo
die Formation der Landschaft den Bau einer Hochburg verweigerte, über kurz
oder lang vertrieben worden ist. So blieben *Würzburg, Bamberg, Eichstädt,
Passau, Freising*, auch *Chur*, allen voran das unvergleichliche *Salzburg*, bischöf-
liche Hochstifte. In *Köln, Worms, Speyer, Straßburg, Basel, Augsburg* siegte das
Bürgertum. Es gab auch Städte, in denen Konfliktsituationen eine Reichsstadt
und ihren Bischof zu einem Zusammenleben zwangen, das für beide schwierig
war. *Regensburg* ist das bedeutendste Beispiel. Dieses Gesetz, daß zur Herrschaft
in einer Stadt oder über eine Stadt eine Burg notwendig blieb, gilt auch für die
Klosterterritorien. Freilich hat sich dort meist auch die Siedlung nicht zu einer
guten Stadt entwickelt.

Melk ist dafür ein Beispiel. Das Klosterdorf und später die Klosterstadt hatten
gegenüber dem befestigten Kloster auf dem Burgberg zu keinem Zeitpunkt eine
echte Chance besessen. Die Burg war von den Babenbergern nach der Schlacht
auf dem Lechfeld mit dem sicheren Blick dieses Zeitalters für die Auszeichnungen
der Lage gegründet worden. Leopold I. soll auch innerhalb dieser Burg ein Kano-
nikerstift errichtet haben. Leopold II. konnte dann seinen Sitz weiter nach Osten
auf den kahlen Berg verlagern. Er übergab 1089 den Benediktinern sein altes
Schloß. Es hat sich großartig entwickelt, konnte viele Belagerungen überstehen,
zuletzt auch die Türken von seinen Mauern fernhalten. Zugleich gehört es zu
den nicht sehr zahlreichen Klöstern Europas, die nie säkularisiert worden sind.
Die Melker Reform von 1418 sicherte dem Kloster in Zeiten des Niedergangs ein
neues Jahrhundert der Blüte. Seit dem ausgehenden 16. Jh. haben zahlreiche
tatkräftige Äbte die Ökonomie des Klosters und seine Bauten gefördert, ehe
1702 Abt BERTHOLD DIETMAYR (1700–1733) PRANDTAUER den Auftrag zu jener
grandiosen Neugestaltung gab, die wir heute bewundern. Es entstand das bedeutendste Bergkloster der Barockarchitektur (Abb. 79).

Sowohl der Stich von Merian vom Anfang des 17. Jh. wie jener von Pfeffel
und Engelbrecht vom Beginn des 18. Jh. veranschaulichen, daß der Hochbarock
seine Anlage unter Benutzung der überlieferten Baumotive der Planung geschaffen hat. Das Material der Gestaltung lag bereit (s. u. S. 250). Beide Stiche (Abb.
79, 80) zeigen zugleich das Wachstum von Stadt und Kloster in dem halben
Jahrhundert nach dem Dreißigjährigen Krieg. Die Bergkuppe wird in ihrer
ganzen Länge und Breite von Klostertrakten und Klosterhöfen bedeckt. Auf
allen Seiten fällt das Gelände in steilen Felshängen ab. Ein mächtiger Rundturm

schützt und umfaßt den einzigen Zugang. Auch die Stadt war befestigt, doch die Bürger wußten, daß sie echte Sicherheit nur innerhalb der Klostermauern finden konnten. Sie lebten im Schutz, im Schatten und im Lichte des Klosters. Ihre Abhängigkeit spiegelt sich in der Gestalt ihrer Kirche, der Häuser, der Straßenanlagen. Monumentalarchitektur war allein dem Kloster gestattet. Großartig muß die Anlage auch im Mittelalter gewesen sein. Die gotische Kirche, die 1429 geweiht wurde, war ein anspruchsvoller Bau. Zu ihrer Ausstattung trugen die Markgrafen und später die Kaiser Wesentliches bei. Fast siebenhundert Jahre lang hat man an dem Baugefüge gebessert, ehe der Hochbarock dem Sinnvoll-Notwendigen die große Form verlieh.

Groß-Komburg

Ein Kennzeichen der Anlage war von Anfang an und blieb bis zum Ende, daß die Kirche von den Konventsgebäuden in die Mitte genommen wurde. Die Klostertrakte sind an den Rand der Berghänge hinausgeschoben worden, die Kirche beherrscht den freien Platz im Zentrum des Burghofes. Das ist an vielen mittelalterlichen Plätzen ähnlich. Unter den erhaltenen liefert *Groß-Komburg* das beste Beispiel (Abb. 78). Es gehört wie *Melk* zu der großen Zahl von Burgen, die im Laufe der religiösen Erneuerungsbewegung, auf die *Cluny* wie *Hirsau* entscheidenden Einfluß gewonnen hatten, von Fürsten und Grafen für eine Klostergründung gestiftet worden waren. *Limburg a. d. Hardt*, die Stiftung Konrads II., 1025, nach seiner Wahl zum Kaiser, bildet den Anfang. *Lambach* sollte 1056, *Banz* 1069 folgen. Dieses berühmte Kloster war eine Stiftung der Gräfin Alberade von Schweinfurt. *Komburg* wurde zwischen 1075 und 1081 von Graf Burkhard von Rothenburg und Komburg gegründet. *St. Paul im Lavanttal* ist von dem Grafen Engelbert I. und Richardis von Spanheim gestiftet worden, *Neresheim* 1106 von Graf Hartmann I. von Dillingen und seiner Gemahlin. Auch Bischöfe errichteten auf vielen Burgen in ihrem Besitz Klöster. *Siegburg* bei Köln, das ANNO II. 1064 den Benediktinern übergab, ist ein hervorragendes Beispiel. Auf allen diesen Höhenrücken oder Bergesgipfeln konnte sich das benediktinische Klosterschema nicht in die Breite entfalten. Man mußte Kreuzgang und Klausurgebäude wie in *Limburg, Melk* oder *Lambach* an die Nordseite der Kirche, wie in *Lorsch, Kastl* oder *Heiligenberg* an ihre Ostapsis oder wie in *Komburg* an eine Westapsis legen.

Die Entstehungsgeschichte des Klosters *Komburg* gewährt Einblicke in die Problematik solcher Stiftungen. Die Burg war der Besitz von vier Brüdern, von denen einer, ein Würzburger Geistlicher, als Erbe ausschied, der älteste die

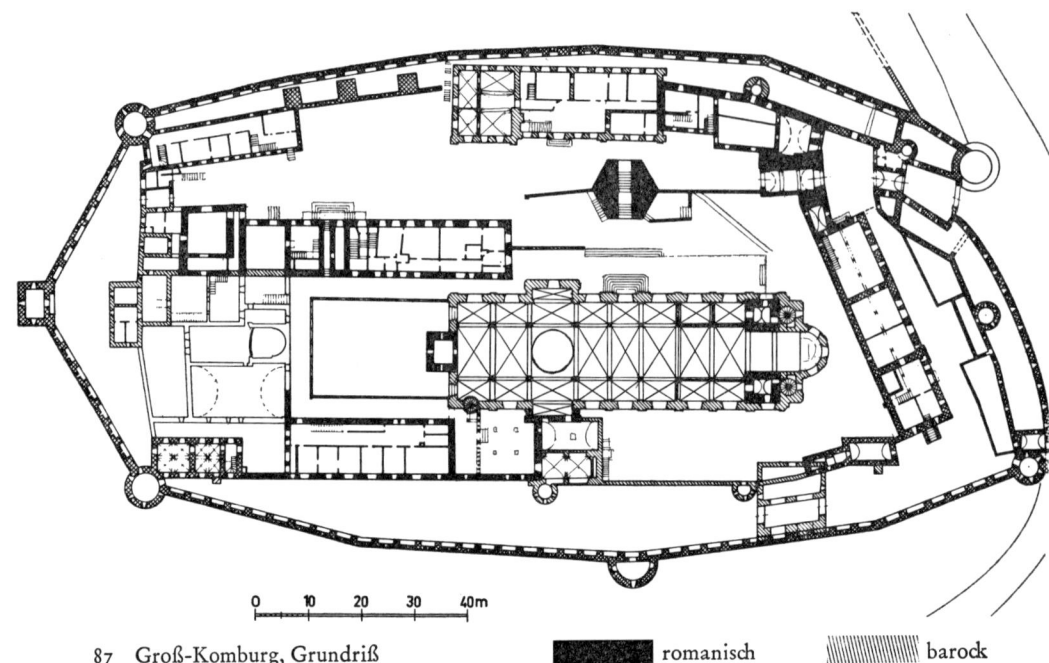

87 Groß-Komburg, Grundriß   ▐ romanisch   ░░░░ barock

Stammburg Rothenburg erhielt, während die beiden letzten sich als Anhänger
von Papst und Kaiser innerhalb ihrer gemeinsamen Burg zerstritten hatten.
Auf einer Romfahrt des kaisertreuen RUGGER 1081 bemächtigte sich der päpst-
liche BURKHARD des ganzen Burghügels, stiftete dort ein Kloster, in das er selbst
eintrat, verband sich dem mächtigen Erzbischof von Mainz, übergab die Leitung
des Klosters dem Hirsauer Mönch GUNTER als Gründungsabt, der auch das Vertrauen des Kaiserhauses zurückerwarb, und begann den Bau von Kirche und
Klostergebäuden. Rugger mußte sich fügen. Unter Abt HARTWIG (1104–1139)
erlebte das Kloster eine Glanzzeit, die seine Baugestalt bestimmt hat. Später
haben die Kaiser gern in seinen Mauern geweilt, so Konrad III. Weihnachten
1140, Heinrich VI. 1191. Schon der Grundriß (Abb. 87) erweist, daß die Ring-
mauern mehrmals im Laufe der Geschichte erweitert wurden. 1494 legte Probst
SEYFRIED VOM HOLTZ vor die Ostseite eine zweite Ringmauer und verstärkte die
erste durch Rundtürme. 1562–75 entstand die dritte Ringmauer, die fast vollständig erhalten blieb. Es handelt sich um eine Anlage der späten Gotik mit
hochliegendem Wehrgang ohne Geschützstellungen, deren militärischer Wert also
schon in der Erbauungszeit gering war. Die Wirkung freilich blieb imposant
(Abb. 78).

Auch *Komburg* hatte nur einen Zugang. Er liegt im Osten und führt durch ein Burgtor, über dem sich eine Michaelskapelle befindet. Der Eintretende erblickt links die große Klosterkirche, vor ihm steht jener originelle romanische Sechseckbau, der als Beinhaus und Totenkapelle diente[30], und rechts das Gästehaus. Seitlich an das Torhaus schließen sich Wirtschaftsgebäude und Stallungen an. Diese Anlage mag auf vergleichbare Bauten der Grafenburg zurückgehen. Es ist nur konsequent, daß die Konventsgebäude um den Kreuzgang auf der dem Eingang gegenüberliegenden, am besten geschützten und geborgenen Seite im Westen der Kirche erbaut wurden. Dabei wurde der Kapitelsaal unmittelbar neben dem Querhaus der Kirche im Süden angelegt. Dormitorium, Refektorium, Abtgebäude und Küche umlagern den Hof. Das Kloster blieb arm. 1488 wurde es zu einem geistlichen Ritterstift umgewandelt. Sogar die Bauern haben es 1525 wegen seiner Armut verschont. Stiftungen ermöglichten immer wieder die bauliche Erneuerung. Doch hat auch der Barock an der Anordnung der Gebäude wenig verändert. Der Burgcharakter wurde ähnlich wie in *Banz* nicht nur gewahrt, er wurde immer wieder, nicht ohne Sinn für seine romantische Schönheit, hervorgekehrt. Man wußte im Mittelalter diese Wirkung ebenso zu schätzen wie später im Barock.

Mont-Saint-Michel

Das gilt in noch höherem Maße für die bedeutendste Architektur unter den mittelalterlichen Burgklöstern: *Mont-Saint-Michel*. Der 75 m hohe Felskegel, der sich steil aus dem Meer erhebt, lieferte im Grunde nur eine Einsiedlersituation, keine Klostersituation. 708 deutete St. Aubert, Bischof von Avranches, den alten Totenberg der Kelten, der damals noch von Wäldern umgeben war, als Stelle der Herabkunft des Erzengels Michael. Er übernahm den Michaels-Kult von San Galgano, erbat sich von dort Reliquien und richtete als Pilgerzentrum ein Oratorium ein. Mönche, die in einzelnen Zellen rings um den Kegel lebten, sollten dort ihren Dienst verrichten. Die Normannenherzöge erkannten fast 200 Jahre später, daß man dem Kult und dem Pilgerbetrieb eine straffere Organisationsform geben müsse. So entstand 966 ein Benediktinerkloster, das erst 30, später 40, im 13. Jh. 60 Mönche beherbergen sollte. Durch Jahrhunderte blieben die Benediktiner bestrebt, den Kegel so zu ummauern, daß übereinander sich schichtete, was nebeneinander keinen Raum fand. Brände, der Abrutsch und Einsturz der Gebäude gefährdeten stets von neuem das Werk. Militärische Aufgaben in den Kriegen mit England kamen hinzu. Jeder Rückschlag führte zuletzt zu einer besseren Lösung. Der Gedanke eine Burg, ein Heiligtum, Sitz eines

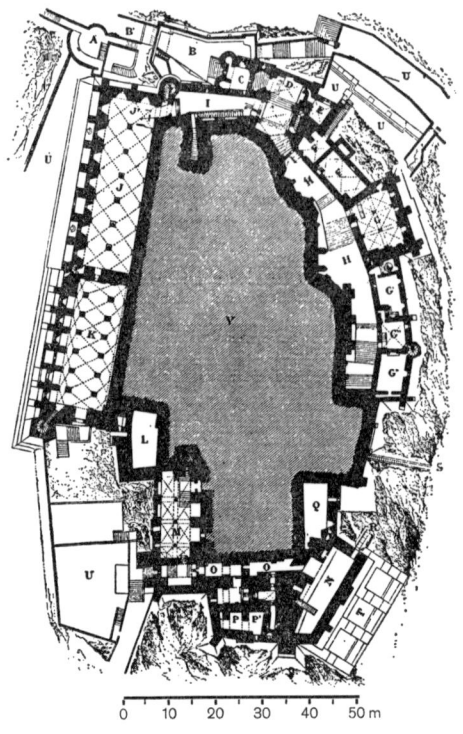

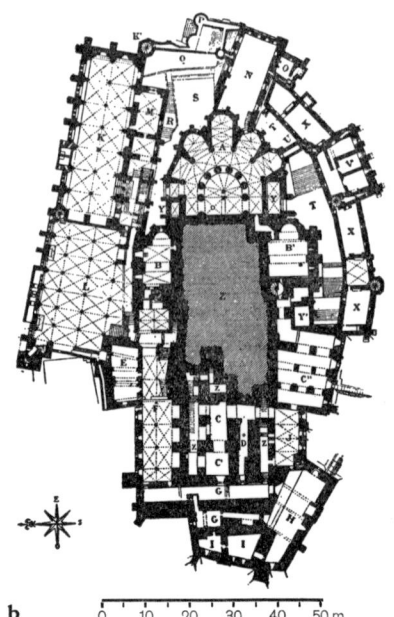

b

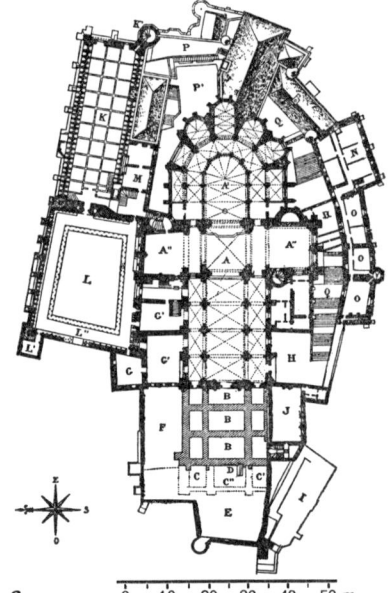

88   Mont-Saint-Michel. Nach E. Corroyer

a Erdgeschoß
b I. Obergeschoß
c II. Obergeschoß

c

Ritterordens mit dem Kloster zu vereinen, erwies sich als fruchtbar. So entstand eine Idealarchitektur des Mittelalters, hochbewußt von den Baumeistern als solche konzipiert und liebevoll durch die Jahrhunderte fortentwickelt und erhalten, bis dann auch hier die Französische Revolution den Sinn der Anlage verkannte. Das Kloster wurde Zuchthaus.

1966 veranstalteten die Monuments Historiques die Jahrtausendausstellung des heiligen Bergs. Sie gab Gelegenheit, die Restaurationsarbeiten vorzuführen, die seit 1872 immer wieder eingesetzt haben. In Karten und Modellen versuchte man, sich der kaum lösbaren Aufgabe zu stellen, dem Besucher einmal die historischen Schichten der Anlage und dann wieder ihre topographischen Überschichtungen vor Augen zu führen. Man konnte sich dabei auch auf die Pläne und Schnitte des ersten Restaurators E. Corroyer von 1872 stützen (Abb. 88a-c, 89). An diesem Kloster wurde durch alle Jahrhunderte gebaut. Zahlreiche Fürsten fühlten sich verpflichtet, die Bauunternehmungen zu fördern; zahlreiche Äbte konnten der Versuchung nicht widerstehen, über die sinnvolle Fortentwicklung des Organismus nachzudenken. Drei große Baukampagnen ragen aus diesen Unternehmungen heraus und bestimmen bis heute die Gesamtgestalt. Nennen wir sie das Kloster der normannischen Herzöge, das Kloster der englischen Könige und das Kloster der französischen Könige. Die erste Kampagne errichtete das vorromanische Kloster des 10. und das frühromanische des 11. Jh., die zweite das romanische des 12. und die dritte das gotische des 13. Jh., das man das Wunder nannte, 'la Merveille'.

Die Mönche des 10. Jh. errichteten über dem runden Oratorium des hl. Aubert die siebenjochige Kirche Notre-Dame sous Terre auf der höchsten Spitze des Felskegels und legten nördlich von ihr, wo sich der Eingang befand, in drei Stockwerken die Konventsgebäude an, zuunterst die Gasträume (Abb. 88a, L), darüber das Promenoir, einen zweischiffigen Saal, der den Kreuzgang ersetzte, die kleine Bücherei und das Refektorium (Abb. 88b, E), zuoberst das Dormitorium (Abb. 88c, G u. G'). Wir haben also einen hohen Bau, der sich an den Felsen unten anlegt und bis zu seiner Spitze emporragt. Die Blüte des normannischen Herzogtums, die Eroberung Englands 1066, die Vereinigung des Herzogtums mit der englischen Krone ließen stufenweise die Bedeutung des Klosters und der Festung zunehmen. Das 11. Jahrhundert erbaute über Notre-Dame sous Terre an der höchsten Stelle seine große normannische Abteikirche, von der Teile immer wieder über den allzu gewagten Substruktionen einstürzten. Um 1100 muß man sich den Felskegel von den Klostergebäuden als Ganzes ummantelt vorstellen, ein Bautenmantel mit der Kirche als seiner Kapuze.

89   Mont-Saint-Michel, Schnitt durch den Kreuzgang. Nach E. Corroyer

Das hochromanische Kloster des 12. Jh. ist das Werk des Abtes ROBERT DE
TORIGNI (1154–1186), eines Freundes, Ratgebers und Verwandten Henrys II.
Plantagenet. Aus der Nachdenklichkeit über eine sinnvollere Ausnutzung des
Organismus erwuchs 1180 die Verlegung des Klostereingangs vom Nordwesten
in den Südwesten. Dem dreigeschossigen alten Konventsgebäude nahezu entsprechend, entstand dort ein neues (Abb. 88a, N, Abb. 88b, H, Abb. 88c, I). Es
beherbergte das Gästehaus, das Krankenhaus, den Abtpalast und einen Ge-
richtssaal. Gleichzeitig erhielt die Kirche eine neue Zweiturmfassade, in deren
Portikus der Abt sein Grab fand. Sie wurde später abgerissen.

Durch die Gründung der Bruderschaft von *Saint-Michel-de-la-Mer* 1210 än-
dert sich der Gesamtcharakter des Klosters. Von Philippe Auguste über den hl.
Ludwig bis zu Philipp dem Schönen steht die Anlage im Mittelpunkt der Inter-
essen des französischen Königtums. Das ritterliche Element tritt neben das monastische. Abt JOURDAIN beginnt um 1206 die Ergänzungsbauten, Abt RAOUL
DES ISLES (gest. 1228) vollendet die 'Merveille', Abt RICHARD TOURSTIN verlegt
den Eingang an seine heutige Stelle im Nordosten und umgibt den Weg um den

Chor und die Südseite der Kirche mit Verwaltungsgebäuden, Gastpalästen und einem neuen Abtsitz. Dem 14. und 15. Jh. blieb es vorbehalten, die Befestigungen auszubauen. Als die 'Merveille' bezeichnet man den großen Trakt im Nordosten, der im Erdgeschoß die Pilgerherberge und den Keller umfaßt (Abb. 88a, J und K), im ersten Obergeschoß das Refektorium (Abb. 88b, K) und den herrlichen Rittersaal (Abb. 88b, L), im zweiten Obergeschoß das Dormitorium[31] (Abb. 88c, K) und den neuen Kreuzgang (Abb. 89 L). Mit dem Tode des Abtes 1228 waren diese Bauten vollendet, bei denen das Hohe und Steile der Anlage einerseits, die Zartheit der Bauglieder andererseits den neuen Geist der 'Königsgotik' der Île de France bezeugen. Hatten auch die Vorgängerbauten schon drei Etagen besessen, so wurde hier ihre Abfolge zu einem Motiv, dessen künstlerische Möglichkeiten bewußt entwickelt worden sind (Abb. 89). Der Palast blieb der Schauplatz jener legendären Verteidigung des Berges durch Louis d'Estouteville und seiner 119 Ritter gegen die englischen Armeen 1425, einer Verteidigung, die ihn, vergleichbar allein der Jeanne d'Arc, zum Sinnbild des Widerstands werden ließ.

Die architektonische Anordnung hätte es ermöglicht, daß während aller Kriegsunruhen das monastische Leben ungestört hätte fortgeführt werden können. Auf der obersten Etage hatten die Mönche alles Notwendige vereinigt, um genau nach der Regel zu leben. Auf einer Ebene lagen Schlafsaal, Kreuzgang und Kirche. Lediglich zu den Mahlzeiten hatten sie ein Stockwerk nach unten zu steigen, wo Küche und Refektorium vor dem großen Rittersaal lagen, während die Kelleranlagen darunter allen dienten. Auch die Kranken hatten einen Raum auf dieser obersten Etage (Abb. 88c, J). Allein der Kapitelsaal war seinerzeit nicht mehr ausgeführt worden (Eingang zu dem Projekt Abb. 88c L"). Während man also den Eingang dreimal verändert hat, behielten die monastischen Gebäude ihren ursprünglichen Platz im Nordosten bei und entfalteten sich zu immer kühneren Konstruktionen.

Santa Maria Pomposa

In Italien, wo die Stadtkulturen der Antike fortleben oder doch früh schon wieder aufleben konnten, hatten Klöster viel geringere Aussichten, sich zu staatlich unabhängigen Institutionen zu entfalten als in dem städteleeren Heiligen Römischen Reich. Es stand nie zur Diskussion, daß blühende städtische Gemeinwesen wie die Seestädte Venedig, Pisa und Genua seit dem 11. Jh., die langobardischen Städte seit dem 12. Jh. und die toskanischen mit Florenz, Siena und Lucca seit dem 13. Jh. auch die volle staatliche Gewalt über die Klöster beanspruchen durften, die in ihren Mauern lagen, meist auch über jene, die auf ihrem

Territorium erbaut waren. Die Klöster besaßen Sonderrechte wie jede kirchliche Institution in diesen Jahrhunderten. Äbte und Volksprediger haben zuweilen zusammen mit der geistigen Macht auch weltliche Macht erringen können. Politischen Einfluß haben die Klöster nur in Ausnahmefällen besessen. Ihre Bedeutung im Rahmen des baulichen Gefüges der Stadt ist in keinem Falle Ausdruck dieses Einflusses gewesen. Sie haben nach dem Ausgang des 12. Jh. nie Territorien besessen, auf denen Menschen als ihre Untertanen gewohnt hätten. Gewiß stellten sie Immunitäten dar, in die die städtische Polizei nicht eindringen durfte, aber an allen kritischen Tagen hat man sich an diesen Immunitätsgrenzen nicht gestört. Selbst Klöster in so beherrschender Isolierung wie *San Giorgio Maggiore* vor der Einfahrt von San Marco in Venedig, allein auf seiner Insel, war nie wirksam befestigt gewesen und hat nie staatliche Sonderrechte beansprucht. Seine ausgedehnten Bauten besitzen deshalb nicht weniger ihre beeindruckende Monumentalität. Aber sie sind Ausdruck von hochbewußten und genauen künstlerischen Erwägungen, nicht politischer Macht. Eine Ausnahme bildeten in Italien lediglich einige Klöster der Frühzeit, die als Reichsklöster von den deutschen Kaisern begünstigt worden sind. *Santa Maria Pomposa* ist unter den erhaltenen das beste Beispiel (Abb. 81; 90).

Das Kloster reiht sich in den Kranz der Fluchtstädte ein, in die sich vor den nachdrängenden Germanen die römische Restbevölkerung von Ravenna im Süden bis Grado im Norden zu retten suchte. Mit vielen von ihnen gemeinsam hat es jene Atmosphäre des Verlassenseins im Wertlos-Unbewohnbaren bewahrt, die den Niederlassungen zum Schutz gereichte. Die Benediktiner gründeten im 6. Jh. im Delta des Po ein Kloster, dem eine weitausgedehnte Landwirtschaft in Waldrodungen einige Zukunft versprach. Die erste gesicherte Nachricht besitzen wir freilich erst mit einem Brief von 874 des Papstes Johannes VIII. an Kaiser Ludwig II. Durch die Gunst der Ottonen wurde das Kloster unabhängig. 1045 umschloß seine Herrschaft ein Gebiet zwischen dem Po, dem Gauro und dem Meer von beträchtlicher Ausdehnung. Auch jenseits dieser 'Insel' besaß es Ländereien. Dieses 11. Jh. war seine Blütezeit. Wahrzeichen seiner Macht wurde der hohe Campanile, der das ganze Staatsgebiet überblickt. Die Kirche konnte mit ungewöhnlichem Kunstaufwand ausgestattet werden. Von den Klostergebäuden sind Kapitelsaal, Refektorium und Reste des Dormitoriums rings um den Kreuzgang erhalten geblieben; er selbst ist zerstört. Es handelt sich um Nachfolgebauten der ursprünglichen Gebäude, die mutmaßlich seit dem 10. oder 11. Jh. ebenso angeordnet waren. Man weiß, daß die Gesamtanlage von einer hohen Mauer umschlossen wurde, in der auch zahlreiche Gäste- und Wirtschaftsgebäude Raum fanden.

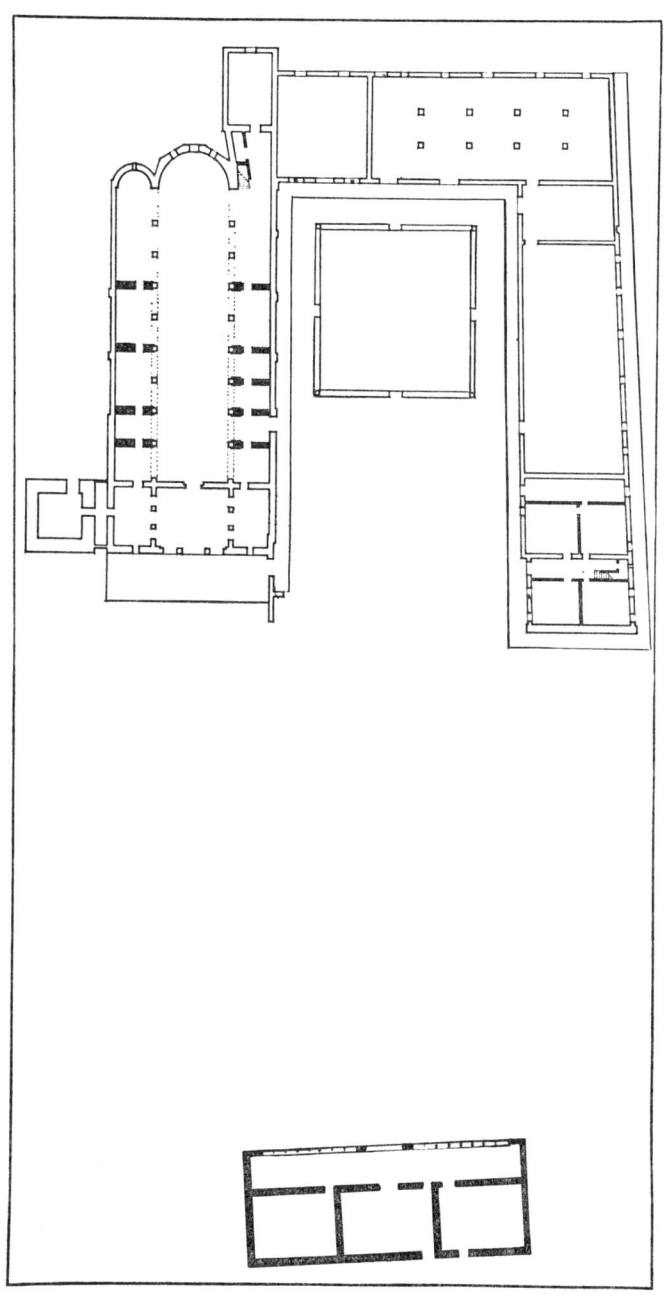

90   Santa Maria
      Pomposa

Überraschend ist die Grandezza der Anlage, das überraschendste jedoch der lange, schmale Palazzo della Ragione, der den monastischen Gebäuden im Westen vorgelagert ist. Es handelt sich um ein Werk des 13. Jh., dessen gesicherter Bestand durch Restaurationen verunklärt wurde. Die Gesamtanlage ist ebenso authentisch wie kennzeichnend. Wir haben ein großes Regierungsgebäude als Sitz des Abtes und Landesherrn, wie es sich gehört im Westen der Anlage, durch seine Position nach außen gerichtet, wenngleich nach innen zur Kirche hin sich mit Loggien öffnend. Mit diesem Gebäude trat das Kloster in Wettbewerb mit den Kommunen; es versinnbildlicht den Anspruch auf Herrschaft und weist auf den fürstlichen Rang des Abtes hin. Es unterrichtet den Fremden darüber, daß das Kloster eigene staatliche Autorität beansprucht. Seine Größe, seine Stellung zur Kirche und seine Entfernung von ihr bekundet zugleich, daß man sie mit Würde zu tragen suchte.

Das landbeherrschende Kloster ist in Italien eine Seltenheit. Es gehörte zu den Institutionen des kaiserlichen Italiens und begleitete seinen Niedergang. Auch *Farva*, das mächtigste von ihnen, wäre hier zu nennen. Gewiß hat es einige Klöster auf dem Lande gegeben, die zeitweise große weltliche Macht besessen haben. Wir sind ihnen in unserem Kapitel über die Zisterzienserklöster begegnet. Andere konnten als Königsklöster, d. h. als Sitz oder Stiftung von Königen für kürzere Zeiträume bedeutende Rollen im Kulturleben des Landes spielen und ihnen in ihrer Baugestalt Ausdruck geben. Ihre Zahl ist nicht sehr groß. Immerhin reicht sie von *Monreale* bei *Palermo*, der Stiftung des Normannenfürsten Wilhelm II. von 1174, bis zur *Superga* über *Turin*, die JUVARA als Gruftkirche des piemontesischen Königshauses und als Denkmal des Sieges des Prinzen Eugen 1706 über die Franzosen 1731 vollendete. Bei beiden treten die monastischen Gebäude gegenüber der Kirche völlig zurück, und der unvergleichliche Kreuzgang von *Palermo* hat mehr den Charakter einer fürstlichen Kunststiftung als einer monastischen Wandelhalle. Der unerhörte Aufwand, mit dem die Säulenschäfte und Kapitelle vor allem um das Brunnenhaus geschmückt sind, bezeugt die Verbindung eines abendländischen Baugedankens mit islamischem Wohnluxus und normannisch-romanischer Kunst. Auch in *Monreale* gab es eine Residenz. In einer Welt, in der jede politische Ordnung sich an dem Gedanken des Gottesstaates orientierte, kann man eine Stiftung wie *Monreale* ein Regierungsprogramm nennen. Der Klosterhof emanzipiert sich und wird Denkmal der Staatskunst des Fürsten.

Spanische Klöster als Königsresidenzen

Ein anderes Bild liefert der historischen Betrachtung eine Reihe von spanischen und portugiesischen Monumentalklöstern. Spanien ist immer ein Königsland gewesen. In keinem anderen Bereich Europas besaß das Königtum vergleichbar umfassenden Einfluß. Das hängt auch damit zusammen, daß die Könige die vornehmsten Träger der Reconquista gewesen sind. Wo immer der Islam zurückgedrängt wurde, entstanden alsbald Klöster zur geistigen und auch oft militärischen Sicherung der eroberten Gebiete. Viele dieser Klöster waren auch Festungen. In zahlreichen unter ihnen erbauten sich die Könige eine Residenz. Die Verbindung von Königsschloß und Kloster ist auf die iberische Halbinsel nicht beschränkt geblieben. Dort aber entwickelte sie sich zu einem kennzeichnenden Merkmal. Man darf es nicht vergleichen mit den Kaiserbauten, Kaiserappartements und Kaisersälen in den Reichsklöstern in Deutschland. Diese wurden von den Klöstern für den Kaiser gebaut und waren ein Zeichen dafür, daß sich das Kloster niemandem außer dem Kaiser untertan fühlte. Sie waren Sinnbilder seiner Freiheit. In Spanien stifteten die Könige den Klöstern ihre Paläste. Und diese waren Sinnzeichen der Abhängigkeit des Klosters von dem Königtum. Die Mönche dienten der Königsmacht.

Oviedo

Einige Beispiele aus vielen. Die Hauptstadt Asturiens, *Oviedo*, wird beherrscht von einer Baugruppe, in der sich Königspalast, Bischofssitz, Kloster und kirchliche Stiftungen vereinigt haben (Abb. 91). Ihr Gründer, König FRUELA (geb. 722, regierte 757–768), stattete seine Residenz zugleich mit dem Kloster von *San Vicente* und der Kathedrale *San Salvador* aus. Wie in vielen Städten der Frühzeit war der Abt des Klosters zugleich Bischof der Stadt. Nach Fruelas Ermordung verlegte sein Nachfolger SILO (774–783) die Residenz nach *Santiana de Pravia*. Fruelas Sohn ALFONS DER KEUSCHE (791–812) wurde zum Neubegründer von Oviedo. Unter dem Eindruck der arabischen Bedrohung ließ er nicht nur die Stadt, sondern auch den Residenzbereich und seine kirchlichen Anlagen befestigen. Im engen Mauerbereich vereinigten sich der wiedererbaute Palast, die vergrößerte Bischofskirche, eine Marienkirche als Grablege der Könige, die Kapelle Santa Leocadia und San Juan und ein königliches Damenstift. Man hat in die »*antigua acrópolis religioso-politica*« alles zusammengedrängt, was man vor der Unruhe der Zeit zu schützen suchte. Ein Programm war festgelegt, das die schöpferische Phantasie durch Jahrhunderte herausfordern mußte.

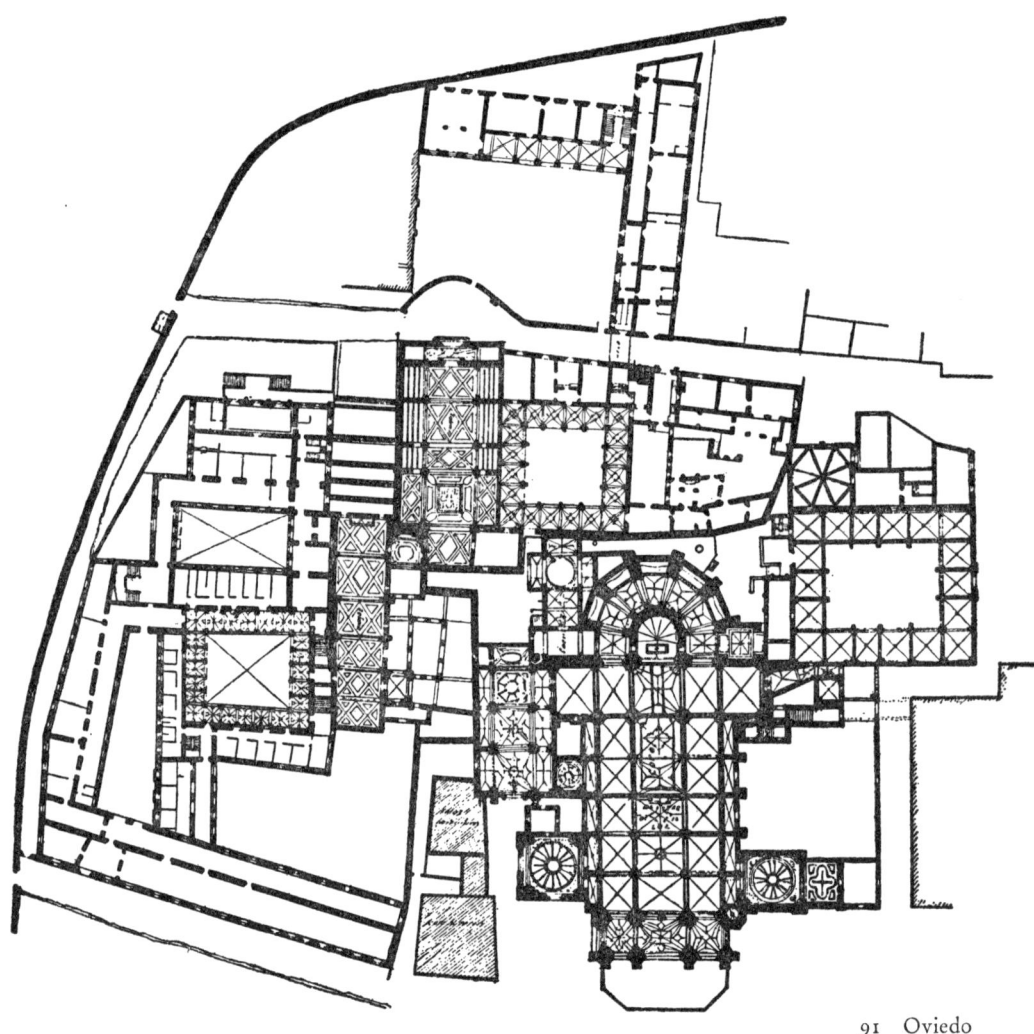

91 Oviedo

Zisterzienserklöster als Residenzen

In *Oviedo* waren Palast und Bischofskirche der Ausgangspunkt. Die Klöster kamen als Zentren des kirchlichen Lebens nachträglich hinzu. Auch für die staatliche Verwaltung gewannen sie Bedeutung. Häufig rekrutierten sich die Schreiber der königlichen Kanzleien aus ihnen. Im späteren Mittelalter sollten sich die Verhältnisse umkehren. Die monastischen Niederlassungen waren zuerst am Platze. Die Könige, welche sie begünstigt haben, fügten nachträglich eigene Palastanlagen an. Der Hof strebte in den Schatten der Klöster, ihre Frömmigkeitshaltung beeinflußte seinen Lebensstil. Der König wollte trotz seines Ranges, auch unter Wahrung aller seiner Rechte, sich zuweilen als ein Mönch unter Mönchen fühlen können. Die drei Zisterzienserklöster Spaniens, die mehr als alle anderen eine politische Bedeutung gewinnen konnten, sind hierfür Denkmäler. Es handelt sich um die Klöster *Santas Creus* und *Poblet* im katalanisch-aragonesischen Bereich und um *Las Huelgas* in Kastilien, das einzige Frauenkloster unter den Königsklöstern des Landes, dem 1187 mit jenem nur in Spanien möglichen Zentralismus alle Frauenklöster des Landes unterstellt werden sollten.

Sowohl *Santas Creus* als auch *Poblet* sind klassische Zisterzienseranlagen. Beide füllen mit ihren vielfältigen Baukomplexen ein langgestrecktes Rechteck (Abb. 92). In *Santas Creus* liegen die Wirtschaftsgebäude, die Herbergen, auch der Abtpalast im Westen um den langen und breiten Eingangshof mit dem Brun-

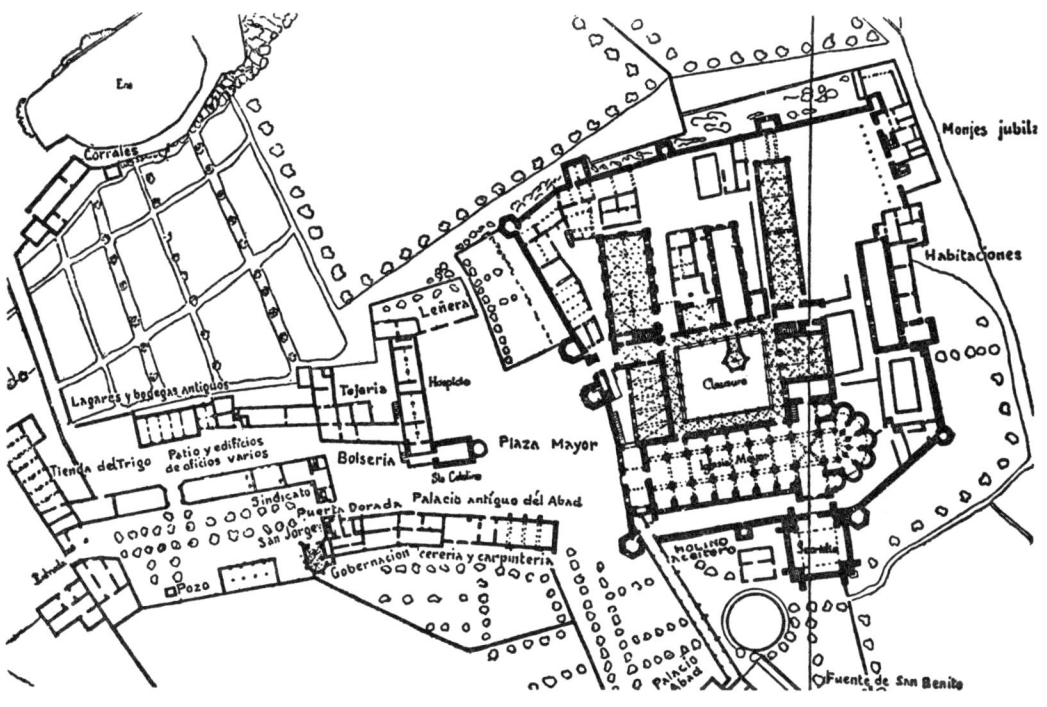

92 Poblet

nen des hl. Bernhard. Die Kirche und die wichtigsten der monastischen Gebäude liegen in der Mitte, der Königspalast um einen eigenen Kreuzgang im Osten. Dabei muß man bedenken, daß in diesem dritten Bereich die Bestimmungszwecke wechselten und das Kloster vieles übernahm, was ursprünglich für den Hof erbaut worden ist. Es würde die Aufmerksamkeit von unserem Thema ablenken, wollte ich an dieser Stelle die Geschichte der drei Königspaläste von *Santas Creus* darlegen, von denen der erste von Pedro III. (1276–1285), der zweite von Jaime II. (1291–1327) und der dritte von Pedro IV. (gest. 1387) errichtet wurde. Die Projekte folgen sich rasch und überschichten sich. Das Kloster übernimmt das von den jüngeren Fürsten Verworfene und ergänzt es mit anderen Zielsetzungen. Der östliche Palasthof wird zuletzt wieder Kreuzgang. Während Pedro III. und Jaime II. das Kloster als ihren Hauptsitz betrachteten, hat ihm Pedro IV. *Poblet* vorgezogen. Auch nur die beiden Erstgenannten sind in der Kirche von *Santas Creus* begraben, Jaime II. mit seiner Gattin Blanca von Anjou. Andererseits hat sich nur der Palast Pedros IV. in den meisten seiner Teile erhalten. Dieses Rechteck von 15 zu 35 m benutzte die Fundamente des ersten Palastes und wurde später auch in *Poblet* nachgeahmt (Schrifttum Nr. 170, 171). Hier mag der Hinweis genügen, daß es für das spanische Rangdenken eine Selbstverständlichkeit war, daß der Palast im Osten, also am Ende eines Weges durch das Kloster liegen mußte, nicht in seinem Westen am Eingang. Das wird noch im Escorial beibehalten.

In *Poblet* begegnet uns genau das gleiche Grundschema (Abb. 92). Das Kloster wurde 1149 VON RAMÓN BERENGUER IV. (1139–1162), Graf von Barcelona, gegründet. Es war also von vornherein ein Fürstenkloster. Jaime I. (gest. 1276) wurde hier beigesetzt, seine Nachfolger, Pedro III. und Jaime II., wie wir hörten, in *Santas Creus*, Pedro IV. dann wieder in *Poblet*, dem er seine besondere Gunst zuwandte. Pedro IV. hat den ersten Palast von *Poblet* erbaut, Martín el Humano (1396–1414) den zweiten gegen 1397 begonnen, der nach dem Urteil Chuecas (Schrifttum Nr. 169) nicht nur der schönste mittelalterliche Palast in einem Kloster, sondern darüber hinaus der mächtigste gotische Palast in Spanien geworden wäre, hätte er vollendet werden können. *Poblet* – übrigens das einzige Zisterzienserkloster Spaniens, das wieder in Betrieb genommen worden ist – wurde in seiner Gesamtanlage nach den gleichen Prinzipien wie *Santas Creus* gegliedert (Abb. 92). Sein Kern freilich ist von großen Befestigungsanlagen umschlossen, die sowohl die monastischen Gebäude als auch das Königsschloß einfassen. Im Westen liegen ausgedehnte Wirtschafts- und Verwaltungshäuser außerhalb dieser Befestigung. Im Osten (Abb. 93) erhebt sich der Palast über gewaltigen Festungsmauern. Es ist eine ausgedehnte Anlage mit den Wohnge-

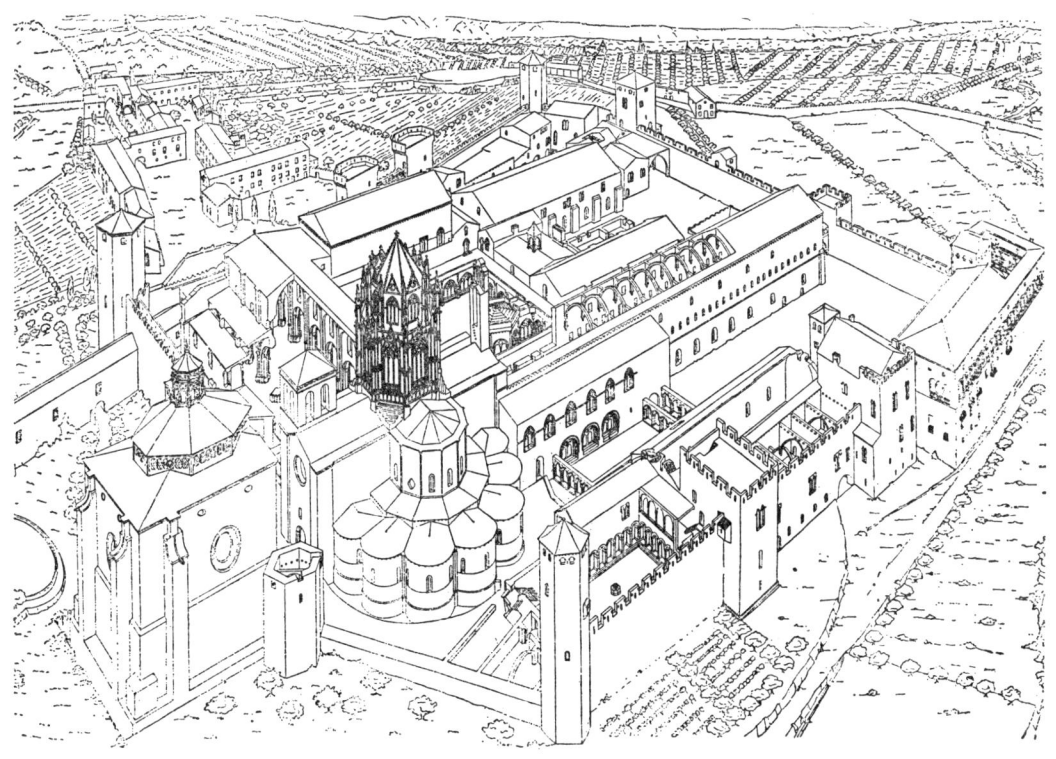

93 Poblet, Königspalast. Nach L. Domenech y Montaner

mächern des Königs zwischen den beiden mächtigen Türmen. Wir stehen vor einer Residenz des ausgehenden 14. und des beginnenden 15. Jh., die man mit dem Papstschloß in *Avignon* vergleichen kann.

Der Escorial

Der Gedanke, Königsschloß und Kloster zu verbinden, fand im *Escorial* seine klassische Verwirklichung. Ausgangspunkt war das Gelübde PHILIPPS II., dem hl. Laurentius ein Kloster zu erbauen, nachdem er 1557 in St. Quentin, aus Anlaß einer Schlacht gegen Frankreich, ein Laurentiuskloster hatte niederbrennen lassen. Hinzu kam das Verlangen, die Situation seines Vaters in seinen letzten Lebensjahren zu institutionalisieren. Karl V. lebte in einer Villa unmittelbar neben der Kirche des Hieronymitenklosters *San Yuste*. Auch Philipp II.

223

besaß seit langem eine eigene Zelle in dem Hieronymitenkloster *Guisando*. Seit dem Tode Karls V., 1558, sah sich Philipp darüber hinaus vor die Aufgabe gestellt, seinem Geschlecht eine dem Range des neuen spanischen Königtums angemessene Grablege zu schaffen. Seine Baupläne für ein Kloster als Sitz der Regierung, unweit des Dorfes El Escorial, sollten diesen sich überlagernden Zielen entsprechen.

Zu ihrem Verständnis ist es notwendig, die besondere Stellung der Hieronymiten zu der spanischen Krone zu kennen. Es handelt sich um einen Orden, den es in dieser Form nur in Spanien gibt. An seinem Ursprung steht ein Gedanke, der jenem, aus dem der Kartäuserorden erwachsen ist, verwandt ist. ALFONS VON KASTILIEN (1312–1350) zog Eremiten, deren Einsiedeleien im ganzen Königreich verstreut lagen, an einem Orte in der Nähe der Bartholomäuskirche von *Lupiana* im Erzbistum Toledo zusammen. In die Gebetsgemeinschaft dieser Mönche trat wenig später der königliche Oberkammerherr Pietro Fernandas Peche von Guadalajara mit seinem Bruder Alfons, Bischof von Jaén, dem Portugiesen Basco und anderen Freunden aus hohem Adel ein. Seine Verhandlungen mit Papst Gregor XI. führten zur Bestätigung einer Regel, die im wesentlichen der Regel des hl. Augustinus, mit einigen Zusätzen aus den Mönchsvorschriften des hl. Hieronymus, entspricht. Die ursprüngliche Absicht, als Laien zwischen den Mönchen nach der Regel des *III. Ordens* des hl. Franz zu leben, wurde aufgegeben. Doch blieb es ein Kennzeichen des Ordens, daß er sich dem Laienelement aus den oberen Ständen offen hielt, das teils nur für kürzere Zeiträume, teils für immer das strenge Leben der Askese und der Studien mit den Mönchen teilte. Hier konnten auch die Könige das Leben von Mönchen führen. Schon 1415 gab es 25 Niederlassungen. Die bedeutendste war *Unsere Liebe Frau von Guadalupe* in der Estremadura, eine Gründung von 1389. Auch dort besaß das Königshaus einen Palast. Der Hieronymit FRAY JOSÉ DE SIGUENZA (1544–1606) gibt in seiner Beschreibung der ›Fundacion del Monasterio de el Escorial‹ einen Hinweis auf eine der Bauregeln der Hieronymiten, die mehrere Klosterhöfe gefordert hat, um die Zellen für die Mitglieder unterzubringen und die Prozessionswege auszuweiten. *Guadalupe* besaß neben dem Claustrum Mayor noch zwei kleinere Höfe. Ein gewisser Bauluxus ist von Anfang an ein Kennzeichen der Hieronymitenklöster. Wie Philipp II. in *Guisando,* verfügten einzelne Mönche über mehrere Räume. Große Bibliotheken waren Tradition. Man wohnte gut, doch man fastete streng.

Das Grundschema des *Escorial* stammt aus dem Schloßbau. Für die große Rechteckform war der Alcazar von Toledo Vorbild. Architekt war der königliche Baumeister JUAN DE TOLEDO, dem das Generalkapitel der Hieronymiten einen

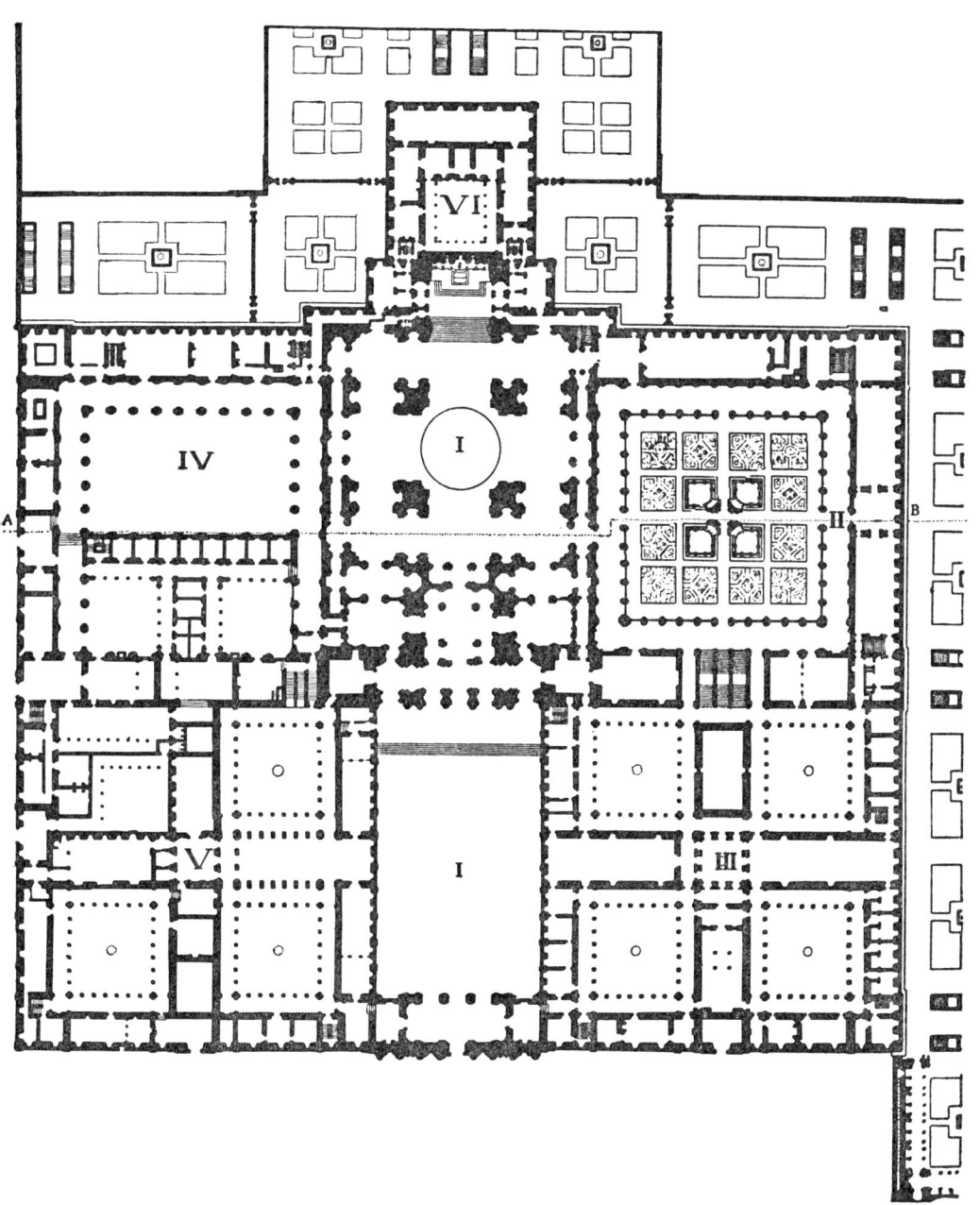

94   El Escorial (N ←)

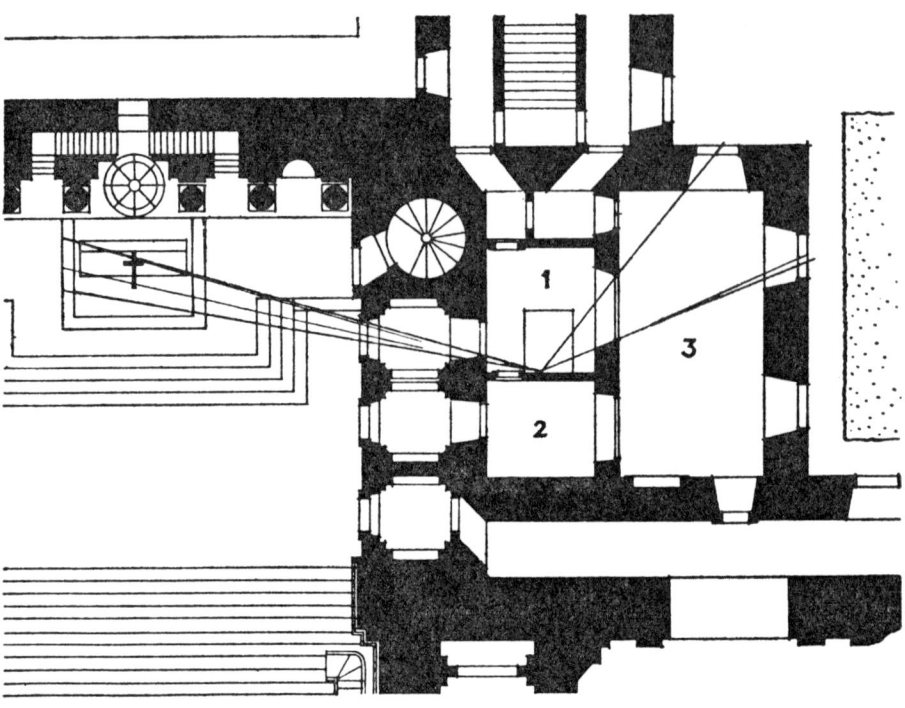

Mönch, ANTONIO DE VILLACASTIN, als Bauleiter zur Seite stellte. Sorgsame Proportionsstudien müssen vorangegangen sein und bewirkten, daß die Gesamtanlage streng nach den Maßverhältnissen des Goldenen Schnitts errichtet wurde. Man baute also von vornherein mit hohem ästhetischem Anspruch.

1561, vier Jahre nach seinem Gelübde, hatte Philipp das Generalkapitel des Ordens von *St. Bartolomé in Lupiana* von seinem Plane unterrichtet, ein Kloster für 50 Mönche zu erbauen. Erst im Jahre darauf entschied man sich für den Bauplatz am Fuß des Guadarramagebirges. 1563 wird der Grundstein gelegt. Schon seit 1562 bezeichnet Philipp die neue Anlage als *El Escorial.* Wir haben einen Organismus von großer innerer Logik vor uns. Die Geschichte seiner Bauformen im Rahmen der Architektur des Manierismus braucht uns hier nicht zu beschäftigen. Es handelt sich um die erste streng achsiale und streng symmetrische Anlage der abendländischen Klosterbaukunst. Man sprach von einer Erfindung des Königs, die JUAN BAPTISTA DE TOLEDO interpretiert habe. In der Tat entspricht der Gesamtplan genau dem Charakter Philipps II. Er spiegelt seine Auffassung von der Stellung des Königs zu Staat und Kirche. Deshalb

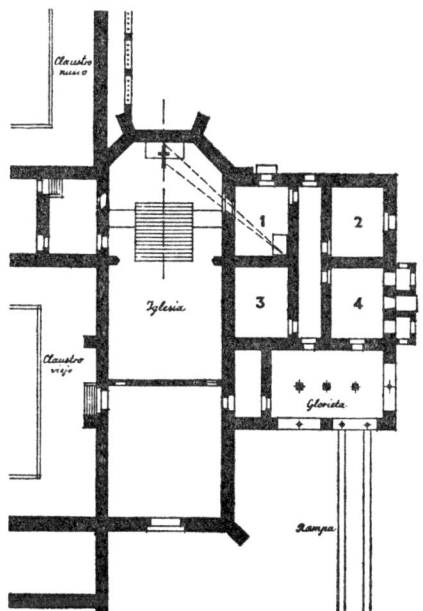

95 El Escorial, Wohnsituation des Königs.
   1 = Schlafzimmer

96 San Yuste, Wohnsituation des Kaisers.
   1 = Schlafzimmer

konnte und durfte auch JUAN DE HERRERA (1530–97), der nach dem Tode Juan de Toledos 1567 die Bauleitung übernahm, nichts Wesentliches verändern. Er verbesserte die Proportionen, lieferte die mathematischen Berechnungen, verschmälerte die Bautrakte und erweiterte die Höfe. Auch die Weisung, statt für 50 Mönche Räume für 200 vorzusehen, zwang nicht zur Erweiterung. Dem König standen Mönche wie Soldaten zu Befehl. Die Lektüre des Grundrisses vermittelt Erkenntnisse, die der Lektüre eines Traktates über das politische System Spaniens gleichen (Abb. 94).

Mitte und Mittelachse bilden die Kirche und ihr Vorhof (I). Der Monumentalbau diente zugleich als Oratorium der königlichen Familie, als Klosterkirche und Staatsdom. Seine Gruft war die Grablege der spanischen Könige. Im Süden, wie üblich, lagen die Trakte und Höfe des Klosters (II, III), im Norden, wie schon auf dem Plan von *St. Gallen,* der Palast, auch die Schulen und Räume für die Hofbediensteten (IV, V). Die bevorzugteste Stelle nahm der Wohnpalast des Königs und seiner Familie ein (VI). Er lag wie die Kirche in der Mittelachse, im Osten und nahe dem Chor, der Capilla Mayor, die er umschlossen hielt. Man erreichte ihn erst, nachdem man viele Vorhöfe und Raumfluchten durchschritten hatte. Er bildete den Höhepunkt und das Ende. Durch seine Nähe zum Allerheiligsten war seine Stellung in Welt und Überwelt festgelegt. Im einzelnen war alles bescheiden gehalten. Aber diese Bescheidenheit war eine Auszeichnung. Die Macht des Königs ließ Repräsentation unmöglich werden. Man muß den *Escorial* mit Versailles vergleichen, um die Unterschiede der Lehren vom Königtum in Spanien und Frankreich, jeweils zum Zeitpunkt seiner größten Machtfülle, zu erkennen. Dort nimmt das Schlafzimmer, in dem der König wie die Sonne sich erhob und niederlegte, allein die Mitte ein. Die Kapelle wurde zur Seite geschoben. Hier umschließt das Appartement der Königsfamilie den Altarraum. Es wird anschaulich, daß durch die Rechtgläubigkeit und das Frommsein die Macht legalisiert wird. Der König nahm sich dabei die Räume auf der Seite des Klosters. Sein Schlafraum reihte sich an die Zellen der Mönche an. Der Königin wurde die Seite des Palastes zugewiesen – es ist zugleich auch die Epistelseite der Kirche –, in der, getrennt von den Herren, die Damen ihre Plätze hatten. Die Infanten wohnten rings um den Palasthof (VI). Philipp II. ahmte mit seinem eigenen Appartement und dessen Stellung zur Kirche die Situation des Sterbezimmers seines Vaters in *San Yuste* nach, wenn er Vorsorge dafür traf, daß auch er von seinem Bett aus auf den Altar der Kirche blicken konnte (Abb. 95, 96)[32]. Das Auge des sterbenden Kaisers konnte dort auf TIZIANS Dreifaltigkeitsdarstellung, der 'Gloria', ruhen. Diese Nachahmung von *San Yuste* muß am Anfang aller Planungsarbeiten gestanden haben. Doch unmittelbar hinter dem Appartement Philipps führte die Treppe zur Königsgruft hinab, in der seine Toten lagen, der Vater, seine Gattinnen, die früh verstorbenen Infanten.

Die Einteilung der Klostertrakte der Südseite wird von der gleichen Logik bestimmt, die sich nach hieratischen Ordnungsprinzipien richtet. Wir haben eine Variation des benediktinischen Ordnungsschemas, mit der die Stellung des Abtes und Priors gegenüber den Mönchen in merkwürdiger Weise hervorgehoben worden ist. Der ganze große Klosterhof ist ihnen vorbehalten (II). Im Erdgeschoß lagen die Räume des Priors, im Obergeschoß im Osten das Appartement des Abtes und im Süden die Zellen der Mönche. Der Zwischentrakt im Westen umschloß unten den Empfangssaal und die Marienkapelle, oben die Kleiderkammer und den Schlafsaal der Novizen. Von den vier kleinen Klosterhöfen dienten die beiden östlichen den Mönchen, die westlichen den Kranken und Genesenden. Waschsaal, Treppe und Küche füllten den Zwischentrakt von Osten nach Westen; Werkstatt, Treppe und Refektorium von Norden nach Süden im Erdgeschoß. Darüber befand sich von Norden nach Süden die Bibliothek und ein weiteres Dormitorium. Dem Gesamtorganismus waren alle kleineren Räume genau durchdacht so eingeordnet, daß der Mechanismus des Klostertages und der Mechanismus des Hofzeremoniells sich ergänzen konnten. Man hatte nichts vernachlässigt. Das Klosterschloß ist Sinnbild der Staats- und Weltordnung. Es war das Werk Philipps II. mehr als seiner Architekten. Es war keine höfische Redensart, der Sachverhalt selbst veranlaßte die Zeitgenossen, von einer Erfindung Philipps II. zu sprechen, welche die Baumeister interpretiert haben.

Man sollte den Einfluß des *Escorial* als Bauwerk auf die Klosterarchitektur der Fürstabteien des Barock nicht überschätzen. Die deutschen Klosterschlösser entwickelten ihr Bauschema aus weitverzweigten Wurzeln. Immerhin mußte es auf die reichsunmittelbaren Prälaten großen Eindruck machen, daß das erste und vornehmste Königsschloß des Abendlandes, das am Ausgang des 16. Jh. jedem Monarchen als Vorbild vor Augen stand, zugleich ein Kloster gewesen ist.

9 Fürstabteien des Barock

Die letzte große und geschlossene Gruppe von Ordensniederlassungen, in denen der Klostergedanke eine kühne und neue Architektur hervorgerufen hat, bilden die Barockabteien der deutschen Alpenländer, die Klöster des 17. und 18. Jahrhunderts in Österreich, Bayern, Schwaben und der Schweiz, dazu noch einige wenige in Franken und am Rhein, die ihre staatliche und kirchliche Unabhängigkeit bewahrt haben. Es sind durchweg große Institutionen. Viele von ihnen waren reichsunmittelbare Staatsgebilde. Doch auch die landständischen Klöster besaßen jene besonderen Freiheiten, die in diesem Jahrhundert zu einer Blüte sowohl des monastischen Lebens als auch des künstlerischen eine Voraussetzung gebildet haben.

Ich sprach von einer geschlossenen Gruppe; denn einzelne große Barockabteien sind auch in Italien, Spanien und Portugal erbaut worden, mit gewissen Einschränkungen sogar in Frankreich. John Evans hat die Monumente der monastischen Architektur Frankreichs von der Renaissance bis zur Revolution in einem großen Bande zusammengetragen (Schrifttum Nr. 181). Das Ergebnis ist ärmlich. Man findet zwar manche schöne Kirchenfassade, eine Reihe feierlicher Innenräume und große Schloßtrakte, indes keinen lebenden Organismus mit eigenständigen Bauformen. Diese Architektur stammt aus Pariser Baubüros und stellt die Frage nach den Gründen der veränderten Situation, wieso allein in den deutschen Ländern das Bild ein so viel reicheres ist.

Man könnte meinen, daß der monastische Gedanke als solcher ein überholter war, daß die evangelischen Bereiche sich rechtzeitig von ihm abgewandt hätten, daß Heinrich VIII. von England den richtigen Zeitpunkt gewählt habe, als er 1534 alle Klöster in seinem Lande schließen ließ und die Mönche vertrieb. Es besitzt eine gewisse Logik, wenn in der Folgezeit die Klöster in den katholischen Ländern Frankreich, Spanien und Italien sich weniger reich entfalten konnten als in dem in seinem Glauben gespaltenen Deutschland, wo die Anstrengungen der Gegenreformation auch das Klosterwesen neu belebt haben. Jedoch sind es nicht die Jesuiten gewesen, der neue Orden, der die Gegenreformation vor allem gefördert hat, und auch nicht die Kapuziner, der im Frömmigkeitsleben des Zeitalters wichtigste Orden, die die neue Blüte der Klosterbaukunst hervorriefen. Die Jesuitenkirchen stehen hier nicht zur Diskussion. Ihre Bedeutung für die Kunstgeschichte braucht an dieser Stelle nicht betont zu werden. Die Jesuitenklöster aber gleichen großen städtischen Anstalten und besitzen geringe Bedeutung für die Geschichte der Palastarchitektur und keine für die Geschichte der Klosterbaukunst. Die großen Barockabteien liegen alle – oder doch fast alle – auf dem Lande und haben für ihre Blüte andere soziologische, wirtschaftspolitische und religiöse Ursachen als die Gegenreformation, wenngleich sie sie unterstützt haben.

Der Anlaß für den Niedergang des Klosterwesens in den katholischen Ländern Italien, Spanien, Portugal und Frankreich ist das Kommendewesen. In einem Vertrag zwischen Papst Leo X. und François I. von 1519 wird die Besetzung der Abtstellen fast aller französischen Klöster dem König übertragen. *Clairvaux* gehört zu den wenigen Ausnahmen, die sich der Kommende entzogen. Der Brauch war alt. Schon die Karolinger und später viele deutsche Kaiser hielten es für ihr gutes Recht, die Abtstellen frei zu besetzen. Die Kirche hat diese Ämtervergebung immer bekämpft. Jetzt wurde sie legalisiert. Die französischen Monarchen verliehen frei Abttitel und Einkünfte an ihre Günstlinge. Verdienste um den Staat wurden mit Abteien belohnt. Unter den Kommendaräbten finden sich Laien, Protestanten, häufig Mitglieder des Königshauses, in erster Linie die großen kirchlichen Würdenträger, Erzbischöfe und Kardinäle, immer die führenden Staatsmänner. RICHELIEU ist Abt oder Prior zeitweise von 20 Klöstern gewesen, darunter *Cluny, Citeaux, Saint-Riquier* bei Abbeville, *St. Arnulf* bei Metz, *Saint-Benoît-sur-Loire.* MAZARIN soll 27 Abteien besessen haben. Sogar Künstlern wurden Klöster statt Honorare überlassen. PRIMATICCIO war Titularabt von *Saint-Martin-des-Aires,* PHILIBERT DE L'ORME von *Saint-Eloi-les Noyon* und *Yvry-la-Bataille;* der Dichter RONSARD wurde zum Prior von *Saint-Comè-les-Tours* und von *Croixval* ernannt. Es ist sogar vorgekommen, daß Hugenottenführer mit Abteien abgefunden worden sind, wie COLIGNY mit *Saint-Benoît-sur-Loire.* Der GRAF VON VEXIN, Ludwigs des XIV. Sohn von Madame de Montespan, besaß die beiden reichsten Klöster der Île de France, *Saint-Denis* und *Saint-Germain-des-Prés.* Mit der Übergabe der Einkünfte eines Klosters an einen auswärtigen Abt verkümmerte oft das religiöse und geistige Leben, immer das künstlerische. Zuweilen kam es vor, daß ein reicher Fürst etwas für sein Kloster tat. Aber dieses Mäzenatentum fügte von außen her Fremdartiges den Organismen an, statt Eigenes von innen heraus zu entwickeln. Es blieb steril.

Die Mönche selbst suchten dem entgegenzuwirken, indem sie sich in Kongregationen zusammentaten. Die erfolgreichste dieser Kongregationen war die Benediktiner-Vereinigung von *Saint-Maur*. Die meisten französischen Niederlassungen unterstellten sich dieser Pariser Zentralstelle, deren Bedeutung für das wissenschaftliche Leben des Ordens nicht hoch genug angesetzt werden kann. Das Eigenleben der Abteien konnte sie nicht beleben, im Gegenteil: sie bewirkte im Bereich des religiösen Lebens, was das Kommenderegiment auf dem wirtschaftlichen bewirkt hatte. Eine benediktinische Behörde wies den einzelnen Abteien ihre Aufgaben zu. Man lenkte von einer zentralen Stelle aus Wachstum und Niedergang nach Gesichtspunkten, die vernünftig und zeitgemäß waren, doch den Organismen jede spontane Entfaltungsmöglichkeit nahmen. Diese Behörde verhandelte z. B. mit ROBERT DE COTTE und anderen Baumeistern des 18. Jh. über die Dringlichkeitsliste der Restaurationsarbeiten in den verschiedenen Klöstern. Vielerorts wurden die mittelalterlichen Bauten durch eine betont einfache, klassizistische Architektur ersetzt, die als vernünftig und wohlanständig galt, jedoch dem Kloster zuweilen den Charakter eines Schlosses, häufiger den eines Verwaltungsgebäudes oder einer Anstalt verlieh. Mit erstaunlicher Unbekümmertheit wurden einzelne Klostergebäude ihren alten Bestimmungszwecken entfremdet und für nachgeordnete Dienste bereitgestellt. Ein bekanntes Beispiel ist das große und auch von den Zeitgenossen als besonders schön hervorgehobene Refektorium der alten Abtei von *Saint-Bénigne in Dijon,* welches zur Remise degradiert wurde. Denselben Verwendungszweck hat die Kongregation von *Saint-Maur* wiederholt für Refektorien empfohlen. Dem Zusammenwirken von Kommendeäbten mit der Kongregation ist es zuzuschreiben, wenn man es für großzügig und fürsorglich hielt, jedem einzelnen Mönch in *Clairvaux* ein Rokokoappartement auszustatten, das mindestens einen Salon neben dem Schlafgemach besaß.

Das Kommendewesen – wie in anderer Weise auch die Reformation – konnten sich nur durchsetzen, weil sich die meisten Klöster des 15. und 16. Jh. in einem Zustand fortschreitenden Zerfalls befanden. Die großen Institutionen entvölkerten sich. In kleinen Gemeinschaften wird das Leben nach der Regel sinnlos. Die Sitten verfallen, wo immer zahlreichere Mitglieder aus Adel und Bürgertum allein aus Versorgungsgründen ihre Söhne und Töchter in das Kloster schicken. Und mit den Sitten verfallen die Bauten. Es hat in keinem Jahrzehnt an verzweifelten Anstrengungen gefehlt, den monastischen Gedanken wiederzubeleben. Die Klöster gleichen einer Flotte bei Windstille. Die Planken der Schiffe faulen. Zuweilen nutzt ein Einzelner die brachliegende Zeit, um ein Schiff im Innern auf das köstlichste auszustatten. Gerade an der Wohnkultur der Klöster hat das 15. Jh. viel getan. Zuweilen gelingt es auch, unter weit ausgespannten Segeln, unterstützt von Rudern, einen einzelnen Kahn erneut in Fahrt zu bringen. Doch wartet man vergebens auf einen großen Wind von weit her, der die ganze Flotte erfassen könnte. Kein neuer Ordnungsgedanke vermag in diesen Jahrhunderten den Baumeistern einen neuen Auftrag zu geben. Die Poesie des Klosterfriedens konnte über das Fehlen der inneren Ordnung nicht hinwegtäuschen. Man hatte sich auf einen Jahrhundertschlaf eingerichtet, aus dem man freilich immer wieder durch Kriegseinfälle und Reformatoren aufgestört wurde.

In diesen Jahrhunderten bildete sich das Kloster baulich um, ohne daß ein neuer Architekturgedanke die Umbildung gefördert hat. Die Benediktiner verzichteten darauf, in einem gemeinsamen Saal zu schlafen (s. o. S. 187). Man richtete sich gemütlicher ein, verbesserte im Detail, schuf hier einen neuen Trakt, dort einen größeren Raum, einen Erker, ein Befestigungswerk, Wirtschaftsanlagen, Erweiterungen – Einzelnes oder Vieles, nie Eines. Am Ende der Entwicklung – und das ist das Entscheidende – fanden sich die Mönche mit allen ihren Bauten unter einem einzigen Dach, oft einem Dreiflügelbau, dessen Innenseiten der Kreuzgang trug. Im Innern des großen Gevierts befanden sich jetzt Kapitelsaal, Refektorium, Küche und Schlafzellen. Vor ihm lag der Wirtschaftshof, vielleicht ein Abtpalast, ein Krankenhaus, eine Herberge. Wir haben einzelne, vor allem italienische Beispiele genannt, bei denen, wie in *San Marco* in *Florenz*, ein großer Baumeister der Tendenz eine klare Gestalt geben konnte. Anhand der zahlreichen Wiedergaben in Stichwerken des 16. und 17. Jh. läßt sich feststellen, daß sich diese Umbildung von den vielgliedrigen Klosterkompositionen des Mittelalters zu der einheitlichen des Barock an vielen Stellen gleichmäßig vollzogen hat. Sie mußte sich mit Notwendigkeit in allen Ländern Europas ereignen. Wenn uns mit dem *Escorial* das erste und älteste völlig in einen Baukörper eingegliederte Großkloster entgegentritt, welches auch die Kirche der Gesamtkonzeption einfügte, so darf daraus nicht der Schluß gezogen werden, daß der *Escorial* das große Vorbild der Barockklöster gewesen sei. Seine Aufgaben als Königsschloß konnten nicht übernommen werden. Man mußte die Akzente anders setzen. Die Architekten der großen und freien Abteien des Heiligen Römischen Reiches und der angrenzenden Alpenländer sahen sich vor eine Aufgabe gestellt, für die sie eine neue und eigene Lösung finden mußten.

Veranschaulichen wir uns die Situation eines Klosters zu Beginn des 17. Jh. an dem relativ bescheidenen Beispiel von *Tegernsee* (Abb. 97). Es handelt sich nicht um eines der mächtigen reichsunmittelbaren Klöster Schwabens und ebenso-

97   Tegernsee, Umzeichnung. Nach M. Merian, 1640

wenig um eines der großen kaiserlichen Klöster Österreichs. Tegernsee lebte von
seiner Landwirtschaft und in begrenztem Ausmaße vom Kunsthandwerk, doch
befand es sich an einem relativ geschützten Ort am Gebirgsrand.

Matthäus Merian hat gegen 1640 – also mitten im Dreißigjährigen Krieg –
einen Stich des Tegernsees aus der Vogelschau herstellen lassen, der uns einmal
den ganzen See als das Territorium des Klosters zeigt, zum zweiten das Kloster
selbst in vier Ansichten in den Ecken der Karte, von dem unsere Umzeichnung die
Ansicht von Westen, also von der Seeseite her gibt. Das Kloster war auf zwei
Seiten durch den See geschützt, auf den beiden anderen durch einen Flußlauf und
eine Mauer, die 1740 erbaut worden war. Ein besonderes Aquädukt versah die
Anlage vom Gebirge her mit Quellwasser. Ausgedehnte Gartenanlagen und der
Friedhof mit seiner Kapelle waren nach den Vorschriften der Regel in den Be-
festigungsring einbezogen. Neben und vor der Kirche unterscheidet man drei
große Höfe: schon unter einem Dach der Konventshof der Mönche, ihm vorgelagert um einen Brunnen zwischen Abthaus, Verwaltung und Kirche der Prälatenhof, und weiter westlich dann unmittelbar am Seeufer der große Wirtschaftshof und seine Ställe, Scheunen und Werkstätten. Die Vielfalt der Gebäude

des Mittelalters war zu drei Baukomplexen zusammengefaßt worden, die an drei Höfen lagen: Konventshof, Prälatenhof, Wirtschaftshof. Eine architektonische Einheit bildeten jedoch diese drei Höfe nicht. Damit war zugleich den Baumeistern des Barock eine Aufgabe gestellt, der sie sich nicht entziehen konnten: wie vereinigt man die drei Höfe in einer künstlerisch wohlgegliederten und überschaubaren Architektur? Vollzog sich der Umwandlungsprozeß der vielteiligen Bauten rings um den Kreuzgang zwangsläufig mit der Aufgabe des gemeinsamen Dormitoriums, so führten die Versuche, die drei großen Höfe zu vereinigen, eine Problematik herauf, die nur der schöpferische Geist lösen konnte. Sie ist durchaus nicht immer gut gelöst worden. Erschwert wurde die Aufgabe durch die Forderung der meisten Gemeinschaften, die überlieferte Topographie so wenig wie möglich abzuändern. Fast immer mußte die Kirche ihren Platz behalten – wenn sie nicht überhaupt übernommen wurde. Meist wollten auch die Mönche den Konventshof aus dem alten Baubestand nicht verlegen. Es liegt in der Natur der Sache, daß nicht mehr der Wirtschaftshof, wie im Mittelalter seit dem Plan von *St. Gallen* bis hin zu Merians Aufnahme von Tegernsee, die Eingangssituation beherrschen durfte, vielmehr der Prälatenhof oder die Kirche. In Tegernsee selbst hat das beginnende 18. Jh. den ganzen Raum zwischen See und Kirche zu einem Prälatenhof umgebaut, einer großen Vierflügelanlage mit zwei Brunnen in ihrer Mitte, während der Wirtschaftshof so weit nach links oder Norden gerückt wurde, daß nunmehr sein linker Flügel den rechten Abschluß gebildet hat. Doch gibt es weit bedeutendere Beispiele in Österreich, der Schweiz und unter den reichsunmittelbaren Klosterstaaten Schwabens.

Die Frage nach der Entstehung der Barockabtei der Alpenländer kann man nicht chronologisch behandeln (Schrifttum Nr. 176, 177, 178). Es kommt nicht auf die Anfänge an, bei denen die gestellte Aufgabe noch nicht deutlich erkannt worden ist, vielmehr auf die Lösungen, welche am Ende stehen: *Weingarten, Ottobeuren, Melk, Göttweig, Wiblingen, St. Blasien.* Um 1600 regte sich vielerorts das Verlangen, den Prälaturen der Klöster die Form und Ausmaße der Schlösser zu geben. Hatten schon viele Klöster des Mittelalters neben den monastischen Aufgaben noch staatliche besessen, so wollte man jetzt den letzteren auch architektonischen Ausdruck geben. Die Äbte der reichsständischen Klöster, die mit Grafen und Fürsten in Regensburg zusammensaßen, jene der landständischen Institutionen, die auf den Landtagen Persönlichkeiten aus dem höchsten Adel begegnet sind, glaubten sich zu dem gleichen Lebensstil wie auch zu denselben Repräsentationsformen verpflichtet. Doch hat man dabei zunächst die Sonderstellung des monastischen Bereichs und der Wirtschaftsgebäude noch nicht beachtet. In *Ochsenhausen* umgreift der Schloßtrakt des frühen 17. Jh. (1613–32) die Kirche und

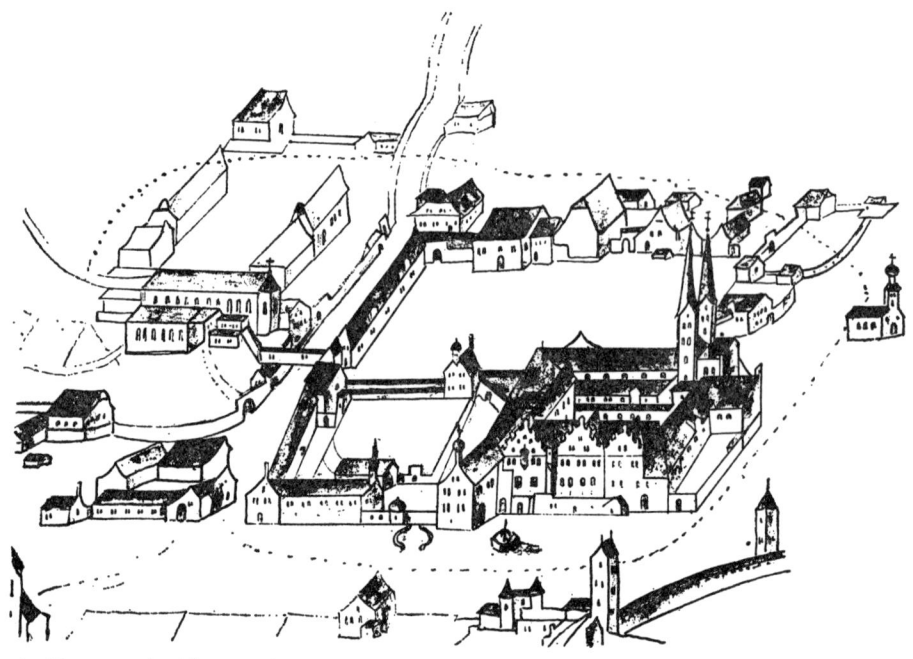

98   Kempten, Ansicht vor 1634

beherrscht von seiner Höhenlage aus die Landschaft. Es entstand ein schwäbisches Schloß (Abb. 102). Die Frage seiner Trennung von dem Konvent und seiner Verbindung zu dem Wirtschaftshof wurde noch nicht gestellt.

Deutlicher veranschaulicht die Baugeschichte der Fürstabtei *Kempten* die Situation um die Mitte des 17. Jh. Diese Abtei war bei weitem die größte und reichste Schwabens, ein Klosterstaat, dessen Mönche alle dem Adel entstammten. Mit den protestantisch gesinnten Bürgern der Stadt rissen die Konflikte nicht ab. Dieses mächtige Kloster begnügte sich vor seiner Zerstörung durch die Schweden 1632, die das Bürgertum mit Leidenschaft unterstützt hat, mit einer Anlage, die weder die mittelalterliche Ordnung zu bewahren wußte, noch eine neuzeitliche durchzusetzen wagte. Man baute und flickte am Detail. Der Stadt zu präsentierte sich das Kloster mit einigen Giebelhäusern, die guten Bürgersitzen glichen (Abb. 98).

Fürstabt GIEL VON GIELSBERG plante gleich nach dem Frieden den Bau des gewaltigen neuen Klosters (Abb. 99). Obwohl das Kloster in seiner Amtszeit nur etwa 8 Konventualen beherbergte und die schwäbische Ritterschaft die Aufnahme von Nichtadeligen verhinderte, entstand eine neue große Abteikirche und eine gewaltige Residenz, die erste, die überhaupt nach dem großen Kriege erbaut wurde. Der Vergleich der Grundrisse zeigt, daß eine völlige Neuorientierung vorgenommen wurde, wobei die beiden Höfe des Schlosses sich unorganisch an den Chor der Kirche anhängen, allein darauf bedacht, sich der Stadt wie dem Hofgarten mit schönen Palastfronten zuzuwenden. Im einzelnen gelang Köstliches. Das Ganze war keine Lösung, die in einer Geschichte der monastischen Architektur auch nur erwähnt werden kann. Kurz nach 1650 war man noch nicht so weit.

Durch W. Hermann (Schrifttum Nr. 176) ist hervorgehoben worden, daß das Augustinerchorherrnstift *Vorau* in der Steiermark das erste Kloster gewesen ist, welches nach dem Escorial den Gedanken einer symmetrischen Zweiflügelanlage aufgegriffen hat, deren beherrschenden Mittelrisalit die Kirche bildete (Abb. 100). Zwischen 1619 und 1649 entstand im Süden das Konventsgebäude um seinen Hof und fast gleichgebildet im Norden die 'Abtei' mit Bibliothek, Fürstenzimmer, Prälatenkapelle. Der große Vorplatz war durch Remisen und Stallgebäude begrenzt; außerhalb dieser symmetrischen Anlage (8) lagen die Wirtschaftsgebäude.

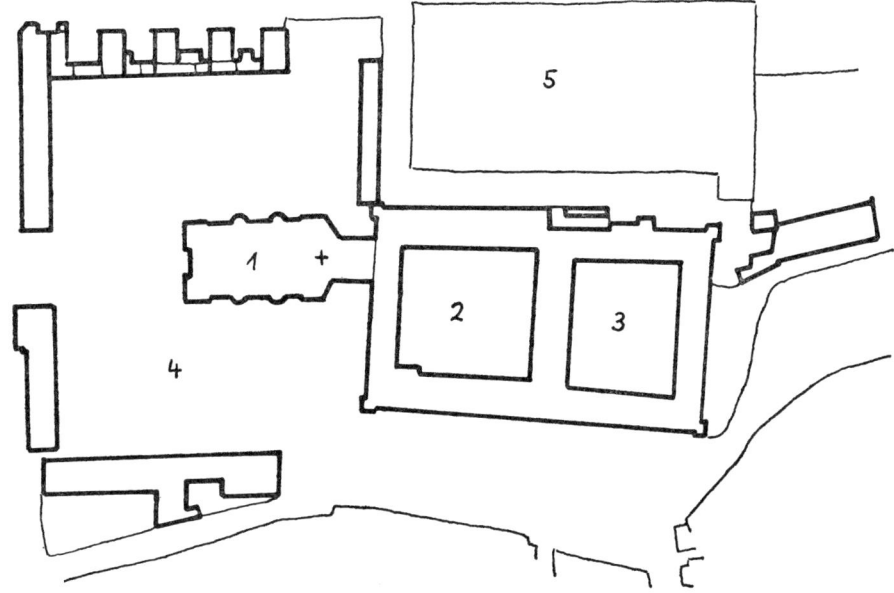

99   Kempten, Schema des Neubaus. Nach M. Roediger

1 Kirche   2 Konvent   3 Residenz   4 Stiftplatz   5 Hofgarten (N ↑)

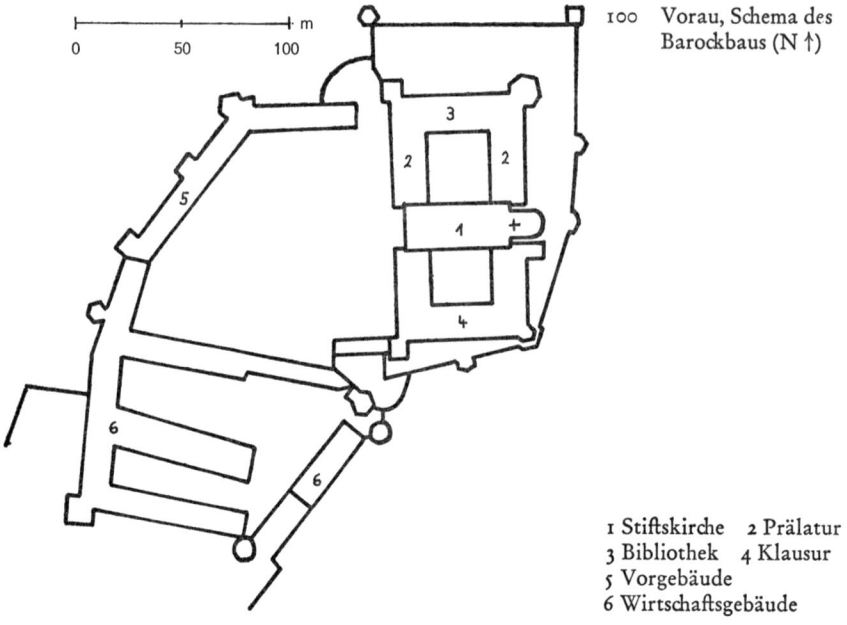

100 Vorau, Schema des
Barockbaus (N ↑)

1 Stiftskirche 2 Prälatur
3 Bibliothek 4 Klausur
5 Vorgebäude
6 Wirtschaftsgebäude

Es dauerte bis zur Jahrhundertwende, ehe mit den genialen Entwürfen für
Einsiedeln in der Schweiz CASPAR MOOSBRUGGER diese symmetrische Anlage
zu einer echten Monumentalität fortzuentwickeln verstand. Wieder ist es Merian,
der uns den Zustand vor den Neubauten zeigt (Abb. 103). Man muß sich bewußt machen, daß die Situation selbst, die Lage zum Dorf, die befestigte
Terrasse, der Gebirgshintergrund eine Lösung im Sinne des Barock herausgefordert hat. Das Material der Gestaltung lag bereit. Seit 1633 trug man sich mit
Neubauplänen. Erst 1704 konnte der Bau des Klosters begonnen werden. Seit
1720 fügte man ihm die Klosterkirche ein, die 1735 geweiht wurde. Die Anlage
des Vorplatzes und seine Treppen, der Bau der Werkstätten, zuletzt des Mar-
stalles zog sich bis 1770 hin. Es ist die klassische Klosteranlage des Barock geworden (Abb. 101). Ihre Merkmale sind die Höhenlage auf freiem Platz, die
beherrschende Stellung der Kirche in der Mitte mit ihrer Zweiturmfassade, die
sich kraftvoll nach außen wölbt, die gleichmäßig gebildeten Schloßtrakte mit
ihren Innenhöfen, den Wirtschaftsgebäuden rückwärts, zum Teil auch an den
Seiten, doch der Sicht entzogen. *Einsiedeln* wurde nur noch von *Weingarten*
(Abb. 104) übertroffen, dessen erster Entwurf auf CASPAR MOOSBRUGGERS Bruder ANDREAS zurückgeht, ein Bau, für den neben den Vorarlbergern auch ZUCCALLI

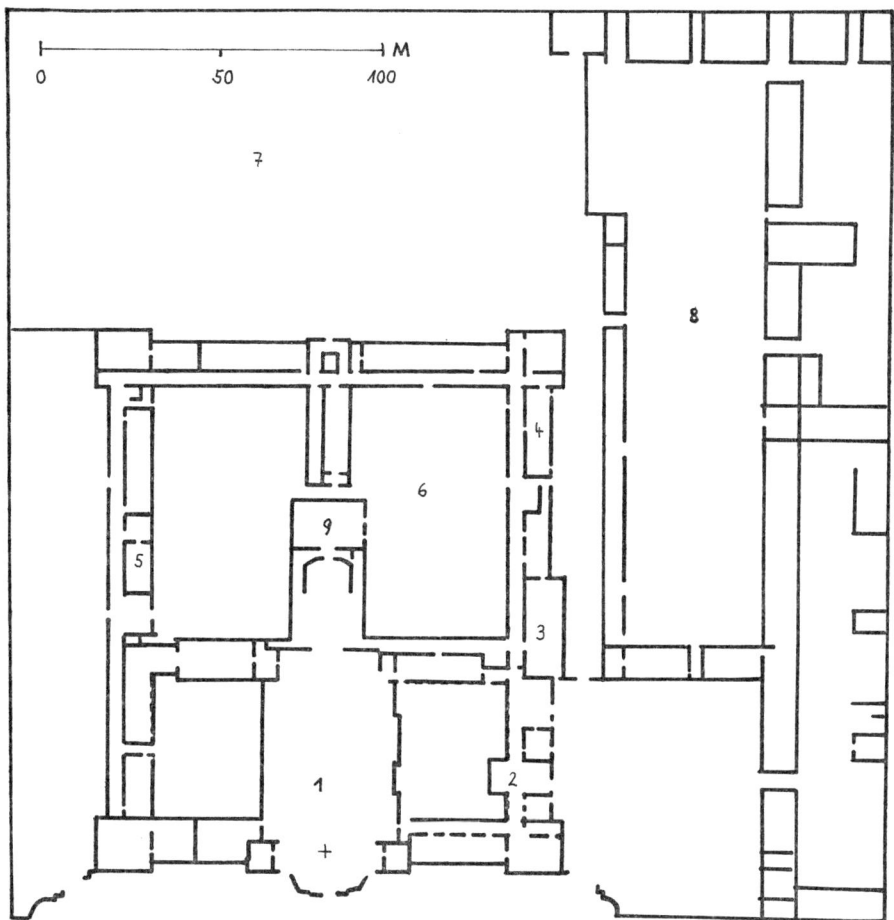

101 Einsiedeln, Planschema des Barockbaus. Nach Kuhn (N ←)

1 Kirche 2 Treppenhaus 3 Refektorium 4 Kapitelsaal 5 Bibliothek 6 Garten der Kleriker 7 Herrengarten 8 Wirtschaftsgebäude 9 Sakristei

und vor allem D. G. FRISONI gearbeitet haben. Die Kirchenfassade ist reicher, die Schloßtrakte sind einfacher als in *Einsiedeln* gebildet. Der Idealentwurf, der nach dem Baubeginn 1715 wohl erst um 1750 entstand, zeigt an, wie hoch man greifen wollte. Er stellt den Klosterplan wie einen geheiligten Gegenstand auf einen Altar und erhebt die Klosteransicht zu einem Altarbild. Das Kloster wird Sinnbild der Vollkommenheit. Seine Höfe, Trakte, Galerien hoben die Kirche als Herrscherin in einer Gottesstadt hervor. Auch hier war rechts im

Süden der Kirche der Konventshof vorgesehen, links im Norden der Prälatenhof. Der Wirtschaftshof lag auch hier hinter der Kirche. Nach dem Idealentwurf
sollte sogar er der großen Architektur ein-, und untergeordnet werden. Die
Anlage ist von vielen Klöstern nachgeahmt, doch nie übertroffen worden. Hinter
dem unerhörten Aufwand steht noch immer das Ideal, das Kloster als Verwirklichung der *Civitas Dei* auf Erden auszugestalten. Weltordnung, Staatsordnung, Klosterordnung sollten sich als von den gleichen Prinzipien beherrscht
dartun. Das konnte im 18. Jh. nur ein Architekturornament leisten, in dem alles
in schwingenden Linien zusammenwirkte.

Zum Verständnis dieser Bauten muß man wissen, daß sie als Zeichen eines
Optimismus verstanden werden wollten, welcher der Welt nach den Jahrzehnten
des Dreißigjährigen Krieges, der Franzosen- und Türkenkriege, des Spanischen
und Österreichischen Erbfolgekrieges eine neue Ordnung geben wollte. Gemessen
an den politischen Zielen von Potsdam, Versailles oder St. Petersburg mögen
diese Bestrebungen als anachronistisch erscheinen. Das Bürgertum der Aufklärung hat den großen Äbten ihre angeblich schlechte Rechnungsführung nie ver-
zeihen können. Die moderne Nationalökonomie konnte nachweisen, daß diese
Klosterstaaten des Heiligen Römischen Reiches meist auch wirtschaftlich das
Richtige taten. Man sieht es den Landkirchen und Gemeindehäusern der Klosterterritorien an, daß sie besser verwaltet wurden als jene der Fürsten und Grafen.
Diese Zusammenfassungen aller Kulturanstrengungen des Landes auf dem Lande
selbst sind etwas Einzigartiges gewesen.

Als Wirtschaftseinheit waren die Klöster jeder anderen Institution in der
zweiten Hälfte des 17. und 18. Jh. überlegen. Sie besaßen nicht nur in Mönchen
und Laienbrüdern die billigsten Arbeitskräfte; ein jeder von diesen konnte seinen
gesamten Verdienst dem gemeinsamen Ganzen zuführen. Es gab keinen privaten
Sektor. So haben sich die Klöster auch am raschesten von den Ausmordungen
der Kriege erholt. Der Befähigung, ihre Güter zu landwirtschaftlichen Muster-
betrieben zu entfalten, verdankten sie die Möglichkeit, oft lange vor den weltlichen Fürsten und den Städten ein neues Bauwesen zu organisieren. Dabei hat
man ebenso wie im Mittelalter meistens – nicht immer – zuerst ein neues Kloster,
dann erst als seine Krone die neue Kirche erstellt. Viele Abteien und Propsteien
wurden erneut Zentren der Forschung, auch, ja vor allem der Naturwissen-
schaften, so *Ochsenhausen, Weingarten, St. Blasien, Tegernsee, Kremsmünster,
St. Florian, Melk.* In nahezu allen Klöstern hatte das bürgerliche Element vor
dem adeligen die Oberhand gewonnen. Die meisten der großen Kulturäbte und
Bauherren des Barock entstammen bürgerlichen Kreisen, in einigen bezeichnen-
den Beispielen selbst dem niederen Handwerk. Es gab auch Bauernsöhne unter

102 Ochsenhausen

Einsideln.

:03 Einsiedeln. Nach M. Merian

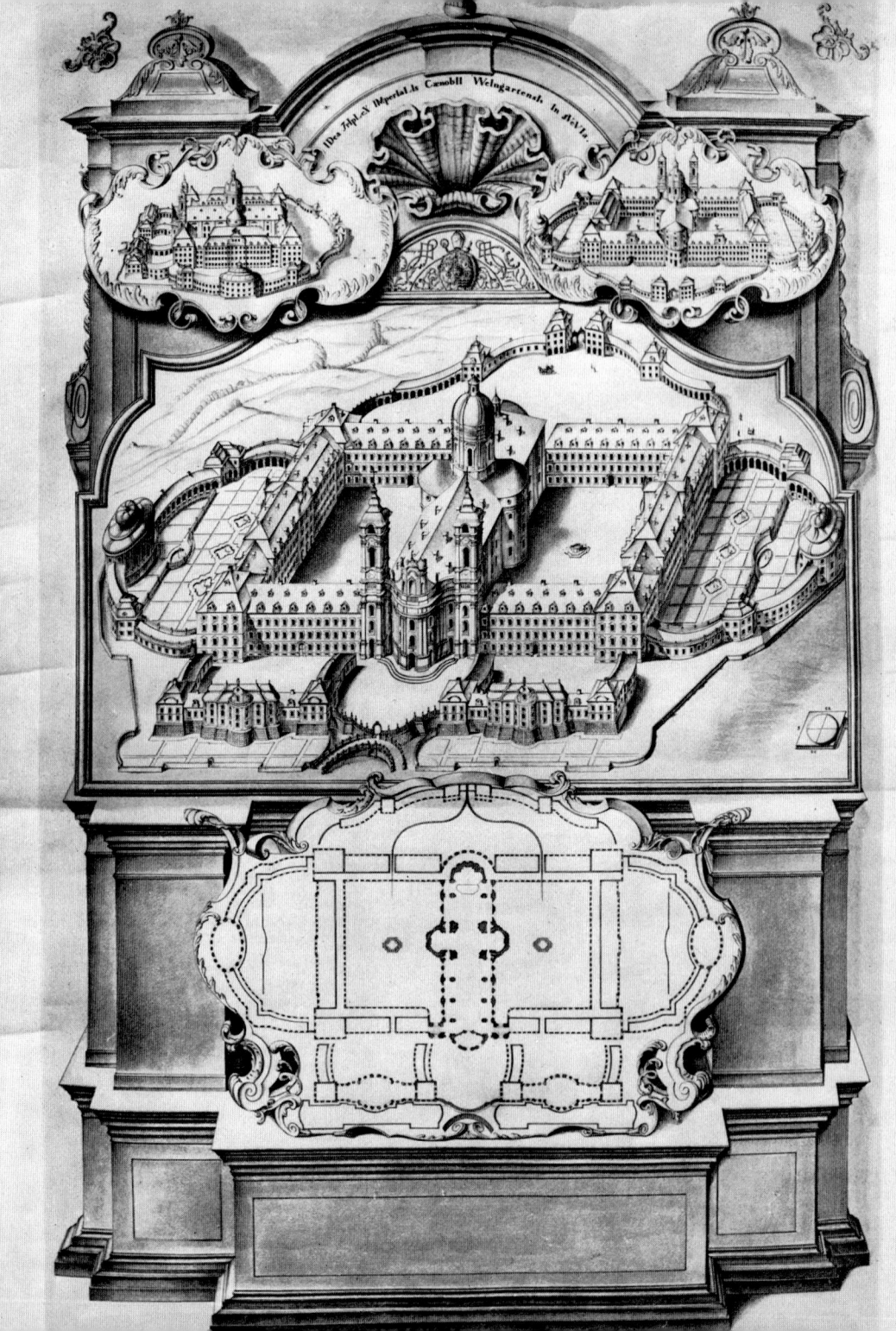

Idea Tabl. X Imperial. Is Cænobii Weingartensis. In Suevia.

105   Melk, Ansicht von der Donau

◁   104   Weingarten, Idealentwurf

106 Melk

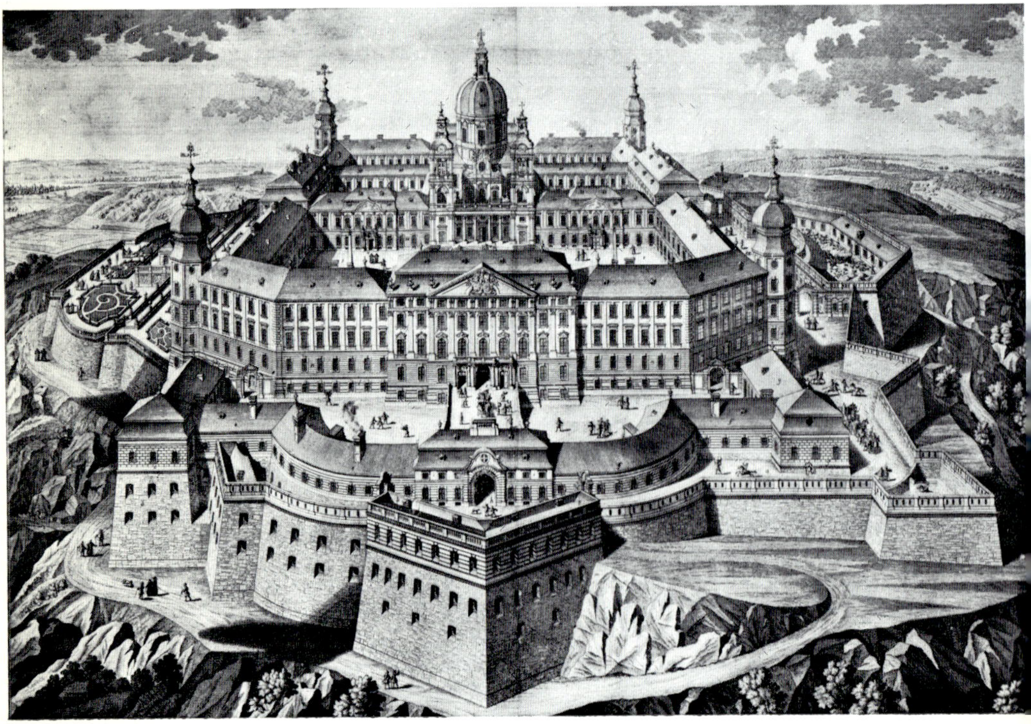

107 Göttweig, Idealentwurf von Hildebrandt

108   Ottobeuren, Gesamtansicht

109 Wiblingen

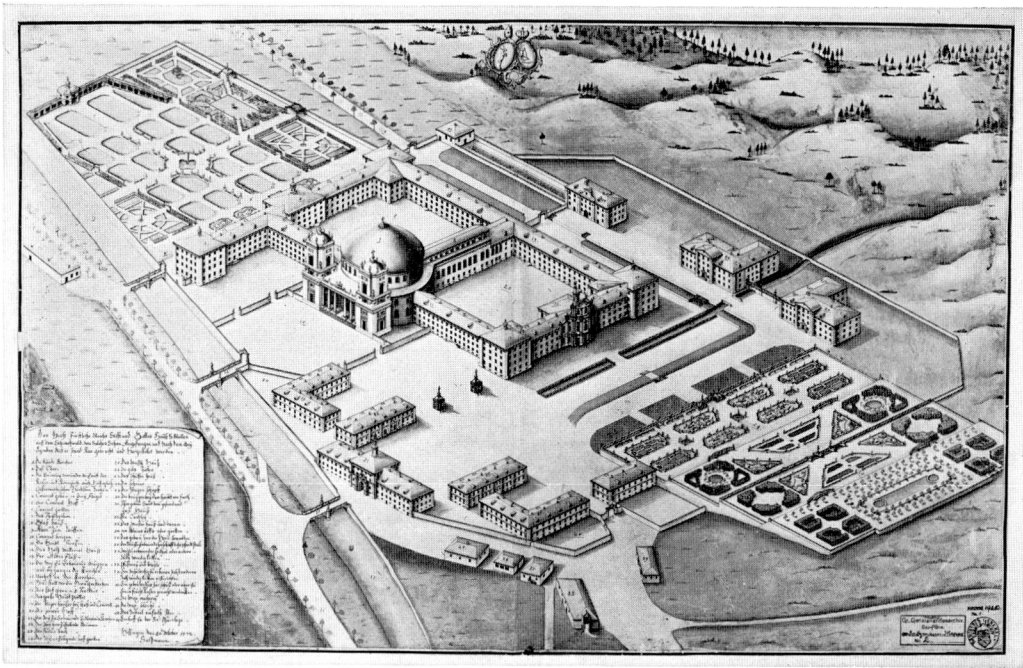

110   St. Blasien, Entwurf. Nach d'Ixnard

111   Le Corbusier: La Tourette

den Prälaten. Innerhalb der straffen ständischen Ordnung des Zeitalters gehört die Laufbahn dieser Prälaten zu den erstaunlichsten des Jahrhunderts. Ein *Weingarten, Ottobeuren, Banz, Melk, St. Florian* bauen zu dürfen, stellt für Söhne von Kesselschmieden, Bauern und Maurermeistern, die als Novizen die Klosterpforten durchschritten hatten, eine unerhörte Daseinsbestätigung dar. Söhne von Kleinbürgern aus Wangen oder Biberach an der Riss stiegen im Kloster – und nur im Kloster – zu Standesherren des Reiches auf.

Die topographische Situation, die Bindung an eine bestehende Klosterkirche, häufig auch das Verlangen, den Prälatentrakt nach rückwärts oder nach Süden zu verlegen, um seine Terrassen auf einen Hofgarten hinaus zu öffnen, haben bewirkt, daß man die klassische Lösung von *Weingarten* und *Einsiedeln* nicht allzu häufig gerade für Großklöster aufgegriffen hat. Solche veränderten und komplizierten Auflagen stellten eine Herausforderung an die Künstler dar, die zu den erstaunlichsten Architekturen geführt hat. Kein anderes Jahrhundert hat so zahlreiche verschiedenartige Klosterpersönlichkeiten entwickelt wie jenes letzte der abendländischen Klosterarchitektur. Sieht man die Listen der Reichsklöster durch, die in Regensburg vertreten waren, ergänzt man sie durch die Listen der landständischen Klöster in Bayern und Franken, die fast den gleichen Rang beanspruchen – *Waldsassen, Banz, Tegernsee, Wessobrunn, Benediktbeuren, Fürstenfeldbruck* gehören zu ihnen, auch kleinere wie *Rott am Inn, Dießen, Schäftlarn* – erweitert man die Liste mit den zuweilen noch größeren Anlagen Österreichs und den wichtigsten der Schweiz, so kommt man auf über 60 Barockabteien, die, meist vorzüglich erhalten, sich jeder schematischen Ordnung entziehen. Auch einige böhmische und schlesische Klöster müßten aufgeführt werden – letztere freilich waren nur produktiv, bis FRIEDRICH DER GROSSE dem Land eine andere Verwaltung gab –, während Klosterherrschaften im Elsaß seit dem Übergang der Gebiete an Frankreich sich nicht mehr entfalten konnten.

Fast alle diese Klöster thronen in einer das Land beherrschenden Situation in einer Hügellage oder auf einem Bergkegel. Alle nutzen die Möglichkeit, die Horizontale der langgestreckten Bautrakte, die regelmäßig gebildet wurden, doch durch Risalite ihre Akzente erhielten, durch die Vertikale der hochaufragenden Kirche mit ihren Türmen und Kuppeln zu akzentuieren. Die meisten von ihnen wußten sogar die niedrigen Wirtschaftsgebäude in den Dienst der Verwandlung der Natur in Architektur zu stellen (Abb. 106, 108-9). Viele haben die unerschöpflichen Motive barocker Hofgarten dazu genutzt, den Bauten ein wohlgegliedertes Vorfeld zu geben. Bei allen wurde darauf geachtet, den Trakten, welche die drei historischen Höfe umgeben, die richtige Rangordnung zu verleihen. Dabei war man sich bewußt, daß man mit den Bauten, die eine große

Architektur durch ihren Bestimmungszweck gerechtfertigt haben, ökonomisch umgehen mußte, wollte man sie zur Akzentuierung der langen Gebäudezeilen heranziehen. Es handelt sich um den Kaisersaal und die Kaiserzimmer, das Treppenhaus, die Bibliothek, seltener den Speisesaal, der oft durch ein Sommerrefektorium auf der Gartenseite ergänzt wurde. Der Ausbau der Barockbibliotheken in ihrem ganzen Reichtum spiegelt die Bedeutung, die die Klöster jetzt der Wissenschaft zumaßen, die reichen Kaisersäle zugleich die politische Forderung, niemand außer dem Kaiser über sich anzuerkennen.

In Österreich besitzen die Bergklöster besonderen Rang. *Melk, Klosterneuburg, Göttweig, Kremsmünster* sind unter ihnen die bedeutendsten. Auch *St. Florian*, wenngleich nicht eigentlich auf einem Berg gelegen, muß hier genannt werden.

In *Melk* war uns aufgefallen, daß schon das Kloster des Mittelalters und der Renaissance das architektonische Material bereitgestellt hatte, aus dem im Auftrage des Abtes BERTHOLD DIETMAYR der große Spezialist der Klosterbaukunst JAKOB PRANDTAUER seine geniale Komposition (seit 1701) schuf. Er brauchte die Lage des Prälatenhofes vor der Kirche, des Wirtschaftshofes, der rechts abgedrängt blieb, und des Konventshofes im Süden der Kirche nicht zu verändern (vgl. Grundriß S. 251 mit Abb. 105, 106). Das eigentliche Problem stellte die Richtung der Kirche dar, die ihren Chor, die Ostseite, dem Eingang zuwandte. Der Einfall war, dem ganzen Baukomplex jene Donaufassade zu geben, in der die Krümmung des Felsens von der Architektur nachvollzogen und ins Festliche gesteigert wurde. Um den Aufwand zu rechtfertigen, zog er die beiden wichtigsten Bauteile, Bibliothek und Kaisersaal, aus den Längstrakten heraus und ließ sie diesen Vorhof flankieren, die Bibliothek, wie es sich gehört, im Süden auf der Seite der Mönche, den Kaisersaal entsprechend auf der Seite der Treppe und der Gästezimmer im Norden. So treten die drei ranghöchsten Bauten auch optisch zu einer Gruppe zusammen. Der Klostereingang im Osten verlor dadurch nicht an Feierlichkeit, verzichtete aber auf jeden dramatischen Effekt. PRANDTAUER blieb hier zurückhaltend. Das Rückwärtige für den Besucher andererseits wurde mit Notwendigkeit zu einer neuen Frontseite, die die Kirchenfassade und ihre Türme beherrschen. Die Logik des Organismus wurde zur Steigerung des barocken Effektes genutzt, die Langseite von der Stadt her wurde noch länger als nötig gebildet, die Schmalseite vom Fluß her noch steiler und enger zusammengefaßt.

Der Entwurf für *Melk* und große Teile der Ausführung lagen vor, als ein Brand 1719 den Abt von *Göttweig*, GOTTFRIED BESSEL, veranlaßte, mit dem

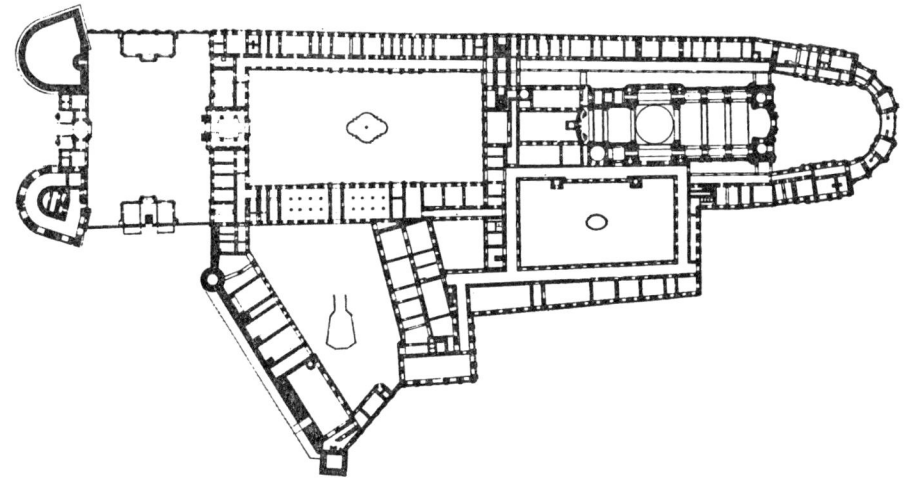

112 Melk, Planschema

Vizekanzler FRIEDRICH CARL VON SCHÖNBORN und dessen Architekten LUKAS VON HILDEBRANDT über den Bau eines vollkommenen Klosters zu verhandeln. Es kann gar kein Zweifel darüber bestehen, daß *Melk* für alle anderen Klöster des Donautals als eine Aufforderung zu höchsten Anstrengungen wirken mußte. Dieses Vollkommene wollte man in Wien noch übertreffen. Friedrich Carl schreibt darüber seinem Onkel, dem Erzbischof von Mainz und Bamberg, Lothar Franz: »In simili dass totum praelaticum Göttweig. worahn wir donnerstag fleissig gezirkelt, und der Jean Lucca wahrhaftig ein meisterstuck nostri temporis ratione situs auff diesem tipflichten berg, eben wie in der österr. cantzlei crudelem situ, ahngetragen; obwohlen nun dieses opus summe perfectum so gar in architectico et symetrico gewesen wäre, quod tandem ipsius sfera so hätte er den praelath herentgegen wohl 1000 schritt mitt einem gang durch die Kirchenbühne hinwech gesperet, infolglich bestialisch circa vitam et commercium humanum fähl geschossen, so nuhn hoffentlich saltem ad 3°4 gastos primores aut ordinarios solle gar manirlich redressiret, mitthin das opus totum in summa perfectione kommen, amen.«[33] Der Graf scheint den Architekten darauf aufmerksam gemacht zu haben, daß sein herrlicher Entwurf die innere Ordnung des Klosters stören würde, weil die Prälatur zu weit von der Kirche entfernt sei. Er tadelt die zu langen Verkehrswege, nennt sie bestialisch, und gegen den 'commercium humanum'. Schon vorher hatte Lothar Franz nicht ohne Amusement geschrieben, »was nuhn der h. praelat zu köttweig under der direction des H.R.V. canzlers mit zuziehung des Jean Luca ausbruhen wirdt, das wirdt vermutlich nicht so gahr sehr nach den munchen schmecken«. Der Mainzer Erzbischof sah also Bedenken von Seiten des Konvents voraus. Die Schönborns betrachteten den Entwurf als ihr eigenstes Werk. HILDEBRANDT benutzte die Berglage, um seine Erfahrungen als Festungsarchitekt, der er von Haus aus war, unter Beweis zu stellen (Abb. 107). Wir haben einen Klosterentwurf von vollendeter Symmetrie innerhalb eines allseitig ähnlich gebildeten Grundrißornaments mit dem Kuppeldom in der Mitte. Man weiß, daß er nur zu einem kleinen Teil vollendet wurde.

Das Raumprogramm überschritt weit die Bedürfnisse des Klosters. Die Bauformen haben sich im Gegensatz zu *Melk, Einsiedeln* oder *Weingarten* von der Klosterordnung emanzipiert. Die Entwicklung hatte eine Grenzscheide erreicht. Die Gesamtform sollte, wie das andere Hauptwerk HILDEBRANDTS, das Belvedere des Prinzen Eugen, welches einem riesenhaften Lagerzelt gleicht, eine Krone darstellen, die die Landschaft beherrscht. Das war nun wirklich eine himmlische Stadt. Es muß dieser Entwurf gewesen sein, der Kaiser Karl VI. veranlaßte, 1730 nunmehr auch seinerseits als Bauherr eines Klosters hervorzutreten, das vergleichbar dem *Escorial* zugleich als Sommerresidenz des Hofes dienen sollte. Er gab, merkwürdig genug, noch immer einem Italiener den Auftrag. DONATO ALLIO schuf 1730 einen ersten gigantischen Entwurf. Der Plan sah eine völlig symmetrische Anlage vor, ein großes Rechteck über dem Terrassenplateau an der Donau, vier Höfe, neun Kuppeln, die alle von jener der Kirche und ihren beiden Türmen überragt wurden. Ein besonderes Kennzeichen ist der riesenhafte Hofgarten, der sich rückwärts in die Landschaft fortsetzen sollte. Kaum ein Viertel war bei dem Tode des Kaisers 1740 vollendet.

Ähnlich wie *Melk* und im Unterschied zu den beiden anderen großen Schloßklöstern, die das Donautal beherrschen, Klosterneuburg und Göttweig, hat *St. Florian* das Barockkloster schrittweise aus den mittelalterlichen Gegebenheiten entwickelt. Schon 1630 entstand an der Südseite des Kreuzganges jener noch bestehende Trakt, der später den Maßstab für den großen Hof abgeben konnte (Abb. 113). 1676 wurde als erster Großbau nach dem Kriege der Wirtschafts- oder Meierhof begonnen, der vor der Klosterfassade ein geschlossenes Geviert bildet, das zu den schönsten Beispielen landwirtschaftlicher Architektur gehört. Dann begann über den Fundamenten der gotischen Kirche CARLO CARLONE 1686 als Denkmal der Befreiung Wiens 1683 von den Türken die Barockkirche und entwickelte anschließend die 204 m lange Stiftsfront, welche PRANDTAUER und seine Nachfolger fortgeführt haben. Trotz strengen Bauverbots des Kaisers entstand unter dem kühnsten Propst, dem Bauernsohn JOHANN B. FÖDERMAYR, der Marmorsaal, das schöne Sommerrefektorium im Garten. Dieser Prälat hat es sogar

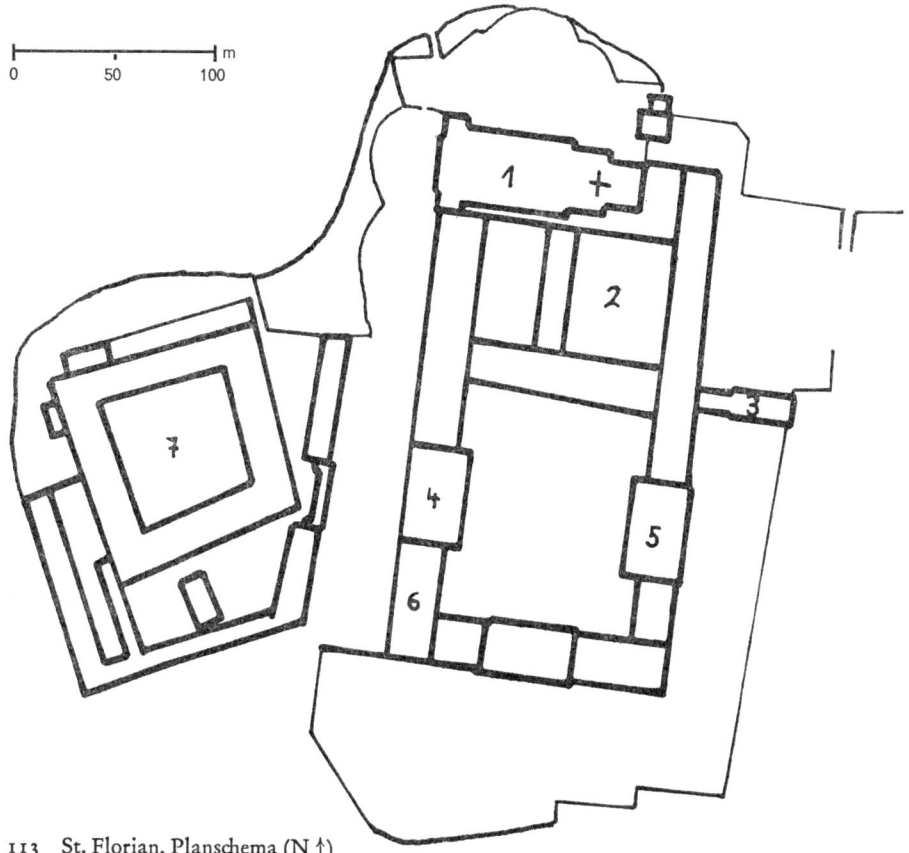

113 St. Florian, Planschema (N ↑)

1 Stiftskirche 2 Konvent 3 Sommerrefektorium 4 Treppenhaus 5 Bibliothek 6 Kaiserzimmer 7 Wirtschaftsgebäude

unternommen, an der Stelle des väterlichen Hofes das Schloß Hohenbrunn zu
errichten. Seinem Vorgänger verdanken wir das große Treppenhaus, seinem
Nachfolger die Bibliothek. Mit Marmorsaal, Bibliothek und Treppenhaus hatte
das Geviert des Prälatenhofes jene Akzente erhalten, die das Bauprogramm ermöglichte. Alles übrige mußte die Gliederung im Detail bringen.

Von Österreich wenden wir uns den Klöstern im Reiche zu.

Allein auf der schwäbischen Prälatenbank saßen die Vertreter von 25 reichsunmittelbaren Klöstern. Ordnet man ihre Liste nach der Größe ihrer Einkünfte,

ihrer Territorien oder der Zahl der Einwohner des Klosterstaates für das Jahr
1792, so füllen die sieben ersten Plätze Institutionen, die alle im Barock groß
gebaut haben. Es sind:

1. Kempten	150000 Gulden,	ca. 870 qkm,	ca. 50000 Ew.
2. Weingarten	97000 „ ,	„ 320 „ ,	„ 14000 „
3. Ochsenhausen	95000 „ ,	„ 190 „ ,	„ 6000 „
4. Obermarchtal	80000 „ ,	„ 165 „ ,	„ 7000 „
5. Salem	78000 „ ,	„ 330 „ ,	„ 6000 „
6. Zwiefalten	74000 „ ,	„ 180 „ ,	„ 8000 „
7. Ottobeuren	68000 „ ,	„ 180 „ ,	„ 10000 „

Man weiß, daß *Ottobeuren* nicht immer als reichsunmittelbar anerkannt worden ist. Auch unter den restlichen freien Klöstern haben viele Bedeutendes gebaut. Ich nenne *Schussenried, Buchau, Neresheim, Weißenau, Rot a. d. Rot,* die
Kartause *Buxheim* (Abb. 67), von der schon die Rede war. Es gab in demselben
Kulturraum noch eine Reihe anderer Klöster von vergleichbarem Rang, die,
wenngleich sie auch reichsunmittelbare Gebiete im Reiche beherrschten, dennoch
nicht in Regensburg vertreten sein wollten, wie das Schweizer *St. Gallen,* das
ober-österreichische *St. Blasien* im Schwarzwald und *Wiblingen,* dessen Territorien bei Ulm zu Österreich gehörten. Auch außerhalb Schwabens gab es eine
Reihe reichsunmittelbarer Institutionen, deren Vertreter sich auch in Regensburg
ihre Bauunternehmen wechselseitig vorführen konnten. *Amorbach* und *Fulda*
gehören zu ihnen, das Zisterzienserkloster *Burtscheid* bei Aachen oder das ferne
und noch immer große *Corvey.* Es gab auch Stifte und Propsteien, die im engeren Sinne keine Klöster waren und deren Baubetrieb dennoch von der klösterlichen Bauordnung beeinflußt wurde. Das schöne *Ellwangen* wäre hier zu nennen,
auch *Berchtesgaden* in seinen Bergwäldern, von dem man gesagt hat, sein Territorium sei höher als breit. Ebenso gibt es Niederlassungen, die gerade durch ihren
Bauaufwand ihren Anspruch auf Unabhängigkeit unter Beweis stellen wollten.
Der barocke Neubau des Zisterzienserklosters *Schöntal* an der Jagst findet hierin
seine Begründung. Es war eine Selbstverständlichkeit, daß diese Klosterstaaten
miteinander auch in ihren Bau- und Kunstbestrebungen in einen Wettbewerb
eingetreten sind, der vielfach durch das politische Geschick der leitenden Äbte,
ihren Interessenhorizont, ihre ökonomische Begabung entschieden wurde. Immer
bewahrheitet sich der Satz, daß nur jenen Klöstern ein geordnetes Bauwesen
aufzubauen gelang, in denen auch die monastische Zucht sich wieder durchgesetzt hatte.

Kempten, Ochsenhausen, Weingarten hatten den Anfang gemacht. Sie standen auch an Vermögen an der Spitze der Liste. *Ottobeuren* (Abb. 108) schuf das Hauptwerk der Blütezeit vor und um die Jahrhundertmitte. Besondere Beachtung verdienen *Wiblingen* (Abb. 109) und *St. Blasien* (Abb. 110), die den Abschluß der Entwicklung gebracht haben.

Kloster und Kirche von *Ottobeuren* sind in erster Linie das Werk des Abtes RUPERT II. NESS (1710–40), Sohn eines Kesselschmieds aus Wangen, der uns in seinem Tagebuch genauestens Aufschluß über den Fortgang des Unternehmens und über die Gesinnung gibt, aus der es erwuchs. Von ihm stammt das Wort von den drei 'P', die man zum Bauen brauchte, Pecunia, Prudentia und Patientia (Dokumente Nr. XV). Er hat zuerst die wirtschaftlichen und politischen Voraussetzungen zum Bau geschaffen, indem er die Schulden des Klosters abtrug und die Vogteirechte vom Bischof von Augsburg zurückerwarb. Dann hat er zahlreiche Baupläne bei FRANZ BEER, J. J. HERKOMER, CHRISTIAN THUMB angefordert und endlich doch die Leitung dem eigenen Pater CHRISTOPH VOGT überlassen und damit in der Hand behalten. 1711 bis 1725 ist das Kloster erbaut worden. Anschließend wartete er zwölf Jahre, ehe er 1737 den Grundstein zur Kirche legte. Wie bei dem Klosterbau setzten auch dem Kirchenbau die Bodenbeschaffenheit und Wassersituation unerwartete Widerstände entgegen. Obwohl wieder zahlreiche Pläne angefordert oder angenommen wurden, von C. A. MAINI, von K. RADMILLER, von DOMINIKUS ZIMMERMANN und JOSEPH SCHMUTZER, erhielt wieder der bescheidene Vogt die Ausführung. Rupert II. notiert in sein Tagebuch zum 1. März 1736: »Diese Zeit habe (ich) mit Mr. Simpert Kramer wegen einer neuen Klosterkirche geredt, und weilen (ich) schon viele Kirchenriß in Händen hatte, so hab (ich) aus allen etwas gezogen und vermeint das Beste zu erwählen zu welchem Ende (ich) ihm auf sein Ansuchen erlaubt, einen Aufriß zu machen und mir zur Approbation vorzulegen.« Wie schon im Mittelalter, so ist auch im Barock der Bauherr meist die entscheidende Kraft. Er allein vermochte das Heer der Bauhandwerker und Künstler, das nach *Ottobeuren* kam, vernünftig einzusetzen. Er allein hat den Gesamtorganismus durchdacht. Daß dann 10 Jahre nach Baubeginn sein Nachfolger 1747 JOHANN MICHAEL FISCHER – und damit einem wirklich Großen – die Umgestaltung und Vollendung der Kirche überließ, steht auf einem anderen Blatt.

RUPERT II. NESS setzte sich über die Gegebenheiten des bestehenden Klosters völlig hinweg. Sogar die West-Ost-Orientierung der gotischen Kirche gab er auf. Das gewaltige Geviert des neuen Klosters ließ zunächst nur die alte Kirche noch bestehen, doch verwendete man keine der Achsen, keine Hausflucht der alten Anlage (Abb. 115). Der ganze Bau wurde nach Westen auf den Hofgarten und

nach Süden auf den Abtgarten hin orientiert. Nach Westen blicken Kaisersaal
und Fürstenzimmer, jene Räume, die bewußt außerhalb jeder Klausur lagen.
Den Mitteltrakt füllten die Abtsräume, die sogenannte 'rote' oder Winterabtei
mit ihrem schönen Empfangssaal, dem Wohnzimmer und Schlafsaal des Abtes,
in dem jene einzigartige Möbelarchitektur steht, die sich der Abt als seinen
Schreibtisch machen ließ. Es handelt sich um den größten und an Schubladen
reichsten Schreibtisch, den ich kenne. Die Schilderung dieser Schreibtische der
reichsunmittelbaren Prälaten würde ein eigenes Kapitel füllen. Sie waren, was
den Fürsten ihr Thron gewesen – Sinnbild der Regierungsmacht. Der Mönchshof
lag im Osten und wurde in zwei Höfe unterteilt durch den Saaltrakt, in dem der
Speisesaal, ein geheizter Arbeitsraum und der große Bibliothekssaal untergebracht waren. Die Architekturen wurden im Inneren durch die schönen Wessobrunner Stuckarbeiten geschmückt, während sich das Äußere ländlich einfach
gibt, den österreichischen Klöstern bewußt schon durch den Rang der Formen
unterlegen.

Vermittelt durch die reizvolle Abtskirche steht die Klosterkirche schräg vor
dem Geviert, fast wie ein Pferd vor seinem Wagen, nach dem Vorbild von
Kempten frei im Raume. Es ist viel schwäbische Tradition in dieser Anlage, die
überall Dächer ins Blickfeld zieht. Das paßt zu den Wiesen, die den Bau umgeben. Die Pracht und feierliche Symphonik des Innenraums von JOHANN MICHAEL
FISCHER stellt dann den absoluten Höhepunkt der kirchlichen Barockbaukunst
dar. Hier ist uns nun endlich einmal alles erhalten geblieben, was an Formerfahrungen, Gedankengut, Ausstattungsprogrammen durch Jahrhunderte sich
angesammelt hat: eine letzte Epiphanie der Gottesstadt, des Paradieses auf
Erden.

Auch in *Wiblingen* begann das Zeitalter einen Barockbau, der sich völlig
von allen Vorgängerbauten loslösen sollte (Abb. 109). Das Kloster hatte furcht-
bar unter den Kriegen gelitten. Gleich nach Beendigung des Spanischen Erbfolgekrieges 1714 begann Abt MODESTUS den Neubau mit den Ökonomiegebäuden,
die bis 1729 zum größten Teil vollendet waren. Er beließ den Wirtschaftshof
im alten Bereich im Westen der Anlage, verlieh ihm jedoch durch die Symmetrie,
die Gliederung mit Pavillons, die zu dem Torpavillon in einem schönen Bezug
standen, das Aussehen eines herrschaftlichen Vorplatzes. Diese Gestaltung der
Ökonomiegebäude zur harmonischen Ordnung der Eingangssituation ist der
Haupteinfall in *Wiblingen* gewesen. Man konnte sich dabei an Schloßanlagen
orientieren, die Marstall und Remisen für ähnliche Zwecke nutzten. Durch
diesen Vorplatz wurden auch die viel späteren Entwürfe für die Kirchenfassade
mitbestimmt. MEINRAD (1730–62) hat dann nach erweiterten Plänen das Haupt-

kloster begonnen, von dem große Teile erst durch die Restauratoren des 20. Jh. vollendet wurden. Man hatte vorgesehen, daß die Westtrakte links und rechts von der Kirche als Prälatur und Gästeräume dienten, die Osttrakte dem Konvent. Die Kirche wurde bekanntlich erst seit 1772 durch den Maurermeister JOHANN GEORG SPECHT der Komposition eingeordnet. Der Maler JANUARIUS ZICK gewann seit 1778 auch auf ihre architektonische Gestaltung im Inneren Einfluß. Es entstand ein Bau von ausgereifter Harmonik. Als Architektur ist er mit *Ottobeuren* fast gleichrangig, und seine Wandbilder sind jenen der Barockkirche als Einzelwerke überlegen. Doch hat sich das Einheitsprinzip gewandelt. An die Stelle der Symbolik ist die Didaktik getreten. Waren wir dort Mitspieler im großen *theatrum sacrum* der triumphierenden Kirche, so sind wir jetzt erneut Schüler, die belehrt werden, freilich noch mit einem großartigen Ernst belehrt werden. Dem großen Einfall der Gesamtanlage, gerade die Wirtschaftsgebäude zu einem herrschaftlichen Vorplatz zusammenzuordnen, trägt auch die neue Kirchenfassade Rechnung, die nie vollendet worden ist. Verglichen mit *Weingarten* und *Ottobeuren* fehlt die barocke Dramatik, das Pathetische des Vortrags. Wir haben es mit einer weit ausgebreiteten Anlage zu tun, die zugleich ländlich und vornehm wirkt.

Eine gewisse Unsicherheit in der Zuordnung von Bautrakten und Bestimmungszweck ist für die Spätzeit kennzeichnend. Sie tritt noch deutlicher in den Plänen für *St. Blasien* zutage, mit denen wir diese Übersicht beschließen (Abb. 110).

St. Blasien im Schwarzwald ist das letzte Kloster, das im 18. Jh. ein großes Bauunternehmen begann. Die Grundlage bildete der Erwerb der Grafschaft Bonndorf, dank deren der Abt, dessen Kloster selbst unter österreichischer Hoheit stand, 1746 zum Reichsfürst ernannt wurde. Unter Abt GERBERT (1764–93), der ein überragender Gelehrter war, erfuhr das Kloster zugleich eine wissenschaftliche wie künstlerische Hochblüte. Ein Brand 1768 wurde der Anlaß zu Neubauplänen. PIERRE MICHEL D'IXNARD, der damals meist in Straßburg lebte, schuf Entwürfe, die uns in der Reinzeichnung seines Vorarlberger Mitarbeiters SALZMANN erhalten sind. Es hat sich später herausgestellt, daß doch noch größere Teile des alten Konvents zu retten waren. 1777 waren die Abteigebäude vollendet, 1783 die Kirche, mit deren Kuppelrotunde das Pantheon nachgeahmt wurde. Dieses letzte große Kloster der alten Welt ist ein Denkmal des Frühklassizismus und der Aufklärung.

Der Plan (Abb. 110) – von dem die Ausführung in vielen Punkten abweicht – zeigt an, daß die Sicherheit der ornamentalen Ordnung des Barock verlorengegangen war. Man muß diesen Entwurf zusammensehen mit dem Idealprojekt für *Weingarten* (Abb. 104) oder *Göttweig* (Abb. 107), mit der Klosterkomposition von *Einsiedeln* (Abb. 103) oder *Melk* (Abb. 106), um die Tragweite dieser Einsicht zu erkennen. Das Schema selbst ist geblieben. Wir haben die Kirche in der Mitte, den Konventshof zu ihrer Linken und den Prälatenhof zu ihrer Rechten; jener findet seinen Abschluß im Refektorium, vor dem der Konventsgarten liegt, dieser im großen Eingangs- und Treppenhaus, das von dem barocken Kloster erhalten blieb. Auch vor ihm liegt (Nr. 24) der Hofgarten. Merkwürdigerweise ist dieser Garten von dem Eingang durch die Auffahrt getrennt, die über die Brücke (30), durch den Torbau (31) hindurch, an zwei Brunnen (21, 22) vorbei zum Hauptportal führt. Der Torbau wird flankiert von den Gebäuden der Kanzlei (32) und der Beamten (35), die unsicher auf die Fläche wie Bauklötze gesetzt erscheinen. Es gibt eine Reihe anderer Gebäude, so im Hintergrund (40, 38, 39), für die der Zeichner keinen überzeugenden Bestimmungszweck anzugeben vermag. Hier wird eine aufgeklärt vernünftige Ordnung angestrebt, die zugleich eine utopische ist. Alles ist reinlich wie für preußische Grenadiere abgezirkelt und nicht mehr einer übergeordneten Idee verpflichtet. Das Kloster ist fürstliche Residenz, Gelehrtenrepublik, Staatsverwaltung, Seelsorgeinstitut und landwirtschaftlicher Betrieb. Es will nicht mehr Sinnbild der *Civitas Dei* auf Erden sein. Gewiß – *St. Blasien* war ebenso durch seinen Architekten wie durch seinen Bauherrn in den Bannkreis der französischen Aufklärung geraten. Um 1770 konnte das kaum anders sein. Hier wurden in den gleichen Jahren einige der bedeutendsten historischen Werke des Zeitalters von einem Stab von Gelehrten verfaßt, allen voran eine Geschichte der Klöster, Stifte und Bistümer des Heiligen Römischen Reiches, jene neun Bände der ›Germania Sacra‹, die vor der Säkularisation noch erscheinen konnten. Es ist bezeichnend, daß die Geschichte anhebt, wo die Symbolkraft nachläßt. Die Klosterarchitektur hat immer über die Geistessituation genaueste Auskunft gegeben. Es gehört zu den erstaunlichsten Tatsachen, daß sie noch wenige Jahrzehnte vor der Säkularisation so großartige Synthesen der christlichen Weltauffassung gestalten konnte, wie sie die Abteien und Priorate der Alpenländer darstellen. Das Verhängnis traf vielerorts auf Institutionen, die in voller Blüte standen.

10 Säkularisation und Neubeginn

Der Bericht über die Ordensbaukunst darf nicht abgeschlossen werden, ohne des großen Klostersturmes zu gedenken, welchen die Aufklärung vorbereitet und die Französische Revolution ausgelöst hat. Durch ihn sind die alten Organismen nahezu alle zerstört worden. Es hat in Frankreich und Deutschland kaum ein Kloster gegeben, das nicht säkularisiert worden ist, und in Spanien, Portugal und Italien hat man später nachzuholen versucht, was im ersten Ansturm unterlassen worden war. Man muß nach Österreich und in die Schweiz fahren, um einige wenige zu treffen, darunter freilich auch einige der großartigsten, in deren Kirchen das Opus Dei nie unterbrochen worden ist. Zugleich aber müssen wir auch auf die Versuche hinweisen, den Klostergedanken neu zu beleben, die vielerorts schon bald nach dem Wiener Kongreß unternommen wurden. Die Statistik der bestehenden Institutionen liefert erneut ein imposantes Bild. Es ist erstaunlich, wie groß die Zahl der Klöster jedes einzelnen Ordens ist und wie viele der alten Orden fortleben, während immer wieder neue Vereinigungen entstehen. Freilich muß auch bemerkt werden, daß es sich meist um Niederlassungen handelt, bei denen die Mönche und Nonnen in ihr altes, ausgeräumtes Gehäuse zurückgekehrt sind. Architektonische Neubildungen wie das romantische Kloster LUDWIGS I. *St. Bonifaz* in München (s. u. S. 267) oder der kühne Versuch LE CORBUSIERS für die Dominikaner in *La Tourette* bei Lyon (s. u. S. 269) sind selten.

Der Gerechtigkeitssinn selbst fordert dazu heraus, an dieser Stelle von dem historischen Unrecht zu sprechen, mit dem man den Idealsinn der Mönche verkannt hat, und von der Barbarei, mit der man ihre Schätze zerstreut und vernichtet, ihre Klöster verkauft, ihre Kirchen entweiht, viele der herrlichsten auch abgerissen hat. *Cluny* wurde 1798 verkauft, seine Kirche 1811 gesprengt, die Ruinen bis 1823 als Steinbruch genutzt, ehe 1826 die Denkmalpflege eingriff. Von den Ochsenkarren, die aus den bayerischen und schwäbischen Klöstern die Bücherschätze den Zentralbibliotheken von München und Stuttgart zuführten, warf man wertvolle Kodizes herab, um die Furchen der verschlammten Straßen zu füllen. Es gibt ergreifende Berichte über den Jammer der ausgetriebenen Mönche und Nonnen und ihre Verzweiflung über die Vernichtung der Lebensarbeit von Generationen. Mit gleichem Eifer beteiligten sich in Deutschland die katholischen wie die protestantischen Fürstenhäuser an dem Erwerb der ledigen Klostergüter, die man ihnen als Entgelt für geringe Verluste jenseits des Rheines zusprach, für Ehrendienste schenkte oder um ein Nichts verkaufte. Viele Familien sitzen bis heute auf dem Raub. In Frankreich erwuchs die Blüte zahlreicher Industriewerke und Familien aus der Klostererbschaft. Am Anfang der Kapitalbildung der industriellen Revolution steht vielfach die Klosterbeute. Die Geschichte hat das Faktum hingenommen, ohne nachzurechnen. Kaum eine Stimme hat sich zur Verteidigung der Klöster erhoben. Fast niemand beklagte es mit dem jungen Tieck, daß man einem Hochstift wie *Bamberg* sein jahrhundertealtes Kaisererbe nahm. Man glaubte sich gerechtfertigt, wenn man die wichtigsten Werke in neuen Sammlungen vor dem Untergang bewahrte. Viele der bedeutendsten Kulturzentren des Heiligen Römischen Reiches, Frankreichs oder Spaniens verloren jenen Teil ihrer Substanz, der beweglich war zugunsten von zentralen Sammelstellen. Man denke an *Regensburg*, an *Weingarten*, an *Tegernsee*. Ängstlich hielt man nach vernünftigen Verwendungszwecken für die Bauten Ausschau. Aus Klöstern wurden Erziehungsanstalten wie in *Brauweiler* oder *Ebrach*, Irrenhäuser wie in *Schussenried, Zwiefalten, Weißenau,* buchstäblich Gefängnisse wie *Clairvaux, Fontevrault, Mont-Saint-Michel* oder *Aniane,* um auch einige der berühmtesten Beispiele aus Frankreich zu nennen, in den Städten häufiger Kasernen – *Santa Maria Novella* und *Santo Spirito* in Florenz sind Beispiele –, später auch Schulen. Die meisten Pariser Klöster wurden zunächst Gefängnisse, das berühmte Dominikanerkloster das Klubhaus der Jakobiner, jenes der Augustiner erst Kunstdepot, seit 1820 Ecole des Beaux-Arts. Mit verbissener Genauigkeit spürten die Kommissare der Regierungen auch die entlegensten und bescheidensten Ordensniederlassungen auf, und wo sich eine dank ihrer Lage oder guter politischer Beziehungen retten konnte, holte man das Versäumte noch in späteren Jahrzehnten nach. MONTALEMBERT berichtet, daß er gesehen habe, wie man die Ziersäulen und Kapitelle berühmter Kirchen und Kreuzgänge als Pflastersteine für die umliegenden Landstraßen verwendete. Alle Museen für mittelalterliche Kunst, alle Bibliotheken mit mittelalterlichen Handschriften konnten die Masse ihrer Schätze aus dem herrenlosen Klostergut gewinnen, ja diese Bestände haben erst die Existenz von Museen, wie das Musée de Cluny in Paris, das Germanische Nationalmuseum in Nürnberg, das Bayerische Nationalmuseum in München oder das Wallraf-Richartz-Museum in Köln ermöglicht. Es war ein Ablösungsprozeß. Viele der schönsten Museen wurden in den Klöstern selbst eingerichtet. Nürnberg, Regensburg, Pisa sind Beispiele. Zuweilen war ein Kloster als Ganzes so reich ausgestattet, daß man es – wie *San Marco* in *Florenz* – als Museum bestehenließ.

Der Klostersturm wurde wie ein Feldzug organisiert. Gerade katholische Länder wollten hier ihre Fortschrittlichkeit beweisen. In München sandte man am 3. November 1802 morgens 3 Uhr vierzig Kommissare mit dem Auftrag in alle Richtungen, aus allen Klöstern mit Hilfe der Klosterpferde alles bis auf eine Monstranz, ein Ziborium und höchstens sechs Kelche minderen Werts hinwegzuführen. In Frankreich ist es bis an die Schwelle zu unseren Tagen immer wieder zu Klosterverboten und Enteignungen gekommen. Die Zurückgekehrten sahen sich zum zweiten und dritten Male ausgewiesen. Dem laizistischen Frankreich wie dem national-liberalen Deutschland blieben Klöster ein Greuel, wo immer nicht ein romantischer Historismus – man denke an Wilhelms II. Vorliebe für die Benediktiner – sie schützte. Nach stürmischen Stadtratsitzungen in Zürich wurde noch 1862 als letztes Kloster des Kantons das schöne *Rheinau* eingezogen. Alle Bemühungen um seine Rettung durch den vornehmen und klugen Abt LEODEGAR INEICHEN (1810–76) blieben vergeblich. Man muß die Reden lesen, mit denen sich drei große Protestanten, der Antistes der Züricher Kirche, Jakob Brunner, der erste Jurist der Stadt, Johann Jakob Rutlimann, und der Winterthurer Stadtpräsident Sulzer vor ihn stellten. »Den Mönchen der Rheinau sei nur ein einziges Verbrechen nachzuweisen, nämlich daß die Klosterliegenschaften zwei Millionen wert seien«, hat Sulzer ausgerufen. Auch die meisten Katholiken des Züricher Stadtrats haben anschließend für die Säkularisation gestimmt.[34]

Die Wurzeln der Bewegung liegen tief. In ihr vereinigten sich drei Ströme, die aus fernen und alten Quellen gespeist wurden. Verstärkt wurde die Gewalt, mit der sie alles hinwegschwemmten, durch die Tatsache, daß man sie lange zurückgestaut hatte, bis eine veränderte Welt die Klöster als politische Institutionen für veraltet, als Kunst- und Bauwerke für wertlos erachtete. Klöster sind ihrem Wesen nach konservativ. Auch die Kunst, die sie schufen, stand im Dienst der jeweils herrschenden Mächte. Die Künstler, die seit dem Beginn des 19. Jh. sich gern zur Opposition gesellten, haben sie ebenso verurteilt wie die Literaten und die Philosophen.

Der erste der drei Ströme erwuchs auf dem Boden des Protestantismus. Die Reformation, ähnlich wie alle ihr vorangehenden Sekten, hat den Klostergedanken abgelehnt. Es gibt nur verschwindend wenige Versuche, ihn im Sinne des neuen Glaubens umzudenken. *Husum,* dessen Abt heute evangelischer Landesbischof ist, wäre ein Beispiel. Außerhalb der katholischen Kirche sind die

Versuche, Ordensgemeinschaften zu gründen, in ihren Ansätzen steckengeblieben. Den religionspsychologischen Wurzeln dieses merkwürdigen Phänomens nachzugehen, ist hier nicht Raum. Die freiwillige Unterordnung unter eine selbstgewählte Autorität war nie Sache von Menschen, die sich die Veränderung von bestehenden Lebensformen, deren Mißwuchs sie beobachten konnten, zum Ziele gesetzt hatten. Fast überall, wohin der Protestantismus griff, löste er die Klöster auf, zog ihre Besitztümer ein, verhinderte Neugründungen. Wo nicht ein neuer Bestimmungszweck für die Gebäude bereitstand, wurden sie abgebrochen. Am radikalsten ist man im England Heinrichs VIII. vorgegangen. Alle Klöster wurden 1539 verboten, die meisten von ihnen sinnlos zerstört. Sieben Schiffe brachten einen gewaltigen Kunstraub auf das Festland nach Rouen, wo man die Beute versteigert hat. Die Klostergeschichte der Insel bricht mit diesem Datum ab. Vielfach ließ man die Ruinen unbenutzt stehen, bis sich die moderne Denkmalpflege ihrer annahm. Oft entstanden herrschaftliche Landsitze in den Mauern der ehemaligen Abteien. Auch dort, wo ein Ganzes fast makellos erhalten und neuen Aufgaben zugeführt wurde, hat die Kraft zur Fortentwicklung der baulichen Organismen gefehlt. Sie wurden steril. Das am besten erhaltene Benediktinerkloster Englands, die *Canterbury Cathedral Church and Priory,* ist dafür ein Beispiel. Oft hat uns gerade diese Sterilität ein mittelalterliches Kloster erhalten. Man richtete in ihnen Schulen und Gutsverwaltungen ein, die sich mit den baulichen Gegebenheiten abfanden. Dieser Tatsache verdanken wir die am besten überlieferten Zisterzienserklöster Deutschlands, *Maulbronn* und *Eberbach.*

Der zweite und der dritte Strom entsprossen aus unterschiedlichen Geisteslandschaften und Lebenshaltungen. Nennen wir sie den Zerstörungswillen der Unvernunft und das Reformdenken der Vernunft. Der eine erwuchs aus dem Untergrund des Volksempfindens, das an jeder Ordnungsmacht Anstoß nahm. Wie Knaben in den Ameisenhaufen hat die Weltgeschichte in allen Kriegen sinnlos in den Klosterorganismen herumgestochert, auf die man stieß. Man liebte es, Klöster zu zerstören. Dazu kam, daß seit dem 17. Jh. sich viele gerade der führenden Geister an den Klöstern als den Feinden jeden Fortschritts stießen. »Mönch« – so hat Voltaire gefragt – »was ist denn das für eine Profession? Es ist die, gar keine zu haben, sich durch unverbrüchlichen Eidschwur zu verpflichten, vernunftwidrig und ein Sklave zu sein und auf anderer Leute Unkosten zu leben.«[35] Diese Kräfte von unten und von oben haben sich seit 1766 in Frankreich und 1781 in Österreich zusammengetan und nicht geruht, bis auch das letzte Kloster in Frankreich, Deutschland oder Italien aufgehoben war. Der Reichtum der Klöster selbst hat die Bewegung gespeist. Gleichzeitig hoffte man, sich von einer Geschichtslast zu befreien, die den Weg in die Zukunft versperrt hielt.

Fassen wir zunächst die Kräfte von unten an einem Beispiel ins Auge. Es steht für unsagbar viele. Immer wieder ist ein Betrachter versucht, die Geschichte einer Klosterzerstörung unter dem Eindruck einer der großartigsten Zisterzienserruinen nachzulesen, wie es der Verfasser in *Orval* in Belgien getan hat.

1637 hatte eine Truppe von Franzosen, die mit der Armee des Marschall von Chatillon im Auftrage Richelieus die schwedische Sache in Deutschland unterstützen sollte, das Kloster erreicht. »Am 2. August sind zwei Truppenteile, gemischt aus Franzosen und Schweden, in das Kloster eingedrungen und haben es völlig ausgeplündert. Erst nahmen sie den Wirtschaftshof, dann drangen sie in die übrigen Gebäude vor, nahmen den Kreuzgang, die Sakristei, die Kirche ... Mit Axtschlägen haben sie das Tabernakel zerstört; die Glocken, Kelche, aller Schmuck und alles Gerät aus der Kirche, der Bibliothek und dem ganzen Kloster wurden weggeschleppt. Sie haben die Altäre erst profaniert und dann zerschlagen, die Bildwerke zerbrochen und ihnen die Köpfe, die Hände und Füße abgehauen. Am Abend des gleichen Tages wurden die Kirche und der Wirtschaftshof niedergebrannt. Die Ruinen der Kirche – ihre Gewölbe hielten stand – dienten den Menschen als Abtritt, den Pferden als Stall. Viele berichten, daß auf dem Hochaltar das Pferdefutter zugerichtet worden ist. Am 11. August wurde das Kloster an allen vier Ecken angezündet und völlig niedergebrannt. Da das Feuer das Gewölbe der Kirche nicht erreichen konnte, verschworen sich am 13. August vierzig französische Reiter, nahmen brennende Strohbüschel in die Hand und schrien: brennen wir alles nieder. Gleichzeitig griffen sie die Kirche und die Klostergebäude an. Die Feuersbrunst dauerte vier Tage und verschonte auch das Chorgestühl nicht. Die ganze Abtei brannte mit Ausnahme einer kleinen Kapelle Notre Dame de Montaigue ab, die erhöht und weit entfernt lag.«[36]

Das Kloster konnte sich im späten 17. und 18. Jh. erholen. Die alten Bauten wurden sorgsam wiederhergestellt. Die Erträgnisse des Landbesitzes sicherten eine neue Blütezeit. Auch wissenschaftlich ist es jetzt hervorgetreten. 1757 lagen in seinem Schatz über eine Million Franken, die man aus Furcht vor einer neuen Requisition zu einem gewaltigen Neubau verwandte. L. B. DEWEZ (1731–1812) ließ bei seinen Neubauplänen große Teile des wiederhergestellten mittelalterlichen Klosters bestehen, doch fügte er ihnen eine gewaltige Barockanlage hinzu. Der Neubau galt als das prächtigste Barockschloß des Landes. Es durfte mit großem Aufwand ausgestattet werden. Wie in *Clairvaux* wohnte jetzt jeder der Patres in einem höfischen Appartement. Der Architekt mußte es noch erleben, daß die Truppen des Generals Laisson, angeführt von dem Pfarrer des Dorfes und unterstützt von dem Landvolk, am 23. Juni 1793 das Kloster erneut plünderten. Sechs Wochen lang hat man das Feuer nicht ausgehen lassen, bis auch der letzte Raum des Klosters zusammengestürzt war. Die Zähigkeit, mit der nicht nur die fremden Soldaten, sondern auch das Landvolk der Gegend die Zerstörung betrieben, läßt ahnen, daß hier archaische Leidenschaften mit am Werke waren. »Machet, daß die Kirchengüter verkauft werden, denn nie können wir von diesen wilden Bestien befreit werden, ehe nicht ihre Höhlen zerstört und ausgeräuchert sind«, schreibt Madame Roland 1790.[37] *Orval* ist ein Beispiel unter tausenden, die damals untergegangen sind. Es gibt Gegenbeispiele, wo namentlich die Landbevölkerung ihre Klöster und Kirchen verteidigt und gerettet hat. Die Austreibung der Mönche und Nonnen wurde von ihnen an keiner Stelle verhindert. Denn wo die elementaren Kräfte sie verschonten, holte eine vernünftige Verwaltung das Versäumte nach.

Schon 1666 schrieb Colbert jenen berühmten Brief an Ludwig XIV. über die Schädigungen, die das Mönchtum dem Staate zugefügt hat. Ähnliche Stimmen lassen sich durch das ganze Mittelalter belegen. Auch Karl der Große hatte sich schon dagegen gewandt, daß durch eine Flucht in das Kloster sich viele dem Heeresaufgebot zu entziehen suchten. »Die Ordensfrauen und Nonnen – so schrieb Colbert – entziehen sich nicht nur der Arbeit, die dem Gemeinwohl dient, sondern berauben den Staat auch aller Kinder, die sie hätten hervorbringen können. Deshalb sei es vielleicht gut, die Gelübde etwas schwieriger zu machen und den Brauch einzuschränken, den Nonnen Mitgift und Pensionen zu geben.« Ludwig XIV. antwortet bewußt maßvoll und vernünftig: »Man solle die Zahl in diesem Beruf auf jene beschränken, die sich der Erziehung des Volkes und der Verwaltung der Sakramente zuwenden oder durch exemplarische Askese ein großes Vorbild geben.«[38] Außerdem wurde verfügt, daß kein Kloster ohne die ausdrückliche Genehmigung des Königs neubegründet werden dürfe. Durch mehr als ein Jahrhundert sollten die Stimmen nicht verstummen, die das Eigenleben der Klöster dadurch einzuschränken suchten, daß sie nur solche gestatten wollten, die der Erziehung, der Krankenpflege oder der Seelsorge dienten. Kontemplation galt als nutzlos. 1766, genau 100 Jahre nach Colberts Brief, wurde eine Kommission eingesetzt, die die Zahl der Ordensniederlassungen durch die Auflösung zahlreicher Häuser zu beschränken suchte. Immerhin gab es in Frankreich 1770 noch 412 Benediktinerklöster, 251 Zisterzienserniederlassungen, 66 Kartausen, 92 Häuser der Prämonstratenser, 157 Klöster der Augustiner Eremiten, 179 Dominikaner- und 568 Franziskaner-Priorate, 429 Niederlassungen der Kapuziner, 191 der Karmeliter, dazu 1788 rund 1500 Nonnenklöster mit 37000 Schwestern. Während über den Sittenverfall der Männerklöster die Stimmen nicht verstummen, mußte auch das Frankreich der Revolution den Nonnen ihre

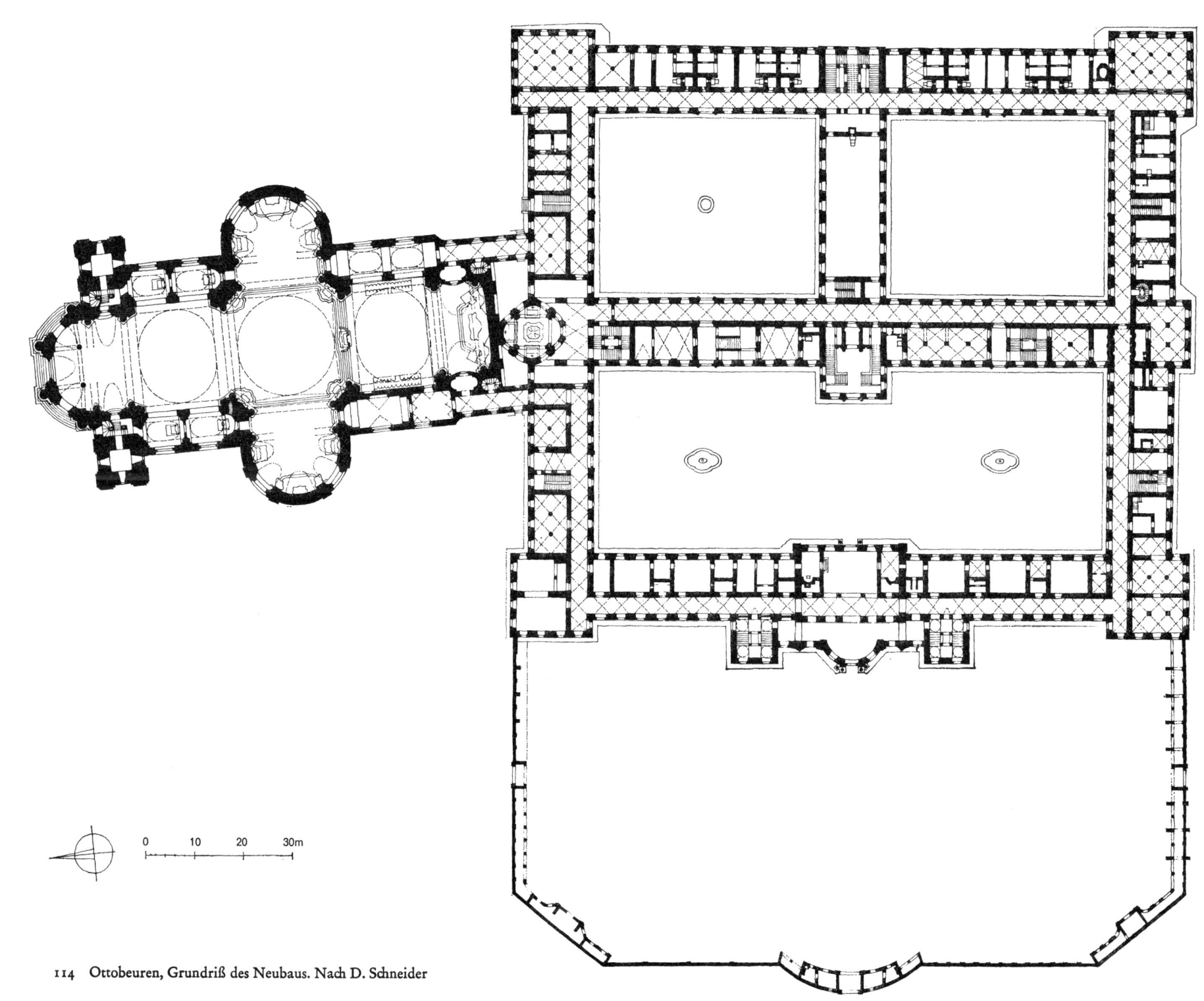

0   10   20   30m

114   Ottobeuren, Grundriß des Neubaus. Nach D. Schneider

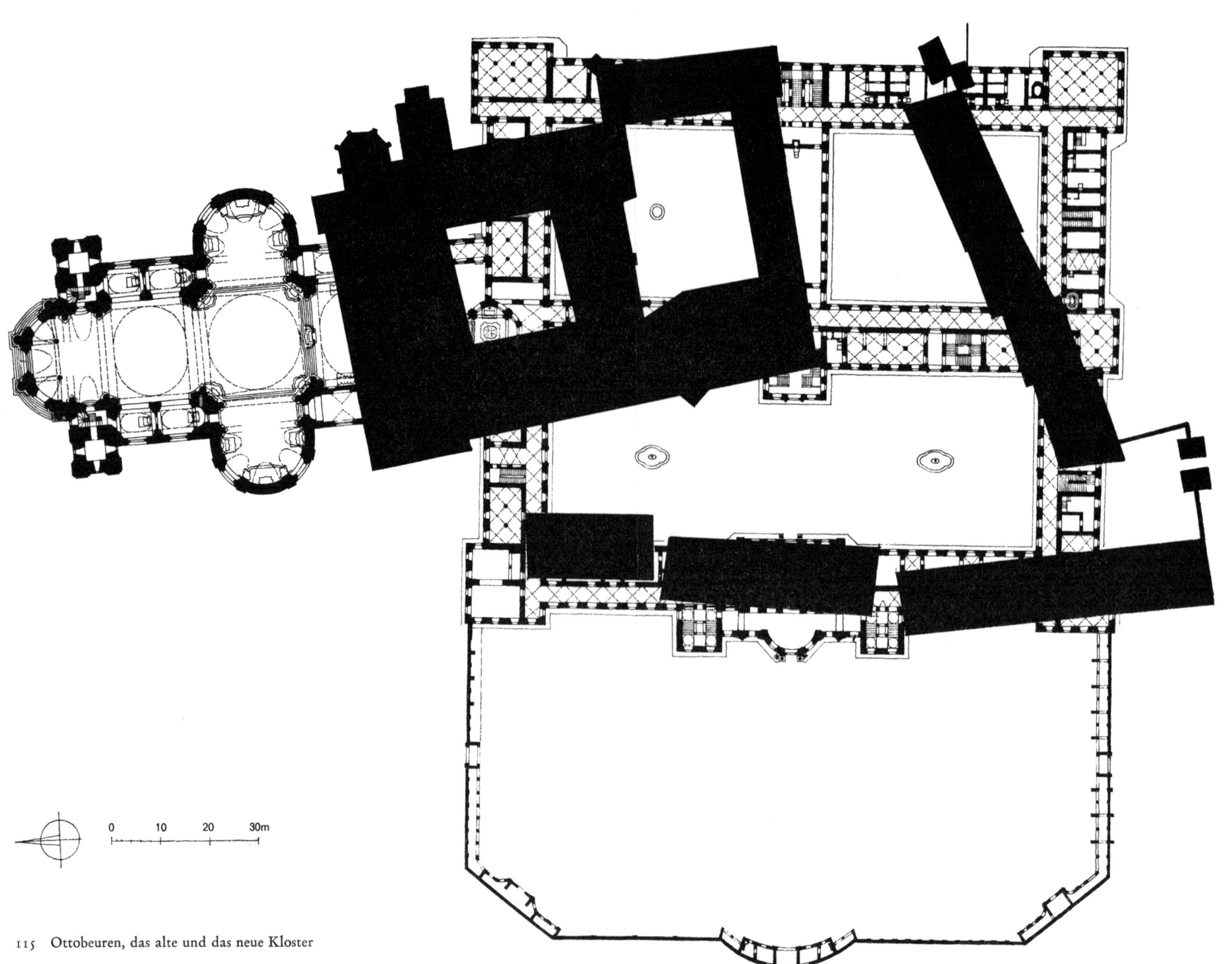

115 Ottobeuren, das alte und das neue Kloster

großartige Haltung und ihre Bedeutung für die Erziehung des Volkes bestätigen. In Bayern begann man 1769 durch besondere Erlasse die Bettelorden in ihrer Wirksamkeit einzuschränken. 1778 wurden den Franziskanern nur mehr 400 Brüder, den Kapuzinern 450 gestattet. Joseph II. von Österreich erließ 1781 jene berühmte Verordnung, die alle Klöster verbot, deren Mitglieder »nur ein beschauliches Leben führten und zum Besten des Nächsten und der bürgerlichen Gesellschaft nichts beitrügen«. Rund 700 Klöster wurden damals geschlossen, darunter alle Kartausen. Immerhin hat dieses Gesetz zugleich die großen Niederlassungen begünstigt, indem es ihnen ausgedehnte Bereiche zur Seelsorge übergab. Österreich gehört zu den wenigen Gebieten Europas, in denen bedeutende und reiche Klöster nie säkularisiert worden sind. Das totale Klosterverbot ist dann zuerst 1790 in Paris ausgesprochen worden. Zu den Prinzipien der napoleonischen Regierung gehörte es, daß man es in allen Ländern durchzuführen versuchte, in denen Napoleon oder einer seiner Generäle zur Herrschaft gelangt war, in Belgien schon 1796, im Königreich Italien 1806, im Großherzogtum Toskana 1808, im Kirchenstaat 1809. Joseph Bonaparte hat sich beeilt, die Klöster im Königreich Neapel aufzuheben, und was ihm entging, hat sein Nachfolger Marat seit 1809 vollendet. In Spanien war die napoleonische Herrschaft zu unsicher gefügt, als daß man über Anfangserfolge hätte hinauskommen können. Doch wurde das Versäumte seit 1821 nachgeholt. Von den 1700 noch bestehenden Klöstern wurden damals 800 geschlossen. 1835 verfügte die Regierung die Aufhebung aller Klöster mit weniger als 12 Mönchen oder Nonnen. Am 18. Januar 1836 wurden in Madrid die letzten 37 Mönchsklöster verboten. Portugal war mit einem Erlaß zur Schließung aller Klöster vorangegangen. Auch nach Mittel- und Nordamerika griff die Bewegung über. Überall wandte sich eine vernünftige Staatsführung gegen die Klöster. 1874 verbot die Schweizerische Bundesverfassung »die Errichtung neuer oder die Wiederherstellung aufgehobener Klöster oder religiöser Orden«. Man wollte niemandem mehr die Flucht aus dem Jahrhundert gestatten.

Dennoch ist der Ordensgedanke nicht auszurotten gewesen. Am Widerstand hat sich ein neuer Klosteridealismus entzündet. Die Nachrichten über Mißstände hören auf, jene über Neugründungen nehmen im ganzen 19. Jh. wieder zu. Es ist erstaunlich, wie rasch die letzten Mitglieder der alten Orden sich seit 1820 oder 1830 zusammenfanden. Gefördert von Rom gelang es, die Organisation erneut aufzubauen. Neue Orden und neue Kongregationen wurden gegründet. An Berufungen hat es nur selten gefehlt. Erziehung und Mission stellten große Aufgaben. Einzelne Fürsten, auch Privatleute, haben Klöster gegründet und gefördert. Auch die strengsten kontemplativen Orden zogen den Einzelnen an. Die Klosterlandschaft des späten 19. und 20. Jh. öffnet sich dem Blick in einem reichen Panorama. Auch für den Bau und die Ausstattung von Klosterkirchen fand man seinen eigenen Stil. An *Beuron* wird oft erinnert.

Von geringer Bedeutung freilich blieben die Klostergebäude. Wo nicht ein einzelner Orden wie die Kartäuser auf ihre mittelalterlichen Vorbilder zurückgriff (Abb. 71), schuf man Anstalten, die ohne große Veränderungen auch als Altersheime oder Waisenhäuser hätten dienen können. Ebenso ist es unmöglich, die Orden aufgrund der Bauformen oder Bauprogramme zu unterscheiden. Die Ordensniederlassungen hören auf, ein Spiegel der Ordnungsprinzipien zu sein, übergeordnete, allgemeine Ideen beherrschen den Gesamtplan. Dafür ein Beispiel aus vielen:

Ludwig I. von Bayern erteilte 1826 GEORG FRIEDRICH ZIEBLAND den Auftrag für eine Basilika zu Ehren des hl. Bonifatius, die genau der Glyptothek gegenüber als ein Denkmal des Christentums dem Denkmal des Griechentums entsprechen sollte. Schon 1822 war der Plan gefaßt worden (die Einzelheiten s. Schrifttum Nr. 228). ZIEBLAND wurde von 1826 bis 1829 auf eine Studienreise zur Vorbereitung dieser Pläne nach Italien geschickt. »Ich bin gesonnen, so redete der König den sechsundzwanzigjährigen Baumeister bei seiner ersten Audienz an, dem Apostel der Deutschen und Bayern, dem hl. Bonifatius, in München eine Kirche zu erbauen, und zwar in der Form einer Basilika. Für diesen Bau habe ich Sie erwählt; da ich aber dieß Gebäude so recht in dem Geiste und der Form einer Basilika zu erhalten wünsche, so schicke ich Sie auf mehrere Jahre nach Italien; studieren Sie mir dort fleißig die in diesem Lande befindlichen Basiliken und legen Sie mir die Pläne dazu vor. Die Grundsteinlegung wird aber erst im Jahre 1835 am Tage meiner silbernen Hochzeit stattfinden. Dabei stelle ich aber gleich jetzt Bedingungen: die Basilika muß als Seitenstück der Glyptothek gegenüber zu stehen kommen und im griechisch-korinthischen Stile gehalten sein; sie soll fünf Schiffe und ungefähr die Größe der dreischiffigen Basilika in Ravenna, St. Apollinaris in Classe, bekommen.« Man bewundert die Klarheit dieser Entscheidung. Der Künstler hatte drei Jahre Zeit für seine italienischen Studien, weitere sechs bis zur Grundsteinlegung. Inzwischen war der Plan erweitert worden. Gegenüber der Glyptothek sollte ein Ausstellungsgebäude entstehen, neben ihm ein Benediktinerkloster und am anderen Ende der Anlage die große Basilika, die zugleich als Pfarrkirche und als Klosterkirche dienen sollte (Abb. 116). Aus Anlaß der Feierlichkeiten zur Grundsteinlegung wurde der Hauptgedanke immer wieder hervorgehoben. Der König hat für alle drei Gebäude nur einen Grundstein gelegt, der bezeugen sollte, daß Religion, Wissen-

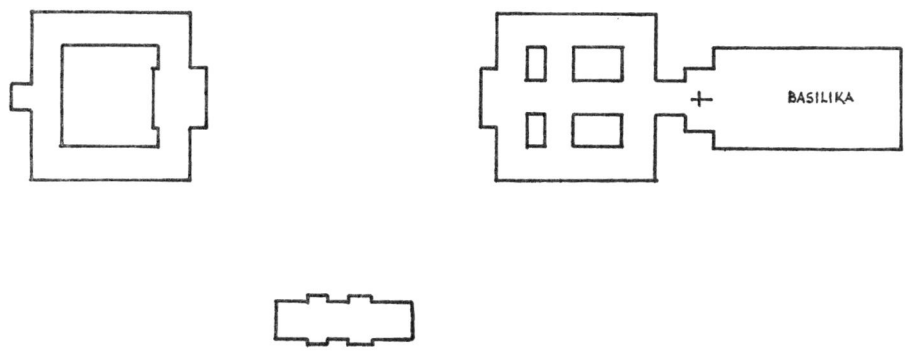

116 München, St. Bonifaz, Schema der Gesamtanlage (Maßstab 1 : 2000, N ↙)

schaft und Kunst zusammengehen müßten. Das Kloster sollte vor allem Stätte der wissenschaftlichen Forschung sein. Die Pfarrei sollte von einem eigenen Pfarramt betreut werden. 1847 waren die Gebäude vollendet. 1850 wurde die Kirche geweiht.

Das Kloster ist ein dreigeschossiges Gebäude mit zwei Innenhöfen. Es steht im Bauverband mit dem Ausstellungsgebäude, das heute die antike Kleinkunst beherbergt. An den Seitenfronten wurde die Zäsur von Kloster und Musentempel nicht sichtbar gemacht. Im Inneren entspricht die Raumeinteilung nur in wenigen Grundzügen noch dem benediktinischen Schema. So liegt (oder lag bis zu den Kriegszerstörungen 1944) das Refektorium im Erdgeschoß und war durch HEINRICH HESS mit einem Abendmahl geschmückt, das sich jenes von Leonardo zum Vorbild nahm. Es ist bezeichnend, daß die Bilder überall durch Inschriften ergänzt oder ersetzt wurden, die auf die höhere Bestimmung der Räume hingewiesen haben, Psalmenzitate, Evangelienzitate und Regelzitate. Im ersten Obergeschoß lagen die Wohnung des Abtes, ein Rekreationssaal, wie man ihn nannte, und ein Lesesaal für die Tagesliteratur, daneben fünfzehn Einzelzimmer für die Patres oder für Gäste. Erst in das zweite Obergeschoß verlegte man neben weitere Einzelzimmer den großen Kapitelsaal, während die Bibliothek die gesamte Nordseite, also den Trakt zum Ausstellungsgebäude hin füllte. Man hatte sich gut eingerichtet, freilich zugleich die organische Verbindung zur Kirche aufgegeben, den Kreuzgang geopfert, Kapitelsaal und Refektorium durch zwei Stockwerke voneinander getrennt. Die Idealität der Grundgedanken sollte mehr durch Bilder und Inschriften als durch den Bauorganismus selbst kenntlich wer-

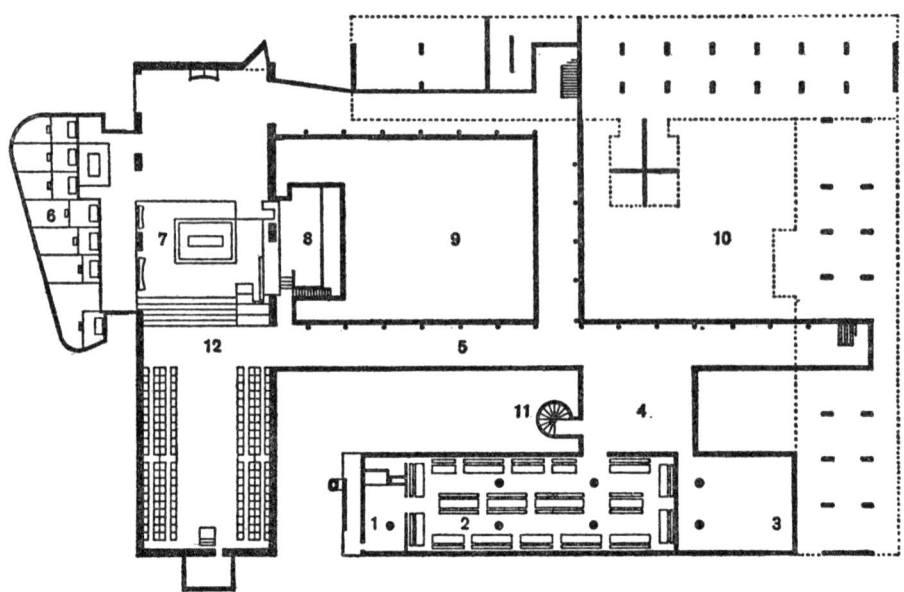

117a La Tourette, Erdgeschoß

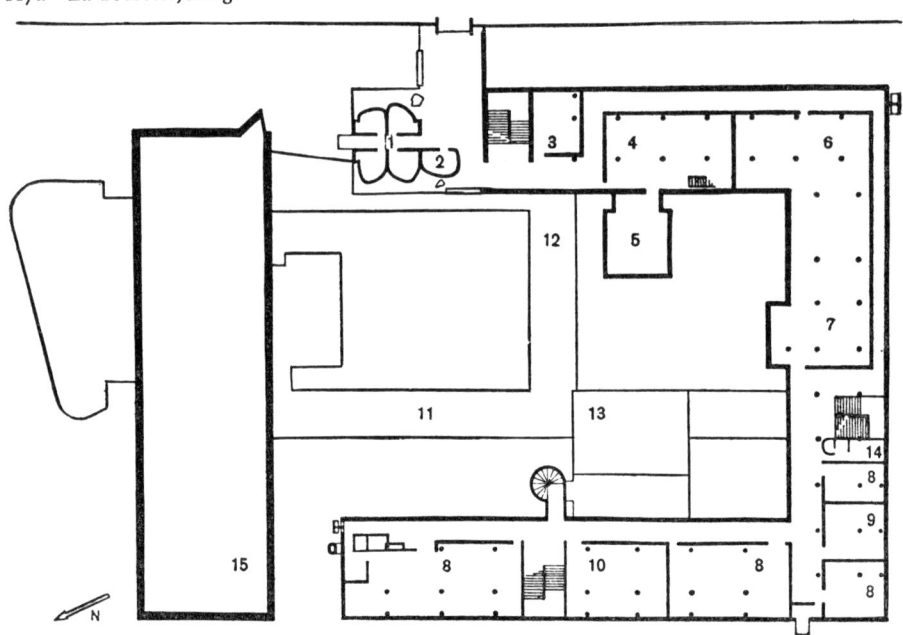

117b La Tourette, Studiengeschoß

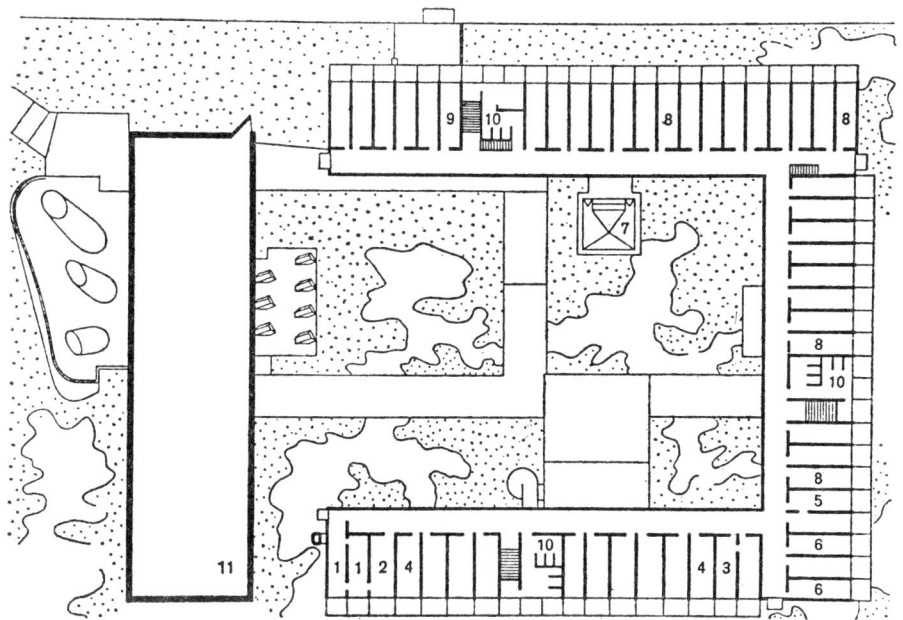

117c La Tourette, Obergeschoß

den. Der geistige und literarische Ausgangspunkt der königlichen Idee wurde so
auch an jedem Detail kenntlich. Der Abtei wurden entgegen der ursprünglichen
Absicht nach der Vollendung der Bauwerke auch die Pfarraufgaben übertragen.
Ludwig I. hat auch nach seiner Absetzung 1848 für ihre wirtschaftliche Sicherung
durch Stiftungen gesorgt. Schon 1846 hatte er für das neue Kloster als Außenstelle
die Wallfahrtskirche *Andechs* mit den zugehörigen Gebäuden, Ländereien und
Rechten erworben. Er wollte die neue Gründung dadurch mit den Traditionen
einer alten Anlage zusammenbinden, die durch die Säkularisation ihren Auf-
gabenbereich verloren hatte.

Nur ein Bauwerk des 19. Jh. haben wir herausgegriffen, nur eines des 20. sei
neben dieses gestellt: *La Tourette*. Ich bin mir bewußt, daß damit die An-
strengung des neuzeitlichen Mönchtums, sich einen eigenen und neuen Lebens-
rahmen zu schaffen, nicht umschrieben wird. Allein die Richtung, in welcher sich
die schöpferische Phantasie engagiert hat, rückt in das Blickfeld. Auch ist das
Werk LE CORBUSIERS einzigartig in seiner Konsequenz. Der Rationalismus, die
Klarheit und Geistesstrenge des Dominikanerordens und seiner französischen
Anfänge tritt mit diesem Baugefüge in die Gegenwart ein (Abb. 111).

Auf einer Reise durch Italien 1907 ist LE CORBUSIER von dem Kartäuserkloster in *Galuzzo* vor Florenz beeindruckt worden[39]. Bei der Entwicklung der Prinzipien der Unité d'Habitation von Marseille 1953 greift er auf seine Reisenotizen zurück. Er wird sich der Vorzüge bewußt, die aus dem Zusammenwirken eines Lebens in der Einsamkeit und in der Gemeinschaft erwachsen sind. Bei seinen Untersuchungen über den Modulor bezieht er sich ausdrücklich auf dieses Zusammenwirken von Zellen und Gemeinschaftsräumen in der Kartause von *Ema*, wie sie die Reiseführer der Zeit nach dem Flüßchen nannten, das durch *Galluzzo* führt. Hier war ein Prinzip vorgebildet, das ihm geeignet schien, dem Leben der Massen eine Ordnung zu geben. Der Architekt fühlt sich wie ehedem die Ordensstifter berufen, Lebensordnungen und Lebenspläne vorzuzeichnen. Wie der Kartäuser sein Zellenhaus, so findet der Bewohner der 'Strahlenden Stadt' ein Appartement vor, das mit allem eingerichtet ist, was er nach der Meinung des Baumeisters fordern darf und kann. Im gleichen Jahre 1953, als er sich mit den Plänen für 'das Haus der Stadt' beschäftigte, trug ihm Pater COUTURIER den Bau des Dominikanerklosters an. Drei Jahre arbeitete Le Corbusier an den Plänen. Auf Anregung der Patres studierte er auch das Zisterzienserkloster *Le Thoronet* (Abb. 60) in Südfrankreich, das ihnen als Idealbild vor Augen stand. Nie, so soll er geäußert haben, hat ein Auftraggeber seinen Plänen so wenig Widerstand entgegengesetzt. Nie auch – so wollen wir anfügen – ist ihm ein Auftraggeber mit einem so klaren Bauprogramm entgegengetreten. Es ist das alte Schema des Benediktinerklosters, bereichert durch die Forderung der Dominikaner, wie sie schon in den wichtigsten ihrer mittelalterlichen Klöster verwirklicht worden ist, daß das Kloster zugleich eine Lehranstalt für den Priesternachwuchs des Ordens und ein theologisches Forschungszentrum sein solle. 1960 war der Bau in allen Teilen abgeschlossen.

Das abfallende Gelände der Höhe von *La Tourette* über dem Dorf Eveux sur l'Arbresle südlich von Lyon gestattete eine Anordnung auf drei Ebenen. Es gibt ebenerdige Teile, eingeschossige und zweigeschossige. Der Einfall war, das Studiengeschoß zwischen das Erdgeschoß mit Kirche, Kreuzgang, Refektorium, Kapitelsaal und das Obergeschoß mit den Schlaf- und zugleich Arbeitszellen zu legen. Er wurde dadurch augenfällig, daß man zu diesem Mittelgeschoß, welches allein der Öffentlichkeit zugänglich gemacht werden konnte, den Eingang emporführte. Der Plan läßt die Pförtnerloge und jene vier Empfangslogen erkennen, in denen LE CORBUSIER seine besondere Vorliebe für rings abgeschlossene Kleinsträume bekundet (Abb. 117b). Wie im alten Benediktinerkloster sind also die Kirche mit dem Kreuzgang, dem Refektorium und dem Kapitelsaal im Süden in die unterste Ebene verlegt und die Schlafräume nach oben. Diese werden getreu der

Regel in Zellen für Kranke, Gäste, Laienbrüder und Priester aufgeteilt. Sie liegen alle an einem inneren Gang, haben alle die gleiche lange und schmale Form, führen jedoch im Gegensatz zu den alten Anlagen auf helle Balkone, von denen aus man weit ins Land sehen kann und soll. Das Studiengeschoß in der Mitte ist in Studienräume, Hörsäle, Gemeinschaftsräume für Laienbrüder und für Patres eingeteilt. Der größte Raum dient als Bibliothek. Auch eine kleine Kapelle ist als Oratorium angefügt. Sie steht wie ein Brunnenhaus an ausgezeichneter Stelle im Geviert des Innenhofs, und ihre Form, der spitze Kegel der Bedachung, hebt sie als einen Sakralbau hervor. Hier sehen wir das Vorbild *Le Thoronet* (Abb. 60) unmittelbar wirksam. Das Material ist überall der nackte Beton. Der Bau sieht aus, als wäre er in einem Stück gegossen, und diese Wirkung ist Absicht. Man erlebt die geistigen Energien einer Planung, die gemäß der Regel alles bedacht hat. Nichts bleibt dem Zufall, nichts der Individualität überlassen. Die Ordnung des Geistes beherrscht deutlich, streng und klar die Form.

Es ist ein Kartäuser-Kloster gewesen, in dem der junge LE CORBUSIER das Modell für eine moderne Wohnstadt erkannte. Die Zellenhäuser um und an den Gemeinschaftsräumen schienen ihm vorbildlich für die Organisation von Massenwohnungen. In dem Dominikanerkloster, das man ihm anvertraute, durfte der alte Meister den Gedanken fortentwickeln. Hier scheint ein Anfang gemacht, von dem aus weite Aspekte sichtbar werden.

Text-Dokumente

I Aus der Regel des hl. Benedikt

S. Benedicti Regula Monasteriorum, ed. Cuthbert Butler, 2. Auflage, Freiburg 1927.
Die Regel wurde nach 534 in Monte Cassino in mehreren Abschnitten verfaßt. Die Original-
handschrift wurde nach dem Langobardeneinfall nach Rom gerettet, kam 742 nach Monte
Cassino zurück, wurde bei einem Sarazeneneinfall 883 nach Teano geflüchtet, wo sie 896 ver-
brannte. Karl der Große ließ sich eine Abschrift herstellen, von der um 820 zwei Reichenauer
Mönche eine genaue Kopie verfertigten, die sich im Kodex 914 der Stiftsbibliothek von St. Gallen
erhalten hat. Unter den textkritischen Ausgaben ragen hervor: B. Linderbauer, S. Benedicti
Regula Monasteriorum, Bonn 1928; C. Butler, S. Benedicti Regula.

Unsere Übersetzungen halten sich an die Übersetzung von P. Franz Faessler, in: Die großen
Ordensregeln, hg. von Hans-Urs von Balthasar, Einsiedeln/Zürich/Köln 1948.

Caput III: Quotiens aliqua praecipua agenda sunt in monasterio, convocet abbas omnem congregationem, et dicat ipse unde agitur. Et audiens consilium fratrum tractet apud se, et quod utilius iudicaverit faciat. Ideo autem omnes ad consilium vocari diximus, quia saepe iuniori Dominus revelat quod melius est. ...

3. Kap.: Sooft eine wichtige Angelegenheit im Kloster zu behandeln ist, rufe der Abt die ganze Gemeinschaft zusammen und eröffne ihr, um was es sich handelt. Und nachdem er die Ansicht der Brüder vernommen hat, überlege er bei sich und tue dann das, was ihm als das Nützlichste erscheint. Wir haben darum be-stimmt, daß alle zur Beratung gerufen wer-den, weil der Herr oft einem jüngeren Bruder offenbart, was das Beste ist. ...

(Welches die Werkzeuge der guten Werke sind)

Caput IV: ... Actus vitae suae omni hora custodire. – In omni loco Deum se respicere pro certo scire. – Cogitationes malas cordi suo advenientes mox ad Christum allidere, et seniori spiritali patefacere. – Os suum a malo vel pravo eloquio custodire. – Multum loqui non amare. – Verba vana aut risui apta non loqui. – Risum multum aut excussum non amare. ...

4. Kap.: ... Zu jeder Stunde über Tun und Lassen seines Lebens wachen. Für gewiß hal-ten, daß Gott uns an allen Orten sieht. Schlechte Gedanken, die ins Herz dringen, so-fort an Christus zerschmettern und einem geist-lichen Vater offenbaren. Seinen Mund vor bö-ser und verderblicher Rede bewahren. Vieles Reden nicht lieben. Eitle Worte oder solche, die zum Lachen reizen, nicht sprechen. Vieles und lautes Lachen nicht lieben. ...

Praecepta Dei factis cotidie adimplere. – Castitatem amare. – Nullum odire. – Zelum non habere. – Invidiam non exercere. – Con-tentionem non amare. – Elationem fugere. – Et seniores venerare. – Iuniores diligere. –

Gottes Gebote täglich durch die Tat erfül-len. Die Keuschheit lieben. Niemand hassen. Keine Eifersucht hegen. Nicht aus Neid han-deln. Streitigkeiten nicht lieben. Überheblich-keit fliehen. Die Älteren ehren, die Jüngeren

274

... Officina vero, ubi haec omnia diligenter operemur, claustra sunt monasterii et stabilitas in congregatione. ...

lieben. ... Die Werkstätte aber, in der wir fleißig mit all diesen Werkzeugen arbeiten sollen, ist die Abgeschlossenheit des Klosters und das ständige Beharren in der Gemeinschaft. ...

(Wie das Chorgebet während des Tages zu halten ist)

Caput XVI: Ut ait Propheta: Septies in die laudem dixi tibi. Qui septenarius sacratus numerus a nobis sic implebitur, si Matutino, Primae, Tertiae, Sextae, Nonae, Vesperae, Completoriique tempore nostrae servitutis officia persolvamus; quia de his diurnis Horis dixit: Septies in die laudem dixi tibi. Nam de nocturnis Vigiliis idem ipse Propheta ait: Media nocte surgebam ad confitendum tibi. Ergo his temporibus referamus laudes creatori nostro super iudicia iustitiae suae, id est, Matutinis, Prima, Tertia, Sexta, Nona, Vespera, Completorio; et nocte surgamus ad confitendum ei. ...

16. Kap.: Wir tun, wie der Prophet sagt: »Ich lobe dich des Tages siebenmal.« Diese geheiligte Siebenzahl erfüllen wir dann, wenn wir zur Zeit des Frühgottesdienstes, der Prim, Terz, Sext, Non, Vesper und Komplet unsere Dienstpflicht erfüllen. Denn von diesen Tagzeiten sagt ja der Prophet: »Ich lobe dich des Tages siebenmal.« Vom Nachtgottesdienst jedoch sagt der gleiche Prophet: »Um Mitternacht erhebe ich mich zu deinem Lobe.« Loben wir also unseren Schöpfer ob seiner gerechten Satzungen zu diesen Zeiten, das heißt, beim Frühgottesdienst, bei der Prim, Terz, Sext, Non, Vesper und Komplet. Und auch des Nachts wollen wir uns erheben, um ihn zu preisen. ...

(Wie die Mönche schlafen sollen)

Caput XXII: Singuli per singula lecta dormiant. Lectisternia pro modo conversationis, secundum dispensationem abbatis sui, accipiant. Si potest fieri, omnes in uno loco dormiant: sin autem multitudo non sinit, deni aut viceni cum senioribus, qui super eos solliciti sint, pausent. Candela iugiter in eadem cella ardeat usque mane. Vestiti dormiant, et cincti cingulis aut funibus, ut cultellos suos ad latus suum non adhibeant dum dormiunt, ne forte per somnum vulnerent dormientem; et ut parati sint monachi semper, et facto signo absque mora surgentes, festinent invicem se praevenire ad Opus Dei. ...

22. Kap.: Ein jeder schlafe in einem besonderen Bett. Ihr Bettzeug erhalten die Brüder nach Verdienst und Bedürfnis, wie es der Abt für gut findet. Ist es möglich, so sollen alle im gleichen Raume schlafen. Läßt dies aber die große Anzahl nicht zu, so schlafen je zehn oder zwanzig zusammen mit den Älteren, die die Aufsicht führen. Im Schlafraum brenne beständig bis zum Morgen ein Licht. Die Brüder sollen angekleidet schlafen, umgürtet mit einem Gürtel oder Strick. Ihre Messer sollen sie während des Schlafes nicht an der Seite haben, damit sie nicht etwa im Schlafe damit sich verwunden. Die Mönche seien stets bereit; auf das gegebene Zeichen hin sollen sie sich ohne Verzug erheben und sich beeilen, einander zum Chorgebet zuvorzukommen. ...

(Von den Eigenschaften, die der Cellerar besitzen soll)

Caput XXXI: Cellerarius monasterii eligatur de congregatione sapiens, maturus moribus, sobrius, non multum edax, non elatus, non turbulentus, non iniuriosus, non tardus, non prodigus; sed timens Deum, qui omni congregationi sit sicut pater. ...
Omnia vasa monasterii cunctamque substantiam ac si altaris vasa sacrata conspiciat. Nihil ducat negligendum. ...

31. Kap.: Als Cellerar des Klosters soll aus der klösterlichen Gemeinschaft einer ausgewählt werden, der weise ist, reif an Charakter, nüchtern, mäßig im Essen, nicht hochmütig, nicht ungestüm, nicht verletzend, nicht saumselig, nicht verschwenderisch; vielmehr soll er Gott fürchten und für die ganze Klostergemeinde wie ein Vater sein. ...
Alle Geräte und alle Güter des Klosters betrachte er wie heilige Altargefäße. Nichts halte er für gleichgültig. ...

(Von den kranken Brüdern)

Caput XXXVI: ... Quibus fratribus infirmis sit cella super se deputata, et servitor timens Deum et diligens ac sollicitus. Balnearum usus infirmis quotiens expedit offeratur: sanis autem, et maxime iuvenibus, tardius concedatur. ...

36. Kap.: ... Man weise kranken Brüdern eine eigene Zelle und einen gottesfürchtigen, eifrigen und besorgten Wärter zu. Man gebe den Kranken Gelegenheit zu Bädern (warmen), sooft es für sie förderlich ist; den Gesunden aber, und besonders den jüngern, gestatte man es seltener. ...

(Von denen, die im Chore Fehler machen)

Caput XLV: Si quis, dum pronuntiat psalmum, antiphonam vel lectionem, fallitus fuerit, nisi satisfactione ibi coram omnibus humiliatus fuerit, maiori vindictae subiaceat; quippe qui noluit humilitate corrigere quod neglegentia deliquit. ...

45. Kap.: Wenn einer beim Vortragen eines Psalmes, einer Antiphon oder einer Lesung einen Fehler begeht und sich nicht durch Genugtuung vor allen verdemütigt, dann soll er einer schwereren Strafe unterliegen; denn er wollte ja nicht durch einen Akt der Demut gutmachen, was er durch Nachlässigkeit verschuldet hat. ...

(Von der täglichen Handarbeit)

Caput XLVIII: Otiositas inimica est animae; et ideo certis temporibus occupari debent fratres in labore manuum, certis iterum horis in lectione divina. ... In Quadragesimae vero diebus, a mane usque tertiam plenam vacent lectionibus suis, et usque decimam horam plenam operentur quod eis iniungitur. In quibus diebus Quadragesimae accipiant omnes singulos codices de bibliotheca, quos per ordinem ex integro legant: qui codices in caput Qua-

48. Kap.: Müßiggang ist ein Feind der Seele. Deshalb müssen sich die Brüder zu bestimmten Zeiten der Handarbeit und zu bestimmten Zeiten wiederum der Lesung göttlicher Dinge widmen. ... Während der ganzen Fastenzeit widmen sie sich von frühmorgens bis zum Ende der dritten Stunde ihren Lesungen, und dann befassen sie sich bis zum Ende der zehnten Stunde mit der ihnen angewiesenen Arbeit. Für diese Tage der Fastenzeit erhalte je-

dragesimae dandi sunt. Ante omnia sane deputentur unus aut duo seniores, qui circumeant monasterium horis quibus vacant fratres lectioni, et videant ne forte inveniatur frater acediosus, qui vacat otio aut fabulis, et non est intentus lectioni. ...

Caput LIII: Omnes supervenientes hospites tamquam Christus suscipiantur, quia ipse dicturus est: Hospes fui, et suscepistis me. ... Suscepiti autem hospites ducantur ad orationem, et postea sedeat cum eis prior, aut cui iusserit ipse. Legatur coram hospite lex divina ut aedificetur, et post haec omnis ei exhibeatur humanitas. ... Aquam in manibus abbas hospitibus det; pedes hospitibus omnibus tam abbas quam cuncta congregatio lavet. ... Coquina abbatis et hospitum super se sit, ut incertis horis supervenientes hospites, qui numquam desunt monasterio, non inquietentur fratres. ...

Caput LVI: Mensa abbatis cum hospitibus et peregrinis sit semper. Quotiens tamen minus sunt hospites, quos vult de fratribus vocare in ιpsius sit potestate. ...

Caput LVII: Artifices si sunt in monasterio, cum omni humilitate faciant ipsas artes, si permiserit abbas. Quod si aliquis ex eis extollitur pro scientia artis suae, eo quod videatur aliquid conferre monasterio, hic talis erigatur ab ipsa arte et denuo per eam non transeat, nisi forte humiliatio ei iterum abbas iubeat. ...

der ein Buch aus der Bibliothek, das er von Anfang an ganz lesen soll. Diese Bücher sind bei Beginn der Fastenzeit auszuteilen. Vor allem aber sollen einer oder zwei ältere Brüder bestimmt werden, die zu der für die Lesung bestimmten Zeit im Kloster umhergehen. Sie sollen nachsehen, ob sich nicht vielleicht ein träger Bruder finde, der seine Zeit durch Müßiggang oder Geschwätz verliert, anstatt eifrig zu lesen. ...

(Von der Aufnahme der Gäste)

53. Kap.: Alle Gäste, die zum Kloster kommen, werden wie Christus aufgenommen; denn er wird einst sprechen: »Ich war fremd und ihr habt mich beherbergt.« ... Nach dem Empfange führe man die Gäste zum Gebete. Dann setze sich der Obere oder ein anderer in seinem Auftrag zu ihnen, und man lese ihnen zur Erbauung aus der Heiligen Schrift vor. Hierauf erweise man ihnen alle Gastfreundschaft. ... Der Abt gieße den Gästen Wasser über die Hände. Die Fußwaschung nehme der Abt zusammen mit der ganzen Gemeinschaft an den Gästen vor. ... Die Küche für den Abt und die Gäste sei für sich; so stören die Gäste, die zu unbestimmten Zeiten ankommen und im Kloster niemals fehlen, das Leben der Brüder nicht. ...

(Vom Tische des Abtes)

56. Kap.: Der Abt speise immer mit den Gästen und Fremden. Sind jedoch keine Gäste da, so kann er nach freiem Ermessen aus der Zahl der Brüder rufen, wen er will. ...

(Von den Handwerkern im Kloster)

57. Kap.: Sind Handwerker im Kloster, so sollen sie in aller Bescheidenheit ihr Handwerk ausüben, wenn der Abt es gestattet. Überhebt sich aus ihnen einer wegen der Kenntnisse in seinem Handwerk, weil er nämlich glaubt, dem Kloster zu nützen, so enthebe man ihn von dieser Beschäftigung. Er darf sich ihr nicht von neuem widmen, außer er habe sich verdemütigt, und der Abt gebe ihm wiederum die Erlaubnis. ...

(Von den Pförtnern des Klosters)

Caput LXVI: Qui portarius cellam debebit habere iuxta portam, ut venientes semper praesentem inveniant a quo responsum accipiant. Et mox ut aliquis pulsaverit aut pauper clamaverit: Deo gratias, respondeat aut: Benedic; ... Monasterium autem, si possit fieri, ita debet constitui, ut omnia necessaria, id est, aqua, molendinum, hortus, vel artes diversae intra monasterium exerceantur. ...

66. Kap.: ... Der Pförtner habe seine Zelle neben der Pforte, damit jene, die ankommen, dort stets jemanden finden, der ihnen Bescheid geben kann. Sobald jemand anklopft oder ein Armer sich meldet, antworte er: »Gott sei Dank« oder »Segne mich«. ... Wenn immer möglich, soll das Kloster so angelegt sein, daß alles Notwendige, das heißt Wasser, Mühle, Garten und die Werkstätten, in denen die verschiedenen Handwerke ausgeübt werden, innerhalb der Klostermauern sich befinde. ...

II Aus dem Leben des hl. Philibert, Abtes von Jumièges

Der Auszug ist aus der *Vita S. Filiberti Abbatis Gemeticensis, auctore gemeticensi monacho anonymo*, ed. Lucas d'Achery et Joh. Mabillon, in: Acta SS. Ord. S. Benedicti, Saec. II., Paris, 1969, p. 819 sqq.

Gegenüber Schlosser a.a.O. p. 11 sq. haben wir hier auch die einleitenden Passagen über die Vorbereitungen zum Klosterbau, die die vorausgehende Umsicht kenntlich machen, mit zum Abdruck gebracht.

Das Schriftzitat ist aus dem 118. Psalm, Vers 165.

5. Sed quia perfecti viri semper perfectiora sectantur, coepit Sacerdos Domini Sanctorum coenobia circuire, ut aliquid emolumenti ex susceptione sanctitatis valeret accipere. Lustrans Luxovium et Bobium vel reliqua coenobia, sub norma sancti Columbani degentia, atque omnia monasteria, quae in intra suum gremium Francia et Italia ac tota concludit Burgundia, astuta intentione providens, ut prudentissima apis, quidquid melioribus florere vidit studiis, hoc suis traxit exemplis. . . .

5. Aber da ja vollendete Menschen immer das noch Vollendetere mit Eifer anstreben, begann der Priester des Herrn die Klöster der Heiligen zu bereisen, auf daß er irgend etwas von guter Wirkung für die Heiligkeit auf Grund einer Übernahme zu gewinnen vermöchte. Er besichtigte Luxeuil und Bobbio und andere Klöster, die unter der Regel des heiligen Columban lebten, und überhaupt alle Klöster, welche Frankenreich, Italien und das ganze Burgund in sich zusammenschließen, und, mit kluger Absicht vorsorgend, wie eine sehr kluge Biene, nahm er, was immer er durch besseren Eifer blühen sah, sich zum Beispiel. . . .

6. Sed cum divina virtus lumen illius super candelabrum vellet constituere, ut lampas sanctitatis illius longe lateque fulgurante virtutum radio deberet splendere, posuit in corde Viri sanctissimi, ut ex proprio labore deberet monasterium fabricare. Tunc a rege Francorum Chlodoveo nomine, atque eius regina, vocabulo Baldechilde, locum in pago Rotomagensi, quem vetusto vocabulo Gemeticum antiquitas consueverat nuncupare, obtinens suggestione supplici, nobile ibidem coenobium visus est construxisse. . . .

6. Aber da die göttliche Macht sein Licht auf einen Kandelaber setzen wollte, auf daß die Lampe seiner Heiligkeit weiterhum mit blitzendem Strahl seiner Tugenden leuchte, gab sie in das Herz dieses heiligsten Mannes, daß er aus eigenem ein Kloster bauen müsse. Da erhielt er vom König der Franken Chlodwig und dessen Königin Baldechilde einen Platz im Rotomagensischen Gau, den das Altertum mit sehr altem Namen Gemeticum zu nennen pflegte, demütig gewährt, und er errichtete dort – wie man sah – ein vornehmes Kloster. . . .

7. Ubi eius (sc. Spiritus Sancti) providentia construxit per quadrum moenia turrita mole surgentia, claustra receptionis mira, adventantibus opportuna. Introrsus domus alma fulget habitantibus digna: ab Euro surgens

7. Dort errichtete er unter der Fürsorge des hl. Geistes turmhoch sich erhebende Mauern im Quadrat (im Rechteck), ein Klaustrum, bewundernswert (bei) der Aufnahme, den Ankommenden günstig. Innendrin leuchtet das

ecclesia crucis instar erecta, cuius apicem obtinet alma Virgo Maria. ... Vergit a Meridie cellula ipsius Sancti Dei, petreo margine florescente. Operosa saxis claustra comitantur arcus, variumque decus oblectans animum, cinctum triumphantibus lymphis. Duplex vergens ad Austrum ducentorum nonaginta pedum longitudine, quinquaginta in latitudine, eminet domus quiescendi obtentu. Singula per lecta lux radiat per fenestras, vitrum penetrans lychnus fovet adspectus legentis. Subter aedes geminae duobus officiis opportunae. Hinc falerna servanda conduntur, hinc prandia clara parantur; ibique conveniunt qui digne Christo deserviunt, nihil habentes proprium, nullo egentes compendio, quia sperantes in Domino non deficient omni bono, ut vere in eis impleatur scriptum: Pax multa diligentibus legem tuam, Domine, et non est illis scandalum. Caritas ibidem fulget mira, abstinentia magna, humilitas summa, castitas per omnia.

seinen Bewohnern würdige, das nährende Haus. Von Osten erhebt sich die Kirche, in Gestalt eines Kreuzes errichtet, dessen vornehmste Stelle die nährende Jungfrau Maria innehat. ... Es erhebt sich von Süden die Zelle des Heiligen Gottes, die steinerne Einfassung leuchtet. Das an Steinen reiche Klaustrum begleiten Bogenhallen, wechselnde Zier ergötzt den Sinn, von rauschenden Wassern umgürtet. Zweihundertneunzig Fuß lang und fünfzig Fuß breit ragt nach Süden zweifach *(duplex)* das Schlafhaus hervor. Für jedes einzelne Bett dringt Licht durch die Fenster, so begünstigt das Licht, das Glas durchdringend, die Lesenden. Darunter sind Zwillingsräume, zwei Aufgaben günstig. Hier werden die Weine gehütet und gehortet, dort die guten Mahlzeiten bereitet. Da wieder kommen zusammen, die würdig Christus dienen, kein Eigen besitzen, keines Gewinnes bedürfen, da sie, auf den Herrn hoffend, keines Guts ermangeln, damit durch sie wahrhaft die Schrift erfüllt werde: 'Der Friede, o Herr, ist denen, die Dein Gesetz lieben, und es gibt für sie kein Ärgernis.' Hier leuchtet bewundernswerte Liebe, große Enthaltsamkeit, höchste Demut, Keuschheit in allem.

III Aus den Aachener Erlassen (816 und 817)

Synodi Primae Aquisgranensis Decreta und *Synodi Secundae Aquisgranensis Decreta*

Auf Befehl Ludwig des Frommen fanden im August 816 und im Juli 817 unter dem 'Vorsitz' Benedikts von Aniane zwei Mönchssynoden statt, in denen Ausführungsbestimmungen in Ergänzung zur Regel des hl. Benedikt erlassen wurden. Sie hatten das Ziel, das Klosterleben in allen fränkischen Klöstern zu vereinheitlichen. Ein Vergleich der Dekrete ergibt, daß strengere

Bestimmungen, die Benedikt von Aniane 816 durchsetzte, durch mildere einer Oppositionspartei, zu der auch der Abt der Reichenau, Haito, gezählt zu haben scheint, 817 modifiziert worden sind. Diese milderen Bestimmungen haben das Bauprogramm des St. Galler Planes mitbestimmt. Sie betreffen, wie Walter Horn nachwies, vor allem die Sonderstellung des Abtes, seines Wohnbereichs und seines abgesonderten Eßraumes. Doch habe ich auch einige wenige Bestimmungen in diesen knappen Auszug aufgenommen, die erneut die Bedeutung der Regel selbst hervorheben.

Der Text der Decreta wurde der neuen Ausgabe von Semmler entnommen: Corpus consuetudinum Monasticarum, I, Siegburg 1963, S. 451 ff. und 469 ff.

Synodi Primae Aquisgranensis Decreta
Anno incarnationis domini nostri Jesu Christi DCCCXVI imperii vero gloriosissimi principis Hluduvici tertio anno X. kalendas septembris cum in domo Aquis palatii quae ad Lateranis dicitur abbates cum quam pluribus una cum suis resedissent monachis haec quae subsecuntur capitula communi consilio ac pari voluntate inviolabiliter a regularibus conservari decreverunt.

I. capitulum, ut abbates mox ut ad monasteria sua remeaverint regulam per singula verba discutientes pleniter legant et intellegentes domino oppitulante efficaciter cum monachis suis implere studeant.

II. capitulum, ut monachi omnes qui possunt memoriter discant regulam.
III. capitulum, ut officium iuxta quod in regula sancti Benedicti continetur celebrent.
IV. capitulum, ut in coquina, in pistrino et in ceteris officinis propriis operentur manibus et vestimenta sua lavent oportuno tempore.

VII. capitulum, ut balneis generaliter tantum in Nativitate et in Pascha Domini veruntamen separatim utantur.
XXV. capitulum, ut abbas vel quispiam fratrum ad portam monasterii cum hospitibus non reficiat, in refectorio autem omnem eis humanitatem manducandi ac bibendi exibeat. Ipse

Erlasse der I. Aachener Synode 816
Im Jahre 816 der Menschwerdung unseres Herrn Jesus Christus und im dritten Jahr der Regierung des ruhmreichen Fürsten Ludwig beschlossen am 23. August die Äbte, die zugleich mit ihren Mönchen im sogenannten Haus ad Lateranis der Pfalz zu Aachen getagt hatten, auf Grund gemeinsamer Beratung und mit gleichem Willen von äußerst vielen ihrer Mönche, daß die folgenden Kapitel von den Regularen unverbrüchlich gehalten werden sollen.

I. Kapitel: Sobald die Äbte zu ihren Klöstern zurückgekehrt sein werden, sollen sie die Regel vollständig lesen, indem sie sie Wort für Wort erwägen, und wenn sie sie begreifen, sollen sie sich mit der Hilfe des Herrn bemühen, sie mit ihren Mönchen wirklich zu erfüllen.

II. Kapitel: Alle Mönche, die es können, sollen die Regel auswendig lernen.
III. Kapitel: Das Offizium sollen sie gemäß der Regel des hl. Benedikt halten.
IV. Kapitel: In der Küche, in der Mühle und den übrigen Werkstätten sollen sie mit eigener Hand arbeiten und zu gelegener Zeit ihre Kleider selbst waschen.

VII. Kapitel: Bäder (warme), gleichwohl getrennt, sollen sie überhaupt nur zu Weihnachten und an Ostern nehmen.
XXV. Kapitel: Weder der Abt noch einer der Brüder darf mit den Fremden an der Klosterpforte speisen, im Refektorium aber mag er den Gästen gastfreundlich zu essen und zu

tamen ea cibi potusque mensura contentus sit quam reliqui fratres accipiunt. Si vero propter hospitem voluerit ad solitam mensuram fratribus sibique aliquid augere in sua maneat potestate.

XXVI. capitulum, ut servitores non ad unam mensam sed in propriis locis post refectionem fratrum reficiant quibus eadem lectio quae fratribus recitata est recitatur.

Synodi Secundae Aquisgranensis Decreta
Anno incarnationis domini nostri Jesu Christi DCCCXVIImo imperii vero gloriosissimi principis Hluduvici quarto anno VI. idus iulii cum in domo Aquis palatii quae Lateranis dicitur abbates cum quam pluribus resident monachis haec subsequuntur capitula communi consilio ac pari voluntate inviolabiliter observari decreverunt.

IV. capitulum, ut abbatibus liceat cellas habere in quibus monachi sint aut canonici et abbas praevideat ne minus de monachis ibi habitare permittat quam sex.

V. capitulum, ut scola in monasterio non habeatur nisi eorum qui oblati sunt.

XIV. capitulum, ut laici in refectorium causa manducandi vel bibendi non ducantur.
XXIV. capitulum, ut dormitorium iuxta oratorium constituatur ubi supervenientes monachi dormiant.
XXIX. capitulum, ut docti fratres eligantur qui cum hospitibus loquantur.

trinken reichen. Er selbst aber sei mit der Menge an Speise und Trank zufrieden, die auch die übrigen Brüder empfangen. Wenn er aber des Gastes wegen für sich und die Brüder die übliche Portion erhöhen will, so sei das bei ihm.

XXVI. Kapitel: Die Klosterknechte sollen nicht am gemeinsamen Tisch, sondern an einem eigenen Ort nach den Brüdern sich laben, und ihnen soll der gleiche Leseabschnitt wie den Brüdern vorgetragen werden.

Erlasse der II. Aachener Synode 817
Im Jahre 817 der Menschwerdung unseres Herrn Jesus Christus und im vierten Jahr der Regierung des ruhmreichen Fürsten Ludwig, beschlossen am 10. Juli die Äbte, die zugleich mit sehr vielen Mönchen im sogenannten Haus ad Lateranis der Pfalz zu Aachen tagten, auf Grund gemeinsamer Beratung und mit übereinstimmendem Willen, daß die folgenden Kapitel unverbrüchlich gehalten werden sollen.

IV. Kapitel: Den Äbten ist es erlaubt, Zellen (in ihren Klöstern) zu haben, in denen Mönche oder Kanoniker wohnen; der Abt (aber) sorge vor, daß er nicht weniger als sechs Mönche dort wohnen lasse.

V. Kapitel: Im Kloster soll keine Schule gehalten werden außer für die, die dem Klosterleben übergeben sind.

XIV. Kapitel: Laien dürfen zum Essen und Trinken nicht ins Refektorium geführt werden.
XXIV. Kapitel: Das Dormitorium, in dem die vorüberreisenden Mönche schlafen sollen, soll neben dem Oratorium angelegt werden.
XXIX. Kapitel: Es sollen gelehrte Brüder ausgewählt werden, die mit den Gästen zu sprechen haben.

IV Aus der Geschichte der Äbte von Fontenelle

Der Auszug aus den *Gesta abbatum Fontanellensium,* die von einem unbekannten Mönch dieses Klosters in den letzten Jahren Ludwigs I. verfaßt wurden, ist den Mon. Germ. Hist., Scriptores, Tom. II, ed. Georg Heinrich Pertz, Hannover 1829, entnommen (Cap. 17: *Gesta Ansgisi abbatis Fontanellensis coenobii,* p. 296 sq.)

Der Text Schlossers ist von den zahlreichen Schreibversehen gereinigt worden. Auch die nach dem Urteil des Herausgebers eingeschobene Stelle wurde angemerkt (uncinis inclusa in codice desiderantur). Es sei darauf hingewiesen, daß der Herausgeber, entgegen der kunsthistorischerseits üblichen Deutung, 'cum diversis pogiis' (s. u.) im Sinn von 'cum diversis gradibus' versteht.

Aedificia autem publica ac privata ab ipso coepta et consummata haec sunt.

Inprimis Dormitorium fratrum nobilissimum construi fecit longitudinis pedum CCVIII, latitudinis vero XXVII; porro omnis eius fabrica porrigitur in altitudine pedum LXIV; cuius muri de calce fortissima ac viscosa arenaque rufa et fossili lapideque tofoso ac probato constructi sunt. Habet quoque solarium in medio sui, pavimento optimo decoratum, cui desuper est laquear nobilissimis picturis ornatum; continentur in ipsa domo desuper fenestrae vitreae, cunctaque eius fabrica, excepta maceria, de materia quercuum durabilium condita est, tegulaeque ipsius universae clavis ferreis desuper affixae; habet sursum trabes et deorsum.

Post quod aedificavit aliam domum, quae vocatur refectorium, quam ita per medium maceria ad hoc constructa dividere fecit, ut una pars refectorii, altera foret cellarii, de eadem videlicet materia similique mensura sicut et dormitorium; quam variis picturis decorari in maceria et in laqueari fecit de Madalulfo, egregio pictore Cameracensis ecclesiae.

An öffentlichen und privaten Bauten hat er die folgenden begonnen und vollendet:

Vor allem ließ er ein sehr vornehmes Mönchsdormitorium bauen, das 208 Fuß lang und 27 Fuß breit ist. Überhaupt alle seine Bauten sind 64 Fuß hoch aufgeführt; ihre Mauern sind aus trefflichem Tuffstein mit rotem Flußsand und sehr starken bindenden Kalkmörtel errichtet. Das Dormitorium besitzt einen Söller in seiner Mitte, der einen aufs beste ausgezierten Fußboden hat und eine Decke, die mit edelsten Malereien geziert ist; obendrein gibt es in diesem Haus noch Fenster aus Glas. Mit Ausnahme der (beschriebenen) Außenmauern sind seine Gebäude alle aus dem Material dauerhafter Eichen gefügt und sind die Dachziegel obendrein alle mit eisernen Nägeln angebracht; sie haben unten und oben Tragebalken.

Sodann baute er ein anderes Gebäude, das man das Refektorium nennt, das er in der Mitte durch eine Mauer, die zu dem Zweck errichtet ist, so teilen ließ, daß der eine Teil als Refektorium und der andere als Cellarium dient. Das Gebäude ist aus demselben Material und von gleichen Maßen wie das Dormitorium, und er ließ es mit verschiedenen Malereien auf den Mauern und an der Decke von Madalulfo, einem hervorragenden Maler der Ecclesia Cameracensis, ausmalen.

Tertiam nempe fecit domum egregiam construi quam maiorem vocant, quae ad orientem versa, ab una fronte contingit dormitorium, ab altera adhaeret refectorio; ubi cameram et caminatum necnon et alia plurima aedificari mandavit; sed adveniente morte eiusdem, hoc opus ex parte imperfectum remansit.

Haec tria egregia tecta ita constituta sunt; dormitorium videlicet ab una fronte versum est plagae septentrionali, ab altera australi, et adhaeret ab ea basilicae S. Petri; refectorium similiter versum est eisdem plagis, et est fere contiguum a parte meridiana absidae basilicae S. Petri; porro illa maior domus, sicut supra diximus, constituta est.

Ecclesia autem S. Petri a parte meridiana sita est, versa tamen ad orientem; ipsa etiam a parte occidentali 30 pedum in longitudine ac totidem in latitudine accrevit, constructo desuper coenaculo; quam in honore Domini Dei Salvatoris nostri Jesu Christi dedicandam fore praeoptabat; sed et ipsum opus propter mortem eius tam citam imperfectum remansit. In eadem autem Basilica S. Petri pyramidem quadrangulam altitudinis XXXV pedum de ligno tornatili compositam, in culmine turris eiusdem ecclesiae collocari iussit; quam plumbo stanno ac cupro deaurato cooperiri iussit, triaque ibidem signa posuit; nam antea nimis humile hoc opus erat. Ipsam nanque turrim simulque absidam tegulis plumbeis a novo cooperiri iussit. Iussit praeterea aliam condere domum iuxta absidam basilicae S. Petri ad plagam septentrionalem, quam conventus sive curiae quae graece Beleuterion dicitur, appellari placuit, propter quod consilium in ea de qualibet re perquirentes convenire fratres soliti sint; ibi nanque in pulpito lectio quotidie recitatur; ibi quicquid regularis auctoritas agendum suadet, deliberatur; in qua etiam monumentum nominis sui collocare iussit, ut dum vitae praesentis terminum daret, illic a suis deponeretur.

Als drittes ließ er ein vorzügliches Gebäude errichten, das (die Mönche) Domus Maior nennen, welches, nach Osten gewendet, einerseits das Dormitorium und andererseits das Refektorium berührt; darin ließ er die Camera und Caminate und noch andere Räume einbauen; ließ das Werk aber infolge seines Todes zum Teil unvollendet zurück.

Diese drei hervorragenden Häuser sind so angelegt: das Dormitorium ist mit der einen Seite nach Norden gewendet, mit der anderen nach Westen und stößt mit dieser an die Basilika S. Petri. Das Refektorium ist ähnlich zu gleichen Richtungen gewendet und berührt auf der Südseite fast die 'Apsis' der Basilika S. Petri; ferner ist jene Domus Maior, wie wir oben gesagt haben, gebaut worden.

Die Kirche des hl. Petrus ist im Süden gelegen, aber dennoch nach Osten gewendet; auch sie hat (Ansegis) im Westen um 30 Fuß in der Länge und um ebensoviel in der Breite erweitert und darüber ein Coenaculum errichtet, welches er zu Ehren unseres Herrn und Gottes, unseres Heilandes Jesus Christus zu weihen wünschte; aber auch dieses Werk blieb wegen seines allzu schnellen Todes unvollendet. Er ordnete aber an, daß auf der Spitze des Turms dieser Basilika eine aus Rundhölzern gebaute, 35 Fuß hohe, viereckige Pyramide aufgestellt werde, welche mit Blei, Bleisilber und vergoldetem Kupfer bedeckt werden sollte, wie er anordnete, und wo er drei Zeichen aufstellte. Vorher war dieses Werk nämlich allzu niedrig gewesen. Denn diesen Turm und zugleich die 'Apsis' ließ er mit Bleiziegeln von neuem dekken. Außerdem verfügte er, ein anderes Gebäude bei der 'Apsis' der Basilika S. Petri nach Norden zu zu bauen, welches richtig Conventus oder Curia – griechisch Bouleuterion – genannt wird, deswegen, weil in ihm die des Rats über irgendeine Sache pflegenden Brüder zusammenzukommen gewohnt waren. Dort wird an einem Pult täglich die Lesung vorgetragen; dort auch wird überlegt, was die Autorität der Regel zu tun anrät. Dort auch, ord-

[Item ante dormitorium, refectorium et domum illam, quam maiorem nominavimus, porticus honestas cum diversis pogiis aedificari
iussit, quibus trabes imposuit ac iuxta mensuram eorundem tectorum in longum exten-
dit; in medio autem porticus, quae ante dormitorium sita videtur, domum cartarum con-
stituit;] domum vero, qua librorum copia con-
servaretur, quae graece pyrgiscos dicitur, ante
refectorium collocavit, cuius tegulas clavis
ferreis configi fecit.

nete er an, sollten (die Mönche) ein Denkmal
seines Namens errichten, auf daß er, wenn
(Gott) das Ende des gegenwärtigen Lebens
gäbe, dort von den Seinen beigesetzt werde.
[Ebenfalls verfügte er, daß vor dem Dormitorium, dem Refektorium und jenem Gebäude,
das wir die Domus Maior genannt haben, vornehme Portiken gebaut würden mit Bogen, denen er ein Gebälk auflegte und die er auf die
Länge der genannten Häuser ausdehnte. In der
Mitte jenes Portikus aber, den man vor dem
Dormitorium liegen sieht, legte er ein Archiv
an.] Das Haus aber, in dem die Bibliothek verwahrt wird – auf griechisch Pyrgis-
kos – legte er vor das Refektorium, dessen
Ziegel er mit Eisennägeln befestigen ließ.

V Aus Hildemars Kommentar zur Regel des hl. Benedikt
(um 850)

Expositio regulae ab Hildemaro tradita

Hildemar, ein Mönch aus Corbie, wurde durch Erzbischof Angilbert II. von Mailand, auch er
ein Franke, in das langobardische Kloster Civate berufen, wo er, im Anschluß an den ältesten
Regelkommentar des Paulus Diaconus seinen Schülern einen Kommentar vortrug, der uns in
mehreren Nachschriften erhalten ist. Wir entnehmen die Auszüge Mittermüller, *Vita et regula
SS. P. Benedicti una cum expositio regulae*, Regensburg 1880, vol. III. In den Text sind auch
Ergänzungen der Schüler und Kopisten eingegangen, die Mittermüller fälschlich dem Hildemar
zuschreibt.

In dem folgenden ersten Text handelt es sich um einen Auslegungsversuch des schwierigen
Regelsatzes: »Officina vero, ubi haec omnia diligenter operemur, claustra sunt monasterii et
stabilitas in congregatione.« Zu seinem Verständnis muß man wissen, daß zuweilen auch das
ganze Kloster als eine *officina*, die Werkstätte Gottes bezeichnet wird und daß Hildemar, dessen
fehlerhaftes Latein sich einer klaren Übersetzung entzieht, unter den *claustra* zuweilen den

ganzen Klaustralbereich versteht, zuweilen nur den Kreuzgang. Die Übersetzung nimmt auf diesen unterschiedlichen Gebrauch desselben Wortes Rücksicht.

P. 182 sqq.: Sunt enim officina domus in quibus diversae artes operantur, i. e. ubi alii consuunt vestimenta, alii calciamenta, alii fabricant spatham et gladios, alii claves et caetera alia diversa. Et bene dixit, claustram monasterii esse officina, quia sicut in officinis diversae artes a diversis magistris, ut diximus, aguntur, ita et in monasterio diversae operationes in singulis locis fiunt, i. e. cum alii legunt, alii cantant, alii operantur aliquid manibus, alii laborant in coquina, et caetera his similia. . . . Officinum vero est, ubi aliquod opus Dei agitur vel artificia aliqua operantur. Et bene dixit 'stabilitas in congregatione', quia haec omnia artificia non possunt agere, nisi fuerint in congregatione. Forte dicit aliquis: Volo haec agere aliqua foris. Respondendum est illi: Non. Quare? Quia S. Benedictus dicit: ubi haec omnia diligenter operemur, claustra sunt monasterii et stabilitas in congregatione; et ideo talia debent fieri claustra monasterii, ubi ista, quae diximus, sine occasione peccati fieri possunt. Nam sunt multi minus intelligentes occasionem peccati, aut arctam claustram faciunt minus, quam debent, aut certe maiorem, quam oportet: sed talem debet abbas constituere claustram et sic grandem, ubi ea, quae monachus debet agere, in claustra monasterii operetur, ubi debet consuere vel lavare pannos aut lectioni vacare, aut domus esse infirmorum, et caetera his similia; quia si maior fuerit, quam oportet, cum vadit frater, invenit laicum aut extraneum, cum quo loquitur, aut aliquid dat aut accipit sine licentia abbatis, et invenitur occasio peccandi. Similiter si arcta fuerit, i. e. parva pro necessitate aliquid agendi, tunc facit transgressionem exiendo; nam hortus non est in claustra, in quam nullus debet intrare, nisi ille, cui commissum est. Nam ille abbas debet constituere claustram ita aptam, in qua possit esse stabilitas in congregatione et vagationis nulla esse occasio. Dicunt enim multi,

Klaustralbereich. Die Werkstätten nämlich sind Häuser, in denen die verschiedenen Handwerke ausgeübt werden, d. h. wo die einen Kleider, die anderen Schuhe nähen, wieder andere breite und schmale Schwerter, noch andere Schlüssel herstellen und die übrigen anderen verschiedenen Dinge. Und er [der hl. Benedikt] hat gut gesagt, daß auch der Klaustralbereich des Klosters eine Werkstätte sei, da ja, wie in den Werkstätten von verschiedenen Meistern die verschiedenen Künste geübt werden, wie wir gesagt haben, so auch im Kloster an den einzelnen Orten verschiedene Tätigkeiten stattfinden: während die einen lesen, singen die anderen, tun wieder andere etwas mit ihren Händen, arbeiten weitere in der Küche und dergleichen mehr. ... Eine Werkstatt aber ist, wo irgendein Gotteswerk getan oder irgendwelche (irdische) Werke ausgeführt werden. Und (sehr) gut hat er (hier auch) die 'stabilitas in congregatione' genannt, da sie diese Werke alle ja nicht zu tun vermöchten, wenn sie nicht in dieser Gemeinschaft lebten. Vielleicht könnte einer sagen: dies oder das will ich außerhalb machen! Man müßte ihm antworten: Nein! Warum? Weil der hl. Benedikt sagt: Wo wir dies alles sorgsam tun sollten, das ist der Klaustralbezirk des Klosters und die Festigkeit in der Gemeinschaft. Und daher soll der Klaustralbereich des Klosters so gestaltet werden, daß dort das, was wir genannt haben, ohne Gelegenheit zur Sünde geschehen kann, denn viele sind weniger vermögend, die Gelegenheit zur Sünde [selbst] zu erkennen. [Zwar] bauen sie [heute] den engen Klaustralbezirk kleiner [adv.] als sie müssen, oder gewißlich größer [adj.] als nötig: aber solcher Art soll der Abt den Klaustralbezirk anlegen und so groß, daß dort alles, was ein Mönch tun muß, im Klaustralbezirk des Klosters getan wird, daß er dort näht, die Tücher wäscht, zur Lektüre auf und ab geht, daß sich

quia claustra monasterii centum pedes debet habere in omni parte, minus non, qui parva est; si autem velis plus, potest fieri. Claustra enim dixit de illa curtina, ubi monachi sunt, i. e. quae est inter porticum et porticum. Et hoc notandum est, quia multa sunt, quae dixi, quae quantum ad exteriorem hominem attinent, in claustra non possunt fieri, veluti est, mortuum sepelire aut infirmum visitare.

p. 406 sq.: 'Cella', quam dicit, non dicit de una mansione, sed de claustra dicit. Quomodo enim possunt esse simul in una mansione quatuor fratres, cum unus moritur ex illis, alter vero vomit, tertius vult manducare, quartus etiam sedet ad exitum? Absque dubio, cum ita sint, non sufficit unum cubiculum omnibus, quia non sibi convenit ille, qui manducat, cum illo, qui in sua praesentia vomit, et cum illo, qui sedet ad exitum aut etiam cum illo, qui moritur. Ergo cum ita sint, necessariae sunt diversae mansiones pro diversis et variis infirmitatibus. ... Quae domus infirmorum oratorium debet prope habere, in quo infirmi missam

dort das Krankenhaus befindet und alles übrige derartige. Da ja, wenn der Klaustralbezirk größer als nötig, ein Bruder, wenn er kommt, einen Laien, der nicht zum Kloster gehört, antreffen [kann], mit dem er spricht, ihm ohne Erlaubnis des Abtes etwas gibt oder von ihm annimmt, und [so] eine Gelegenheit zur Sünde sich findet. Gleicherweise, wenn der Klaustralbereich klein ist, d. h. [zu] klein im Verhältnis zur Notwendigkeit, etwas zu tun, dann geht der Mönch hinaus und überschreitet so seine Grenze. Der Garten liegt nicht innerhalb des Klaustralbezirks, dieweil niemand in ihn gehen darf, außer dem, dem es aufgetragen ist. Also: ein Abt muß den Klaustralbereich dergestalt anlegen, daß in ihm die Festigkeit in der Gemeinschaft gewährleistet ist und zur Herumschweiferei sich keine Gelegenheit findet. Viele nun sagen, daß der Kreuzgang des Klosters hundert Fuß in jede Richtung haben soll, weniger [doch] nicht, da er dann (zu) klein ist; wenn man aber mehr will, mag es sein. Kreuzgang nun hat [der hl. Benedikt] jenen Hof genannt, wo sich die Mönche aufhalten, jenem Hof, der zwischen Bogenhalle und Bogenhalle liegt. Das muß man wissen: [dann aber] gibt es vieles, was ich genannt habe, welches den äußeren [irdischen] Menschen betrifft [und das] in diesem Kreuzgang nicht stattfinden kann, wie: einen Toten beerdigen oder einen Kranken besuchen.

Infirmerie. 'Zelle', wie er [der hl. Benedikt in seiner Regel hier] sagt, sagt er nicht von einer einzigen Behausung, sondern von einem [eigenen] klaustralen Bezirk. Wie doch zusammen in einer einzigen Behausung vier Brüder sein können, von denen der eine gerade stirbt, der andere sich erbricht, der dritte speisen will und der vierte auch auf den Tod harrt. Ohne Zweifel aber, wenn es sich so verhalten sollte, reicht ein Schlafzimmer nicht für alle aus, da es ja jenem, der gerade ißt, nicht zukommt, mit jenem, der in seiner Gegenwart sich gerade erbricht, und mit jenem, der auf den Tod harrt, oder auch mit jenem, der schon stirbt, zu-

saltem iacendo possint audire et communionem accipere ... Quam cellam debet abbas facere, talem, ubi et ipse in infirmitate sua iaceat, quatenus et hospitibus et ad se venientibus possit loqui, si tanta necessitas fuerit, sine impedimento infirmorum, et cum ipsis infirmis, qui iam de lecto possunt surgere, manducare valeat.

p. 611 sq.: Verum quia dicit regula de hospitibus suscipiendis: 'et domus Dei sapienter a sapientibus administretur', intelligunt, quia dormitorium, ubi monachi suscipi debent, habetur separatum a laicorum cubiculo, i. e. ubi laici iacent, eo quod laici possunt stare usque mediam noctem et loqui et iocari, et monachi non debent, sed magis silentium habere et orare. Ideo iuxta oratorium illorum monachorum hospitum est dormitorium, ubi ipsi iaceant soli reverenter, et possint nocte surgere, qua hora velint, et ire in ecclesiam. Vasalli autem sui sint in alio loco, ubi laici sunt. Et tunc ille frater monasterii, qui tarde venit, in istorum dormitorio recipitur et ibi etiam manducat et dormit, qui unum sunt monachi. Quod si dormitorium monachorum hospitum non est iuxta oratorium propter orationem faciendam, sed cum laicis, tunc domus Dei non sapienter a sapientibus ministratur.

sammenzuwohnen. Also, wenn es sich so verhalten sollte, sind verschiedene Unterkünfte für die einzelnen und verschiedenartigen Krankheiten nötig. ... Das Krankenhaus muß ein Oratorium nahe dabei haben, in dem die Kranken die Messe wenigstens im Liegen hören und die Kommunion empfangen können. ... Eine Zelle muß der Abt so herrichten, in der er selbst in seiner Krankheit liegen könnte, in Hinsicht darauf, daß er mit den Gästen und denen, die zu ihm kommen, reden könnte, wenn es dringend nötig wäre, ohne die Kranken zu behindern, und daß er mit den Kranken selbst, die schon vom Bett aufstehen können, speisen könnte.

Unterkunft der Gastmönche. In der Tat, da ja die Regel über die Aufnahme von Gästen sagt: »und das Haus Gottes werde weise von Weisen verwaltet«, sehen sie ein, daß das Dormitorium, wo die Mönche aufgenommen werden müssen, getrennt gehalten wird vom Schlafsaal der Laien, d. h. wo die Laien liegen, und zwar deswegen, weil die Laien bis Mitternacht aufbleiben, reden und sich unterhalten können, die Mönche es aber nicht dürfen, sondern eher Ruhe halten und beten sollen. Daher auch liegt der Schlafsaal der Gastmönche, wo sie selbst ehrerbietig und allein liegen mögen und sich bei Nacht, zu welcher Stunde sie wollen, erheben und in die Kirche gehen können sollen, [eben] beim Oratorium. Ihr Gefolge aber mag sich an jenem anderen Ort, wo die Laien wohnen, aufhalten. Und dann wird jener Bruder des [eigenen?] Klosters, der spät ankommt, im Dormitorium dieser [Gastmönche?] aufgenommen und ißt auch dort und schläft dort, da hier [ja auch] nur Mönche sind. Wenn das Dormitorium der Gastmönche aber nicht beim Oratorium des Betens wegen liegt, sondern mit den Laien, dann wird das Haus Gottes nicht weise von Weisen verwaltet.

VI Beschreibung des Klosters Farva (Cluny II, um 1042, vor 1049)

Descriptio Farvensis Monasterii
Consuetudines monasticae, I, *Consuetudines Farvenses*, ed. Bruno Albers, Freiburg 1900, lib. II, cap. I, p. 137–139.

Es wird allgemein angenommen, daß sich die Beschreibung auf Odilos Kloster von Cluny bezieht, zumal sie nicht in die topographische Gegebenheiten von Farva sich einfügte.

Ecclesia longitudinis CXL pedes habeat, altitudinis XL et tres; fenestrae vitreae CLX.

Capitulum vero XL et V pedes longitudinis, latitudinis XXX et quatuor. Ad orientem fenestrae IV, contra septentrionem tres. Contra occidentem XII balcones, et per unumquemque duae columnae affixae in eis.

Auditorium XXX pedes longitudinis; camera vero nonaginta pedes longitudinis.

Dormitorium longitudinis CLX pedes, latitudinis XXX et IV; omnes vero fenestrae vitreae quae in eo sunt XC et septem, et omnes habent in altitudine staturam hominis, quantum se potest extendere usque ad summitatem digiti, latitudinis vero pedes II et semissem unum; altitudinis murorum XX et tres pedes.

Latrina LXX pedes longitudinis, latitudinis XX et tres; sellae XL et quinque in ipsa domo ordinatae sunt, et per unamquamque sellam aptata est fenestrula in muro altitudinis pedes II, latitudinis semissem unum, et super ipsas sellulas composita struem lignorum, et super ipsam constructionem lignorum factae sunt fenestrae X et VII, altitudinis tres pedes, latitudinis pedem et semissem.

Calefactorium XX et V pedes latitudinis eademque mensura longitudinis; a ianua ecclesiae usque ad ostium calefactorii pedes LXXV.

Refectorium longitudinis pedes LXXXX, latitudinis XXV; altitudinis murorum XXIII;

Die *Kirche* soll eine Länge von 140 Fuß, eine Höhe von 43 Fuß und 160 Glasfenster haben.

Der *Kapitelsaal* aber soll 45 Fuß lang und 34 Fuß breit sein; nach Osten soll er vier Fenster, nach Norden drei haben; und nach Westen zwölf Arkaden [?] mit Doppelsäulen [?].

Das *Auditorium* sei dreißig Fuß lang, die *Camera* neunzig Fuß lang.

Das *Dormitorium* sei 160 Fuß lang, 34 Fuß breit; es hat 97 Glasfenster, alle in Höhe eines bis zu seinen Fingerspitzen ausgestreckten Menschen, die Fenster sind zweieinhalb Fuß breit; die Höhe der Mauern betrage 23 Fuß.

Die *Latrina* ist 70 Fuß lang und 23 Fuß breit; 45 Sitze sind in ihr angebracht, und pro Sitz gibt es in der Mauer eine zwei Fuß hohe und einen halben Fuß breite Öffnung [fenestrula]; und über den aufgestellten Sitzen [sieht man] eine Holzschicht [?] und über dieser Holzkonstruktion befinden sich 17 Fenster von drei Fuß Höhe und eineinhalb Fuß Breite.

Das *Kalefaktorium* ist 25 Fuß breit und ebenso lang; der Abstand von der Kirchentür bis zum Kalefaktoriumsausgang beträgt 75 Fuß.

Das *Refektorium* ist 90 Fuß lang, 25 Fuß breit und 23 Fuß hoch an den Mauern; beider-

fenestrae vitreae, quae in eo sunt, ex utraque parte octo, et omnes habent altitudinis pedes V, latitudinis tres.

Coquina regularis XXX pedes longitudine, et latitudine XX et V; coquina laicorum eademque mensura.

Cellarii vero longitudo LXX, latitudo LX pedes.

Elemosynarum quippe cella pedes latitudinis X, longitudinis LX, ad similitudinem latitudinis cellarii.

Galilaea longitudinis LX et quinque pedes, et duae turres sint in ipsius galilaeae fronte constitutae; et subter ipsas atrium est ubi laici stant, ut non impediant processionem.

A porta meridiana usque ad portam aquilonariam pedes CCLXXX.

Sacristia pedes longitudinis L et VIII cum turre, quae in capite eius constituta est.

Oratorium Sanctae Mariae longitudinis XL et quinque pedes, latitudinis XX; murorum altitudinis XX et III.

Infirmis sex cellulae deputatae sunto. Prima cellula infirmorum latitudinem XX et VII pedes, longitudinem XXIII habet cum lectis octo et cellulis totidem, in porticu iuxta murum ipsius cellulae deforis et claustura praedictae cellulae habet latitudinis pedes XII. Secunda cellula similiter per omnia est coaptata. Tertia eodemque modo. Similiter etiam et quarta. Quinta sit minor, ubi conveniant infirmi ad lavandum pedes diebus sabbatorum, vel illi fratres qui exuti sunt ad mutandum. Sexta cellula praeparata sit ubi famuli servientes illis lavent scutellulas et omnia utensilia.

Iuxta galilaeam constructum debet esse palatium longitudinis CXXX et V pedum, ad recipiendum omnes supervenientes homines, qui cum equitibus adventaverint monasterio. Ex una parte ipsius domus sint praeparati XL lecti et totidem pulvilli ex pallio ubi requies-

seits sind 8 Glasfenster, alle fünf Fuß hoch und drei Fuß breit.

Die *Mönchsküche* ist dreißig Fuß lang und 25 breit; die *Laienküche* ist ebenso groß.

Der *Keller* ist 70 Fuß lang und 60 Fuß breit.

Die *Almosenzelle* aber ist 10 Fuß breit und 60 Fuß lang (nämlich wie die Keller breit sind).

Die *Galilaea* ist 65 Fuß lang, und zwei *Türme* sind an ihrer Stirnseite errichtet; und unter diesen befindet sich das *Atrium,* wo die Laien stehen, damit sie die Prozession (der Mönche) nicht behindern.

Von der Südpforte bis zur Nordpforte sind es 280 Fuß.

Die Länge der *Sakristei* beträgt mit dem *Turm,* der an ihrem Ende errichtet ist, 58 Fuß.

Das *Oratorium der hl. Maria* ist 45 Fuß lang und 20 breit; die Mauerhöhe beträgt 23 Fuß.

Für die *Kranken* sollen sechs Zellen vorgesehen sein. Die erste Krankenzelle ist 27 Fuß breit und 23 Fuß lang mit acht Betten und ebensovielen kleinen Kompartimenten [?], sie hat auch einen Portikus vor ihrer Mauer außen, und der Kreuzgang dieser genannten Zelle hat die Breite von 12 Fuß. Die zweite Zelle ist in allem ähnlich gestaltet. Ebenso die dritte. Gleich auch die vierte. Die fünfte sei kleiner, wo die Kranken zusammenkommen, um sich am Sabbat die Füße zu waschen, oder auch jene Brüder, die sich ausziehen, um die Krankenkleider anzuziehen [?]. Die sechste Zelle sei, wo die Gehilfen die Schalen und alle (ärztlichen) Gebrauchsgegenstände waschen sollen, angelegt.

Bei der Galilaea soll das *Palatium* errichtet werden in einer Länge von 135 Fuß, um alle vorüberziehenden Menschen, die mit berittenem Gefolge zum Kloster kommen, aufzunehmen. Auf der einen Seite dieses Hauses seien 40 Betten vorbereitet und ebensoviel Stoffkis-

cant viri tantum, cum latrinis XL. Ex alia namque parte ordinati sint lectuli XXX ubi comitissae vel aliae honestae mulieres pausent, cum latrinis XXX, ubi solae ipsae suas indigerias procurent. In medio autem ipsius palatii affixae sint mensae, sicuti refectorii tabulae, ubi edant tam viri quam mulieres. In festivitatibus magnis sit ipsa domus adornata cum cortinis et palliis et bancalibus in sedilibus ipsorum.

In fronte ipsius sit alia domus longitudinis ped. XLV, latitudinis XXX. Nam ipsius longitudo pertingat usque ad sacristiam, et ibi sedeant omnes sartores atque sutores ad suendum quod camerarius eis praecipit; et ut praeparatam habeant ibi tabulam longitudinis XXX ped., et alia tabula affixa sit cum ea, quarum latitudo ambarum tabularum habeat VII pedes. Nam inter istam mansionem et sacristiam, atque ecclesiam nec non et galilaeam sit cimiterium, ubi laici sepeliantur.

A porta meridiana usque ad portam septentrionalem contra occidentem sit constructa domus longitudinis CCLXXX ped., latitudinis XXV; et ibi construantur stabulae equorum per mansiunculas partitas, et desuper sit solarium ubi famuli edant atque dormiant, et mensas habeant ibi ordinatas longitudinis LXXX ped., latitudinis vero IV. Et quotquot ex adventantibus non possunt reficere ad illam mansionem quam superius diximus, reficiant ad istam.

Et in capite ipsius mansionis sit locus aptitatus ubi conveniant omnes illi homines qui absque equitibus deveniunt, et caritatem ex cibo et potu, in quantum convenientia fuerit, ibi recipiant ab eleemosynario fratre.

Extra refectorium namque fratrum, LX pedum in capite latrinae sint cryptae duodecim,

sen, wo die Männer allein ruhen sollen, mit 40 Latrinen. Auf der anderen Seite sollen dreißig Betten angeordnet sein, wo die Gräfinnen und andere vornehme Frauen sich ausruhen mögen, mit dreißig Latrinen, wo sie selbst allein des ihnen Nötigen pflegen können. Mitten aber in diesem Palast sind die Tische aufgestellt wie Refektoriumstische, wo die Männer wie ihre Frauen gleicherweise speisen. An hohen Festtagen soll das ganze Haus geschmückt werden mit Vorhängen und Stoffen und mit Bezügen [?] an ihren Stühlen.

Ihm gegenüber soll ein *anderes Gebäude* sein von 45 Fuß Länge und 30 Fuß Breite; denn seine Länge soll bis zur Sakristei reichen, und dort sollen alle *Schneider und Schuster* sitzen, um zu nähen, was ihnen der Kämmerer vorschreibt. Und sie sollen dort vorbereitet einen Tisch haben von 30 Fuß Länge, und ein anderer Tisch soll daran stehen, damit sie beide zusammen sieben Fuß breit sind. Denn zwischen diesem Haus und der Sakristei und der Kirche und der Galilea soll der *Friedhof, wo die Laien beerdigt* werden sollen, angelegt werden.

Vom Südtor bis zum Nordtor soll gegen Westen *ein Haus* von 280 Fuß Länge und 25 Fuß Breite errichtet werden; dort sollen die *Pferdeställe* mit abgeteilten Boxen errichtet werden, und darüber sei der Boden, wo die Gehilfen essen und schlafen sollen, und sie sollen dort Tische von 80 Fuß Länge und vier Fuß Breite aufgestellt erhalten. Und alle von den Ankömmlingen, die nicht in jenem Haus, das wir weiter oben beschrieben haben, sich erfrischen können, mögen sich hier erholen.

Und am Ende dieses Hauses sei ein *Ort vorbereitet,* wo alle jene Menschen zusammenkommen sollen, die ohne Reiter daher kommen und die dort an Speise und Trank Liebesgaben nach Sitte vom Bruder Almosenier erhalten sollen.

Außerhalb des Mönchsrefektoriums, 60 Fuß von der Latrine entfernt[?] sollen 12 Krypten sein und ebensoviel Zuber vorbereitet werden,

et totidem dolii praeparati ubi temporibus constitutis balnea fratribus praeparentur.

Et post istam positionem construatur cella novitiorum, et sit angulata in quadrimodis, videlicet in prima ut meditentur, in secunda reficiant, in tertia dormiant, in quarta latrina ex latere.

Juxta istam sit disposita alia cella, ubi aurifices vel inclusores seu vitrei magistri conveniant ad faciendam ipsam artem.

Inter cryptas et cellas novitiorum atque aurificum habeant domum longitudinis CXXV ped., latitudinis vero XXV, et eius longitudo perveniat usque ad pistrinum. Ipsum namque in longitudine, cum turre quae in capite eius constructa est, LXX ped., latitudinis XX.

wo zu den gebräuchlichen Zeiten für die Mönche die *Bäder* vorbereitet werden sollen.

Und hinter dieser Stelle soll die *Novizenzelle* gebaut werden, und sie sei vierfach eingeteilt [?]: im ersten Teil soll meditiert werden, im zweiten sollen sie sich erfrischen, im dritten sollen sie schlafen, und im vierten soll auf der Seite die Latrine sein.

Bei ihr soll auch eine *andere Zelle* angeordnet sein, wo die *Goldschmiede, die Inklusoren* [?] und die Glasmaler zusammenkommen, um ihre Künste auszuüben.

Zwischen den Bädern, den Novizenzellen und der Goldschmiedewerkstatt sollen sie ein *Haus* haben von 125 Fuß Länge und 25 Fuß Breite, und seine Länge soll bis zur Stampfmühle gehen, die nämlich mit dem Turm, der an ihrer Spitze errichtet ist, 70 Fuß lang und 20 Fuß breit sei.

VII Aus dem Leben des Abtes Odilo von Cluny (994–1049)

Vita Sancti Odilonis, auctore Jotsaldo Sylviniacensis monacho. Migne, P. L. CXLII, col. 908.

C. XI. 38: ... Et praeter haec interiora, fuerunt in eo [Odilone] extrinsecus gloriosa studia in aedificiis locorum sanctorum construendis, renovandis, et ornamentis undecumque adquirendis. Demonstrat hoc Cluniacus, suus principalis locus, in cunctis suis aedificiis interius et exterius, praeter parietes ecclesiae, ab ipso studiose renovatus et ornamentis multi-

... Und außerdem war in ihm immer wieder rühmlicher Eifer, Gebäude an heiligen Stätten zu errichten oder zu erneuern und schmuckdienliche Dinge woher immer zu erwerben. Das beweist Cluny, sein Hauptsitz, das in all seinen Gebäuden, innen wie außen – außer den Wänden der Kirche – von ihm selbst mit Eifer erneuert und vielfältig geschmückt wurde; wo

pliciter adornatus; ubi etiam in novissimis suis claustrum construxit columnis marmoreis, ex ultimis partibus illius provinciae, ac per rapidissimos Durentiae Rhodanique cursus non sine magno labore advectis, mirabiliter decoratum. De quo solitus erat gloriari ut iocundi erat habitus, 'invenisse se ligneum et relinquere marmoreum', ad exemplum Octaviani Caesaris, quem describunt historiae Roman invenisse latericiam et reliquisse marmoream.

Incepit etiam ciborium super altare sancti Petri, cuius columnas vestivit argento cum nigello pulchro opere decoratas.

er auch in seinen letzten [Jahren] noch einen Kreuzgang errichtete, der mit Marmorsäulen, die aus den fernsten Teilen der Provinz über die reißendsten Flüsse der Durande und Rhône mit großer Mühe herbeigebracht wurden, wunderbar geschmückt ist. Ihretwegen man ihn scherzhaft zu rühmen liebte: hölzern habe er ihn vorgefunden, und marmorn habe er ihn zurückgelassen, nach dem Vorbild des Octavianus Caesar, von dem die Historien schreiben, aus Ziegeln gebaut habe er Rom vorgefunden und aus Marmor zurückgelassen.

Er begann auch das Ziborium über dem Altar des hl. Petrus, dessen mit schönem Niellowerk geschmückte Säulen er mit Silber verkleidete.

VIII Über die Frankreichreise des Petrus Damianus und seinen Reiseweg jenseits der Alpen

De Gallica Patri Damiani Profectione et eius ultramontano Itinere. Unbekannter Reisebegleiter um 1063. Monumenta Germaniae Historica, Scriptores, vol. XXX, ii, p. 1043.

p. 1043: ... Quomodo cunctae lapideae officinae monastico dispositae sunt ordine; quomodo ecclesia maxima et arcuata plurimis munita altaribus, sanctorum reliquiis non modice condita, thesauro plurimo et diverso ditissima; quomodo claustrum ingens et ipsa sui pulchritudine ad inhabitandum se quasi monachos invitare videtur; quomodo sufficiens est dormitorium et pre continuo trium lucernarum lumine aliquid umquam nocivum in eo

(Cluny:) ... Wie alle aus Stein erbauten Werkstätten nach der Klosterordnung angeordnet sind; wie die überaus große und gewölbte Kirche mit sehr vielen Altären befestigt und mit Reliquien von Heiligen über die Maßen gegründet ist, und wie sie überreich ist durch den höchst umfangreichen und verschiedenartigen Schatz; wie das Kloster ungeheuer groß ist und durch seine Schönheit die Mönche gleichsam einzuladen scheint, es zu bewohnen; wie völlig das

peragi quasi ab eo prohibetur; quomodo refectorium nulla superstitione depictum, sed sancta extremitate constructum largum reficiendis fratribus prebet consessum; quomodo per cunctas officinas ubicumque aqua necessaria quaeritur, per occultos meatus statim mirabiliter sponte diffluit: haec et alia de predicto monasterio dicerem, . . .

Dormitorium ausreicht und wie gewissermaßen von ihm selbst schon durch das fortwährende Leuchten dreier Lampen verhindert wird, daß irgendwann irgend etwas Schädliches in ihm getrieben werde; wie das Refektorium ohne jeden Aberglauben ausgemalt ist, vielmehr in heiliger, äußerster Schlichtheit gebaut ist und den sich labenden Mönchen reichlichen Platz [eigentlich: reichliche Versammlung] gewährt; und wie durch alle Werkstätten, wo immer nötiges Wasser verlangt wird, das Wasser sofort wunderbar von allein durch verborgene Kanäle sich verteilt: dies und anderes könnte ich über das genannte Kloster sagen, . . .

IX Wie der hl. Hugo, durch göttliche Offenbarung angemahnt, den Bau der Kirche von Cluny qualitativ und quantitativ verbessert hat

Qualiter beatus Hugo divina revelatione admonitus Cluniacensis basilicae structuram in qualitate et quantitate melioraverit. Bibliotheca Cluniacensis, ed. Martinus Marrier et Andreas Quercetanus, 1614, Nachdruck 1915, Spalte 457 f., Cap. de alicuius miraculorum quorundam S. Hugonis Abbatis relationis manuscriptae collectore monacho quodam, ut videtur, Cluniacensi.

. . . Nam quidam Abbas Monasterii cui Balma vocabulum est, Gunzo nomine, vir magnae simplicitatis et honestatis, de Abbate factus claustralis, dum aliquando gravi langore paralysis Cluniaci deficeret, itaût ad extrema iam se devenisse crederet, quadam nocte vidit sibi assistere ipsos Apostolos Petrum et Paulum, cum protomartyre Stephano, quorum primus atque princeps, beatus videlicet Petrus, postquam ab ipso, qui essent requisitus, et suum

. . . Denn, als einst ein gewisser Abt eines Klosters, das Balma heißt, mit Namen Gunzo, ein Mann großer Einfachheit und Ehrbarkeit, den Abt [Hugo] in das Kloster [Cluny] aufgenommen hatte, in der schweren Ermattung eines Schlaganfalles zu Cluny dahinschwand, so daß er schon ans Äußerste gekommen zu sein glaubte, sah [dieser Abt] eines Nachts, daß die Apostel selbst, Petrus und Paulus, mit dem Erzmärtyrer Stephanus ihm beistanden,

nomen atque sociorum edidisset, sic est exor-
sus: Surge frater ocius, et Hugoni Abbati
huius Ecclesiae haec nostra defer mandata.
Angustias basilicae nostrae fratrum multitudo
ferre vix potest, et volumus, ut ampliorem
Abbas ipse aedificet, nec de sumptibus diffidat,
nostrum erit providere de omnibus quae huic
operi necessaria fuerint. Cui ille, Legationem,
inquit, istam suscipere non audeo, quia neque
fides verbis adhiberetur. Et Apostolus Petrus:
Huic legationi tu prae caeteris es electus, ut ex
collata tibi sanitate fides verbis accedat. Ad-
iecit etiam addendos ei septem annos si fideli-
ter impositam sibi perageret obedientiam, bea-
tum vero Hugonem si parere differret, incommodum quod relator evaserat, subiturum. His
dictis ipse funiculos tendere visus est, ipse longitudinis atque latitudinis metiri quantitatem.
Ostendit ei etiam basilicae qualitatem fabri-
candae, menti eius et dimensionis et schema-
tis memoriam tenacius haerere praecipiens.

Expergefactus frater pro quo tabulae fune-
reae sonus expectabatur, Abbati se sospes ob-
tulit. Referuntur ex ordine quaecumque monacho dicta fuerant, vel ostensa. Qui cum
videret fratrem sospitem factum post visionem,
cui morbus interitum minabatur, et audisset in
se revoluendum langorem si retardaret operis
inchoationem, nec coelestem opem defuturam
si inciperet, credidit, adquievit, incepit, et Deo
iuvante habitationi gloriae Dei tantam ac talem basilicam intra XX. annos construxit, ut
capaciorne sit magnitudine, an arte mirabilior,
difficile iudicetur. Haec eius decoris et gloriae
eius, quam, si liceat credi coelestibus incolis in
huiusmodi usus humana placere domicilia,

deren erster und Fürst – nämlich der hl. Petrus –, nachdem er, von ihm selbst, wer sie
seien, gefragt, seinen eigenen wie seiner Gefährten Namen genannt hatte, also zu sprechen
anhob: Erhebe dich schnell, Bruder, und über-
bringe Hugo, dem Abt dieser Kirche, unseren
Auftrag: die Enge dieser unserer Basilika
kann die Menge der Brüder kaum fassen; wir
wollen, daß der Abt eine geräumigere baue
und daß er nicht über die Kosten mutlos werde:
unser wird es sein, alles vorzusehen, was für
dieses Werk nötig sein wird. Gunzo entgeg-
nete ihm: diese Botschaft wage ich nicht zu
übernehmen, weil meine Worte nicht glaub-
würdig scheinen würden. Darauf der Apostel
Petrus: Für diese Botschaft bist vor den übrigen
du erwählt, damit auf Grund der dir ge-
schenkten Gesundheit deinen Worten Vertrauen gegeben werde. Er fügte noch hinzu:
ihm würden noch sieben Jahre geschenkt, wenn
er getreulich und gehorsam den Befehl aus-
führe; wenn der hl. Hugo aber zu gehorchen
zögere, werde das Übel, dem der Überbringer
gerade entgangen war, auf der Stelle wieder
über ihn kommen. Danach sah Gunzo Petrus
selbst ein dünnes Seil spannen und selbst die
Länge und Breite [der Basilika] ausmessen;
er wies ihm auch die Bauart, und riet ihm dabei
an, seinem Geist die Erinnerung an Maße und
Gestalt doch fest einzuprägen.
    Auferweckt zeigte sich der Bruder, für den
schon der Lärm des Leichenschmauses [?] er-
wartet wurde, gesund dem Abt. Er berichtete
ganz der Reihe nach, was alles ihm gesagt und
gezeigt worden war. Als der Abt den Bruder
nach der Vision gesund geworden sah, den die
Krankheit doch mit dem Tode bedrohte, und
vernahm, daß die Schwäche ihm wiederkeh-
ren werde, wenn er den Beginn des Werks ver-
zögere, daß der himmlische Beistand aber nicht
fehlen werde, wenn er nur beginne: da glaubte
er es, beruhigte sich und begann, und mit Gottes Hilfe errichtete er zur Wohnung der Ehre
Gottes innert zwanzig Jahren eine so große
und so geartete Basilika, daß, ob sie nun fas-

quoddam deambulatorium dicas Angelorum. In hac velut eductos de carcere Monachos refovet libera quaedam planicies, ita se monasticis accommodans institutis, ut angustia chori necesse non sit permisceri ordines, non stationes confundi, vel foras quemlibet evagari. Verum omni die quasi Pascha celebrant, quia transire meruerunt in quandam Galilaeam, et libertatis novae gaudio laetari, non murmurantes depressura, sed gratulantes ex latitudinis copia, qua possunt vacare contemplationi divinae absque tristitia. Supersunt plurima quibus dicendis occuparemur, nisi loca divinis adscripta obsequiis plus laudis ex habitantium merito, quam ex manu artificum sortirentur. Quod profecto huic de qua loquimur structurae accessit, quae cum splendidissima sit ingenio opificis, multo est ex suo habitatore splendidior. Utriusque autem gloriae, gregis scilicet et loci, beatus Hugo sollicitus institit procurator coram Deo et eius Angelis, pura dicturus conscientia, Domine dilexi decorem domus tuae, et locum habitationis gloriae tuae. ...

sender ist durch ihre Größe oder bewundernswerter an Kunst, schwierig zu beurteilen ist. Sie ist von einer Schönheit und Pracht, daß man wohl glauben könnte, den Himmlischen werde sie als menschliche Behausung zu solchem Gebrauch gefallen, daß man sie ein Deambulatorium Angelorum nennen könnte. In ihr erquickt die gleichsam aus einem Kerker herausgeführten Mönche eine freie Fläche, die so den monastischen Gewohnheiten sich fügt, daß es nicht mehr nötig ist, durch die Enge des Chores die Ordnungen zu vermischen, die Stationen durcheinanderzubringen oder daß jemand nach draußen ausweicht. Sie feiern wahrlich an jedem Tage sozusagen ein Pascha, da sie verdient haben, in ein Galilaea zu gehen und ihrer neuen Freiheit mit Wonne sich zu erfreuen, ohne Niederdrückendes zu murmeln, sondern danksagend wegen der Weite des Platzes, an dem sie zu göttlicher Kontemplation umherwandeln können fern von Traurigkeit. Sehr vieles ist noch übrig, das zu sagen wir unternehmen könnten, wenn nicht die den göttlichen Diensten geweihten Orte mehr Lob aus dem Verdienst der [dort] Wohnenden als aus der Hand der Künstler empfingen. Das kommt in der Tat auch diesem Gebäude zu, von dem wir reden. Wenn es auch höchst glanzvoll ist durch den Erfindungsgeist des Werkmeisters, so ist es doch noch um vieles glanzvoller durch seinen [göttlichen] Bewohner. Und der hl. Hugo, um die Ehre seiner Herde und seines Klosters besorgt, steht als Stellvertreter vor Gott und seinen Engeln und kann reinen Gewissens sagen: Herr, ich habe die Zier Deines Hauses geliebt und die Wohnstatt Deiner Herrlichkeit. ...

X Aus der Streitschrift des hl. Bernhard gegen den Bauluxus (um 1124)

S. Bernardi Abbatis – Apologia ad Guillelmum – Sancti Theoderici Abbatem

In seiner berühmten Apologia nimmt Bernhard gegen den Bauluxus romanischer Kirchen und Kreuzgänge Stellung. Seine Schrift richtet sich zugleich gegen die Kluniazenser und den Abt Suger von Saint-Denis. In ihr wird der herrschende Stil der Romanik abgelehnt und der kommende der Gotik vorbereitet. Eine Übersetzung hat zuerst Dehio-Bezolt, Die kirchliche Baukunst des Abendlandes, S. 522 f., vorgelegt. Sie ist hier um einige Passagen ergänzt und teilweise korrigiert worden. Die geistesgeschichtliche Einordnung am besten bei E. Panofsky, Abbot Sugger, Princeton 1946; und bei O. v. Simson, The Gothic Cathedral, New York 1955, S. 43 ff.

Migne, Patrologia Latina CLXXXII, 914–916.

Omitto oratoriorum immensas altitudines, immoderatas longitudines, supervacuas latitudines, sumptuosas depolitiones, curiosas depictiones, quae dum orantium in se retorquent aspectum, impediunt et affectum, et mihi quodammodo repraesentant antiquum ritum Judaeorum. Sed esto, fiant haec ad honorem Dei. Illud autem interrogo monachus monachos, quod in gentilibus gentilis arguebat: »*Dicite* (ait ille), *pontifices, in sancto quid facit aurum?*« Ergo autem dico: Dicite, pauperes; non enim attendo verbum, sed sensum: dicite, inquam, pauperes, si tamen pauperes, in sancto quid facit aurum? Et quidem alia causa est episcoporum, alia monachorum. Scimus namque quod illi, sapientibus et insipientibus debitores cum sint, carnalis populi devotionem, quia spiritualibus non possunt corporalibus excitant ornamentis. Nos vero qui jam de populo exivimus: qui mundi quaeque pretiosa ac speciosa pro Christo reliquimus, qui omnia pulcre lucentia, canore mulcentia, suave olentia, dulce sapientia, tactu placentia, cuncta denique oblectamenta corporea arbitrari sumus ut stercora, ut Christum lucrifaciamus: quorum, quaeso, in his devotionem excitare inten-

Ich übergehe der Kirchen ungeheure Höhe, maßlose Länge, überflüssige Breite, verschwenderische Steinmetzarbeit und die Neugier reizenden Malereien, die den Blick der Betenden auf sich lenken und die Andacht verhindern und für mich gewissermaßen den alten Ritus der Juden repräsentieren. Aber es mag sein, daß dies zur Ehre Gottes geschieht. Ich aber frage euch, ein Mönch euch Mönche, was ein Heide an Heiden rügte: »*Sagt* (sagte jener), *ihr Priester, was macht das Gold im Heiligtum?*« Ich aber sage: Sagt, ihr Armen – denn ich beachte nicht das Wort, sondern den Sinn – sagt, sage ich, Arme, wenn wirklich Arme im Heiligtum, was macht da Gold? Freilich die Sache der Bischöfe ist eine andere als die der Mönche. Wir wissen, daß jene, da Weisen und Unweisen gleichermaßen verpflichtet, das fleischlich gesinnte Volk mit materiellem Glanz zur Andacht ermuntern, weil sie es mit Geistigem nicht vermögen. Wir aber, die wir uns vom Volke doch entfernt haben: die jegliche Pracht, jegliche Erlesenheit der Welt um Christi willen verlassen haben, die wir alles schön Glänzende, durch Klänge Schmeichelnde, lieblich Duftende, dem Geschmack Angenehme,

dimus? Quem, inquam, ex his fructum requirimus, stultorum admirationem an simplicium oblationem? An quoniam commixti sumus inter gentes, forte didicimus opera eorum et servimus adhuc sculptibilibus eorum?

Et ut aperte loquar, an hoc totum facit avaritia, quae est idolorum servitus? Et non requirimus fructum, sed datum. Si quaeris quo modo: miro, inquam, modo. Tali quadam arte spargitur aes ut multiplicetur; expenditur ut augeatur, et effusio copiam parit. Ipso quippe visu sumptuosarum, sed mirandarum vanitatum, accenduntur homines magis ad offerendum, quam ad orandum. Sic opes opibus hauriuntur, sic pecunia pecuniam trahit: quia nescio quo pacto, ubi amplius divitiarum cernitur, ibi offertur libentius. Auro tectis reliquiis saginantur oculi et loculi aperiuntur. Ostenditur pulcherrima forma sancti vel sanctae alicujus et eo creditur sanctior, quo coloratior. Currunt homines ad osculandum, invitantur ad donandum; et magis mirantur pulchra quam venerantur sacra. Ponuntur dehinc in ecclesia gemmatae non coronae, sed rotae circumseptae lampadibus, sed non minus fulgentes insertis lapidibus. Cernimus et pro candelabris arbores quasdam erectas, multo aeris pondere miro artificis opere fabricatas, nec magis coruscantes superpositis lucernis quam suis gemmis. Quid, putas, in his omnibus quaeritur, poenitentium compunctio an intuentium admiratio? O vanitas vanitatum, sed non vanior quam insanior! Fulget ecclesia in parietibus, et in pauperibus eget! Suos lapides induit auro, et suos filios nudos deserit! De sumptibus egenorum servitur oculis divitum. Inveniunt curiosi quo delectentur, et non inveniunt miseri quo sustententur; ut quid saltem sanctorum imagines non reveremur, quibus utique ipsum, quod pedibus con-

dem Gefühl Gefallende, mit einem Wort alles dem Leib Ergötzliche als nichtig erachten, damit wir Christus gewinnen: mit welchen von diesen Dingen, frage ich, können wir die Andacht anregen wollen? Welchen Nutzen, frage ich, ziehen wir daraus, die Bewunderung der Narren und die Ergötzung der Einfältigen? Sind wir etwa darum unter die Menschen geschickt worden, damit wir die Werke derer kräftig verbreiten und damit wir noch dazu deren Schnitzereien dienen?

Und, um es laut auszusprechen, was tut hier überhaupt die Habgier, die der Dienst an Götzenbildern doch ist? Aber wir fragen nicht nach dem (geistlichen) Nutzen, sondern nach Gaben. Wenn du fragst auf welche Weise: sage ich, auf erstaunliche Weise. Durch einen gewissen Kunstgriff wird das Vermögen ausgegeben, damit es sich vervielfacht; das Geld wird ausgegeben und gemehrt und Verschwendung schafft Reichtum. Denn durch das Anschauen verschwenderischer, aber wunderbarer (gänzlich) eitler Dinge, werden die Menschen mehr zum Geben als zum Beten herangezogen. So wird der Reichtum von Reichtümern verschlungen, so zieht das Geld sich nach: ich weiß nicht, auf welche Weise, aber, wo mehr an Reichtümern gesehen wird, wird auch williger gegeben. Vor goldbedeckten Reliquien laufen Augen über, und Börsen gehen auf. Es wird die herrliche Figur irgendeines oder irgendeiner Heiligen vorgezeigt und sie wird je bunter für desto heiliger gehalten. Die Menschen laufen herbei, um sie zu küssen, werden zu Gaben aufgefordert und eher wird das Schöne bewundert, als das Heilige verehrt. Künftig werden in der Kirche nicht nur edelsteinbesetzte Kronleuchter aufgehängt, sondern Räder, umgeben von aufgesetzten Lichtern, aber mit nicht weniger eingesetzten funkelnden Edelsteinen. Und wir werden statt der Leuchter gewissermaßen erhabene Bäume sehen, die aus schwerem Erz hergestellt und mit bewundernswerter Kunst bearbeitet sind und nicht mehr durch die aufgesetzten Lichter

culcatur, scatet pavimentum? Saepe spuitur in ore angeli, saepe alicujus sanctorum facies calcibus tunditur transeuntium. Et si non sacris his imaginibus, cur vel non parcitur pulcris coloribus? Cur decoras quod mox foedandum est? Cur depingis quod necesse est conculcari? Quid ibi valent venustae formae, ubi pulvere maculantur assiduo? Denique, quid haec ad pauperes, ad monachos, ad spirituales viros?...

Caeterum in claustris coram legentibus fratribus quid facit ridicula monstruositas, mira quaedam deformis formositas ac formosa deformitas? Quid ibi immundae simiae? quid feri leones? quid monstruosi centauri? quid semihomines? quid maculosae tigrides? quid milites pugnantes? quid venatores tubicinantes? Videas sub uno capite multa corpora, et rursus in uno corpore capita multa. Cernitur hinc in quadrupede cauda serpentis, illinc in pisce caput quadrupedis. Ibi bestia praefert equum, capram trahens retro dimidiam; hic cornutum animal equum gestat posterius. Tam multa denique, tamque mira diversarum formarum ubique varietas apparet, ut magis legere libeat in marmoribus quam in codicibus, totumque diem occupare singula ista mirando quam in lege Dei meditando. Proh Deo! si

als durch ihre Edelsteine funkeln. Was, glaubst du, wird in all diesen Dingen gesucht, Reue der Bußfertigen oder eher Bewunderung der Anschauenden? O Eitelkeit der Eitelkeiten, nicht mehr eitel, sondern vielmehr wahnsinnig! Es strahlt die Kirche (der Bau) in ihren Mauern und in ihren Armen leidet sie Mangel! Ihre Steine kleidet sie in Gold und ihre Kinder läßt sie nackt! Mit den Gaben der Bedürftigen wird den Augen der Reichen gedient. Die Neugierigen kommen, damit sie erfreut werden, und nicht die Elenden kommen, damit sie genährt werden: warum verehren wir nicht wenigstens die Heiligenbilder, von denen derselbe Fußboden, der mit Füßen getreten wird, nur so wimmelt? Oft wird ins Antlitz eines Engels gespuckt, oft werden die Gesichter irgendwelcher Heiliger mit den Schuhen der Darübergehenden gestoßen. Und wenn schon nicht an diesen Heiligenbildern, warum wird dann nicht wenigstens an schönen Farben gespart? Warum schmückst du, was bald darauf besudelt wird? Warum malst du, was notwendigerweise getreten wird? Was nutzen dort anmutige Formen, wo sie häufig mit Staub befleckt werden? Endlich, was soll dies bei Armen, bei Mönchen, bei geistlichen Männern? ...

Außerdem im Kreuzgang bei den lesenden Brüdern, was machen dort jene lächerlichen Monstrositäten, die unglaublich entstellte Schönheit und formvollendete Häßlichkeit? Was sollen dort unreine Affen? was wilde Löwen? was monströse Zentauren? was Halbmenschen? was gefleckte Tiger? was kämpfende Krieger? was blasende Jäger? Da siehst du unter einem Kopf viele Körper und da auf einem Körper viele Köpfe. Man sieht hier an einem Vierfüßler den Schwanz einer Schlange, dort an einem Fisch den Kopf eines Vierfüßlers. Dort eine Bestie, die vorne ein Pferd ist und hinten eine halbe Ziege; dort ein Tier mit Hörnern vorn, hinten aber ein Pferd. Mit einem Wort, so viel, so wunderbare Mannigfaltigkeit verschiedenartiger Geschöpfe erscheint überall, daß man eher in den gemeißelten als in den

non pudet ineptiarum, cur vel non piget ex-
pensarum?

geschriebenen Werken liest; sich lieber den
ganzen Tag damit beschäftigt, derlei zu be-
staunen als das Gesetz Gottes zu bedenken.
Bei Gott! Wenn man sich der Albernheiten
schon nicht schämt, warum gereuen dann nicht
die Kosten?

XI Aus den Bau- und Kunstbestimmungen des Generalkapitels der Zisterzienser (1134 und später)

Instituta generalis capituli apud Cistercium

Die jährlichen Versammlungen der Äbte der Zisterzienserklöster in Cîteaux erließ Verordnungen, die für den ganzen Orden verbindlich waren. Die älteste schriftliche Redaktion
solcher Verordnungen stammt von 1134 und damit aus dem Jahrzehnt, welches als das eigentlich
schöpferische in der Geschichte der zisterziensischen Klosterbaukunst bezeichnet werden muß. Die
meisten Bestimmungen sind im einzelnen sicher früher entstanden.

Die Auszüge stammen aus: Analecta Divionensia: les monuments primitifs de la Règle
cistercienne, publ. d'après les manuscrits de l'abbaye de Cîteaux, par Ph. Guignard, Dijon 1878.
Vgl. Mortet-Dechamps, Receuil de Textes relatifs à l'histoire de l'Architecture...Paris 1929, 30 ff.

C. 1.: In civitatibus, castellis, villis, nulla
nostra construenda sunt cenobia, sed in locis
a conversatione hominum semotis.

1. Kap.: Keines unserer Klöster ist in Städten, Kastellen oder Dörfern zu errichten, sondern an entlegenen Orten, fern vom Verkehr
der Menschen.

C. 12.: Duodecim monachi cum abbate ter-
cio decimo ad cenobia nova transmittantur:
nec tamen illuc destinentur donec locus...
domibus... aptetur, oratorio, refectorio, dormitorio, cella hospitum et portarii...

12. Kap.: Zwölf Mönche, mit dem Abt drei-
zehn, sollen zu einem neuen Kloster (zur Be-
siedlung) entsendet werden: doch sollen sie
dorthin nicht gewiesen werden, bis der Ort...
mit Gebäuden... versehen ist, mit Oratorium,
Refektorium, Dormitorium, Gast- und Pfört-
nerzelle...

C. 20.: Sculpture vel picture in ecclesiis nostris seu in officinis aliquibus monasterii ne fiant, interdicimus, quia dum talibus inteditur, utilitas bone meditationis vel disciplina religiose gravitatis sepe negligitur. Cruces tamen pictas, que sunt lignee, habemus.

C. 21.: Non est congruum ut extra portam monasterii domus aliqua ad habitandum construatur, nisi animalium, quia periculum animarum inde potest nasci.

C. 31.: ... Quod si quis contra statuta capituli ... edificare presumpserit, remota omni dispensatione edificia cadant, expense et opera pereant.

C. 80.: Vitree albe fiant et sine crucibus et picturis.)
(1157) C. 16.: Turres lapideae ad campanas non fiant. Domus extra portam cadant.

(1182) C. 11.: Vitreae picturae infra terminum duorum annorum emendentur; alioquin ex nunc abbas et prior et cellerarius omni sexta feria jejunent in pane et aqua, donec sint emendatae.
(1213) C. 1.: Auctoritate capituli generalis inhibetur ne de cetero fiant in ordine picturae, sculturae, praeterquam imaginem Salvatoris Christi, neque varietates pavimentorum, nec superfluitates aedificiorum et victualium; et a nullo abbate portentur scrinia quae vulgo cofria appellantur.

20. Kap.: Wir verbieten, daß in unseren Kirchen oder in irgendwelchen Räumen des Klosters Bilder und Skulpturen sind, weil man gerade auf solche Dinge seine Aufmerksamkeit lenkt und dadurch häufig der Nutzen einer guten Meditation beeinträchtigt und die Erziehung zu religiösem Ernst vernachlässigt wird. Wir haben jedoch bemalte Kreuze aus Holz.

21. Kap.: Es schickt sich nicht, daß außerhalb der Klosterpforte irgendein Haus zum Bewohnen gebaut wird, außer für Tiere, weil eine Gefährdung der Seelen dadurch entstehen könnte.

31. Kap.: Wenn also irgend jemand gegen (diese) Kapitelstatuten schon gebaut haben sollte, sollen diese Gebäude ohne jeden Dispenz fallen und Kosten und Mühen umsonst sein.

80. Kap.: Die Glasfenster sollen weiß und ohne Kreuze und Bilder sein.

(1157) 16. Kap.: Steinerne Glockentürme sollen nicht gebaut werden. Gebäude außerhalb der Pforte sollen fallen.

(1182) 11. Kap.: Gemalte Glasfenster sollen binnen der Frist von zwei Jahren ersetzt werden; andernfalls fasten ab sofort Abt, Prior und Kellermeister jeden sechsten Tag bei Wasser und Brot, bis die Fenster ersetzt sind.

(1213) 1. Kap.: Mit der Autorität des Generalkapitels wird verboten, daß in Zukunft im Orden Bilder und Skulpturen – ausgenommen das Bild des Erlösers Christi – hergestellt werden, und jede Mannigfaltigkeit an Fußböden, wie jeder Überfluß an Gebäuden und Lebensmitteln; auch sollen von keinem Abt Reliquienbursen getragen werden, die vom Volke Cofria genannt werden.

XII Aus dem Leben des hl. Bernhard. Der Bau des II. Klosters von Clairvaux

S. Bernardi, Clarevallensis abbatis, vita prima, lib. II, auct. Ernaldo
Die Ereignisse sind offenbar unmittelbar aufgezeichnet und bald nach dem Tode des Heiligen zusammengefaßt worden. Doch muß bemerkt werden, daß sie erst im Zusammenhang mit dem Gesamttext ihre ganze Frische zurückgewinnen. Das Interesse der Zisterzienser an dem Wasserhaushalt ihres Klosterorganismus tritt hier zum erstenmal zutage.
Mabillon, S. Bernardi opera, voll. II, 1690, col. 1103–04; Migne, Patrologia Latina CLXXXV, col. 284–88: Mortet-Deschamps, 1929, 25 f.

Aderant ei in consilio venerabilis fratres sui; aderat Godefridus, prior eiusdem loci, propinquus eius in carne et spiritu, vir sapiens et constans, ... postea in eccelsia Lingonensi factus episcopus ...

Hic ergo atque alii plures viri providi, et de communi utilitate solliciti, virum Dei, cuius conversatione in caelis erat, aliquando descendere compellebant, et indicabant ei quae domus necessitas exigebat. Insinuant itaque ei locum angustum et incommodum, in quo consederant nec capacem tantae multitudinis: et cum quotidie catervatim adventantium numerus augeretur, non posse eos intra constructas recipi officinas, et vix oratorium solis sufficere monachis. Addunt etiam se considerasse inferius aptam planitiem, et opportunitatem fluminis, quod infra illabitur, ibique locum esse spatiosum ad omnes monasterii necessitates, ad prata, ad colonias, ad virgulta et vineas et si silvae videatur deesse clausura, facile hoc parietibus lapideis, quorum ingens ibi copia est, posse suppleri. In primis vir Dei non acquievit consilio: »Videtis, inquit, quia multis expensis et sudoribus iam domus lapidae consummatae sunt, aquaeductus cum maximis sumptibus per singulas officinas traducti. Si haec omnia confregerimus, poterunt homines

Es standen ihm (Bernhard) im Rat seine ehrwürdigen Brüder bei; es stand (ihm) Gottfried bei, Prior des Ortes und sein Verwandter im Blut und im Geiste, ein weiser und standhafter Mann ... später Bischof von Langres ... (ab 1130 Prior von Clairvaux, ab 1139 Bischof von Langres).

Dieser also und andere vorausschauende Männer mehr, um das Gemeinwohl besorgt, bewegten einst den Mann Gottes, der in Ekstase war, herabzusteigen und zeigten ihm, was der Wohnungsmangel erforderte. Sie teilten ihm also mit, daß der Ort eng und unbequem sei, an dem sie sich niedergelassen hatten, und daß er eine so große Menschenmenge nicht fassen könne: und weil sich die Zahl der Ankömmlinge täglich haufenweise vermehre, könnten sie nicht mehr innerhalb der errichteten Klostergebäude aufgenommen werden, und das Oratorium reiche kaum für die Mönche allein. Sie fügten hinzu, daß sie sich weiter unten eine geeignete Fläche angesehen hätten, ebenso die günstige Lage des Flusses, der sich dort unten ergieße, auch sei der Ort dort groß genug für alle notwendigen Bedürfnisse eines Klosters, für die Wiesen, die Pflanzungen, die Setzlinge und die Weinberge: und wenn auch die Abgeschlossenheit des Waldes offenbar fehle, so könnte diese leicht durch Mauern aus Steinen, von denen dort eine unge-

saeculi male de nobis sentire, quod aut leves sumus et mutabiles, aut nimiae, quas tamen non habemus, divitiae nos faciunt insanire. Cumque certissimum vobis sit, penes nos esse pecunias, verbo evangelico vobis dico, quia aedificaturo turrim futuri operis necesse est supputare expensas: alioquin cum coeperit, et defecerit, dicetur: *Hic homo fatuus coepit aedificare, et non consummare.«*

Ad haec fratres respondent: »Si consummatis iis quae ad monasterium pertinent, habitatores cessasset mittere Deus, stare posset sententia, et cessandum ab operibus rationabilis esset censura. Nunc vero cum quotidie gregem suum Deus multiplicet, aut repellendi sunt quos mittit, aut providenda mansio, in qua suscipiantur. Nec dubium est, qui parat mansores, quin praeparet mansiones. Absit autem, ut pro diffidentia sumptuum confusionis hujus incurramus discrimina.« Audiens haec abbas, fide et caritate eorum delectus est, et aliquando tandem consiliis acquievit. ...

Audivit hoc sanctae memoriae nobilissimus princeps Theobaldus, et multa in sumptus dedit, et ampliora spopondit subsidia. Audierunt episcopi regionum, et viri inclyti, et negotiatores terrae, et hilari animo sine exactore ultro ad opus Dei copiosa contulere suffragia. Abundantibus sumptibus, conductis festinanter operariis, ipsi fratres per omnia incumbebant

heure Menge vorhanden sei, ersetzt werden. Zuerst war der Gottesmann mit dem Plan nicht einverstanden: »Seht, sagte er, (darum) weil die Steinhäuser schon mit viel Mühe und Kosten vollendet sind und die Wasserleitungen mit sehr großen Kosten durch die einzelnen Werkstätten gelegt worden sind. Wenn wir dies alles zunichte machen würden, werden die Menschen der Welt schlecht von uns denken oder gar, daß wir leichtfertig und wankelmütig sind und daß uns der übergroße Reichtum, den wir ja doch gar nicht haben, wahnsinnig gemacht hat. Da ihr aber ganz genau wißt, daß wir kein Geld besitzen, sage ich euch mit einem Evangelienwort, daß, wer in Zukunft einen Turm bauen will, es nötig hat, die Kosten zu berechnen: andernfalls wird es heißen, da er begonnen hatte und dann aufhörte: *Dieser einfältige Mensch beginnt zu bauen und vermag nicht zu vollenden.«*

Darauf antworten die Brüder: »Wenn Gott aufgehört hätte Bewohner zu schicken, nachdem das, was zum Kloster gehört, vollendet war, könnte deine Ansicht bestehen, und es wäre ein vernünftiger Spruch, von den Arbeiten abzulassen. Da Gott nun aber täglich seine Herde vervielfacht, sind die, welche er schickt, entweder abzuweisen, oder es ist für eine Unterkunft Sorge zu tragen, in der sie aufgenommen werden können. Es ist nicht zu bezweifeln, daß, wer Bewohner im Sinne hat, auch Wohnungen bereitet. Gott aber verhüte, daß wir aus Angst vor den Kosten eine Entscheidung treffen, die zu solcher Verlegenheit führt.« Dies hörend und erfreut durch ihr Vertrauen und ihre Liebe, hat der Abt endlich dennoch den Plänen zugestimmt. ...

Dies hat der edle Fürst Theobald seligen Angedenkens gehört und hat viel zu den Unkosten beigetragen und hat weitere Unterstützung versprochen. Die Bischöfe der Umgebung hörten davon, auch berühmte Männer und Kaufleute des Landes, und sie gaben dem Werke Gottes mit fröhlichem Sinn ohne Eintreiber aus freien Stücken überreiche Unterstüt-

operibus. Alii caedebant ligna, (alii lapides conquadrabant, alii muros struebant), alii diffusis limitibus partiebantur fluvium, et extollebant saltus aquarum ad molas. Sed et fullones, et pistores, et coriarii, et fabri, aliique artifices, congruas aptabant suis operibus machinas ut scaturiret et prodiret, ubicumque opportunum esset, in omni domo subterraneis canalibus deductus rivus ultro ebuliens; et demum, congruis ministeriis per omnes officinas expletis, purgata domo, ad cardinalem alveum reverterentur quae diffusae fuerant aquae, et flumini propriam redderent quantitatem. Inopinata celeritate consummati sunt muri, totum monasterii ambitum spatiosissime complectentes. Surrexit domus, et quasi viventem atque motabilem haberet nuper nata ecclesia, in brevi profecit et crevit.

zung. Mit überquellenden Mitteln und eiligst herangeholten Arbeitern stürzten sich selbst die Brüder in jeder Beziehung auf die Arbeit. Die einen schlugen Holz, andere schlugen Steine zurecht, wieder andere errichteten Mauern, noch andere teilten den Fluß mit seinen ausgedehnten Ufern und hoben das Gefälle des Wassers bis zu den Mühlen. Aber auch die Walker, Müller, Gerber und Handwerker und die anderen Künstler setzten die ihren Arbeiten entsprechenden Maschinen instand, damit der sprudelnde Bach, wo immer es günstig sei, durch unterirdische Kanäle unter alle Gebäude geführt, fließe und nütze; und schließlich, nachdem er die entsprechenden Dienste in allen Werkstätten geleistet und das Kloster gereinigt hat, werden die voneinander getrennt gewesenen Wasserbäche zum Hauptflußbett zurückgeleitet, und dem Fluß wird seine eigene Größe zurückgegeben. Mit unerwarteter Schnelligkeit sind die Mauern vollendet worden, die den ganzen Klosterbereich weitläufigst umgeben. Das Kloster erhob sich, und als ob die gerade geborene Kirche etwas Lebendiges und Bewegendes hätte, ging sie vorwärts und wuchs.

XIII Beschreibung von Clairvaux (Beginn des 13. Jh.)

Descriptio positionis seu situationis Monasterii Clarae-Velensis
Migne, Patrologia Latina, CLXXXV, 569-571; vgl. auch die französische Übersetzung des ganzen Textes in: M. H. d'Arbois de Jubainville, Etudes sur l'état intérieur des abbayes cisterciennes et principalement de Clairvaux au XIIe et XIIIe siècle, Paris 1858, p. 329-338. Der Autor benutzt als literarische Form den Weg des Flusses, um das Kloster zu besichtigen.

Er weist dadurch auch auf die besondere Bedeutung des Wasserbaus in den Zisterzienserklöstern hin. Ich kürze den Text auf die kennzeichnenden Passagen.

Si situm Clarae Vallis nosse desideras, haec tibi scripta sint pro speculo. Duo montes non longe ab abbatia habent initium, qui primo angustae vallis interiectione distincti, quo magis ad abbatiam appropiant, maiore hiatu fauces dilatant: quorum alter alterum abbatiae latus dimidium, alter totum occupat. ...

Porro abbatiae pars posterior in latam desinit planitiem, cuius partem non modicam murus occupat, qui abbatiam diffuso cingit ambitu. Intra huius septa multae et variae arbores variis fecundae fructibus instar nemoris pomarium faciunt: quod infirmorum cellae contiguum, infirmitates fratrum non mediocri levat solatio, dum spatiosum spatiantibus praebet deambulatorium, arstuantibus quoque suave reclinatorium ....

Ubi pomarium desinit, incipit hortus intercisis distinctus areolis, vel potius divisus rivulis intercurrentibus. ... Aqua haec piscibus alendis et rigandis oleribus duplici ministerio servit: cui Alba, famosi nominis fluvius, indefesso meatu fomenta ministrat. Hic per multas abbatiae officinas transitum faciens ubique pro fideli obsequio post se benedictionem reliquit. ... Ipse quidem mediam vallem flexuosum intersecans per alveum quem non natura, sed fratrum industria fecit, dimidium sui mittit in abbatiam ...

Et si forte amnis ipse inundas, impetuoso excursu proruit, obiectu muri retroactus, subtus quo eum necesse est fluere, in se ipsum recurrit,

Wenn ihr die Lage von Clairvaux kennenlernen möchtet, wird euch dieser Bericht – wie ein Spiegel – ein Bild davon vermitteln. Zwei Berge beginnen nicht weit von der Abtei. Zuerst teilt sie ein enges Tal, danach verbreitert sich die Schlucht, je mehr man sich der Abtei nähert: einer dieser Berge beherrscht die Hälfte der einen Seite des Klosters, der andere Berg die ganze gegenüberliegende Seite. ...

Hinter der Abtei befindet sich ein ebenes und weites Land, das zum großen Teil von der Mauer umfaßt wird, deren weiter Umkreis den Umfang der Abtei kennzeichnet. Dort befinden sich, vereint in der Einfriedung der Abtei, zahlreiche und verschiedenartige Bäume, die reich an Früchten verschiedener Sorten sind: dies ist ein Obstgarten, der einem Hain vergleichbar ist. Neben der Krankenabteilung gewährt er den kranken Brüdern eine große Erleichterung; wenn sie sich ein wenig Bewegung verschaffen wollen, so finden sie dort einen ausgedehnten Spazierweg, und wenn sie müde sind, einen lieblichen Ort der Erholung. ...

Dort, wo der Hain endet, beginnt der Garten, in Vierecke eingeteilt, deren Grenzen von kleinen Flüßchen durchzogen sind. ... Dieses Wasser dient zweifachem Nutzen: die Fische zu nähren und die Gemüse zu bewässern. Der unermüdliche Lauf der Aube, ein Fluß mit berühmtem Namen, speist es. Ein Arm dieses Flusses, der die zahlreichen Werkstätten der Abtei durchquert, wird überall gesegnet wegen der Dienste, die er erweist. ... Sein Bett, dessen Krümmungen das Tal in seiner Mitte in zwei Teile schneidet, ist nicht von der Natur ausgehöhlt, sondern durch die Arbeit der Mönche. Über diesen Weg schickt der Aube-Fluß die eine Hälfte seiner selbst in die Abtei ...

Wenn der überströmende Fluß manchmal zu reichlich Wasser außerhalb seiner normalen Grenzen ergießt, wird er von einer Mauer zu-

et refluum denuo defluus amplexatur. Intro-
missus vero quantum murus, portarii vice, per-
misit, primum in molendinum impetum facit,
ubi multum sollicitus est, et tubatur erga plurima, tum molarum mole far comminuendo,
tum farinam cribro subtili segregando a fur-
fure.

Hic iam vicina, domo caldariam implet...
Sed nec sic se absolvit. Eum enim ad se fullones invitant, qui sunt molendino sollicitus
est, quo fratres vescantur, ita apud eos paret,
quo et vestiantur. Ille autem non contradi-
cit ... sed graves illos, sive pistillos, sive mal-
leos dicere mavis, vel certe pedes ligneos – nam
hoc nomen saltuoso fullonum negotio magis
videtur congruere – alternatim elevans atque
deponens, gravi labore fullones absolvit:...Tot
ergo volubiles rotas rotatu rapido circumdu-
cens, sic spumeus exit, ut ipse quasi moli et
mollior fieri videatur.

Excipitur dehinc a domo coriari, ubi con-
ficiendis his quae ad fratrum calceamenta sunt
necessaria, operosam exhibet sedulitatem. Dein-
de, minutatim se et per membra multa distur-
buens, singulas officinas officioso discursu per-
scrutatur, ubique diligenter inquirens quid et
quo ipsius ministerio opus habeat, coquendis,
cribrandis, vertendis, terendis, rigandis, lavan-
dis, molendis, molliendis, suum sine contradic-
tione praestans obsequium. Postremo... aspor-
tans immunditias, omnia post se munda relin-
quit; et iam peracto strenue propter quod
venerat, rapida celeritate festinat ad fluvium,
... redeamus ad rivulos, quos post nos reli-

rückgestoßen, die ihm entgegensteht und unter-
halb derer er gezwungen wird zu fließen; dann
kehrt er zu sich selbst zurück, und die Welle,
die ihrem alten Lauf folgt, nimmt in ihrer
Umarmung die zurückflutende Welle auf. Doch
in die Abtei eingelassen, soweit es die Mauer,
die die Funktion des Pförtners innehat, erlaubt, stürzt er sich zuerst mit Ungestüm in die
Mühle, wo er sehr beschäftigt ist und sich viel
Bewegung verschafft, sowohl um den Weizen
zwischen den Mühlsteinen zu zerstoßen, als
auch um das feine Sieb anzutreiben, das das
Mehl von der Kleie trennt.

Schon ist er im benachbarten Gebäude; er
füllt die Kessel ... Aber der Fluß sagt sich
noch nicht los. Die Walker, die sich nahe der
Mühle niedergelassen haben, rufen ihn zu sich.
Er ist in der Mühle damit beschäftigt, die
Nahrung für die Brüder zu bereiten, man ist
also wohl ermächtigt zu fordern, daß er sich
jetzt um ihre Kleidung kümmert. Er wider-
spricht nicht ... Er hebt und senkt abwechselnd diese schweren Stampfer, die Holzschle-
gel, wenn ihr wollt, oder besser gesagt: diese
hölzernen Füße (denn dieser Name bezeichnet
die springende Arbeit der Walker genauer), er
erspart den Walkern eine große Strapaze. ...
Wie er mit beschleunigtem Wirbeln so viele
schnelle Räder dreht, so verläßt er sie schäu-
mend, damit er sozusagen sich selbst besänftige
und weicher werde.

Dort herausgehend tritt er in die Loh-
gerberei, wo er, um die notwendigen Materia-
lien für das Schuhwerk der Brüder zu bereiten,
ebensoviel Aktivität wie Sorgfalt zeigt; dann
teilt er sich in eine Menge kleiner Arme, be-
sichtigt während seines willfährigen Laufes die
verschiedensten Arbeiten und sucht überall aufmerksam jene, die seinen Dienst benötigen,
welches Objekt es auch sei, ob es sich darum
handelt zu kochen, zu sieben, zu zermalmen,
zu begießen, zu waschen oder zu mahlen; seine
Mitwirkung anzubieten, verweigert er nie.
Schließlich ... entfernt er den Müll und läßt
alles sauber hinter sich. Nachdem er [der abge-

quimus, qui derivati a fluvio, passivis per prata vagantur excursibus ... Hi rivuli vel potius sulci post peractum officium fluvio qui eos evomuerat absorbentur, et iam totus simul Alba collectus prono decursu per devexa festinat. ...

leitete Arm] rüstig alles geleistet hat, wozu er gekommen war, eilt er auch schon wieder in schnellem Lauf zum Fluß; ... Wir kehren zu den kleinen Bächlein zurück, die wir hinter uns gelassen hatten und die, abgezogen vom Fluß, sich hier und dort durch die Wiesen schlängeln ... Diese Bächlein, diese winzigen Rinnsale, werden, nachdem sie ihre Funktionen erfüllt haben, wieder vom Fluß aufgenommen, der sie aus seinem Bett gestoßen hatte; schon beeilt sich der Aube-Fluß, der alle Wellen wieder vereinigt hat, und folgt in raschem Lauf dem Abhang.

XIV Aus den Statuten der Franziskaner (1260)

Auch die Minderbrüder haben Statuten gegen den Bauluxus erlassen, die in vielen Einzelheiten sich den Vorschriften der Zisterzienser anschließen. Die erste Niederschrift älterer Gebräuche stammt von 1260. 1310 wurden sie in verschärfter Form auf dem Generalkapitel in Padua erneuert. Sie beziehen sich nur auf die Kirchenbauten, nicht auf die Klöster.

Fr. Ehrle, Die ältesten Redactionen der Generalconstitution des Franziskanerordens, in: Archiv für Literatur und Kirchengeschichte des Mittelalters, VI 1892, S. 69 und S. 87 f. – V. Mortet et P. Deschamps, Recueil de Textes, Paris 1929, S. 285–287.

Incipiunt constitutiones generales ordinis fratrum Minorum, editae et confirmatae in Capitulo generali apud Narbonam, anno Domini 1260, decima iunii, tempore reverendi patris fratris Bonaventurae, octavi ministri generalis; et postea fuit cardinalis Sanctae Romanae Ecclesiae et nunc canonizatus ...

... Cum autem curiositas et superfluitas directe obviet paupertati, ordinamus quod aedi-

Es beginnen die Generalkonstitutionen des Minderbrüder-Ordens, die am 10. Juni 1260 in Narbonne erlassen und bestätigt worden sind, zur Zeit des verehrungswürdigen Vaters, des Bruders Bonaventura, des achten Generalministers, der dann später Kardinal der Heiligen Römischen Kirche wurde und nun heilig gesprochen worden ist. ...

... Weil aber die Erlesenheit und der Überfluß direkt der Armut entgegenstehen, ordnen

ficiorum curiositas in picturis, celaturis, fenestris, columnis et huiusmodi, aut superfluitas in longitudine, latitudine et altitudine secundum loci conditionem arctius evitetur. Qui autem transgressores huius constitutionis fuerint, graviter puniantur, et principales de locis irrevocabiliter expellantur, nisi per ministrum generalem fuerint restituti. Et ad hoc firmiter teneantur visitatores, si ministri fuerint negligentes.

Ecclesiae autem nullo modo fiant testudinatae excepta maiori capella. Campanile ecclesiae ad modum turris de cetero nusquam fiat; item fenestrae vitreae istoriatae vel picturatae de cetero nusquam fiant, excepto quod in principali vitrea, post maius altare chori, haberi possint imagines Crucifixi, beatae Virginis, beati Johannis, beati Francisci et beati Antonii tantum; et si de cetero factae fuerint, per visitatores amoveantur.

wir an, daß die Erlesenheit der Gebäude an Malereien, Tabernakeln, Fenstern und Säulen und dergleichen, ebenso das Übermäßige an Länge, Breite und Höhe möglichst streng vermieden werde, nach der Lage des Ortes. Die aber, die diese Konstitution übertreten haben werden, sollen schwerwiegend bestraft werden, und die Vorstände sollen aus ihren Orten unwiderruflich ausgestoßen werden, sofern sie nicht durch den Generalminister wieder eingesetzt werden. Und zu dem Zweck sollen unbedingt Visitatoren gehalten werden, für den Fall, daß die Minister nachlässig gewesen sein sollten.

Die Kirchen aber sollen in keiner Weise gewölbt werden, mit Ausnahme des Presbyteriums. Im übrigen soll der Campanile der Kirche nirgends nach Art eines Turmes errichtet werden; ferner sollen die Glasfenster weder mit Historien noch mit Bildern bemalt werden, nirgends, mit der Ausnahme, daß im Hauptfenster hinter dem Hochaltar Abbildungen des Kruzifixus, der hl. Jungfrau, des hl. Johannes, des hl. Franziskus und des hl. Antonius gestattet sind; und wenn weitere gemalt worden sind, so sollen sie durch die Visitatoren entfernt werden.

XV Aus dem Klostertagebuch des Abtes Rupert II. von Ottobeuren

Der Bauherr des Barock, Abt Rupert II. Ness, Sohn eines Schmiedes aus der Reichsstadt Wangen, trug in den vierzehn großen Bänden seines Regierungstagebuches von 1710 bis 1740 alles zusammen, was ihm während seiner Amtszeit erinnerungswert erschien. Es ist nach Aufbau und

Umfang ein durchaus barockes Werk, gegliedert in 'Politica, Ecclesiastica und Oeconomica', in dem sich ebenso Zeitungsausschnitte, Rundschreiben, Ehrungen und Erlasse eingeklebt finden wie ganz persönliche Äußerungen, Briefausschnitte und Rechnungsbelege. Die Konvoluten spiegeln die kraftvolle freie, literarisch anspruchslose Natur dieses Abtes, dessen völlig unproblematische Frömmigkeit und Autorität nur von seinem naiven Kunstsinn und einer Bauleidenschaft übertroffen wurden, die sein ganzes Denken beherrscht haben.

Wir stellen einige wenige Bemerkungen dieses Tagebuches zusammen, die wir den Auszügen Norbert Liebs entnehmen (Schrifttum Nr. 188, S. 10–14, Schrifttum Nr. 193, S. 284–321).

Zustimmung und Kritik

Brief des Abtes Gerhard Oberleittner von St. Mang in Füssen an Abt Rupert vom 9. November 1713.
»Euer Hochwürden lassen sich doch in ihren jungen Jahren (sit venia verbo!) den Geiz nit überbünden, im Alter kommt solcher von selbsten, sondern eine memoria (sagt allzeit mein Herkhomer, der sich untertänig empfiehlt) der Nachwelt erlassen. Was Euer Hochwürden Schönes und Herrliches bauen, darf jederman sehen, aber die Fuchsen in der Truhen lasset man nit gehen unter die Augen. Um viel Geld ist man uns neidig, niemand Gescheiter um eine schöne Wohnung.«

Auf den Vorwurf des Prälaten von Neresheim, daß in dem Ottobeurer Klosterbau »alles modestiam religiosam weit und unzulässig überschreite«, reagierte Abt Rupert am 23. Mai 1724 wie folgt:

»Scandalum acceptum, non datum. Meine Intention geht nit dahin, sondern ad honorem SS. Trinitatis, cui unice consecravi, talem domum Dei zu bauen, S. Ordini et Abbatiae convenientem. ... Ich habe vermeint, ich mache mir coram Deo et hominibus ein meritum..., muß aber den Lohn von Menschen entschlagen und noch von dem lieben Gott allein erwarten. ... Es ist eben schon meistens – Gott Lob! – gebaut! Kanns nit mehr abbrechen und muß ad honorem Dei continuiren, solang Gott will. Wann mir Gott die Gnade gibt, auch die Kirche zu bauen, so werde ich wohl alle Kräfte anwenden, einen raren Tempel SS. Trinitati zu bauen, wogegen das Klostergebäu nichts sein soll!«

Bauplanung und Baugesinnung

Tagebuch vom 20. Oktober 1727
»Pecunia, patientia et prudentia seind die drei Elementa, mit welchen man bauen muß.«

Tagebuch vom 31. Oktober 1726
»Es hat mich bedunkhen wollen, es hätte ein mehrers geschehen sollen; allein kann man bei dem Bauen nit alles nach Wunsch haben. Und braucht das Bauen nit nur Geld, sondern auch Geduld, und damit es nit schlecht herauskomme, presupponiert es Verstand und iudicia architectonica mit guter Invention, ohne welches weder Geld noch Geduld appliziert ist...«

Tagebuch vom 1. März 1736

»Diese Zeit habe mit Mr. Sympert Kramer, bisheriger Maurermeister, wegen einer neuen Klosterkirche geredt, und weilen schon viele Kirchenriß in Händen hatte, so habe aus allen etwas gezogen und vermeint das Beste zu erwählen, zu welchem Ende ihm auf sein Ersuchen erlaubt, einen Aufriß zu machen und mir zur Approbation vorzulegen, welches er dann auch getan. Nachdem nun solches geschehen und ein so anderes dabei advertiert, also habe zu besserer Einsicht des ganzen Werkes auch verlangt, daß er ein förmliches Modell über den Abriß mache, damit alle besser sehen und erkennen mögen, wie die Kirche sich in allen Stücken in- und auswendig praesentiere.«

Tagebuch vom 31. März 1739

»Mr. Sympert Kramer Maurermeister hat diesen verstrichenen Winter ein Modell von Holz elaborirt. Das Modell ist teils mit einer offenen cupula und teils mit einer vertruckhten cupula unter Dach gestellt worden, damit man davon den Unterschied sehe und von beiden das Ratsamere erwählen könne, wie dann die Fundamente schon darauf angelegt werden. Es finden sich eben rationes pro und contra eine offene cupula. Eine offene cupula macht auswendig einer Kirche großes Ansehen und Majestät, wie man an mehreren Orten sieht, braucht aber große und kostbare Unterhaltung. Eine vertruckhte cupula aber hat auswendig kein sonderliches Aussehen, ist aber leichter zu unterhalten und macht inwendig eine Kirche allerdings annehmlicher, als wann die cupula zu hoch aufsteigt; wie denn die hohe cupula von der Grundebene bis 225 Schuh aufsteigt samt der Laterne, herentwegen bei der vertruckhten cupula samt der Laterne sich bis 175 Schuh extendirt, so auch eine schöne Höhe.«

Tagebuch vom 6. Juli 1739

»Es haben sich dubio ereignen wollen, ob man nicht einen architectum bestellen und dem Maurermeister adjungieren solle. Weilen aber solchen dermalen für unnötig erachtet, also wird Mr. Simpert Kramer mit angefangenen Fundamenten in nomine Domini continuiren. Gemelte dubia sind von einigen architectis in vicinia movirt worden, mehrenteils ex aemulatione et studio proprii commodi, als welche gerne die Ehre und Nutzen gehabt hätten, die Kirche zu bauen, ohngeachtet dieselben im ganzen Riß und angelegten Fundamenten nichts auszustellen gewußt, sondern approbirt haben.«

Tagebuch vom 6. Dezember 1732

»H. Dominicus Zimmermann Architectus von Landtsperg hat 2 Kirchenriß proiectirt, welche mir wohlgefallen, sonderbar der eine mit dem Ovalgewölb, welcher per gratiam dei suo tempore könnte gebraucht und aufgeführt werden. Der andere in einer völligen Rundung ist zwar schön, aber zu hoch und lang auf unseren Platz, mithin pretioser auszuführen als der erste und vielleicht nit so annehmlich und commod. Es zeigt sich zwar in diesem anderen Riß eine große Magnificenz und Maiestät, wenn man aber considerirt die unsrige Landsart, so vielen Winden, Witterungen, sowohl Sommers als Winters Zeiten unterworfen, so ist nit ratsam dergleichen zu bauen, weilen die Conservation ein ewiges Kapital wäre. Wäre also der Meinung, der erstere meritirte vor anderen in Consideration gezogen zu werden, maßen die Länge auf den Platz proportionirt, so bestehen kann in 260 Schuh, wie der Riß anzeigt, ohne daß man in die Tiefe des Spitalgartens käme; die Breite wäre wieder a proportione sowohl des Klostergebäus als des äußeren Platzes, so die Kirche occupiren sollte. Gäbe gleichwohlen Ansehen, Magnificenz und

Maiestät, so viele als in hoc loco gebührt templo domini sancto und die vires monasterii ertragen möchten. Es würde auch dieses Proiect alle anderen Gebäu im Kloster übertreffen und sich zeigen, daß man verlange, Gott allein die größte Ehre in domo sua zu erweisen und nach allen Kräften zu promoviren.«

Tagebuch vom 31. Oktober 1726
»Wenigst habe pro moderno stylo et aevo getracht, allmögliches zu observiren ex gratia Dei, wie es dann die Approbation von diesiger Welt hat.«

Tagebuch vom 28. Mai 1722
»Meine Intention ist, daß der Kreuzgang lauter gute Gedanken ex obiectis pictis verursachen möge.«

Kapitelbeschluß vom 13. Oktober 1736
»Man solle in nomine Domini pro maiori gloria Jesu auch den Anfang zu der neuen Kirche machen.«
Dazu der Abt: »Meinerseits werde ich nicht ermangeln lassen alle Kräfte anzuwenden, ut etiam domus Dei aedificetur.«

Tadel und Lob einzelner Künstler

Tagebuch vom 20. Oktober 1727
Über die Höhe der Kosten der Stukkatoren bei der Herbstabrechnung: »Dahero inskünftig mit ihnen leidelicher zu tractiren; allein wie es geht bei der Welt: Ein Bauherr steht unter der Gewalt dieser Leute und wenn man an einem Ort menagiren will, so wissen sie an einem anderen Ort zu helfen.«

Tagebuch vom 3. Dezember 1726
»Weil Herr B(ergmiller) unter den Künstlern jetziger Zeit gerechnet wird, so habe auch von seiner Hand etwas machen lassen.«

Tagebuch vom 1. Juni 1724
Über Amigonis Altarbild:
». . . ein schönes und andächtiges Stück, so alle admiriren.«
Über den ganzen Bauteil mit seinen Gemälden:
». . . eine schöne Gelegenheit tam pro Conventu quam Abbati dem Gottesdienst und Devotion abzuwarten.«

Tagebuch vom 15. Februar 1722 und vom 20. April 1723
Zu den Werken des Malers Hieronymus Hau:
»Die Bilder sind schon wohlgemacht, doch ossequiren die Leut meine Gedanken in diesem nicht, daß sie die Stellungen mir nicht also einrichten, ut magis reluceat aliqua similitudo inter figuram et figuratum, wie ich das Concept angegeben und anfangs geführt; wenn ich schon be-

fehle, daß sie mir vorher die Stellungen nur mit Reißblei projectiren und zur Approbation oder Correction übergeben, so haben doch die Künstler ihre Eigensinnigkeit.«

»Die Malerei ist gut; doch aber assequirt er meine Intention in der Stellung figurae et figurati, so eine Parallele und similitudinem geben und haben soll, niemals recht, wenn ich schon alles vorsage.«

Freude über das vollendete Werk

Tagebuch vom 15. Januar 1729

»Nos qui vivimus können uns kaum noch einbilden die Situation des alten Klosters – was wird denjenigen ebendavon einige Ideen machen können, welche es niemals gesehen?«

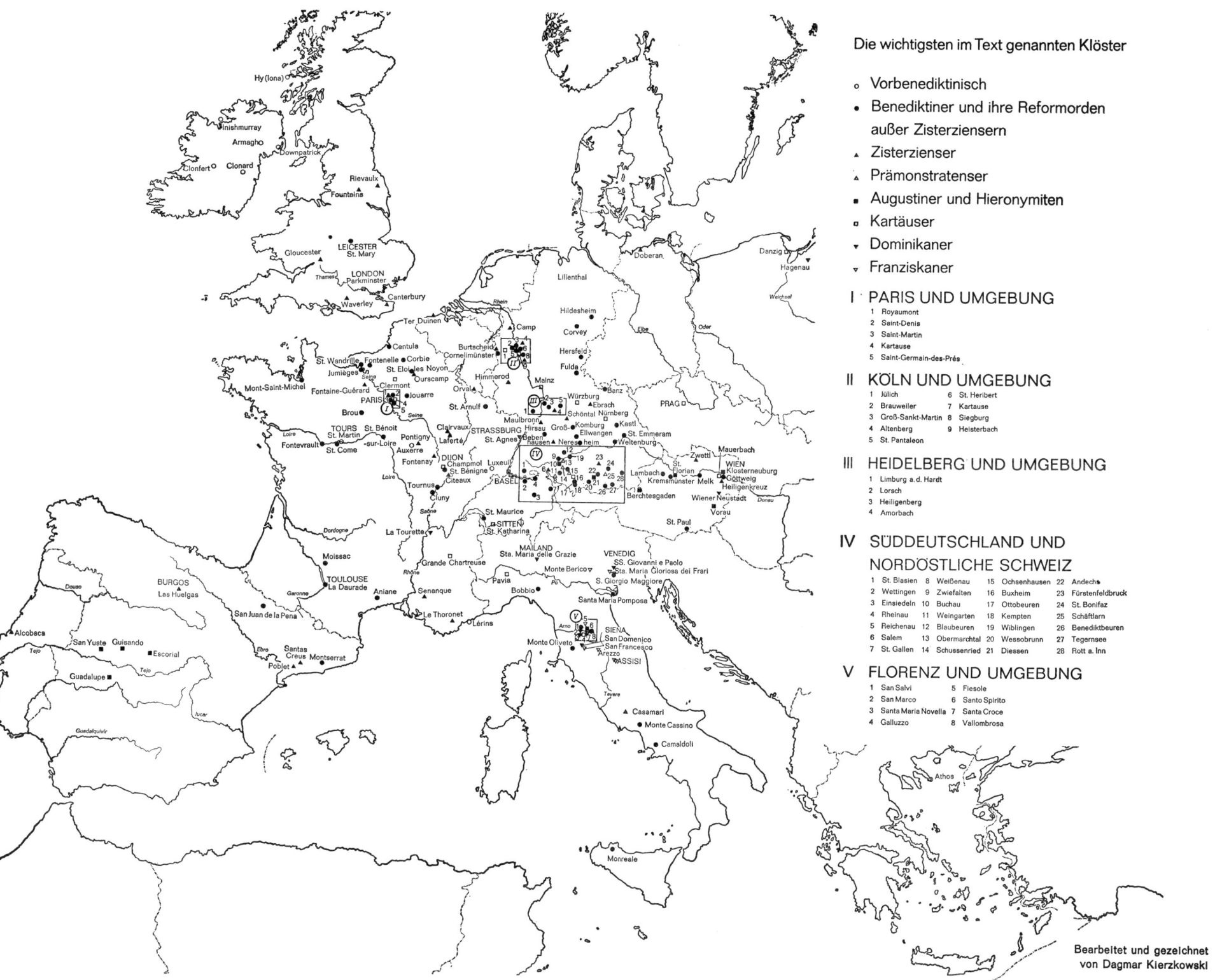

Die wichtigsten im Text genannten Klöster

o Vorbenediktinisch

• Benediktiner und ihre Reformorden
   außer Zisterziensern

▲ Zisterzienser

▴ Prämonstratenser

■ Augustiner und Hieronymiten

◻ Kartäuser

▼ Dominikaner

▽ Franziskaner

I PARIS UND UMGEBUNG

1 Royaumont
2 Saint-Denis
3 Saint-Martin
4 Kartause
5 Saint-Germain-des-Prés

II KÖLN UND UMGEBUNG

1 Jülich   6 St. Heribert
2 Brauweiler   7 Kartause
3 Groß-Sankt-Martin 8 Siegburg
4 Altenberg   9 Heisterbach
5 St. Pantaleon

III HEIDELBERG UND UMGEBUNG

1 Limburg a. d. Hardt
2 Lorsch
3 Heiligenberg
4 Amorbach

IV SÜDDEUTSCHLAND UND
      NORDÖSTLICHE SCHWEIZ

1 St. Blasien   8 Weißenau   15 Ochsenhausen   22 Andechs
2 Wettingen   9 Zwiefalten   16 Buxheim   23 Fürstenfeldbruck
3 Einsiedeln   10 Buchau   17 Ottobeuren   24 St. Bonifaz
4 Rheinau   11 Weingarten   18 Kempten   25 Schäftlarn
5 Reichenau   12 Blaubeuren   19 Wiblingen   26 Benediktbeuren
6 Salem   13 Obermarchtal 20 Wessobrunn   27 Tegernsee
7 St. Gallen   14 Schussenried 21 Diessen   28 Rott a. Inn

V FLORENZ UND UMGEBUNG

1 San Salvi   5 Fiesole
2 San Marco   6 Santo Spirito
3 Santa Maria Novella 7 Santa Croce
4 Galluzzo   8 Vallombrosa

Bearbeitet und gezeichnet
von Dagmar Kierzkowski

Anmerkungen

1 Mann, A., *Großbauten vorkarlischer Zeit und aus der Epoche von Karl dem Großen bis zu Lothar I.*, in: *Karl der Große, Lebenswerk und Nachleben*, hrsg. von Wolfgang Braunfels, Bd. III: *Karolingische Kunst*, Düsseldorf 1965, S. 320.

2 Hubert, J., *L'Europe des Invasions*, Paris 1967, S. 64.

3 Dokumente Nr. III, Kap. II

4 Gerstenberg, K., *Die deutschen Baumeisterbildnisse des Mittelalters*, Berlin 1966, S. 5.

5 Effmann, W., *Centula-St. Riquier, Eine Untersuchung zur Geschichte der kirchlichen Baukunst in der Karolingerzeit*, Münster 1912, S. 56.

6 Levillain, L., *Les statuts de l'abbaye de Corbie promulgués par Adlard en 822*, in: *Le Moyen Age* XIII, 1900, p. 352 ff.

7 Cipolla, C., *Una 'Abbrevatio' inedita dei beni dell'abbazia di Bobbio*, in: *Rivista Storica Benedittina* I, 1906, p. 3 ff.

8 Dopsch, A., in: *Vierteljahresschrift für Sozial- und Wirtschaftsgeschichte* XIII, 1916, S. 41–70.
Ich bin Walter Horn, University of California, Berkeley, zu großem Dank verpflichtet, daß er mir Einsicht in sein druckfertiges Manuskript zum Plane von St. Gallen gewährte.

9 Mittermüller, R., *Vita et Regula SS. P. Benedicti una cum expositione Regulae a Hildemaro tradita*, Ratisbonae 1880.
Hildemar war von Angilbert II. (824–860) aus Corbie nach dem Kloster Civate in der Nähe des Comer Sees als Lehrer berufen worden, und seine Schüler haben seine Anweisungen gegen 850 aufgezeichnet.

10 Marrier, Dom M. und Duchesne, A., *Bibliotheca Cluniacensis*, Paris 1614, reprinted, Protat frères, Macon 1915:
Sp. 1666 (zum Jahre 1245): Et sciendum est quod infra ambitum monasterii Cluniacensis, habuit hospitum domnus Papa cum Capellanis suis, et cum omni privata familia. Et Eps. Silvanectensis cum familia. Domnus Rex Franciae cum matre sua, et fratre suo, et sorore sua, et cum tota ipsorum familia privata. Et domnus Imperator Constantinopolitanus cum tota familia, et multi alii milites Clerici, Religiosi, de quibus non fit mentio. Et tamen nunquam propter hoc Monachi amiserunt dormitorium, neque refectorium, neque Monasterium, neque Capitulum, neque Infirmiriam, neque Cellariam, neque Coquinam, neque aliquam de Officinis deputatis Conventui.

11 Wilmart, Dom A., *Le couvent et la bibliothèque de Cluny vers le milieu du XIᵉ siècle*, in: *Revue Mabillon* 11 (1922). 89-124.

12 Wohl mit Recht verlegt Conant, entgegen seiner eigenen älteren Ansicht, den Klosterbrunnen von der Mitte des südlichen Kreuzgangflügels an seine Südwestecke.

13 zitiert nach: Otto Bischof von Freising, *Chronik oder die Geschichte der zwei Staaten*, übers. von Adolf Schmidt, hrsg. von Walter Lammers, Darmstadt 1960, S. 560ff.

14 Simson, O. von, *The Gothic Cathedral*, 1958, S. 93ff.

15 Meglinger, J., *Descriptio Itineris Cisterciensis*, in: *Migne PL*, CLXXXV bis, Sp. 1566–1622.

16 Esser, K. H., *Über den Kirchenbau des Hl. Bernhard von Clairvaux*, in: *Archiv für mittelrheinische Kirchengeschichte* 5, 1953. S. 195–221; Esser legt in diesem Beitrag die Pläne seiner Ausgrabungen mit dem Nachweis der Anwesenheit Bernhards und den Planungsarbeiten Achards vor.

17 Pourbus sind bei der Beschriftung einzelner Gebäude und Trakte Irrtümer unterlaufen. So wurden sicherlich irrtümlich die Bezeichnung für Ost- und Südtrakt des Kreuzganges verwechselt.

18 Leistikow, D., *Hospitalbauten in Europa aus zehn Jahrhunderten. Ein Beitrag zur Geschichte des Krankenhausbaues*, Ingelheim 1967, S. 29f.

19 in: *La Chartreuse de Champmol*, Catalogue de l'Exposition au Musée de Dijon en 1960.

20 Franz wurde in dem kleinen Friedhof bei S. Giorgio zunächst beigesetzt, wo heute Sta. Chiara steht. Ob indes der Wunsch, an der Richtstätte vor der Stadt in einer Schutthalde begraben zu werden, »eine nachträgliche fromme Erfindung sei«, wie Hertlein meint, möchte ich bezweifeln. Es entspricht genau jenem lyrischen Rigorismus in der Nachfolge Christi, der auf dem Richtplatz starb, und ist zugleich der einzig wirkliche Grund für die Wahl des exzentrischen Bauplatzes der Grabeskirche.

21 So besaß die kleine und junge Stauferpfalz und Stadt Hagenau von nie mehr als 3000, meist unter 2000 Einwohnern, 11 Niederlassungen: Prämonstratenser 1189–1789, Franziskaner 1222–1789, Klarissinnen 1280–1299, Augustinereremiten 1282–1789, Dominikaner 1293–1789, Reuerinnen 1310–?, Wilhelmiter 1311–1614, Johanniter 1354–1535, Beginen 1390–1789, Jesuiten 1604–1765, Kapuziner 1628–1789. Sechs von ihnen wurden also erst in der Französischen Revolution aufgelöst.

22 Hauck, A., *Kirchengeschichte Deutschlands*, Berlin 1958[9], Bd. IV, S. 409.

23 Davidsohn, R., *Forschungen zur Geschichte von Florenz* IV, Berlin 1908, S. 483.
    Der Autor berichtet von der Vision des Mönches Bartolus von Pisa 1385, dem einer der Bauherren von Santa Croce – der Prior Giovenale degli Agli – im Schlaf erschienen sei, um zu erzählen, daß er in der Hölle ewiglich von jenen Steinmetzhämmern auf die Schläfen geschlagen würde, die das glänzende, vielbewunderte aber verwerfliche Werk geschaffen hätten. Noch nach Jahrhunderten ist uns der Groll des Bruders verständlich, der durch das ewige Hämmern in seiner Betrachtung gestört worden ist.

24 Richa, G., *Notizie istoriche delle chiese fiorentine divise ne suoi quartieri*, Firenze 1754/62.

25 Irre ich nicht, so ist der Kapitelsaal von Brauweiler bis zum Anfang des 14. Jh. der einzige, dessen Bemalung erhalten blieb. Die Frühdatierung auf die Amtszeit des Erbauers Amilius (1135–1149) geschah durch Beseler, H., *Zu den Monumentmalereien im Kapi-*

telsaal von Brauweiler, in: *Jahrbuch der Rheinischen Denkmalpflege*, XIII, 1960, S. 98–124. Die Quelle für das vielfältige ikonografische Programm und seinen Bezug auf einen Kapitelsaal ist unbekannt. Vgl. dazu: Clemen, P., *Die romanische Monumentalmalerei in den Rheinlanden*, Düsseldorf 1916, S. 358–404.

26 Marrier, Dom M. und Duchesne, A., *Bibliotheca Cluniacensis*, Paris 1614, reprinted, Protat frères, Macon 1915.

Sp. 1640 (zur Amtszeit Hugos von Semur 1049–1109): Ista domus Refectorii habetur gloriosa in picturis tam novi quam veteris Testamenti, principium fundatorem et benefactorem Coenobii Cluniacensis cum immensa imagine Christi, et repraesentatione magni ipsius iudicii . . .

27 vgl. dazu: Vertova, L., *I cenacoli fiorentini*, Turin 1965.

28 Cohn, W., in: Offner, R., *A critical and historical corpus of Florentine painting*, New York 1956, Vol. VI, Section III, S. 122–135.

29 Braunfels, W., *Anton Wonsams Kölnprospekt von 1531 in der Geschichte des Sehens*, in: *Wallraf-Richartz-Jahrbuch* XXII, S. 115–136.

30 Auch Mont-Saint-Michel besaß ein ähnliches Beinhaus; vgl. dazu: Schmitt, O., *Zur Deutung des spätromanischen Zentralbaus auf der Komburg*, in: *Die Klosterbaukunst*, 1951.

31 Ich stütze mich hierbei auf die alten Bestimmungen von E. Corroyer von 1872. Die neuere Forschung sieht in dem Raum ein Refektorium, als welches es wahrscheinlich gedient hat, nachdem die Mönche im 15. Jh. den gemeinsamen Schlafraum aufgegeben hatten. Schon die 56 sehr schmalen Fenster, für jedes Bett eines, beweisen, daß es ein

Dormitorium gewesen ist. Auch im Dormitorium von Cluny fällt die große Zahl der Fenster auf. Sie waren nur für das Dormitorium, nie für ein Refektorium verpflichtend. Jeder Mönch sollte auch während der Mittagsruhe lesen können.

32 Es war mir kein Gesamtplan zugänglich, auf dem das königliche Appartement, den Detailplänen entsprechend, richtig angegeben ist.

33 Grimschitz, B., *Johann Lukas von Hildebrandt*, Wien-München 1959, S. 99.

34 Boesch, G., *Vom Untergang der Abtei Reichenau*, Zürich 1956.

35 Die Belegstelle wurde schon von Montalembert, *Les moines d'occident*, Paris 1860–77, erwähnt.

36 Goffient, H. J. F., *Documents pour l'histoire de l'abbaye d'Orval*: Annales de l'institut archéologique du Luxembourg V, 1867, p. 165; III. Pillage et incendie de l'abbaye d'Orval en 1637.

37 siehe Anmerkung 35.

38 Hautecœur, L., *Histoire de l'architecture classique en France*, Teil II, Paris 1948.

39 vgl. Serenyi, P., *Le Corbusier, Fourier, and the Monastery of Ema*, in: *The Art Bulletin* XLIX, 1967, S. 227–286. Dort auch die Nachweise aus: Le Corbusier, *The Marseilles Block*, London 1953, S. 45 und: Le Corbusier, *Modulor*, Cambridge Mass. 1954, S. 27f. Eine gute Beschreibung des Klosterfunktionalismus in: Rowe, C., *Dominican Monastery of La Tourette*, in: *Architectural Review*, 1129, 1961, S. 400–410.

Schrifttum

Die Auswahl aus dem nicht mehr übersehbaren Schrifttum zum abendländischen Mönchtum und seiner Baukunst verfolgt einen doppelten Zweck. Einmal nennt sie die Literatur, die ich bei der Niederschrift des Textes zu Rate gezogen habe, zum anderen führt sie die Werke auf, die dem Leser eine Vorstellung davon vermitteln, wie weit die Bereiche sind, aus denen ich einige der wichtigsten und vielfach die wichtigsten Beispiele aufgegriffen habe. Um die Fülle der Titel überschaubar zu halten, wurden sie nach Kapiteln geordnet zusammengestellt. Innerhalb des Schrifttums zu den einzelnen Kapiteln wurde der chronologischen Ordnung nach dem Erscheinungsjahr der Vorzug vor der alphabetischen Ordnung nach Autoren gegeben. Die Numerierung der Titel dient der Abkürzung der Hinweise auf sie im Text. Die Auswahl umfaßt nur einen Bruchteil des Schrifttums zum Klosterwesen des Abendlandes. Eine vollständige Zusammenstellung ist nie versucht worden und wohl auch undurchführbar.

1 Geschichte des Mönchtums und der Klosterbaukunst

a grundlegende Darstellungen und Quellen

1 HALLINGER, K., *Corpus Consuetudinum Monasticarum*, Siegburg 1963
2 HÉLYOT, P., *Dictionnaire des Ordres réligieux*, ed. M.L. Badiche, in: MIGNE, J.P., *Encyclopédie Théologique*, vols. XX–XXIII, 1847–1859
3 LENOIR, A., *Architecture monastique*. Collection de documents inédits sur l'histoire de France, 3e série, Archéologie VII, Paris 1852
4 MIGNE, J.P., *Dictionnaire des Abbayes*, 1856
5 *The Cambridge Medieval History*, ed. H.M. GWATKIN, Cambridge 1911–36
6 *Sancti Benedicti Regula Monasteriorum*, ed. LUTZBERTUS BUTLER, Freiburg 1927
7 HILPISCH, ST., *Geschichte des Benediktinischen Mönchtums*, Freiburg 1927
8 HEIMBUCHER, M., *Die Orden und Kongregationen der katholischen Kirche*, München-Paderborn-Wien 1933/34; Neudruck 1965
9 HEUSSI, K., *Ursprung des Mönchtums*, Tübingen 1936
10 DOM COTTINEAU, *Répertoire topobibliographique des abbayes et des prieurs*, 2 vols., Macon 1939
11 SCHMITZ, PH., *Geschichte des Benediktinerordens*, Zürich-Einsiedeln 1947–1960, 4 Bde.
12 BALTHASAR, H.-U. VON, *Die großen Ordensregeln*, Einsiedeln-Zürich-Köln 1948
13 *Die Klosterbaukunst*, Arbeitsbericht der deutsch-französischen Kunsthistorikertagung, Mainz 1951
14 ESCHAPASSE, M., *L'Architecture Bénédictine en Europe*, Paris 1963

b nach Ländern

15 *Monasticon Anglicanum*, 6 vols., Sir Will am Dugdale, London 1817–30
16 KNOWLES, D. and HADCOCK *Medieval Religious Houses in England and Wales*, London 1946–53
17 —, *The Monastic Order in England*, Cambridge 1950
18 —, *The Religious Orders in England*, 3 vols., 1956–1961
19 COOK, G.H., *English Monasteries in the Middle Ages*, London 1961
20 SANDERIUS, A., *Chorographia sacrae Brabantiae*, Brüssel 1659
21 GERMAIN, M., *Monasticon Gallicanum*, reprint ed. Peigné-Delacourt, 1882
22 GROSSI, P., *Le abbazie benedictine*, Firenze 1957
23 PUIG I CALDAFALCH, *L'arcitectura romànica a Catalunya*, Barcelona 1909
24 LAMPEREZ Y ROMEA, V., *Historia de la arquitectura cristiana española en la edad media*, 3 vols., Madrid 1930
25 AZCARATE, J.M. DE, *Monumentos españoles*, 3 vols., Madrid 1953

2 Anfänge des benediktinischen Klosterschemas

a Grundlagen

26 VOGÜE, M., *Syrie Centrale, Architecture civile et religieuse du 1er au 7e siecle*, 4 vols., Paris 1865–97
27 SCHLOSSER, J. VON, *Abendländische Klosteranlagen des frühen Mittelalters*, Wien 1889
28 HAGER, G., *Zur Geschichte der abendländischen Klosteranlage*, in: *Zeitschrift für christliche Kunst* 14, 1901
29 FRENDEL, J., *Ursprung und Entwicklung der christlichen Klosteranlage*, Diss. Bonn 1927
30 BUTLER, H.C., *Early Churches in Syria*, Princeton 1929
31 DEHLINGER, A., *Die Ordensgesetzgebung der*

Benediktiner und ihre Auswirkung auf die Grundrißgestaltung des benediktinischen Klosterbaus in Deutschland, Borna-Leipzig 1936

32 AUBERT, M., *Origines du plan bénédictin*, in: *Bulletin Monumental* 1937

33 PRINZ, F., *Frühes Mönchtum in Frankreich*, München, Wien 1965

b zu einzelnen Klöstern

34 HÉLYOT, P., *L'Abbaye de Corbie*, Louvain 1957

35 HUGOT, L., *Kornelimünster, Untersuchung über die baugeschichtliche Entwicklung der ehemaligen Benediktinerklosterkirche*, Diss. Aachen 1965

36 EFFMANN, W., *Die Kirche der Abtei Corvey*, Hrsg. A. Fuchs, Paderborn 1929

37 GROSZMANN, D., *Die Abteikirche zu Hersfeld*, Kassel 1955

38 RAUMANT, E., *The Cloister of Jumièges*, in: *British Archeological Association* 3rd series XX–XXI 1957–1958

39 MARIS, H., *L'abbaye de Lérine*, 1909

40 CRISTIANI, L., *Lérins et ses fondateurs*, Paris 1946

41 SELZER, W., *Das karolingische Reichskloster Lorsch*, Kassel 1955

42 CHRIST, H., *Die sechs Münster der Abtei Reichenau von der Gründung bis zum Ausgang des 12. Jahrhunderts*, Reichenau 1956

43 LOT, F., *Hariulf, Chronique de l'abbaye de Saint-Riquier*, Paris 1894

44 —, *Nouvelles recherches sur le texte de la chronique de l'abbaye de Saint Riquier par Hariulf*, in: *Bibliotheque de l'école de Chartres*, LXXII 1941

45 HUBERT, J., *Saint Riquier et le monachisme bénédictin en Gaule à l'époque carolingienne*, in: *Settimane di Studio del Centro Italiano di studi sull'alto medioevo*, IV, Spoleto 1957

46 BERNARD, H., *Premières Fouilles à Saint-Riquier*, in: *Karl der Große* Bd. 3, hrsg. von W. Braunfels und H. Schnitzler, Düsseldorf 1965

3 Der Plan von St. Gallen

47 KELLER, F., *Bauriß des Klosters St. Gallen vom Jahre 820*, Zürich 1844

48 BOECKELMANN, W., *Die Wurzel der St. Galler Plankirche*, in: *Zeitschrift für Kunstwissenschaft* Bd. 6, 1952

49 REINHARDT, H., *Der Klosterplan von St. Gallen*, St. Gallen 1952

50 BOECKELMANN, W., *Der Widerspruch im St. Galler Klosterplan*, in: *Zeitschrift für Schweizerische Archäologie und Kunstgeschichte* Bd. 19, 1956

51 SCHÖNE, W., *Das Verhältnis von Zeichnungen und Maßangaben im Kirchengrundriß des St. Galler Klosterplans*, in: *Zeitschrift für Kunstwissenschaft* Bd. 14, 1960

52 WECKWERTH, A., *Die frühchristliche Basilika und der St. Galler Klosterplan*, in: *Zeitschrift für Schweizerische Archäologie und Kunstgeschichte* Bd. 21, 1961

53 POESCHEL, E., *Kunstdenkmäler des Kantons St. Gallen* Bd. 3, Basel 1961

54 DUFT, J., *Studien zum St. Galler Klosterplan*, in: *Mitteilungen zur Vaterländischen Geschichte*, hrsg. vom Historischen Verein des Kantons St. Gallen, St. Gallen 1962 (mit Beiträgen von B. BISCHOFF, W. HORN u.a.)

55 REINLE, A., *Neue Gedanken zum St. Galler Klosterplan*, in: *Zeitschrift für Schweizerische Archäologie und Kunstgeschichte* Bd. 23, 1963/64

56 HORN, W., *Das Modell eines karolingischen Idealklosters nach dem Plan von St. Gallen*, in: *Ausstellungskatalog Karl der Große*, Aachen 1965

57 —, *The 'Dimensional Inconsistencies' of the Plan of Saint Gall and the Problem of the Scale of the Plan*, in: *The Art Bulletin*, XLVIII, 1966, S. 285

4 *Cluny und die Kluniazenser*
a Quellen und Grundlagen

58 DUCKETT, G.F., *Visitations and Chapters General of the Order of Cluni, in respect of Alsace and Lorraine etc. 1269–1529*, London 1893

59 VALOUS, G. DE, *Le Monachisme clunisien des origines au 15e siecle. Vie intérieure des monastères et l'organisation de l'ordre*, Paris 1935

60 LAMMA, P., *Momenti di storiografia cluniacense*, Roma 1961

61 *Status, chapitres généraux et visites de l'Ordre de Cluny*, Paris 1965

62 VIREY, J., *Un ancien plan de l'Abbaye de Cluny*, Macon 1910

63 METTLER, A., *Kloster Hirsau*, Augsburg 1928

64 GREINER, K., *Kloster Hirsaus Geschichte durch 11 Jahrhunderte*, Calw 1929

65 SMITH, J.M., *Cluny in the XI–XII Centuries*, London 1930

66 SCHAPIRO, M., *The Romanesque Sculpture of Moissac*, in: *Art Bulletin* XIII 1931

67 STOCKHAUSEN, H. VON, *Romanische Kreuzgänge in der Provence*, in: *Marburger Jahrbuch für Kunstwissenschaft* 1933

68 EVANS, J., *The romanesque architecture of the order of Cluny*, Cambridge 1938

69 DESHALIERES, F., *Abbaye de Cluny*, in: *Bulletin Monumental* Bd. 105, 1947

70 *Travaux du Congrès à Cluny* 1949, Dijon 1950

71 EVANS, J., *Cluniac Art of the Romanesque Period*, Cambridge 1950

72 VIREY, J., *L'Abbaye de Cluny*, Paris 1950

73 LINCK, O., *Mönchtum und Klosterbauten Württembergs im Mittelalter*, Stuttgart 1953

74 REY, R., *L'art des cloîtres romans*, Paris 1955

75 —, *Les cloîtres historiés du Midi dans l'art roman*, in: *Mémoires de la Société Archéologique du Midi de la France* 23, 1955

76 TELLENBACH, G. (Hrsg.), *Neue Forschungen über Cluny und die Cluniazenser* (Autoren: WOLLASCH, MAGER, DIENER) Freiburg 1959

b K.J. Conant

77 —, *Medieval Excavations at Cluny, the season of 1928*, in: *Speculum* 1929

78 —, *The third Church at Cluny*, in: *Medieval Studies in Memory of Kingsley Porter* II, Cambridge 1937

79 —, *A Cluny, congrès scientifique en l'honneur des Saintes Abbés Odon et Odilon*, Dijon 1950

80 —, *Cluny I and Cluny II*, in: *Bulletin Monumental* 1951

81 —, *Medieval Excavations at Cluny, Final Station of the Project*, in: *Speculum* 1954

82 —, *New Results in the Study of Cluny Monastery*, in: *Journal of the Society of Architectural Historians*, Oktober 1957

83 —, *Études nouvelles sur l'abbaye de Cluny*, in: *Bulletin de la société nationale des antiquités de France* 1957

84 —, *Dernières découvertes à Cluny*, in: *Bulletin de la société nationale des antiquités de France* 1959

85 —, *Systematic Dimensions in the Buildings of Cluny*, in: *Speculum* 1963

86 —, *Cluny II und St. Bénigne at Dijon*, in: *Archeologia* Nr. 99, 1965

5 *Citeaux und die Zisterzienser*
a Quellen und Grundlagen

87 JOGELINUS, G., *Notitia abbatiarum ordinis Cisterciensis per orbem universum libros X complerea*, Koeln 1640

88 —, *Gallia christiana in provincis ecclesiasticas distributa*, Paris 1715

89 MARTÈNE ET DURAND, *Dialogus inter cluniacensem monachum et cisterciensem, Thesaurus novus anecdotum*, Parisiis 1717

90 JUBAINVILLE-GUIGNARD, *Les monuments primitifs de la règle cistercienne*, Dijon 1878

91 CANIVEZ, J.M., *Statuta capitulorum generalium Ordinis Cisterciensis ab anno 1116 ad annum 1786*, Louvain 1933ss

92 AUBERT, M., *L'architecture cistercienne en France*, Paris 1947

93 DIMIER, M.A., *Recueil de plans d'églises cister-ciennes*, Paris 1949

94 *Mélanges St. Bernard, XXIV Congrès de l'Association Bourguignonne des Sociétés Savantes 1953*, Dijon 1954

95 PARIS, J., *Du premier esprit de l'ordre de Citeaux*, Paris 1954

96 BOUYER, L., *La spiritualité des Cisterciens*, Paris 1954

97 LECLERCQ, J. u. a., *S. Bernardi Opera*, 3 vols., Romae 1957–63

98 LEKAI, L. und SCHNEIDER, A., *Geschichte und Wirken der Weißen Mönche*, Kempten 1958

99 GRIESSER, B., *Exordum magnum cisterciense*, Romae 1961

100 ZAKAR, P., *Die Anfänge des Zisterzienserordens*, in: *Analecta Sacri Ordinis Cisterciensis* 10, 1964

101 MEER, F. VAN DER, *Atlas de l'Ordre Cistercien*, Haarlem 1965

b zusammenfassende Darstellungen

102 RÜTTIMANN, H., *Der Bau- und Kunstbetrieb der Cistercienser unter dem Einfluß der Ordensgesetzgebung im 12. und 13. Jahrhundert*, Bregenz 1911

103 ROSE, H., *Die Baukunst der Zisterzienser*, München 1916

104 KINGSLEY-PORTER, A., *Romanesque Sculpture of the Pilgrimage Roads*, Boston 1923

105 AUBERT, M., *L'architecture cistercienne au XIIe et au XIIIe siècle*, in: *Revue de l'Art* 1937

106 MAHN, J.B., *L'ordre cistercien et son gouvernement des origines au milieu du XIIIe siècle (1098–1265)*, 1945/51

107 ESSER, K.H., *Über die Bedeutung der Zisterzienserkirchen*, in: *Arbeitsbericht, Klosterbaukunst* 1951

108 LEFEVRE, J.A., *Le vrai récit primitif des origines de Citeaux et il Exordium Parvum?* Le Moyen Age 61, 1955

109 HAHN, H., *Der frühe Kirchenbau der Zisterzienser, Untersuchungen zur Baugeschichte von*

Eberbach und ihren europäischen Analogien im 12. Jahrhundert, Berlin 1957

110 WINANDY, J., *Les origines de Citeaux et les travaux de M. Lefèvre*, in: *Revue Bénédictine* 57, 1957

111 DIMIER, M.A., *L'art cistercien*, 1962

c nach Ländern

112 CLEMEN, P., *Die Klosterbauten der Cisterzienser in Belgien*, Berlin 1916

113 SAUER, J., *Der Cistercienser-Orden und die deutsche Kunst des Mittelalters*, Salzburg 1913

114 METTLER, A., *Mittelalterliche Klosterkirchen und Klöster der Hirsauer und Zisterzienser in Württemberg*, Stuttgart 1927

115 KRAUSEN, E., *Die Klöster des Zisterzienserordens in Bayern*, in: *Bayerische Heimatforschung* Heft 7, München 1953

116 EYDOUX, H.B., *Die Zisterzienserabtei Bebenhausen*, Tübingen 1950

117 DÖRRENBERG, J., *Das Zisterzienserkloster Maulbronn*, Würzburg 1938

118 CLASEN, W., *Die Zisterzienserabtei Maulbronn im 12. Jahrhundert und der bernhardinische Klosterplan*, Kiel 1956

119 HOPE, J., *Fountains Abbey*, 1900

120 BILSON, J., *The Architecture of the Cistercians in England*, in: *Archeological Journal* 1901

121 CHAVANNE, J. DE, *Le débuts des abbayes cisterciennes dans les anciens pays bourguignonnes*, 1953

122 HORN, W. und BORN, E., *The Barns of the Abbey of Beaulieu and its Granges of Great Cuxwell and Beaulieu-St. Leonards*, Berkeley and Los Angeles 1965

123 RANJARD, M., *L'abbaye de Noirlac*, in: *Monuments historiques de la France* 1957

124 FONTAINE, C., *Pontigny, abbaye cistercienne*, 1928

125 SERAFINI, A., *L'Abbazia di Fossanova e le*

origini dell'architettura gotica nel Lazio, Roma 1924

6 Baukunst der Kartäuser
a zusammenfassende Darstellungen

126 LE MASSON, *Annales ordinis Cartusiensis*, I. Teil, Correriae 1687, ²Meudon 1898
127 *Maisons de l'ordre des Chartreux*, Montreuil sur Mer 1913
128 VÖLCKERS, O., *Die Klosteranlage der Kartäuser in Deutschland*, in: *Zeitschrift für Bauwesen* 71, 1921
129 BAUMANN, E., *Die Kartäuser*, Münster 1930
130 MÜHLBERG, S. D., *Die Klosteranlage des Kartäuserordens*, ungedr. Diss., Köln 1949
131 MEYER, A. DE et SMET, J. M. DE, *Guigo's 'Consuetudines' van de eerste kartuizers*, Brüssel 1951

b zu einzelnen Klöstern

132 LE FEBVRE, I. A., *La Chartreuse de Notre-Dame-des-Prés*, a Neuville sous Montreuil-sur-Mer, 1881
133 MONGET, C., *La Chartreuse de Dijon*, 3 vols., Montreuil-sur-Mer 1898,
134 BAUER, J., *Die ehemalige freie Reichskartause Buxheim*, München 1936
135 BLIGNY, B., *Recueil de plus anciens actes de la Grande-Chartreuse (1086–1196)*, Grenoble 1958
136 ARENS, F., *Bau und Ausstattung der Mainzer Kartause, Beiträge zur Geschichte der Stadt Mainz* 17, Mainz 1959

7 Baukunst der Bettelorden
a zusammenfassende Darstellungen

137 MEYER, J., *Chronica brevis Ordinis Praedicatorum*, Vechta 1927
138 SESSEVALLE, F. DE, *Histoire générale de l'ordre de Saint François*, Paris 1935

139 BENNETT, R. F., *The early Dominicans. Studies in 13th-century Dominican history*, Cambridge 1937
140 WALZ, P. A. M., *Compendium historiae ordinis praedicatorum*. Edito altera recognita et aucta, Romae 1948
141 WAGNER, E., *Historia constitutionum generalium Ordinis Fratrum Minorum*, Romae 1954
142 GRUNDMANN, H., *Religiöse Bewegungen des Mittelalters*, Darmstadt 1961

b nach Ländern

143 KRAUTHEIMER, R., *Die Kirchen der Bettelorden in Deutschland*, Köln 1925
144 KONOW, H., *Die Baukunst der Bettelorden am Oberrhein*, Diss., Freiburg 1938
145 FAIT, I., *Die Bettelordenskirchen zwischen Elbe und Oder*, Diss., Greifswald 1953
146 THODE, H., *Franz von Assisi und die Anfänge der Kunst der Renaissance in Italien*, 1885, ⁴Wien 1934
147 KLEINSCHMIDT, B., *Die Basilika San Francesco in Assisi*, Berlin 1915–26
148 DONIN, R. K., *Die Bettelordenskirchen in Österreich*, Baden/Wien 1935
149 FRANKL, P., Besprechung von DONIN: *Die Bettelordenskirchen in Österreich*, in: *Kritische Berichte* Heft 1, 1937
150 BÜRGLER, F., *Die Franziskanerorden in der Schweiz*, 1926
151 OBERST, J., *Die mittelalterliche Architektur der Dominikaner und Franziskaner in der Schweiz*, Zürich-Leipzig 1927

8 Baugeschichte einzelner im Text behandelter Klöster

El Escorial

152 ROTONDO, *Historia descriptiva, artistica y pintoresca del monasterio del Lorenzo, communamente llamado el Escorial*, Madrid 1856–61
153 SIGUENZA, F. J. DE, *Fundacion del Monasterio de El Escorial*, Neuauflage Madrid (1963)

154 *Centenario de la Fundacion del Monasterio de San Lorenzo el Real de el Escorial* 1563–1963, 2. Band

Fleury à Saint-Bénoit-sur-Loire

155 CHENESSEAU, G., *L'abbaye de Fleury à Saint-Bénoit-sur-Loire. Son histoire, ses institutions, ses édifices*, Tours 1931

Groß-Komburg

156 GRADMANN, E., *Die Kunst und Altertumsdenkmale im Königreich Württemberg*, Inventar 1907

157 METTLER, A., *Die ursprüngliche Bauanlage des Klosters Komburg*, in: *Württembergische Vierteljahrshefte für Landesgeschichte*, Neue Folge 20, 1911

158 LINCK, O., *Vom mittelalterlichen Mönchtum und seinen Bauten in Württemberg*, Stuttgart 1953

Mont-Saint-Michel

159 CORROYER, E., *Description de l'abbaye du Mont Saint Michel et de ses abords*, Paris 1877

160 GOUT, P., *Mont Saint Michel*, 2 vols., Paris 1910

161 BESNARD, CH.-H., *Le Mont Saint Michel*, Paris 1912

162 MAUCLAIR, C., *Le Mont Saint Michel*, Grenoble 1931

163 BAZIN, G., *Le Mont Saint Michel*, 1938

164 *Millénaire du Mont Saint Michel*, Catalogue de l'exposition, Paris 1966

Monreale

165 SCHEPPARD, C., *The iconography of the cloister of Monreale*, in: *The Art Bulletin* 31, 1949

166 SALVINI, R., *Il chiostro di Monreale*, Palermo 1962

Oviedo

167 SELGAS, F. DE, *El origin de Oviedo*, in: *Boletin de la Sociedad Española de Excursiones* XVI (1908), p. 102–125

168 MANZANARES, R.J., *Fragmentos romanicos del monasterio de San Vicente de Oviedo*, Oviedo 1952

169 CHUECA, G.F., *Casas Reales en monasterios y conventos españoles*, Madrid 1966

Poblet

170 AMADOR DE LOS RIOS, R., *Burgos. Barcelona (Molina)* 1888. XXVI (España, sus monumentos y artes . . . 1884–91)

171 TORRES BALBAS, L., *Arte Almohade, arte nazari, arte mudejar*, Madrid 1949 (Ars Hispana)

Santa Maria Pomposa

172 SALMI, M., *L'Abbazia di Pomposa*, Roma 1950

St. Pantaleon

173 BESELER, H., *Fragen zum ottonischen Kreuzgang des Pantaleonklosters in Köln*, in: *Forschungen zur Kunstgeschichte und christlichen Archäologie*, Bd. 3, Wiesbaden 1957

Tournus

174 Gaudillière, A., in: *Bourgogne Romane*, Paris 1955, S. 27–66

9 *Fürstabteien des Barock*
a allgemein

175 HARTIG, M., *Bayerns Klöster und ihre Kunstschätze*, Bd. 1, München 1913

176 HERRMANN, W., *Der hochbarocke Klostertypus*, Diss., Leipzig 1928

177 LEMPERLE, H., *Oberschwäbische Klosteranlagen der Barockzeit und ihre Beziehung zur Landschaft*, Diss., Frankfurt 1936

178 KRÄUSEL, I., *Die deutschen Klosteranlagen des 17. Jh.*, Diss., Frankfurt am Main 1953

179 KOHLBACH, R., *Die Stifte Steiermarks*, Graz 1953

180 *Barock in Oberschwaben*, Katalog der Ausstellung, Weingarten 1963

181 EVANS, J., *Monastic Architecture in France*

from the Renaissance to the Revolution, Cambridge 1964

182 BURROUGH, T.H.B., *South German Baroque*, London 1965

183 RÖHRIG, F., *Alte Stifte in Österreich*, Bd. 1, Wien-München 1966

b zu einzelnen Klöstern

Einsiedeln

184 KUHN, A., *Der jetzige Stiftsbau Maria-Einsiedeln*, Einsiedeln 1913

185 BIRCHLER, L., *Einsiedeln und sein Architekt Br. C. Moosbrugger*, Au 1924

186 —, *Die Kunstdenkmäler der Schweiz* Bd. 1

Kempten

187 ROTTENKOLBER, J., *Geschichte des hochfürstlichen Stiftes Kempten*, München 1933

188 ROEDIGER, M., *Die Stiftskirche St. Lorenz in Kempten*, Burg bei Magdeburg 1938

189 SCHNELL, H., *Die fürstäbtliche Residenz in Kempten*, München 1947

190 PETZET, M., *Stadt und Landkreis Kempten*, München 1959

Klosterneuburg

191 SCICOLA, G., *Jacob Prandtauer, Entwurf für das Kloster Klosterneuburg*, in: *Jahrbuch des Stiftes Klosterneuburg*, Nf Bd. 1

192 RÖHRIG, F., *Stift Klosterneuburg, Augustiner-Chorherrenstift*, München/Zürich 1958

Melk

193 KUMMER, E., *Stift Melk und seine Geschichte*, in: *Katalog der Barockausstellung 'J. Prandtauer und sein Kreis'*, Wien 1960

Ochsenhausen

194 SCHEFOLD, M., *Reichsabtei Ochsenhausen*, Augsburg 1927

195 SCHNELL, H., *Reichsabtei Ochsenhausen*, Kleiner Kunstführer 304/305, München 1950

Ottobeuren

196 LIEB, N., *Ottobeuren und die Barockarchitektur Ostschwabens*, Diss., München 1931

197 SCHNELL, H., *Ottobeuren, Kloster und Kirche*, München 1936

198 LIEB, N., *Abt Rupert Ness von Ottobeuren*, in: *Lebensbilder aus dem bayerischen Schwaben*, hrsg. von Freiherr von Pölnitz, Bd. 1 München 1952

199 —, *Benediktinerabtei Ottobeuren*, [2]München 1954

200 KOLB, Ä. und TÜCHLE, H. (Hrsg.), *Ottobeuren, Festschrift zur 1200 Jahrfeier*, Augsburg 1964

201 —, *Benediktinerabtei Ottobeuren*, Ottobeuren 1966

St. Blasien

202 SCHMIEDER, L., *Das Benediktinerkloster St. Blasien*, Augsburg 1929

St. Florian

203 HOLLNSTEINER, J., *Das Chorherrenstift St. Florian*, Augsburg-Köln-Wien 1928

204 KIRCHNER-DOBERER, E., *Stift St. Florian*, Wien 1948

Tegernsee

205 HARTIG, M., *Die Benediktinerabtei Tegernsee*

Vorau

206 MEERAUS, R., *Das Chorherrenstift Vorau*, Wien-Augsburg-Köln 1928

207 FANK, P., *Das Chorherrenstift Vorau*, [2]Vorau 1959

Weingarten

208 HERRMANN, W., *Zur Bau- und Künstlergeschichte von Kloster Weingarten*, in: *Münchner Jahrbuch der Bildenden Kunst* NF 3 1926

209 DRISSEN, J.H., *Die Barockarchitektur der Abtei Weingarten*, Diss., Frankfurt am Main 1928

210 SCHNELL, H., *Weingarten*, Großer Kunstführer 5, München 1950

211 RAICHLE, A., und SCHNEIDER, P., *Weingarten,* München 1953

212 *Weingarten, Festschrift zur 900Jahrfeier des Klosters 1056–1956,* Weingarten 1956

Wessobrunn

213 HAGER, G., *Die Bautätigkeit im Kloster Wessobrunn und die Wessobrunner Stukkatoren,* in: *Oberbayerisches Archiv für vaterländische Geschichte* Bd. 48, 1891

Wiblingen

214 FEULNER, A., *Kloster Wiblingen,* Augsburg 1925

215 SCHWENGER, H., *Abtei Wiblingen,* München 1930

Zwiefalten

216 FIECHTER, E., *Zwiefalten,* Augsburg 1927

10 Säkularisation und Neubeginn
a zusammenfassende Darstellungen

217 WOLF, A., *Aufhebung der Klöster in Innerösterreich 1782–90,* 1871

218 ERZBERGER, M., *Die Säkularisation in Württemberg,* 1902

219 SCHEGLMANN, A.M., *Geschichte der Säkularisation im rechtsrheinischen Bayern,* 3 Bde, Regensburg 1903–08

220 LESNE, E., *Histoire de la propriété ecclésiastique en France,* Lille 1910

221 BUHOLZER, J., *Die Säkularisation katholischer Kirchengüter während des 18. und 19. Jh.,* Luzern 1921

222 KASTNER, K., *Die große Säkularisation in Deutschland,* 1926

223 HUGHES, P., *The Reformation in England,* 3 Bde., London 1951–54

b zu einzelnen Klöstern

La Tourette

224 HENZE, A., *La Tourette, Le Corbusier's erster Klosterbau,* Starnberg 1963

Orval

225 TILLIERE, N., *Histoire de l'abbaye d'Orval,* Gembloux 1897, Hauptwerk; gek. ³1927

Rheinau

226 ERB, A., *Das Kloster Rheinau und die helvetische Revolution,* Zürich 1895

227 BOESCH, G., *Vom Untergang der Abte Rheinau,* Zürich 1956

St. Bonifaz in München

228 STUBENVOLL, B., OSB, *Die Basilika und das Benediktinerstift St. Bonifaz in München, Festschrift zum 25jährigen Jubiläum,* München 1957

Verzeichnis der Abbildungen

Fotonachweis

Orts- und Sachregister

ORTS- UND SACHREGISTER

Personenregister